Gellerman · Motivation und Leistung

Saul W. Gellerman

Motivation und Leistung

Die Wechselwirkung
von Umwelt und Bedürfnissen
des Einzelnen auf
Betriebsklima, Leistungssteigerung
und Produktivität

Econon Verlag · Düsseldorf · Wien

Aus dem Amerikanischen übertragen
von Gerti von Rabenau

Titel der bei der American Management Association, Inc.
erschienenen Originalausgabe:
Motivation and Productivity

3. Auflage 1973

Gesetzt aus der 10/12' Linotype-Garamond
Gesamtherstellung: Ebner, Ulm
Printed in Germany
ISBN 3 430 13104 9

[redacted]

Inhalt

Teil III Ausblick auf die Motivation

Vorwort

Die Tat ist der Anfang aller Dinge. Im Geschäftsleben wie bei jeder anderen menschlichen Aktivität wird sich kaum etwas Nennenswertes ereignen, solange der Mensch nicht handelt. Was er effektiv vollbringt, hängt zum wesentlichen Teil davon ab, wie aktiv er ist und welche Beweggründe sein Handeln bestimmen. Soweit ist alles eindeutig, doch darüber hinaus erweist sich die menschliche Motivation als ein überaus komplexes und subtiles Gebilde.

Jeder Mensch hat bestimmte Zielsetzungen, die sich in irgendeiner Form auf die individuelle Arbeitsweise auswirken. Hierin liegt der Grund, warum sich die Sozialwissenschaftler in zunehmendem Maße mit der Erforschung der Motive befaßt haben, die den Menschen bei seiner Arbeit beeinflussen. Diese Forschung hat selbst auch bestimmte Motive: Sie begann am Ende der zwanziger Jahre im Verlauf einer humanitären Phase in der Industrie, nach dem Zweiten Weltkrieg erhielt sie ihren Antrieb aus dem Streben nach Produktivitätssteigerung, und in jüngerer Zeit wählen vor allem solche Studenten dieses Gebiet, die Gesellschaften und Organisationen für ein eigenständiges und durchaus lohnendes Studienobjekt halten.

Dies Buch hat drei grundlegende Ziele: Es soll die bedeutendsten Ergebnisse der Motivationsforschung zusammenfassen, es soll weiterhin eine Theorie darstellen, die den größten Teil dieser Forschung aus einer bestimmten gut verständlichen Perspektive beleuchtet, und es soll zugleich die praktischen Implikationen der gesamten Forschung und speziell dieser Theorie für die Unternehmenspolitik aufzeigen. Bei der Wiedergabe der Auffassung anderer Autoren habe ich versucht, ihre Ideen so wahrheitsgetreu und übereinstimmend wie möglich darzustellen, selbst wenn ich nicht immer mit ihnen einer Meinung war. Vor allem habe ich mich aber bemüht, ihre Gedankengänge, die ursprünglich für eine entsprechend vorgebildete Zuhörerschaft formuliert waren, so wiederzugeben, daß sie einem Laien ohne weiteres verständlich sind.

Die Motivationsforschung ist derart umfangreich, daß jeder Versuch einer enzyklopädischen Arbeit dieses Buch leicht auf mehrere dicke – und wahrscheinlich langweilige – Bände erweitert hätte.

Ich mußte gezwungenermaßen zwischen vielen wertvollen Beiträgen eine Auswahl treffen, die in diesem Buch erwähnt werden sollten, und oft bedauerte ich, eine Arbeit notgedrungen auslassen zu müssen. Bei den angeführten Arbeiten handelt es sich entweder um die nach meinem Ermessen »älteren« Veröffentlichungen (10 Jahre und älter), deren Bedeutung unbestritten ist, oder um neuere Studien, die wesentlich zum Verständnis der Arbeitsmotivation beitragen.

Bereits seit Hawthorne haben sich Forscher und Theoretiker mit den vielen verschiedenartigen Einflüssen auseinandergesetzt, die von den Managern auf die Arbeiter ausgehen. So besteht heute kein Zweifel mehr, daß das Vorhandensein oder Fehlen einer Motivation bei einem Arbeiter zumindest teilweise dem Handeln oder Verhalten derjenigen zuzuschreiben ist, die seine Arbeit leiten. Ebenso steht außer Zweifel, daß seine Motivation durch seine eigene Verhaltens- und Handlungsweise beeinflußt wird, deren Wurzeln oft bis weit in die Zeit vor seiner beruflichen Tätigkeit und manchmal sogar bis in seine Kindheit zurückreichen. Sowohl der langfristige Motivationstrend als auch die momentanen seelischen Höhen und Tiefen bestimmen sich aus dem ständigen Wechselspiel zwischen der motivierenden Umgebung, die weitgehend von der Art der Betriebsführung abhängt, und den persönlichen Motiven der betreffenden Person.

Das Buch besteht aus drei Teilen. Der erste Teil behandelt die Motivation unter dem Aspekt der Umwelteinflüsse, d. h. er behandelt die verschiedenen Formen der Belohnung und des Druckes, die der einzelne bei seiner Arbeit erfährt. Da sich die meisten Veröffentlichungen auf diesem Gebiet speziell mit der Industrie beschäftigen, sind sie in der Management-Literatur relativ bekannt. Im zweiten Teil geht es um die Motivation aus der Sicht des Individuums, d. h. um seine Bedürfnisse und Ziele und um die Art, wie er diese erwirbt. Die Mehrzahl der Forschungsarbeiten auf diesem Gebiet stammt von Psychologen, denen es nicht in erster Linie um die Anwendung ihrer Ideen im industriellen Bereich ging und die daher in Management-Kreisen nicht so bekannt sein mögen, obgleich ihre Folgerungen überaus wichtig sind. Im dritten Teil versuche ich, die Wechselwirkung zwischen Umgebung und Individuum zu zeigen, und darüber hinaus die in Teil I und II behandelten Forschungsergebnisse möglichst weitgehend zu integrieren, um damit zum Ausdruck zu bringen, was man heute im wesentlichen unter Arbeitsmotivation versteht. In den letzten Kapiteln werden eine Reihe wichtiger Probleme des Managements speziell im Hinblick auf diese Theorie untersucht: Führungsstil, Personaleinstellung, Arbeitsmoral, technologischer Wandel und Gewerkschaften.

Da ein sehr großer Teil dieses Buches die Arbeit und Ideen andererer wiedergibt, läßt sich schwer sagen, wem ich am meisten verpflichtet bin. Eine Reihe angesehener Arbeitsmotivationsforscher werden im Verlauf meiner Arbeit erwähnt. Jedoch möchte ich besonders Chris Argyris, Alan McLean und David McClelland danken, da sie alle drei Teile des Manuskripts gelesen und wertvolle Kritik geübt haben. Außerdem möchte ich den Herausgebern der American Management Association danken, die einerseits die Notwendigkeit eines solchen Buches erkannten, und andererseits zweieinhalb Jahre geduldig darauf warteten – während es sich unter meinen Händen von einem anfangs ganz interessanten kleinen Projekt zu einem Lieblingswerk entpuppte.

Da mein Buch so weitgehend auf den Werken anderer aufbaut, erscheint es mir angemessen, auch das Vorwort mit dem Ausspruch eines anderen Mannes zu beschließen. Robert L. Kahn von der Michigan-Universität hat in treffender Weise charakterisiert, was der Psychologe dem Management schuldet, und seine Worte sind eine gute Zusammenfassung dessen, was ich mit meinem Buch zu erreichen suchte. Der Psychologe kann nach Kahn[1)*)] »dazu beitragen, daß das Management die unangenehmen Folgen von abgedroschenen Parolen, unrealistischen Erwartungen und übertriebenem Pessimismus vermeidet. Er kann aufgrund des neuesten Forschungsstandes Empfehlungen geben und das beruhigende Wissen vermitteln, wann Entscheidungen allein auf der Intuition des Managers aufbauen müssen.«

*) Alle in Klammern angeführten Zahlen beziehen sich auf den Anhang des Buches.

Teil I

Die motivierende Umgebung

Einleitung zu Teil I

Während des letzten Vierteljahrhunderts wurden die meisten Theorien über die Motivation des Arbeiters von dem sogenannten Aspekt der Human Relations geprägt. Hierbei handelt es sich um die gegenwärtig bekannteste, am meisten verbreitete und recht und schlecht praktizierte Theorie über die dem Verhalten der Arbeiter zugrunde liegenden Ursachen und über die wünschenswerte Behandlung durch das Management. Wie bei vielen anderen popularisierten Begriffen wurde auch dieser übermäßig vereinfacht, so daß heute verschiedene verzerrte Versionen von ihm bekannter sind als die ursprüngliche Fassung. Die Botschaft ist zwar weitverbreitet worden, aber im allgemeinen besitzt sie mit den komplexen und sich ständig weiterentwickelnden Grundgedanken, die den Ausgang bildeten, nur mehr wenig Ähnlichkeit.

Leider macht sich bei der *praktischen* Anwendung der Human Relations – im Gegensatz zur Theorie – gegenwärtig eine große Oberflächlichkeit breit. Daher sind die scharfen Kommentare von einigen professionellen Bilderstürmern der Wirtschaftspresse und von so manchen hartgesottenen Managern, die jedes »Verhätscheln« der Arbeiter als schweren Fehler ansehen, sicherlich gerechtfertigt.

Demgegenüber besitzt die *Theorie* der Human Relations einen bemerkenswerten wissenschaftlichen Unterbau und vermittelt sowohl für das Management als auch für die Gesellschaft wichtige Ergebnisse. Sieht man einmal von den moralisierenden und oberflächlichen Praktiken ab, so bereitet ihre Anwendung ausgesprochene Schwierigkeiten. Tatsächlich steht der Beweis noch aus, ob sie überhaupt in größerem Rahmen für die Praxis in Frage kommt. Andererseits steht außer Zweifel, daß sie im größtmöglichen Umfang angewendet werden *sollte*. Ein erster wichtiger Schritt in diese Richtung wäre, diese Theorie erst einmal verstehen zu lernen; darüber hinaus wird ihre tatsächliche Anwendung weitgehend von dem Scharfsinn des Managers und seiner Aufgeschlossenheit für (sinnvolle) Veränderungen abhängen.

Um die Theorie der Human Relations zu verstehen, verfolgt man am besten ihre Entstehungsgeschichte von den moralischen

Umständen, die ihre Entwicklung unvermeidlich machten, über die klassischen Studien, die ihre Grundlage bilden, bis zu ihren gegenwärtigen Vertretern und ihrem heutigen Stand. Diese Aufgabe versuche ich im ersten Teil meines Buches zu bewältigen.

Eine Theorie, die – wenn auch in verzerrter Form – einen derart starken Einfluß auf das Denken des amerikanischen Managements ausübt, ist an sich Beweis genug, daß von vorneherein ein reges Interesse vorhanden war. Rückblickend ist man gar nicht mehr so überrascht, daß sich die Idee der Human Relations so schnell durchsetzte. Berücksichtigt man die Lage der amerikanischen Industrie von 1930, kann man mit ziemlicher Sicherheit behaupten, daß sich eine dieser Theorie sehr ähnliche Konzeption auch ohne die entscheidenden Experimente von Hawthorne kaum hätte aufhalten lassen.

Der Wegbereiter für die Theorie der Human Relations war letztlich die ausgeprägte moralistische Strömung des amerikanischen Geisteslebens, aus der auch die Gegner der Sklaverei und der Korruption ihre Überzeugung ableiteten. Amerika scheint eine recht beachtliche Zahl von Männern hervorgebracht zu haben, denen es schwerfällt, ihr Gewissen zu ignorieren. Trotz des in einigen Kreisen verbreiteten modernen Zynismus setzt sich in unserem geschäftlichen, politischen und kulturellen Leben immer wieder der starke Einfluß des ausgeprägten Gerechtigkeitsempfindens durch. Manch ein einstmals einflußreicher Mann hat durch bittere Erfahrungen einsehen gelernt, daß es klüger ist, innerhalb der allgemeinen moralischen Grenzen zu bleiben, als bei der Öffentlichkeit den Wunsch nach Reformen zu erwecken.

Das industrialisierte Amerika hat eine Reihe von Reformbewegungen erlebt, die faktisch das heutige Bild der Industrie ebenso stark geprägt haben wie die Einführung der Schulpflicht, wie technologische Veränderungen und sogar das System der freien Marktwirtschaft. Sie waren tonangebend für ein Zeitalter, das eine Managergeneration nach der anderen hervorgebracht hat, welche jeweils entsprechend ausgebildet wurden und dann im Laufe langjähriger Erfahrung eigene Ideen entwickelten. Nach und nach prägte der amerikanische Moralismus die Managergenerationen derart, daß sie unwillkürlich eine sozialere Einstellung bei ihrer Arbeit einnahmen, da die Umgebung, in der sie aufwuchsen, ihre

Persönlichkeit dahingehend beeinflußt hatte. Diese Männer sollten mit ihren angeborenen Empfindungen und Neigungen der amerikanischen Industrie durch die Vermischung von Unternehmertum und Mitgefühl ihre einzigartige Prägung geben.

Inwieweit diese »kapitalistische Revolution« tatsächlich umwälzend war, läßt sich nicht eindeutig belegen. Aus historischer Sicht steht zumindest fest, daß wir seit der Zeit der Ausbeutungsbetriebe und Provokateurcliquen eine enorme Entwicklung erlebt haben und daß sich der amerikanische Kapitalismus heute oft mit seiner Fähigkeit brüstet, annehmbare Arbeitgeber-Arbeitnehmer-Beziehungen schaffen zu können. Andererseits läßt sich unter den amerikanischen Arbeitern immer noch ein sturer proletarischer Geist beobachten, der die Ernsthaftigkeit jeglicher Vergünstigung anzweifelt und behauptet, daß alle bisherigen Zugeständnisse von seiten des Managements nur durch starken Druck gemacht worden seien. Etwa zwischen diesen beiden Extremen befindet sich der Vertreter der Human-Relations-Theorie, indem er davon ausgeht, daß das Management trotz allen guten Willens sein Verhältnis zu den Arbeitnehmern etwas zu mechanisch gehandhabt hat, so daß die meisten von ihnen entweder indifferent oder skeptisch blieben.

Wichtig ist aber vor allem, daß überhaupt der gute Wille da ist. Ein Manager ist schließlich nicht völlig immun gegen das geistige Klima, in dem er lebt. Die meisten Amerikaner sind sehr darauf bedacht, bei ihren Mitmenschen beliebt zu sein, und so sind auch viele Manager – selbst wenn sie sich oft gezwungen sehen, sich relativ hartherzig zu geben – nicht gerade glücklich, wenn ihre Belegschaft ihnen mit Mißtrauen und Widerwillen begegnet. Das Bemühen um eine Besserstellung der gesamten Arbeiterschaft gründet sich derzeit ebensosehr auf einen unbarmherzigen Gerechtigkeitssinn wie auf die rauhe Wirklichkeit am Verhandlungstisch.

Daher war schon lange, bevor Soziologen und Psychologen die Industrie zu ihrem bevorzugten Jagdrevier machten, die Zeit reif für eine Bewegung, die die Manager von ihren Gewissensbissen hinsichtlich der Verbesserungswürdigkeit des Arbeiterdaseins befreien würde. Dabei gab es auch eine ganze Reihe von Managern, die nicht erst die Genehmigung durch die Öffentlichkeit abwarten, sondern ganz einfach ihre eigenen unbefangenen »Human Relations« praktizierten. Da diese weitsichtigen Manager wohl in der Minderzahl waren und das Gros der Manager stillschweigend willkürliche Aufsichtsmethoden akzeptierte, ohne deren Richtigkeit anzuzweifeln, wurde das Feuer natürlich ganz erheblich geschürt. In der Mitte der dreißiger Jahre waren wir dann soweit, daß es für die Entwicklung eines formalen Konzepts der Human Relations nur noch eines dramatischen Ereignisses, eines hervorragenden Kopfes und einer guten Ausgangsposition bedurfte, von der aus dieser die Aufmerksamkeit des Managements auf sich ziehen konnte.

Kapitel 1

Mayo und die Harvard-Studien

Der von der »Kunst« der Human Relations erwartete Durchbruch erfolgte in den Hawthorne-Werken der Western Electric Company im Verlauf einer von 1927 bis 1932 durchgeführten Experimentreihe. Der hervorragende Kopf war der inzwischen verstorbene Elton Mayo, und seine Ausgangsposition war die höchst achtbare Harvard Graduate School of Business Administration. In seiner Theorie, die er aus diesen Studien entwickelte, behauptet er, daß der Arbeiter einen Hang zur Bildung informeller Gruppen besitzt, um eine gewisse Leere in seinem Leben auszufüllen, und daß diese Leere dem elementaren Bedürfnis nach Zusammenarbeit und Kameradschaft entstammt, das die modernen Industrieorganisationen bisher ignoriert haben. Des weiteren können informelle Gruppen einen viel stärkeren Einfluß auf die Motivation des Arbeiters ausüben als die vereinte Anziehungskraft des Geldes, der Disziplin und sogar eines gesicherten Arbeitsplatzes. Mayo riet daher zu einer verbesserten Kommunikation, so daß die Betriebsleitung und die Arbeiter jederzeit hinreichendes Verständnis für das gegenseitige Denken und Fühlen aufbringen können, und empfahl, die Aufsichtführung solchen Männern anzuvertrauen, die einen natürlichen Respekt für ihre Mitmenschen besitzen. Die Aufsichtführenden müßten besonders in der Fähigkeit des Zuhörens, des Verstehens und der anspornenden Zusammenarbeit ausgebildet werden

– was ziemlich deutlich vom klassischen Image eines »Chefs« abwich.

Die Human-Relations-Theorie war selbst in dieser Form nicht Mayos Erfindung. Seine Erkenntnisse über die Bedeutung informeller Gruppenbildungen kamen keineswegs so überraschend für Soziologen und andere ernsthafte Industrieforscher. Wenn man Mayo demnach auch nicht als Erfinder bezeichnen kann, so war er doch immerhin ein bemerkenswert erfolgreicher Prediger. Ideen, die – wenn sie überhaupt durchdacht wurden – gewöhnlich als schwachsinnig bezeichnet wurden, erhielten von ihm die wissenschaftliche Prägung. Er verurteilte die Methoden der unpersönlichen und willkürlichen Arbeitskontrolle nicht rückhaltlos, sondern stellte sie einfach als rückständig hin. Wahrscheinlich besteht überhaupt sein wichtigster Beitrag in dem Einfluß, den er auf andere Forscher der industriellen Motivation ausübte. Nahezu jeder bekanntere Theoretiker der Human Relations seit Mayo hat diesen entweder als Ausgangspunkt zur Fortsetzung seiner Gedanken oder aber zur Entwicklung eigener konträrer Ideen verwendet. Daher muß jede ernsthafte Untersuchung über den gegenwärtigen Wissensstand der Motivation des berufstätigen Menschen mit Mayo bzw. mit seinen Studien beginnen, die für ihn selbst den Ausgangspunkt bildeten.

Die erste von Mayos vier Hauptstudien wurde in einem Textilbetrieb in Philadelphia durchgeführt. Das zu untersuchende Problem war eine extrem starke Arbeiterfluktuation in einer Abteilung mit besonders monotonen und ermüdenden Arbeitsverrichtungen. Die Arbeiter neigten zu Niedergeschlagenheit und Bedrücktheit, sobald sie dort eingesetzt waren; manchmal verloren sie ohne ersichtlichen Grund ihre Beherrschung und kündigten überraschend. Vor Mayo waren bereits mehrere von »Rationalisierungsfachleuten« unternommene Versuche fehlgeschlagen, diese Erscheinung durch ein spezielles Leistungsprämiensystem zu beseitigen.

Anfangs machte Mayo körperliche Erschöpfung für das Verhalten der Arbeiter verantwortlich und ließ im Laufe eines Arbeitstages eine Reihe von Ruhepausen einlegen. In dem Bemühen um eine möglichst optimale Einteilung dieser Ruhezeiten unternahm das Management ein Experiment und überließ den Arbeitern das Festlegen des Zeitplans für diese Pausen. Die Wirkung war ungeheuer:

Die Fluktuation sank schlagartig auf das übliche Niveau der gesamten Firma, die Produktivität stieg steil an, und die melancholischen Stimmungen verschwanden.

Mayo führte diese Ergebnisse nur teilweise auf die Beseitigung der Müdigkeit zurück, sondern schrieb sie hauptsächlich der Tatsache zu, daß die Arbeitnehmer selbst an der Organisation ihrer Arbeit teilhaben durften. Die Verdrießlichkeit resultierte seiner Meinung nach aus den menschenunwürdigen Arbeitsbedingungen; d. h. aus dem Zwang, als die gelangweilten und völlig isolierten Diener von unpersönlichen Maschinen fungieren zu müssen. Als nun diese Monotonie durchbrochen und zugleich mit einem Vorgang verbunden war, in dem die Arbeiter eine aktive Rolle spielten, vollzog sich eine entscheidende Wandlung. Männer, die zuvor als »Einzelgänger« bekannt waren – da sie keinerlei Neigung zur gegenseitigen Kommunikation zeigten und keine gemeinsamen Interessen zu kennen schienen –, fanden sich in einer Gruppe zusammen. Darüber hinaus bildeten sie nicht etwa eine Opposition, sondern gingen sogar eine Art Partnerschaft mit dem Management ein. Somit war Mayo zufällig auf den Kern der späteren Human-Relations-Theorie gestoßen. Sein wesentlicher Beitrag bestand in der Erkenntnis, daß das Entstehen eines Gruppengeistes nicht rein zufällig war, sondern ein zentrales bislang noch fehlendes Steinchen in dem Motivationspuzzle darstellte.

Die zweite und bekannteste von Mayos Studien fand in den Hawthorne-Werken der Western Electric Company statt. Sie begann mit einer relativ routinemäßigen Versuchsserie, in deren Verlauf Fachleute der Gesellschaft mittels besserer Beleuchtung die Produktivität zu steigern suchten. Hierbei gingen sie nach den üblichen Experimentiermethoden vor, indem sie die Beleuchtungsintensität in einzelnen Arbeitsräumen variierten und die Produktionsrate in diesen Versuchsräumen verfolgten, welche dann mit dem Ergebnis eines »Kontrollraumes« ohne veränderte Beleuchtung verglichen wurde. Trotz ihres korrekten Vorgehens waren die Ergebnisse irgendwie frustrierend. Gleichgültig ob die Beleuchtung heller, dunkler oder konstant war – die Produktion stieg in allen Versuchsräumen!

Bei diesem Stand der Dinge wurden Mayo und die Harvard-Forscher herangezogen. Nachdem sie die Vielzahl von Faktoren durchgetestet hatten, die die Produktionssteigerung möglicherweise verursacht hatten, taten sie bald die Beleuchtung als unerheblich ab. Sie begannen statt dessen mit einer Verfahrensweise, die zwar ähnlich war, bei der jedoch statt der Beleuchtung die Ruhepausen und die Dauer der Arbeitszeit variiert wurden. Um dabei von vorneherein die Beeinflussung der Ergebnisse durch alle mutmaßlich »störenden« Faktoren – wie z. B. die Motivation – auszuschalten, bemühten sich die Forscher ganz besonders darum, die Arbeiter zu einer in allen Gruppen gleich guten Kooperation anzuhalten. Man ging sogar so weit und holte sich erst die Zustimmung der Arbeiter, bevor irgendwelche experimentellen Bedingungen geändert wurden.

Die Outputkurve stieg wiederum steil an, allem Anschein nach unabhängig von den zeitlichen Veränderungen der Ruhepausen und der Arbeitszeit. Es war eindeutig, daß die Ursache der Produktivitätssteigerung nicht der Kontrolle der Experimentierenden unterlag, trotz ihrer sorgfältigen Bemühungen, alle anderen Bedingungen außer der Länge der Arbeitszeit und der Ruhezeiten konstant zu halten. Aber genau hier lag die Fehlerquelle. Das Forscherteam erkannte, daß es bei dem Versuch, die wissenschaftliche Reinheit des Experiments zu erhalten, unbeabsichtigt eine starke latente Triebkraft ausgelöst hatte. Mayo schreibt hierzu[2]:

»Die wichtigste experimentelle Veränderung überhaupt wurde eingeführt, als die mit der Durchführung des Experiments Betrauten versuchten, die äußeren Umstände nach menschlichem Ermessen konstant zu halten, indem sie die Arbeiter zur Kooperation anregten. Die Wirklichkeit sah dann so aus, daß sich sechs Personen in einem Team zusammenfanden und daß sich dies Team im Verlauf des Experiments aufrichtig und spontan der Kooperation widmete.«

Durch die Aussonderung einiger Arbeiter zum Zweck der Teilnahme am Experiment hatte Mayos Gruppe in diesen ein gewisses »Elite«gefühl gegenüber den anderen erzeugt; als dies noch durch die (aufgrund ihrer eigenen Zustimmung) selbständige Kontrolle ihres Arbeitstages verstärkt wurde, stieg die Arbeitsmoral rapide an und damit auch die Produktivität. Die Versuchsgruppe arbeitete unter Motivationsbedingungen, die erheblich von den allgemein im Betrieb vorherrschenden abwichen: Diese Arbeiter wurden behandelt, als seien sie sehr wichtig und unersetzbar. Sie besaßen eine gewichtige Stimme bei der Einteilung ihrer eigenen Arbeitszeit und wurden (auf Betreiben der Wissenschaftler) von den routinemäßigen betrieblichen Anforderungen und Beschränkungen ausgenommen. Mit anderen Worten begann langsam der Beweis zu reifen, daß die »menschenwürdige Behandlung der Arbeiter«, die Möglichkeit zur Bildung natürlicher Gruppen und die Befreiung dieser Gruppen von unpersönlichen Kontrollen Motive nutzbar machten, die die Produktion drastisch erhöhen konnten.

In ihrem Bemühen, das Wesen dieser Motive tiefer zu ergründen, nahm das Harvard-Forscherteam die Interviewphase der Hawthorne-Studien in Angriff, was ein wahrhaft heroisches Unterfangen war, da es mehr als 20 000 Interviews erforderte. Das Ziel bestand darin, das Denken und Fühlen des Arbeiters kennenzulernen und festzustellen, in welchem Verältnis – wenn ein solches überhaupt vorhanden war – dies zu ihrer Produktivität stand.

Dies Interviewprogramm ging natürlich weit über die engen Grenzen der kleinen Versuchsgruppen hinaus, in denen das Forscherteam unbeabsichtigt einen Teamgeist hervorgerufen hatte. So entdeckten sie bei der Ausdehnung ihrer Umfrage auf andere Abteilungen, daß in diesen eine völlig andere Atmosphäre vorherrschte. Sie fanden Apathie, Feindseligkeit und Frustration. Mayo hielt diese Verhaltensweisen für das Ergebnis unpersönlicher oder willkürlicher Betriebsführung: Da das Management die Arbeiter als einen Haufen von Tagelöhnern behandelte, deren Gefühlsregungen – wenn man ihnen solche überhaupt zutraute – geflissentlich ignoriert werden konnten, nahm es ihnen jegliche Würde und entzog jede Grundlage, um in ihnen den *Wunsch* nach einer über das Pflichtmaß hinausgehenden Kooperation entstehen zu lassen. Der Mangel an einem offenkundigen Interesse des Managements für den menschlichen Aspekt der Produktivität verfehlte eindeutig den Zweck.

Interessanterweise vertrat Mayo die feste Überzeugung, daß auch die von den Interviewern recht häufig festgestellten offensichtlichen Fälle von Neurose – also der Personen, die nicht nur am Arbeitsplatz Anpassungsschwierigkeiten haben – nicht etwa persönliche Ursachen hatten, sondern daß diese vielmehr bei ihren Arbeitsbedingungen zu suchen waren. Diese leicht anmaßende Einstellung gegenüber der Bedeutung individueller Wesensunterschiede war charakteristisch für die frühe Human-Relations-Bewegung, die allein den Umwelteinfluß für ausschlaggebend hielt. Man sollte sich immer wieder vor Augen halten, daß zu der Zeit, als diese Gedanken formuliert wurden, der Behaviorismus seine Blüte erlebte und daß sich die Psychologen einig waren in der Auffassung, sie könnten einen erwachsenen Menschen durch die genaue Kontrolle seiner Kindheitserlebnisse beliebig beeinflussen.

Die Mehrzahl der Arbeiter der Hawthorne-Werke standen den Interviews positiv gegenüber. Da diese vornehmlich aus einseitigen Gesprächen bestanden, in deren Verlauf hauptsächlich der Arbeiter sprach, während der Interviewer ihm verständnisvoll zuhörte, redeten sich die Arbeiter viel vom Herzen. Während sie ihren Gefühlen freien Lauf ließen, konnten sie ihre Situation objektiver betrachten und sich laut Mayo »selbst gute Ratschläge erteilen«. In vielen Fällen konnten sie anschließend besser mit ihren Kollegen und Vorgesetzten auskommen. Die »Einzelgänger« zeigten eine verstärkte Neigung, sich in Arbeitsteams zusammenzuschließen.

Und dennoch war dieser »therapeutische« Effekt des Interviewprogramms nur *ein* Ergebnis, und zudem noch ein zweitrangiges. Vom Standpunkt der Forschung aus war viel bedeutsamer, daß sich allmählich immer mehr informelle Gruppen von Arbeitern beobachten ließen, die sich trotz der sie konterkarierenden Bemühungen des Managements bildeten, und daß diese die Maßnahmen zur Produktivitätssteigerung von seiten des Managements effektiv zunichte machen konnten. Diese Gruppen entwickelten eigenständige Produktionsnormen, denen sich die meisten Arbeitnehmer aus Loyalität unterwarfen. Die drohende Ächtung war im allgemeinen ein ausreichendes Druckmittel, um die restlichen Mitglieder zu konformem Verhalten zu bringen.

So erwies sich alsbald, daß die informelle Gruppe die Produktivität in beiden Richtungen verändern konnte. Die Produktivität stieg, wenn die Gruppe sich mit dem Management assoziierte (wobei das wohlwollend auftretende Forscherteam in allen praktischen Dingen für die Versuchsgruppen die Stelle der Betriebsleitung einnahm). Es schien geradezu, als sei eine hohe Produktionsrate eine Art Triumph, mit der die Gruppe die perfekte Beherrschung ihrer Arbeit unter Beweis stellen wollte. Die Produktion schwankte dagegen ständig um die vom Management gerade noch tolerierte Untergrenze, wenn die Gruppe in der Betriebsleitung ihren Widersacher sah (was zumeist dort der Fall war, wo die Arbeiter unpersönlich behandelt oder stark »kommandiert« wurden). Alle über dies Niveau hinausgehenden Steigerungsraten wurden mutwillig vermieden. Die Arbeiter sahen keinen Sinn darin, dem Management entgegenzukommen, wenn dieses ihnen ganz offensichtlich feindselig gegenüberstand oder zumindest nicht zu erkennen vermochte, daß sie der Sicherheit und Anerkennung bedurften, die in dem Betrieb einfach zu kurz kamen. Der bewußt niedriggehaltene Output war einerseits ein Mittel der Vergeltung und andererseits eine Art Schutz der eigenen Arbeit vor dem wenig vertrauenerweckendem Management, das sich beispielsweise versucht sehen könnte, entweder das Arbeitstempo zu beschleunigen oder den Arbeitsplatz gar zu eliminieren. Angesichts dieses massiven gemeinschaftlichen Drucks, *nicht* zu produzieren, blieb selbst die »Bestechung« durch ein Leistungsprämienlohnsystem ohne große Wirkung.

Die Erkenntnis war höchst bedeutsam, da sie den Schlüssel zu der erstaunlich hohen Produktivität einiger Gruppen und den erschreckend niedrigen Ergebnissen anderer lieferte. Aus ihr leitete sich zudem unmittelbar die grundlegende, auf dem Human-Relations-Prinzip aufbauende Verhaltensregel ab, sich den Gruppen der Arbeiter gegenüber freundlich zu zeigen und alles nur Mögliche zu tun, um das Management bei ihnen nicht in Mißkredit zu bringen.

Die Hawthorne-Studien wurden 1932 wegen der Weltwirtschaftskrise abgebrochen. Während jener Jahre sind wohl viele normale Motivationsstrukturen durcheinandergebracht worden, weil die Arbeit einzig dem Überleben diente, so daß darüber hinausgehende Motive wie die Zugehörigkeit zu einer Gruppe ausgesprochener Luxus waren, dem sich kaum ein Arbeiter nachzugeben erlaubte. Demgegenüber herrschte während Mayos beiden letzten Studien eine völlig veränderte Atmosphäre vor. Sie fanden während des Zweiten Weltkrieges statt, als die Arbeitskräfte eher zu knapp als überschüssig waren und das Blatt sich sozusagen gewendet hatte.

Beide zur Kriegszeit angefertigten Studien befaßten sich mit dem häufigen Fehlen der Arbeiter in Rüstungsbetrieben. Diese Erscheinung hatte zu Beginn des Jahres 1943 derartige Ausmaße angenommen, daß die Produktion ernsthaft beeinträchtigt wurde und eine Art nationaler Skandal entstand. Die erste Untersuchung konzentrierte sich auf die metallverarbeitenden Betriebe einer Stadt an der Ostküste. Da die Produktion in diesen Werken weitgehend vom Output der Gießereiwerkstätten abhing, wurden diese Betriebsteile für eine gründliche Analyse ausgewählt.

Die Forscher fanden bald heraus, daß die Gießwerkstätte des einen Betriebes eine wesentlich geringere Abwesenheitsquote aufwies als die beiden anderen, obwohl die beschäftigten Arbeitskräfte der drei Werkstätten sich nicht merklich unterschieden und obwohl die Arbeitsbedingungen überall ungefähr die gleichen zu sein schienen. Eingedenk der noch recht frischen Erinnerung an die Hawthorne-Ergebnisse wußten die Mayo-Leute genau, wo sie die Ursache für das günstige Ergebnis der einen Gesellschaft zu suchen hatten. Sie fanden sie in einem lebendigen Teamgeist, der in den Arbeitern den *Wunsch* nach einem guten Anwesenheitsnachweis entstehen ließ, um den Ruf der Gruppe nicht zu gefährden, und in einer erfolgreichen unausgesprochenen Drohung, sich bei unnötigem Fehlen die Mißbilligung der Gruppe zuzuziehen. Dies Verhalten wurde zugleich durch eine weitsichtige Unternehmenspolitik begünstigt: Die Vorarbeiter waren jahrelang in einer einfachen, aber effizienten Methode ausgebildet worden, die die Erhaltung der Würde des einzelnen Arbeiters gewährleistete, sie hatten gelernt, geduldig zu sein, zuzuhören und Gefühlsausbrüche im Umgang mit ihren Männern zu vermeiden.

Somit praktizierten die Vorarbeiter dieser Werkstatt »gute menschliche Beziehungen« – wenn auch nicht in einer sehr hochentwickelten Form, so doch gut genug, um bei den Arbeitern nicht das Gefühl aufkommen zu lassen, daß die Unternehmensleitung in ihnen bloße Arbeitstiere sieht und sie nur ausbeuten will. Aufgrund dieser Politik konnten die Männer natürliche Bindungen untereinander eingehen und dennoch dem Unternehmen gegenüber positiv eingestellt bleiben. Natürlich ließ sich ein solches Verhalten nicht allein diesem Aufsichtsstil zuschreiben. Mayo fand noch zwei weitere Vorrichtungen, die dem Teamgeist der betreffenden Werkstatt förderlich waren. Alle Männer wurden nach der Leistung der 24-Stunden-Schicht entlohnt, so daß jede Schicht ein Interesse daran hatte, der folgenden zu helfen, anstatt gegen Ende der Arbeitszeit nachlässig zu werden. Zweitens setzten die Männer jeder Schicht die einzelnen freien Tage weitgehend selbständig untereinander fest, so daß irgendein unvorhergesehenes Fehlen die privaten Pläne aller anderen durcheinanderbrachte. Hierdurch empfand jeder einen außerordentlich starken Zwang, möglichst immer anwesend zu sein und somit das Mißfallen seiner Arbeitskollegen zu vermeiden.

Demgegenüber war die Abwesenheitsquote in den beiden anderen Werkstätten hoch und zeigte zudem steigende Tendenz. Dies ließ sich keinesfalls *direkt* auf mangelnden Teamgeist oder auf fehlende Vorkehrungen, die einen solchen gefördert hätten, zurückführen. Die direkte Ursache lag vielmehr in einer Vielzahl von Schwierigkeiten und Versuchungen, die an irgendeinem bestimmten Morgen bei dem Arbeiter zufällig stärker waren als seine Motivation, zur Arbeit zu gehen. Mayo behauptete nun, daß der Antrieb zur Arbeit stark genug gewesen wäre, um alle an solchen Morgen auftretenden Hinderungsgründe aufzuwiegen, wenn das Management dieser beiden Betriebe ebenso versiert in den Human Relations gewesen wäre wie das des erstgenannten Werks.

Mayos vierte Studie fand 1944 in einem Flugzeugunternehmen in Kalifornien statt. Hier fluktuierte die Arbeitnehmerschaft in viel stärkerem Maße als in den Betrieben an der Ostküste: Die Leute wanderten scharenweise in dies Gebiet ein und aus. Sowohl die Fluktuation als auch die Abwesenheitsquote waren sehr hoch. Inmitten dieser ständigen Instabilität erweiterten viele Betriebe ihre Belegschaft überdies um das Zehn- bis Zwanzigfache.

Allerdings fand Mayo einige wenige Abteilungen, die diesen chaotischen Trend nicht mitmachten. Hier gab es drei verschiedene Typen. Der erste Typus war eine sehr kleine Gruppe, in der die Vertrautheit die Männer zu einem Team zusammenschmiedete. Der zweite war die größere Gruppe, in der ein Kern von stark motivierten Schrittmachern auf den Rest der Gruppe einen beträchtlichen Einfluß ausübte. Das Beispiel, das diese Männer durch ihr regelmäßiges Erscheinen am Arbeitsplatz gaben, schien bei den anderen keinen Mut zum Fehlen aufkommen zu lassen. Als dritten und nach Mayos Ansicht wichtigsten Typus gab es die Gruppe, in der der Teamgeist das *bewußt angestrebte Ziel* der Unternehmensleitung war.

Die Anwesenheitsquote und die Produktivitätsergebnisse waren in diesem letzten Gruppentyp extrem günstig, und Mayo erkannte, daß dies nicht rein zufällig war. Die verantwortlichen leitenden Männer waren hier überzeugt, daß Solidarität ihr einziges und wichtigstes Ziel sein mußte, wenn sie ihr letztliches Ziel einer andauernd hohen Produktivität erreichen wollten. Um dies zu gewährleisten, setzten sie sich dafür ein, daß die Arbeit ihrer Männer erleichtert wurde, sie fungierten als Mittelsmänner zwischen ihren Leuten und dem höheren Management und hörten sich alle an sie herangetragenen Beschwerden und Vorschläge geduldig an. Sie ignorierten weder ihre Leute, noch »kommandierten« oder kontrollierten sie bloß.

Das Ergebnis war, daß die Männer das Gefühl bekamen, sie seien wichtig und wurden nicht etwa nur als selbstverständlich hingenommen. Jeder einzelne wußte, daß das Gruppenergebnis sich verschlechtern würde, wenn sich einer gehenließe, und die meisten waren entschlossen, dies zu verhindern. Nach Mayos Ansicht waren Gruppen dieser Art der Prototyp für die in der Industrie erforderliche Form der Aufsichtführung, wenn Konflikte, Stillstand und Stagnation in Zukunft vermieden werden sollten.

Bei der Analyse der moralischen Veränderungen, die auftraten, als die Männer sich einer Gruppe zugehörig fühlten, gewann Mayo die Überzeugung, daß er hier auf ein Phänomen gestoßen war, dessen Bedeutung weit über den Rahmen der spezifischen Betriebe hinausging, in denen er es beobachtet hatte. Sein Gesichtskreis war international, seine innere Erregung war groß und sein Vorgehen glich dem eines Weltverbesserers. Er begann, die gesamte Industriegesellschaft als einen Nährboden gigantischen Ausmaßes für Uneinigkeit und Zwist – und letztlich für den Krieg – anzusehen, und zwar lag dies seiner Ansicht nach in der Art ihrer Organisation begründet. Diese würdigte nämlich die Arbeiter zu einer Herde seelenloser Automatenmenschen herab, deren einziger Antrieb der wirtschaftliche Eigennutz war. Nach Mayo war die Arbeit zu einem unpersönlichen Austausch von Arbeitskraft gegen Geld abgewertet. Ein Teil dieses Tauschgeschäfts bestand in seinen Augen in der passiven Zustimmung des Arbeiters zu jeder vom Management ausgewählten Methode der Arbeitsorganisation, selbst wenn seine Tätigkeit dadurch bruchstückhaft und höchst langweilig wurde und er aufgrund der bis ins Detail gehenden Regelungen nur mehr eine marionettenhafte Rolle spielte. In Wirklichkeit wurde mit dem Geld nicht nur Arbeitskraft, sondern zugleich Demütigung erkauft. Da in dem System allein das Leistungsprinzip dominierte und die menschlichen Bedürfnisse weitgehend ignoriert wurden, war das Ergebnis Frustration und Feindseligkeit auf der ganzen Linie.

Die meisten Leute sahen aus dieser Frustration keinen Ausweg. Ihnen blieb als einzige Möglichkeit, sich in ihr Schicksal zu ergeben und ein bedeutungsloses, unsicheres und irgendwie entwürdigendes Leben zu führen. Mayo beobachtete, daß sich unter Arbeitern häufig Beweise einer derartig unterwürfigen Lebenseinstellung finden ließen. Er nannte diese Haltung »Anomie«; sie äußerte sich in einem Gefühl der Haltlosigkeit, der eigenen Bedeutungslosigkeit und der Verwirrung gegenüber der Gleichgültigkeit seiner Umwelt. Welche Hoffnungen auf ein würdevolles Dasein und eine gute Gemeinschaft diese Menschen auch immer gehegt haben mochten, gewöhnlich waren ihnen nur bittere Erinnerungen geblieben. Wenn diese Männer auch fügsam waren, so gaben sie gleichzeitig erbärmlich leistungsschwache Arbeitskräfte ab, die mehr als reif für eine Mitgliedschaft in einer outputrestriktiven Gruppe waren.

Mayo verfolgte die Entstehungsgeschichte der Anomie zurück bis zur Industriellen Revolution, in der er zweifellos eine Art Katastrophe sah, zumindest was das künftige Glück der Menschheit anbetraf. Seiner Ansicht nach war die Industrielle Revolution insofern überaus schädlich, als sie die Familie als wichtigste produktive Einheit der Wirtschaft zerstörte. Besaßen die Arbeiter früher durch persönliche Bindungen oder zumindest durch Verwandtschaft und gemeinsame Interessen ein gewisses Zusammengehörigkeitsgefühl, so wird die Arbeit heute von einer Masse einander völlig fremder Menschen verrichtet, deren Anwesenheit unter einem Dach rein zufällig durch die Ökonomie bedingt ist. Vom Standpunkt der Gemeinschaft aus würde die Arbeit in Zukunft unbefriedigend sein. Der Wunsch, einer schutzbietenden Gruppe anzugehören, in der der einzelne bequem untertauchen kann – nach Mayo war dies Untertauchen für das menschliche Glück unbedingt notwendig –, würde unerfüllt bleiben, was unweigerlich schlimme Folgen haben müßte.

Wenn Mayos Analyse auch bis zu diesem Punkt durch eine Reihe spezifischer Fälle untermauert werden konnte, enthielt sie dennoch viele weitgehende Verallgemeinerungen und einige sehr zweifelhafte Annahmen. Für letztere ist etwa die Vorstellung, das Untertauchen in einer Gruppe sei ein fundamentales menschliches Bedürfnis, ein besonders hervorstechendes Beispiel. Es ist jedoch wichtig zu wissen, daß die Gültigkeit der Human-Relations-Theorie in ihrer Entwicklung seit Mayo nicht etwa mit seiner subjektiven Interpretation steht und fällt. Wir werden noch sehen, daß man die Folgerungen aus Mayos Untersuchungen auch ohne weithergeholte Annahmen oder ohne gewaltsame Veränderungen der Fakten erklären kann. Selbst wenn Mayos theoretische Behauptungen im Laufe der Zeit größtenteils verifiziert werden konnten, richteten die überaus zahlreichen Widerlegungsversuche ihr Hauptaugenmerk auf die Stellen, bei denen Mayo seiner Vorliebe, bis zum Äußersten zu gehen, nachgegeben hatte.

Henry Landsberger von der Cornell-Universität, einer der scharfsinnigsten Kenner von Mayos Werk und dessen Einfluß auf die Weiterentwicklung der Human-Relations-Theorie, bemerkte hierzu, daß Mayos Neigung, zu dogmatisch zu sein, die Durchsetzung und verdiente Anerkennung seiner Ideen erheblich erschwert hätte[3)]:

»Mayos Werk ... besitzt eine Art von Allwissenheit und Endgültigkeit, an der sich – berechtigt oder unberechtigt – manch ein Leser gestoßen hat. Allzu große Bestimmtheit wird leicht als unpassend empfunden, wenn es sich um derart komplizierte Probleme wie die in der Industrie vorherrschende Unruhe handelt.«

Nichtsdestoweniger war Mayo ein Pionier auf einem Gebiet, dessen Bedeutung wir sogar heute kaum ermessen können. Demnach sind wir in seiner Schuld. Da Mayo, der schließlich auch nur ein Mensch war, anscheinend ein Motiv benötigte, um bahnbrechend sein zu können, und da dies Motiv offenbar eine Art Bekehrungseifer war, können wir guten Gewissens einige seiner weniger glaubwürdigen Vorstellungen übergehen und uns vornehmlich dem gewinnbringenderen Studium seiner übrigen Ideen widmen.

Da bei der bisherigen Unternehmenspolitik das Management immer davon ausgegangen war, daß die Arbeiter die auferlegte Disziplin ohne weiteres akzeptierten und Langeweile und Isolation gegen Geld einzutauschen bereit waren, folgerte Mayo hieraus, daß die Manager insgeheim ganz bestimmte Vorstellungen über das Wesen des Arbeiters besaßen. Insbesondere traute man ihm offensichtlich weder das Streben nach einem würdevollen Dasein noch den natürlichen Wunsch nach kooperativer oder fleißiger Arbeit ohne jeden Zwang zu und hielt bei ihm eine Abneigung gegen eine langweilige oder ermüdende Arbeit für undenkbar. Seine einzige Motivation bestand demnach darin, möglichst viel Geld mit möglichst geringem Aufwand zu verdienen, und daraus wurde dann abgeleitet, daß er als ein völlig rationaler und seelenloser »homo oeconomicus« handelte. Somit schien der herkömmlichen Organisation der Arbeit durch die Unternehmensführung der geheime Gedanke zugrunde zu liegen, daß die Arbeiter allesamt ein ziemlich gemeiner Haufen seien.

Mayo nannte diese Annahme die »Pöbelhypothese« (Rabble Hypothesis) und verbrachte einen Teil seiner letzten Jahre damit, sie als falsch, ineffizient und destruktiv anzuprangern. Falsch, weil sie die gesamte Arbeiterschaft in einem Licht erscheinen ließ, das höchstens für eine kleine Minderheit zutraf. (Mayo ging sogar so weit zu behaupten, daß auch diese Minderheit ein Produkt des Systems und daher unschuldig war.) Ineffizient, da sie nur zu bewußter Outputrestriktion und anderen Formen des Widerstandes gegen das Management führte. Destruktiv, weil sie viele Arbeiter – und zwar besonders die ungelernten, deren Sicherheit in zunehmendem Maße durch den technischen Fortschritt gefährdet ist – in den entkräftenden Zustand der Anomie versetzte. Das Fortbestehen der »Rabble Hypothesis« mußte zwangsläufig bei immer mehr Arbeitern ein Gefühl der Einsamkeit und der Unfähigkeit aufkommen lassen, das ihre Arbeitskraft schwächte, bis sie schließlich nicht mehr bereit waren, diesem System anzugehören.

Anomie war natürlich schon vorhanden, bevor überhaupt irgendwelche Menschen in einem Industrieunternehmen beschäftigt waren, aber hier kommt sie erst richtig zum Vorschein, weil die Arbeiter in einer extrem stumpfsinnigen Anonymität arbeiten müssen. Da Gefühlsregungen unterdrückt werden mußten, wurden Arbeiter gegenüber an sich nichtigen Ereignissen am Arbeitsplatz überaus empfindlich. (Daher rührten auch die plötzlichen Kündigungen in dem Textilbetrieb in Philadelphia.) Die Produktivität konnte als Reaktion auf geringfügige Stimmungsumschwünge extremen Schwankungen unterliegen. Daher war die aufgrund der Anomie scheinbar sehr fügsame Belegschaft tatsächlich weitgehend ineffizient, da sich – selbst vorübergehende oder gar irrationale – Veränderungen in der Verhaltensweise der Arbeiter deutlich in ihrer Leistungskraft niederschlagen konnten.

Nach Mayos Ansicht war der menschliche Organismus ganz einfach nicht für das Dasein in einer Umgebung geschaffen, die kaum einen Unterschied zwischen einem Menschen und einer Maschine machte. Die Konsequenz dieser massiven Vernachlässigung des menschlichen Bedürfnisses nach Zugehörigkeit und Wertschätzung war Apathie, Nachlässigkeit und eine wachsende Zahl von Ausgestoßenen, die die Gesellschaft belasteten, da sie keinen richtigen Platz in ihr finden konnten.

Bei dem geringsten Anlaß pflegten sich schon spontan informelle Gemeinschaften unter den Arbeitern zu bilden, da die Sicherheit, die die Zugehörigkeit zu einer solchen Gruppe bot, alle von seiten des Managements nur erdenklichen Belohnungen oder Strafen aufwog. Immer wenn das Management nach der Pöbelhypothese handelte, verwandelten sich diese Gruppen unweigerlich in gegen ihre Chefs gerichtete Schutzbündnisse. Da die Betriebsleitung als der »Erzfeind« galt, bestand die Funktion der Gruppe darin, den einzelnen zu schützen und die Unternehmensleitung zu frustrieren. Dies führte zu Kämpfen, die keine Seite wirklich gewinnen konnte, in deren Verlauf jedoch der eine dem anderen großen Schaden zuzufügen vermochte. Solange man nicht die Pöbelhypothese durch eine gerechtere Basis für die Organisierung von Arbeitsteams ersetzen würde, wäre nach Mayos Prophezeiung eine zunehmende Entartung der Industriegesellschaft und möglicherweise ein endgültiger Entscheidungskampf unaufhaltsam.

Es mutet etwas merkwürdig an, daß Mayo, mit dessen Untersuchungen man den Aufstieg des amerikanischen Gewerkschaftswesens weitgehend erklären kann (sein Aufschwung fand vornehmlich *nach* der Fertigstellung der Hawthorne-Studien statt), weder die Gewerkschaften voraussah noch ihre wichtige Rolle erkannte, die sie bei der Verbesserung der von ihm beschriebenen Arbeitsbedingungen spielen sollten. Vielleicht lag der Grund für das recht beträchtliche Versäumnis in seiner Überzeugung, daß die einzige mögliche Lösung der sozialen Probleme in der Industrie, die auch Aussicht auf Erfolg hatte, seine eigene Lösung war. Denn er war nicht nur eine Kassandra, die warnend ihre Stimme hob, und trotz seiner kritischen Einstellung zur industriellen Revolution akzeptierte er sie als feststehende Tatsache und versuchte, eine mögliche Lösung für ihre Probleme zu finden.

Er sah dann auch einen Hoffnungsschimmer in der Annahme, daß das Management nicht ewig nach der Rabble Hypothesis handeln würde, wenn es von deren Falschheit überzeugt werden konnte. Somit war auch die Anomie nicht völlig unvermeidlich, und die zunehmende Gleichgültigkeit der Arbeiter gegenüber ihrer Arbeit ließ sich ins Gegenteil umkehren. Hierzu bedurfte es nur der Erkenntnis, daß der Mensch einen natürlichen Drang nach engem menschlichen Kontakt bei der Arbeit besaß und daß bei einer diesbezüglichen Fehlorganisation der Arbeit das Management seine eigenen Pläne durchkreuzte. Anstatt den Wunsch nach Gruppenbildung zu unterdrücken, sollte das Management ihn eher fördern; darüber hinaus sollte es diesen Gruppen Anerkennung zeigen, indem es für jedes einzelne Mitglied aktives Interesse bewies und der Gruppe ein angemessenes Maß an Kontrolle über ihre eigene Arbeit gab.

Mayo erkannte wohl, daß sich dies nicht durch einen Machtspruch erreichen ließ. Eine Exekutive konnte nicht einfach ein Gesetz erlassen, daß von nun an jeder leitende Angestellte ein echtes Interesse an seinen Untergebenen zu bekunden hatte. Auch gab es keine hundertprozentige Methode – etwa in der Form eines Kochbuchrezepts – mit der man jeden Arbeiter davon überzeugen konnte, daß die Betriebsleitung ihn tatsächlich ernst nahm und achtete. (Wie wir wissen, hat dieser Mangel dennoch zu einer Vielzahl von Ausbildungskursen geführt, in denen die Human Relations nicht als eine innere Haltung anderen Menschen gegenüber dargestellt, sondern vielmehr als eine Reihe von Verhaltensmaßregeln aufgefaßt wurden, die ohne gefühlsmäßiges Engagement angewendet werden konnten.) Mayo und seine Anhänger sahen sehr wohl, daß es sinnlos war, die Aufsichtführung angenehmer zu gestalten, ohne gleichzeitig die persönliche Reife des Arbeiters anzuerkennen und ihm eine gewisse Einflußnahme auf seine Arbeitsverrichtungen zu gestatten. Landsberger schreibt hierzu[4]:

»Die Verfasser hatten schon damals darauf hingewiesen, daß der Versuch, Konflikte durch bloße verbesserte Kontaktpflege zu vermeiden, fehlschlagen mußte, jedoch wurden sie erst 17 Jahre später durch aktuelle Studien bestätigt ... Der Erfolg der ›Aufsichtführung‹ der Mitarbeiter des (Hawthorne) Experiments resultierte allein aus ihrer Möglichkeit, das Management in seiner üblichen Praxis der Arbeitsplatzveränderung und ähnlicher Eingriffe in Grenzen zu halten ... Er war jedoch keineswegs das Verdienst ihrer ›sympathischen Erscheinung‹.«

Zeitweilig schien Mayo auch auf das Mittel der Ermahnung zurückzugreifen, um das Management zu den seiner Meinung nach erforderlichen Direktiven anzuhalten. Wie wir bereits erwähnten, haben die meisten seiner Ideen die Kritik überlebt und geringstenfalls die Manager darauf aufmerksam gemacht, daß die Empfindungen der Angestellten für ihren Betrieb fast ebenso lebenswichtig sind wie das eingesetzte Kapital und ein zuverlässiger Maschinenpark. Die Durchschlagskraft seiner Gedanken war jedoch relativ gering im Vergleich zu ihrer allgemeinen Verbreitung. Es leuchtet ein, daß Ermahnungen allein nicht ausreichten. Es bedurfte vielmehr eines neuen Managertyps, dessen Motivationen nicht so sehr die persönliche Befriedigung aus der Kontrolle anderer Menschen war, sondern der größeren Wert auf die mit einer erleichterten Gruppenproduktivität verbundenen Vorteile legte. Unglücklicherweise ist das Gefühl, Macht über andere Menschen zu besitzen, für die Inhaber dieser Macht oftmals zu verführerisch: Es bedarf schon einer Persönlichkeit mit beträchtlicher Selbstdisziplin, um nur auf einen Teil dieser Macht freiwillig zu verzichten oder um zu erkennen, daß es eine gewisse Selbstüberwindung erfordert, um sie abzutreten.

Da gute zwischenmenschliche Beziehungen heutzutage ein allgemein anerkanntes unternehmerisches Ziel sind, erscheint die Behauptung unangebracht, das Management habe sich nicht ernsthaft die Mühe gemacht, festzustellen, was gute Human Relations tatsächlich bewirken können. Und dennoch sind sich Mayos Schüler so ziemlich darin einig, daß seine Ideen vorerst nur eine sehr oberflächliche Anerkennung gefunden haben. Die verschiedenen Gründe hierfür werden im Verlauf der Besprechung der seit Mayo gemachten Fortschritte in Theorie und Forschung deutlich werden.

Wir können jedoch den von allen am offensichtlichsten Grund

hier schon erwähnen. In Industriekreisen war man viel zu enthusiastisch hinsichtlich der Möglichkeit, daß dem Manager der richtige Umgang mit anderen Menschen *beigebracht* werden könne. Eine solche Ausbildung kann zwar nicht schaden, aber ohne den echten Willen des Managers führt sie zu nichts. Auch ist es nicht jedem Manager gegeben, seine Zurückhaltung aufzugeben und plötzlich seinen Leuten gegenüber warmherzig zu sein – selbst bei solchen Angestellten nicht, die aufgrund ihrer Stellung unvermeidlich das Urteilsvermögen und die Ernsthaftigkeit des Managements in Frage stellen. In seiner letzten Analyse plädierte Mayo vor allem für diese Warmherzigkeit und nicht so sehr für irgendeinen besonderen Stil der Unternehmensführung.

Kapitel 2

Die Michigan-Studien

Mayo zog mit seinem Werk unmittelbar eine Reihe von beachtenswerten Studien nach sich, die kurz nach dem Zweiten Weltkrieg von dem Institut für Sozialforschung der Michigan-Universität unternommen wurden. Sie gipfelten in einer »modifizierten Theorie« über die optimale Organisation und Selbsteinschätzung von Gesellschaften.

Die Michigan-Studien sind weitaus tiefgründiger und verfeinerter als Mayos Untersuchungen. Sie zeichnen sich durch bessere Kontroll- und Messungsmethoden aus und dringen tiefer in das Seelenleben des einzelnen ein. Die Forschungsberichte sind ausführlicher begründet und weniger dramatisch abgefaßt. Dementsprechend lassen sie sich zwar weniger interessant lesen, sind aber dafür sehr viel bedeutungsvoller für das derzeitige Management als Mayos Arbeiten.

Im Mittelpunkt der Michigan-Studien stehen vor allem die Einstellung und das Verhalten der Aufsichtführenden der unteren Ebene und deren Auswirkung auf die Produktivität ihrer Untergebenen. Die im allgemeinen verwendete Technik besteht darin,

Arbeitergruppen mit hoher und mit niedriger Produktivität auszusondern und sowohl die Einstellung der Arbeiter als auch der Vorgesetzten gegenüber verschiedenen Aspekten ihrer Arbeit herauszufinden. Generell ließ sich zwischen der Arbeitsweise des Vorgesetzten und seinen Ansichten über seine Arbeit und der Produktivität der Gruppe eine ziemlich konsistente Relation beobachten.

Demnach scheint es in den einzelnen Betrieben, zumindest im Hinblick auf die Produktivität, eine völlig richtige und eine ausgesprochen falsche Methode der Aufsichtführung zu geben. Da die Michigan-Forschungsgruppe jedoch zugleich genügend Ausnahmen von ihrer generellen Beobachtung entdeckte, hat sie von vorneherein darauf aufmerksam gemacht, daß sie hier zwar auf einen wichtigen *Teil* der Motivation gestoßen ist, daß es sich aber keinesfalls um die Gesamtheit der Motivation handelte.

Daß die verschiedenartigen Aufsichtsmethoden einen nachweislichen Effekt auf die Leistung des Arbeiters haben, steht heute außer Zweifel. Man kann sogar in etwa die von allen am effizientesten Methode angeben, die zumindest für die Mehrzahl der bisher getesteten unterschiedlichen Rahmenbedingungen vergleichsweise günstig ist. Doch wird gleichzeitig immer offenkundiger, daß andere Kontrollmethoden in der jeweils richtigen Umgebung ebenfalls positiv zu beurteilen sind und daß die Forscher der Michigan-Universität und anderer Hochschulen sich nun damit auseinandersetzen müssen, welche dieser Methoden unter welchen Bedingungen die besten Ergebnisse erzielt.

Aller Voraussicht nach wird sich kaum eine Allzweck-Formel finden lassen, die für alle Bedingungskonstellationen gilt, sondern man wird sich vielmehr auf eine ziemlich komplexe Formel einigen müssen, die sowohl eine *generelle*, für die Mehrzahl der Fälle zutreffende Methode, als auch eine Reihe von *speziellen* Methoden der Aufsichtführung umfaßt, die unter völlig verschiedenartigen spezifischen Umständen effizienter sind. Zunächst werden wir uns mit den Untersuchungen der Michigan-Gruppe befassen, die sie zu der Betonung der sogenannten »angestelltenorientierten Aufsichtführung« veranlaßte, und dann mit erst neuerdings gemachten Einschränkungen, daß andere Methoden manchmal effizienter sein können.

1947 begannen Rensis Likert und Daniel Katz mit der Durchführung eines Forschungsprogramms, das derzeit noch läuft und dessen Zielsetzung darin besteht, »die Bedingungen (zu entdecken), die für ein hohes Funktionsniveau der Gruppe und für ein hohes Niveau der individuellen Befriedigung der Gruppenmitglieder ausschlaggebend waren«. Die erste im Rahmen dieser Versuchsreihe liegende Untersuchung fand in der Zentrale der Prudential Insurance Company of America in Newark, New Jersey, statt. Ihr Untersuchungsgegenstand war die Produktivität der Büroangestellten, und ihre Untersuchungsmethoden waren die subtilsten, die es je in der Motivationsforschung gegeben hatte[5)].

Bei der Prudential-Versicherung bewirkten die üblichen Einstellungsverfahren und Sozialleistungen, daß sämtliche Fähigkeiten und Befriedigungsniveaus der zahlreichen Büroeinheiten der Gesellschaft nivelliert wurden. Fast die Gesamtheit der Arbeitskräfte kam aus dem Newark-Gebiet und lebte unter ziemlich ähnlichen Bedingungen. Folglich war die Organisation der Verwaltung ausgesprochen günstig für die Forscher, da sie möglichst alle »äußeren« Faktoren, welche die von ihnen zu untersuchende Situation in irgendeiner Form beeinflussen konnten, konstant halten wollten. Ein weiterer glücklicher Umstand war, daß die Produktivitätsergebnisse der einzelnen Abteilungen schon seit längerer Zeit aufgezeichnet worden waren, so daß man mit ziemlicher Sicherheit angeben konnte, welche Gruppen ständig den größten Teil der Büroarbeit bewältigten und welche ständig hinterherhinkten. Die Michigan-Forscher stellten 12 Gruppen mit hoher und 12 mit niedriger Produktivität fest, die sich hinsichtlich ihrer Fähigkeiten, ihrer Lebensumstände und ähnlich wichtiger Aspekte offensichtlich kaum unterschieden. Sie machten sich nun an die Überprüfung der Faktoren, die in der direkten Arbeitsumgebung für diese Produktivitätsunterschiede verantwortlich sein konnten.

Natürlich hatten Mayos Untersuchungen wichtige Aufschlüsse geliefert. Anstatt sich jedoch allzusehr auf die Neigung der Arbeiter zur Bildung informeller Gruppen zu konzentrieren, beschäftigte sich das Michigan-Team vor allem mit dem Verhalten und der Einstellung ihrer unmittelbaren Vorgesetzten. Schließlich übermittelten in erster Linie diese Männer den Arbeitern die Auffassungen und die Politik der Unternehmensleitung. Ihr Auftreten war für den Arbeiter der unmittelbare und handgreifliche Beweis dafür, welche Einstellung der Betrieb ihm gegenüber besaß.

Die Forscher hatten ein Standardinterview ausgearbeitet, mit dem sie eine Reihe von aufschlußreichen Informationen über das Vorgehen der Vorgesetzten bei den verschiedenen Problemen am Arbeitsplatz erhielten. Überdies lieferte das Interview die erforderlichen Daten, um aus dem bei den Aufsichtführenden vorherrschenden Verhalten gegenüber den unter ihnen arbeitenden Leuten die notwendigen Schlüsse zu ziehen. Keiner der Vorgesetzten wußte zur Zeit des Interviews, daß die Produktivität seiner Gruppe etwas mit seiner Befragung zu tun hatte; so war in etwa gewährleistet, daß das üblicherweise vorhandene Maß an Vorsicht, das bei Teilnehmern solcher Umfragen ganz normal ist, bei beiden Gruppen in etwa gleich war. Schließlich erfuhren selbst die Interviewer erst nach beendeter Auswertung der Ergebnisse, ob der von ihnen befragte leitende Angestellte eine Gruppe mit hoher oder mit niedriger Produktivität unter sich hatte. Dadurch wurde vermieden, daß das Team die Tatsachen unbeabsichtigt im Sinne ihrer Theorie interpretierte.

Jeder Vorgesetzte wurde einzig und allein nach den Aspekten beurteilt, die er bei der Beschreibung des Umgangs mit seinen Leuten besonders betonte. Nachdem alle Daten ausgewertet waren, stellte das Michigan-Team fest, daß die Aufsichtführenden, die sich als »angestelltenorientiert« auszeichneten, im allgemeinen Gruppen mit hoher Produktivität unter sich hatten, wohingegen die Gruppen mit »produktionsorientierten« Vorgesetzten normalerweise niedrige Produktionsergebnisse aufwiesen. Somit hatte es den Anschein, als ob ein zu starkes Antreiben zur Arbeit genau das Gegenteil bewirkte.

Als »angestelltenorientiert« galt derjenige, der vor allem die Anleitung seiner Leute für essentiell hielt und für den die Beschleunigung der Produktion zweitrangig war. Natürlich läßt sich keine eindeutige Trennungslinie zwischen den beiden Aufgabenstellungen ziehen, und es wäre sicherlich nachteilig für die Produktivität gewesen, wenn einer der beiden Faktoren vernachlässigt worden wäre. Doch ging es hier gar nicht so sehr um die Vernachlässigung der Produktion, sondern vielmehr um den jeweiligen Schwerpunkt, und bei den angestelltenorientierten Vorgesetzten der Prudential-Versicherung stand außer Zweifel, daß sie zuallererst an das Wohl ihrer Angestellten dachten.

Hinsichtlich der Methoden der Aufsichtführung ergab sich, daß die angestelltenorientierten Vorgesetzten in der Regel nur generelle Anweisungen erteilten, um den Arbeitsvorgang in etwa darzulegen, die weiteren Einzelheiten überließen sie jedoch den Arbeitern. Sie führten auch keine besonderen Kontrollen durch, um sich über das Vorankommen bei der Arbeit zu informieren. Sie setzten voraus, daß ihre Leute genügend Verantwortlichkeit und Fähigkeit besaßen, um ihre Arbeit ohne ständigen äußeren Druck ordentlich zu verrichten. So lösten ihre Untergebenen den Hauptteil der in der betreffenden Abteilung auftretenden Produktionsprobleme selbständig.

Wenn die klassische Theorie über die Notwendigkeit der Beaufsichtigung zutreffen würde, hätte für die von angestelltenorientierten Vorgesetzten geleiteten Gruppen schlechte Disziplin und Ineffizienz, Drückebergerei und Sozialisierung und überdies eine sehr nachlässige Handhabung ihrer Arbeit charakteristisch sein müssen. Die Fakten sprachen jedoch dagegen, von 9 in der Untersuchung als angestelltenorientiert herausgefundenen Vorgesetzten wiesen 6 Gruppen genau entgegengesetzte positive Merkmale auf. Anstatt die Milde ihres Aufsichtführenden auszunutzen, arbeiteten die Mitglieder dieser Gruppen schnell und ohne das geringste Zeichen von Verdruß. Der Kameradschaftsgeist hatte, wenn überhaupt, einen vorteilhaften und beschleunigenden Effekt und führte keineswegs zur Verschwendung der Arbeitsenergie an zeitvergeudende Aktivitäten. Alles in allem schien die Abteilung unter der Leitung eines angestelltenorientierten Vorgesetzten generell recht zufrieden zu sein.

Ein Abteilungsleiter galt dann als »produktionsorientiert«, wenn er seine Hauptaufgabe darin sah, seine Leute ständig zur Arbeit anzuhalten, und wenn er sie vornehmlich als Instrumente zur Erfüllung des Produktionsziels betrachtete, ohne auf ihre menschlichen (den seinen sehr ähnlichen) Bedürfnisse und Empfindungen Rücksicht zu nehmen. Er war distanzierter und zurückhaltender, »objektiver«, wenn man so will, als der angestelltenorientierte Vorgesetzte. Er zögerte nicht, selbst in den Arbeitsprozeß einzugreifen, wenn eine Sache nicht zu seiner Zufriedenheit lief, und so war es auch nicht ungewöhnlich für ihn, daß er einen Teil der Arbeit persönlich verrichtete, wenn ihm dies als der schnellste und beste Weg erschien. Er gab sehr genaue Anweisungen und achtete genauestens auf alle möglichen Abweichungen. Im Gegensatz zum angestelltenorientierten Vorgesetzten war der produktionsorientierte aktiver und wachsamer und übte einen stärkeren Druck auf seine Leute aus. Man könnte nun anführen, daß der produktionsorientierte Vorgesetzte genau das tat, was die Betriebsleitung von ihm erwartete, und zwar weitaus gewissenhafter als sein angestelltenorientierter Kollege. Doch widerlegen die Ergebnisse diesen Eindruck. Von acht in der Untersuchung als produktionsorientiert bezeichneten leitenden Angestellten hatten sieben Gruppen mit niedriger Produktivität unter sich. Demnach bestand hier ein paradoxes Verhältnis: Die Verrichtung der Büroarbeit bei der Prudential-Versicherung war offenbar dann am effizientesten, wenn dafür gesorgt wurde, daß persönliche Beziehungen unter den Arbeitnehmern reibungslos verliefen – und die Arbeit sich selbst überlassen wurde!

Die Forschung hatte also einen neuerlichen Beweis erbracht, daß die Überbetonung der Produktivität auf Kosten der Würde des Arbeiters letztlich ihren Zweck verfehlte. Sie wies darauf hin, daß Desinteresse und mangelndes Verantwortungsbewußtsein, die eine strengere Aufsicht beheben sollten, nicht etwa die »natürliche« Haltung der Arbeitnehmer gegenüber ihrer Beschäftigung waren, sondern vielmehr die *Konsequenz* einer derart strengen Aufsichtführung darstellten. Danach ähnelte der Versuch, die Produktivität einer Gruppe durch verstärkten Druck zu verbessern, dem Unterfangen, ein Feuer mit Hilfe von Benzin zu löschen.

Es wäre natürlich denkbar gewesen, diese Ergebnisse genau entgegengesetzt zu interpretieren, so daß sich die angestelltenorientierten Aufsichtführenden ihre Gelassenheit einfach deswegen leisten konnten, weil sie zufällig relativ gereifte und effiziente Gruppen unter sich hatten, während die bei anderen festzustellende Produktionsorientierung eine reine Reaktion auf die Faulheit und Ineffizienz ihrer Gruppen war. Die Michigan-Gruppe hielt diese Interpretation jedoch für eine nicht ernst zu nehmende Hypothese. So erklärte sie beispielsweise überhaupt nicht, weshalb es Gruppen mit hoher und mit niedriger Produktivität gab, da doch alle Gruppen nach ihren Fähigkeiten und anderen hervorstechenden Eigenschaften weitgehend aufeinander abgestimmt waren. Weit wichtiger noch, sie vernachlässigte den Tatbestand, daß die beiden Vorgesetztentypen nachweislich voneinander abweichende persönliche Wertvorstellungen und Einstellungen besaßen. Während der angestelltenorientierte Typ in der Regel kooperativ, demokratisch und vernünftigen Ideen gegenüber aufgeschlossen war, neigte der produktionsorientierte Typus zu einer defensiven, autoritären Haltung und willkürlichen Urteilen. Sie waren also zwei völlig andersartige Menschentypen und behandelten ihre Gruppen genauso, wie man es in Anbetracht ihres Charakters von ihnen erwartet hätte.

Die Michigan-Gruppe nahm weiterhin an, daß die Produktivitätsunterschiede sich durch die Wechselwirkung von Aufsichtsmethode und Motivation der Arbeiter allmählich verstärkt hatten. Erhielt beispielsweise ein angestelltenorientierter Vorgesetzter durch Beweise echter Anteilnahme und durch nicht allzu hartnäckiges Leistungsdenken gute Resultate, so wird ihn dies möglicherweise zu einer noch weniger strengen Kontrolle ihrer Arbeit veranlassen, was sich wiederum günstig auf ihre Leistungen auswirken dürfte usf. Demgegenüber mag der produktionsorientierte Vorgesetzte wegen seiner zu offenen Einmischung in den täglichen Arbeitsfluß auf Widerstand stoßen, der sich in verschlechterten Produktionsergebnissen niederschlägt – in der Absicht, diesem Zustand abzuhelfen, würde der Aufsichtführende seinen Druck wiederum verstärken usw. Dadurch könnte sich ein Circulus vitiosus bilden, in dem jede Seite auf ihrer Haltung beharrt und damit den anderen noch mehr aufstachelt. Somit ist es denkbar, daß sich die Produktivitätsergebnisse von ursprünglich gleichartigen Gruppen entgegengesetzt entwickeln, weil die Unterschiede in der Aufsichtführung immer deutlicher hervortreten.

Die Verschiedenartigkeit der Vorgesetzten war jedoch nicht subjektiv bedingt. Es gab gewisse Anhaltspunkte dafür, daß die Behandlung, die sie durch ihre Vorgesetzten erfuhren, einen nicht unerheblichen Einfluß auf ihre divergierende Arbeitsauffassung ausübte. Besonders wenn ihnen von oben relativ wenig Verfügungsgewalt delegiert wurde und sie statt dessen sehr genaue Direktiven über die Aufgaben und die Art ihrer Ausführung erhielten, konzentrierten sie ihre Aufmerksamkeit stärker auf die routinemäßigen Arbeitsverrichtungen ihrer Angestellten und ließen deren persönliche Empfindungen mehr oder weniger außer

Betracht. Somit schien sich die Wechselwirkung zwischen Kontrollmethoden und Reaktion der Untergebenen sowohl nach oben auf das Management als auch nach unten auf die Angestellten zu erstrecken.

Die Prudential-Studie lieferte der Michigan-Gruppe stichhaltige Beweise, daß die Art der Aufsichtführung und die Gruppenmotivation interdependent sind und daß demzufolge die für die Produktion effizienteste Methode in erster Linie das Bedürfnis der Arbeitnehmer nach Aufmerksamkeit und Achtung zu berücksichtigen hatte. Weitere gleichartige Studien in mehreren anderen Industriebetrieben und unter verschiedenartigen Rahmenbedingungen haben diese Ergebnisse bei der Prudential-Versicherung im großen und ganzen bestätigt. So zeigten zum Beispiel die zur Schienen-instandhaltung eingesetzten Truppen einer Eisenbahngesellschaft gegenüber unterschiedlichen Aufsichtsmethoden im wesentlichen dieselben Reaktionen; das gleiche gilt für die Produktionsarbeiter einer Landmaschinenfabrik. Statt sich mit zunehmendem Wissen zu vereinfachen, scheint wie bei den meisten Forschungsergebnissen der Problemkreis der angestelltenorientierten Aufsichtführung immer komplizierter zu werden.

Zunächst einmal ist offensichtlich, daß die angestelltenorientierte Methode auch ins Extrem ausschlagen und die Produktivität aller Wahrscheinlichkeit nach beeinträchtigen kann. Die Forschungen der Michigan-Universität halten die angestellten- und die produktionsorientierte Methode der Aufsichtführung keineswegs für völlig inkompatibel. Bei der Betrachtung dieser Studien bemerkt Robert L. Kahn[6)], daß »die meisten erfolgreichen Vorgesetzten die angestellten- und produktionsorientierte Methode *kombinieren*, indem sie die ihnen am meisten zusagende Synthese zwischen beiden schaffen. Die einseitige Anwendung vermag manchmal unter den Arbeitern eine oberflächliche Popularität zu erzeugen, obwohl diese unseres Erachtens nach im Laufe der Zeit durch Gefühle der Ziellosigkeit und der Unerfülltheit ersetzt werden würde.«

Andererseits hat eine einseitige Betonung der Produktion wiederholt relativ schnell zu schlechter Arbeitsmoral und niedriger Produktivität geführt. Kahn ist der Ansicht, daß der Vorarbeiter, der keinerlei Schwerpunkte setzt – also weder für die Arbeiter noch für die Produktion –, der von allen am wenigsten effiziente ist. Danach ist also die angestelltenorientierte Aufsichtführung – wie immer wir sie auch definieren wollen – nur innerhalb eines gewissen Bereiches oder bis zu einem bestimmten Grad effizient; hält sie sich nicht an diese Grenzen, kann sie leicht zur bloßen Karikatur einer vorbildlichen Anleitung werden. Diese Karikatur entspricht genau den Vorstellungen ihrer Kritiker und stimmt mit dem überein, was der produktionsorientierte Vorgesetzte einzutreten befürchtet, wenn er sich persönlicher geben würde. Es ist jedoch eindeutig, daß es einen Mittelweg *gibt* und daß einige Vorgesetzte diesen Mittelweg besser zu gehen wissen als andere.

Es wurde auch mehrfach angeführt, daß die Unterschiede zwischen diesen beiden Vorgesetztentypen zu fundamental und zu tief verwurzelt seien, als daß sie durch Umschulung beseitigt werden könnten. Wenn dies zutrifft, würde dies den menschlichen Aspekt der Human Relations schlagartig von einem Problem der *Ausbildung* – als das es üblicherweise gesehen wird – in ein Problem der *Auswahl* von leitenden Angestellten verwandeln. Danach wäre G. B. Shaws Bemerkung gar nicht einmal so satirisch: »Es ist nicht die Macht, die den Menschen korrupt macht. Es sind vielmehr die Narren, die, wenn sie in eine Machtposition gelangen, die Macht korrumpieren.«

Mittlerweile gibt es genügend Beweismaterial, aus dem hervorgeht, daß die angestelltenorientierte Form der Aufsichtführung nicht unter allen Umständen die günstigste ist. Wir haben heute Grund zu der Annahme, daß produktionsorientierte Methoden kurzfristig ebenso gute Produktivitätsergebnisse erzielen können wie angestelltenorientierte. Die Äquivalenz hängt wohl weitgehend davon ab, inwieweit die Tätigkeit gegenseitige Verläßlichkeit der Arbeiter bedingt, inwieweit das Verhalten des Vorgesetzten konsistent ist, und sie hängt zum Teil von der Persönlichkeit der Arbeiter ab.

In einer ihrer Untersuchungen[7)] wählte die Michigan-Arbeitsgruppe vier in etwa »passende« Büroabteilungen einer großen Unternehmung aus, die alle die gleiche Arbeit verrichteten. Zwei dieser Abteilungen wurden einer strengen produktionsorientierten Kontrolle unterworfen, während die beiden anderen demokratischeren Bedingungen unterlagen und die Arbeitnehmer zum Teil selbst die Kontrolle übernahmen.

In den produktionsorientierten Gruppen wurden die Entscheidungen größtenteils von der Abteilungsleitung direkt oder aber von ihr unmittelbar untergeordneten leitenden Angestellten getroffen. Manager überwachten objektive Statistiken des Arbeitsprozesses und gaben die entsprechenden Anweisungen, ohne Rücksicht auf die möglichen Empfindungen der einzelnen Arbeitskräfte. Die diesen unmittelbar vorgesetzten Angestellten sorgten für die Ausführung der Entscheidungen und leiteten so eine bestens kontrollierte, streng disziplinierte Abteilung. Den Managern wurde ein jährliches ansteigendes Produktivitätssoll vorgegeben, und sie bemühten sich, dies Soll nach klassischer und unpersönlicher Art zu erreichen, indem sie die Belegschaft verringerten und aus dem Rest die maximale Leistung herauszupressen versuchten.

In den beiden angestelltenorientierten Gruppen wurde bewußt versucht, die Entscheidung soweit wie möglich den betroffenen Leuten selbst zu überlassen. Die Aufsichtführenden wurden darin unterrichtet, wie sie ihre Leute zur weitgehend selbständigen Arbeit anleiten konnten. Dabei versuchte man insbesondere, dem Arbeiter das Gefühl zu geben, er sei geachtet, man halte ihn für verantwortungsbewußt und er gelte auch mit seinem noch so geringen Beitrag für sein Team als unersetzlich.

Diese Untersuchung unterschied sich insofern von den bisherigen, als es sich hier nicht mehr um vornehmlich klinische Beobachtungen von Vorgesetzten handelte, deren Gruppen bei der Messung divergierende Leistungen zeigten, sondern daß man statt dessen als Ausgangspunkt Gruppen mit weitgehend gleichen Leistungen wählte und diese mit unterschiedlichen Aufsichtsmethoden konfrontierte. Aus der Sicht des Forschers und der Glaubwürdigkeit seiner logischen Folgerungen ist diese Art des Vorgehens sehr viel eleganter als die rein klinische Methode. Das Risiko ist viel geringer, daß irgendwelche versteckten oder unbekannten Faktoren die Ergebnisse entscheidend beeinflussen und daß dies irrtümlich der variablen zugeschrieben wird, die den Forscher speziell interessiert – in diesem Fall also der spezifischen Aufsichtsmethode. Diese Studie hätte also von ihrer Anlage her die Überlegenheit der angestelltenorientierten Methode endgültig demonstrieren und die letzten Zweifel beseitigen müssen.

Tatsächlich stellte sich jedoch heraus, daß die produktionsorientierten Gruppen nach einem Jahr eine Produktivitätssteigerung um 25 v. H. erzielt hatten, während die entsprechende Zuwachsrate bei den angestelltenorientierten Gruppen nur 20 v. H. betrug. Wenn der Unterschied auch nicht ausreicht, um die produktionsorientierte Methode als eindeutig überlegen zu beweisen, so steht doch außer Zweifel, daß unter gewissen Bedingungen ein härteres Vorgehen mindestens ebenso gute Resultate erzielt wie die subtileren und demokratischeren Methoden.

Die Forscher der Michigan-Universität konzedieren dies auch, zumindest im Hinblick auf kurzfristige Produktivitätseffekte. Aber sie führen gleichzeitig an, daß daneben noch weitere Unterschiede zwischen den einzelnen Gruppen bestanden und daß diese die angestelltenorientierten Gruppen mit der Zeit voraussichtlich in Führung gebracht hätten. Anhand von Verhaltensskalen vor und nach der Untersuchung wurde festgestellt, daß die Loyalität, das Interesse und die Anteilnahme an der Arbeit bei den produktionsorientierten Gruppen nachgelassen hatten, während in den angestelltenfreundlichen Gruppen bei den Arbeitern das Gefühl gestiegen war, daß sie persönlich für die Ausführung der Arbeit verantwortlich waren. Bei vorübergehender Abwesenheit des Vorgesetzten pflegten die letzteren im allgemeinen weiterzuarbeiten, wogegen die produktionsorientierten Gruppen häufig ihre Arbeit unterbrachen. Erstere begannen die leistungsstarken »Akkordbrecher« unter ihnen zu bewundern oder zumindest zu tolerieren, so daß die Neigung zu künstlicher Outputrestriktion merklich abflaute. In den produktionsorientierten Gruppen waren dagegen das klassische Mißtrauen gegenüber dem Leistungsstarken und das Bemühen, ihn durch Druck zur Anpassung an das allgemeine Niveau zu zwingen, deutlich vorhanden.

Daher blieb die Michigan-Gruppe bei ihrem Standpunkt, daß – ungeachtet der Produktivitätsergebnisse – die angestelltenorientierten Gruppen am Ende des Experiments insgesamt in besserer gesundheitlicher Verfassung waren und ihre hohen Leistungen eher aufrechterhalten konnten als die produktionsorientierten Gruppen. Tatsächlich ergab sich alsbald, daß die Zuwächse der letzteren scheinbar auf Kosten ihrer Fähigkeit zu einer dauerhaft hohen Produktivität erreicht worden waren. Somit hatte die produktionsorientierte Aufsichtführung gewissermaßen indirekt mit zu ihrer Niederlage beigetragen.

Natürlich muß das Michigan-Team seine Ansicht noch beweiskräftig untermauern. Es wäre zumindest vorstellbar, daß eine produktionsorientierte Gruppe unter gewissen Bedingungen ihre hohe Produktivitätsrate auf unabsehbare Zeit aufrechtzuerhalten vermag. Selbst wenn diese Möglichkeit zuträfe, würde das Management dennoch ein schwerwiegendes und völlig unnötiges Risiko eingehen. Bei einer derart überempfindlichen Moral und Kooperation in der Belegschaft müßte das Unternehmen schon extremes Glück haben, um Streiks, Outputrestriktionen, Verschwendung, hohe Fluktuation und andere produktivitätsmindernde Vorkommnisse zu vermeiden.

Andere Studien haben gezeigt, daß produktionsorientierte Aufsichtsmethoden unter bestimmten Bedingungen nicht nur kurzfristig vorteilhafter sein können. Victor H. Vroom und Floyd C. Mann[8)] untersuchten dies Problem in einer großen Güterspedition. Sie fanden einen Arbeitsvorgang, das Verladen der Güter, bei dem die Männer vornehmlich in kleinen, stark voneinander abhängigen Gruppen arbeiteten. Die Art ihrer Tätigkeit erforderte engste Teamarbeit und mehr oder weniger kontinuierlichen Kontakt der Männer mit ihren Vorgesetzten. Die Packer zeigten die mittlerweile hinreichend bekannte Präferenz für den gerechten angestelltenorientierten Vorgesetzten.

In einer anderen Gruppe, die sich aus Lastkraftwagenfahrern und ihren Versendern zusammensetzte, ergab sich dagegen ein völlig anderes Bild. Diese Männer verbrachten ja auch den größten Teil ihrer Arbeitszeit allein oder zumindest ohne unmittelbaren gegenseitigen Kontakt. Sie waren bei ihrer Arbeit weitgehend auf sich selbst gestellt und daher kaum voneinander abhängig, höchstens in bezug auf die exakten Informationen, die sie von ihren Versendern benötigten. Sie bevorzugten daher eine autoritäre Aufsichtführung.

Es ist natürlich denkbar, daß Lastwagenfahrer und Packer von Natur aus zwei ganz unterschiedliche Menschentypen sind. Vroom und Mann hatten jedoch den Eindruck, daß die Art der Tätigkeit den Männern gewisse Verhaltensmaßregeln auferlegte, so daß die bevorzugte Aufsichtsmethode sich mehr oder weniger auf das Maß der gegenseitigen Abhängigkeit zurückführen ließ. So erschien ihnen zum Beispiel ganz plausibel, daß in Gruppen, die zwangsläufig aufeinander angewiesen waren, mögliche Meinungsverschiedenheiten die Arbeitsmoral (und die Produktivität) stark gefährden konnten. Daher könnte ein demokratischer Vorgesetzter, der die Persönlichkeit der Arbeiter unterstützte und ihre Stimmungsumschwünge in Grenzen hielt, eine derartige Gruppe noch am ehesten im Gleichgewicht halten. Andererseits ist bei einer mehr individuellen Tätigkeit weniger die Harmonie als vielmehr das Vertrauen ausschlaggebend, damit jeder weiß, was tatsächlich von ihm erwartet wird. Unter diesen Umständen mag ein autoritärer Vorgesetzter mit einer festen, allen Unsinn ausschließenden Haltung eher dazu geeignet sein, die Anforderungen klarzumachen und Verwirrung und Vorwürfe zu vermeiden.

Diese Theorie von Vroom und Mann liefert zugleich eine Erklärung für die unterschiedliche Reaktion der Leute auf die angestelltenorientierte Aufsichtführung. Es wäre immerhin denkbar, daß bei bestimmten Verrichtungen Arbeiter, deren Persönlichkeit zwar unterstützt wird, die aber keine klaren Anweisungen erhalten, entweder nicht leistungsfähig *oder* aber nicht glücklich wären. Wenn diese Möglichkeit auch kaum die zentralen Ideen der Human-Relations-Theorie widerlegen kann, so unterstreicht sie dennoch die Grundthese, daß die meisten Menschen ein natürliches Verantwortungsbewußtsein gegenüber ihrer Arbeit besitzen und daß Apathie, bewußte Obstruktion und Nachlässigkeit von Bedingungen herrühren, die es ihnen schwermachen, dieser Verantwortung nachzukommen. Daneben hat Vroom den Beweis erbracht, daß die Folgen der Aufsichtführung in beträchtlichem Umfang von der Persönlichkeit des einzelnen Arbeiters abhängen können[9]. Seine grundlegende Prämisse ist, daß ein Mann, der ein stark ausgeprägtes Unabhängigkeitsempfinden besitzt und vor den Inhabern leitender Positionen nicht extrem ehrfürchtig ist, Wert darauf legt, bei den seine Arbeit betreffenden Entscheidungen ein Wort mitreden zu dürfen. Ein derartig veranlagter Mensch wird dementsprechend unter einem System, das ein gewisses Mitspracherecht gewährt, mehr leisten als in einem System, in dem ihm ständig genaueste Anweisungen erteilt werden. Demgegenüber bezweifelt Vroom die Gültigkeit dieser Aussage für den Typ, der sich wohler fühlt, wenn er die Anweisungen eines Übergeordneten ausführen kann und nicht die Entscheidungen allein zu treffen braucht.

Zur Überprüfung seiner Theorien unternahm Vroom eine sorgfältige Analyse von 108 aufsichtführenden Angestellten in den großen Werken des United Parcel Service. Unter Verwendung von psychologischen Testverfahren, anhand derer er diese Männer in Gruppen mit Persönlichkeitsmerkmalen der einen oder der anderen Kategorie einordnete, fand Vroom, daß der erste Teil seiner Theorie tatsächlich zutraf: Die »unabhängigen« Angestellten waren zufriedener und zugleich leistungsfähiger, wenn sie die Möglichkeit erhielten, an Entscheidungen mitzuwirken, die ihre Arbeit betrafen. Bei den »abhängigen« Aufsichtführenden ließ sich dagegen kein derartiges Verhaltensmuster beobachten. Sie legten offenbar keinen Wert auf die Gelegenheit, an der Organisation ihrer eigenen Arbeit teilhaben zu dürfen, da sie teils davon Gebrauch machten, teils aber auch nicht. Keiner unter ihnen zeigte eine besonders ausgeprägte *Abneigung* gegen einen demokratischen Führungsstil. Aber im Gegensatz zu dem Enthusiasmus der unabhängigen Gruppen waren sie einfach indifferent. Der Effekt demokratischer Führung auf ihre Leistungskurven war ebenfalls gleich Null.

Danach scheint neben der Rolle, in die man bei seiner Arbeit innerhalb einer Organisation hineinversetzt wird, auch die Persönlichkeit des betreffenden Menschen dafür ausschlaggebend zu sein, wie empfänglich er für die verschiedenartigen Methoden der Aufsichtführung ist. Unterstellt man eine Gruppe mit starkem Unabhängigkeitsstreben einem Vorgesetzten, der auf alles den Daumen halten muß, werden Zwischenfälle fast unvermeidlich sein. Desgleichen werden gefügige Männer, die nur Unterwerfung und Respekt gegenüber ihren Vorgesetzten kennen und plötzlich jemandem unterstellt werden, der sie zur selbständigen Organisation ihrer Arbeit anhalten will, völlig verwirrt sein und sich fragen, ob er wirklich weiß, was er tut.

Vroom kritisiert nachdrücklich all jene Studien, die angeblich »beweisen«, daß der demokratische angestelltenfreundliche Führungsstil *die* Antwort auf alle Probleme der Arbeitsmoral und der Produktivität sei. Seines Erachtens zeigen diese Untersuchungen nur die Durchschnittsergebnisse des Mitspracherechts bei einer großen Gruppe. Leistungssteigerungen sind demnach weitgehend auf die günstige Reaktion eines *Teils* der Gruppe zurückzuführen – wobei dies noch nicht einmal ein großer Teil zu sein braucht. Theoretisch wäre denkbar, daß einige Gruppen so stark abhängig sind, daß sie negativ auf die Mitsprache reagieren, so daß das gesamte Leistungsniveau absinkt.

Indirekte Unterstützung finden diese Gedanken in einer Untersuchung, die die General Electric Company (GE) in einem ihrer Turbinen- und Generatoren-Werke durchgeführt hat[10]. In diesem Werk schien die *Konsistenz* im Leitungsstil des Vorarbeiters bedeutsamer zu sein als der *Stil* selbst. Dies Ergebnis ist besonders wichtig im Hinblick auf die Wahrscheinlichkeit, nach der eine großangelegte »Schulung in Human Relations« die leitenden Angestellten nicht sogleich in angestelltenfreundliche Menschen verwandelt, sondern vielmehr dazu führt, daß sie zwischen den neu erlernten Techniken und älteren ihnen aus der Macht der Gewohnheit noch anhaftenden Methoden hin und her schwanken.

In dieser Studie wurde der Leitungsstil (der als »demokratisch«, »autoritär« oder »beides« abgestuft war) von etwa 90 Vorarbeitern analysiert. Dann wurde eine Tabelle angelegt, in der die Reaktionen von etwa 300 ihrer Männer auf diese verschiedenen Methoden registriert wurden. Das Gros der Männer bevorzugte demokratische Aufsichtführung – was nicht anders zu erwarten war. Überraschenderweise besaßen jedoch die Arbeiter, die eine autoritäre Behandlung bevorzugten, eine *bessere* Arbeitsmoral als alle anderen.

Die GE-Forscher schlossen hieraus, daß es in diesem ständig auf Hochtouren laufenden Betrieb, in dem die Betonung traditionsgemäß auf der Produktion und nicht auf dem Arbeitnehmer lag, für den Arbeiter realistischer war, autoritäre Behandlung zu erwarten, als auf einen nachgiebigen Vorgesetzten zu hoffen. Der Arbeiter, den die derben Manieren eines autoritären Vorgesetzten nicht störten, war im allgemeinen weniger leicht zu enttäuschen als der Typ, der nach gleichwertiger Behandlung strebte. Die Nachfrage nach angestelltenfreundlicher Aufsichtführung ist wahrscheinlich viel größer als das Angebot – eine Realität, mit der sich der Arbeiter früher oder später abfinden muß. Das soll allerdings nicht heißen, daß demokratische Methoden in diesem spezifischen Werk bei der Mehrzahl der Arbeiter, die dieselben vorzogen, nicht besser angeschlagen hätten. Hier lag ganz einfach der Fall vor, daß man dem Wunsch der Minderheit nach einem starken Führer eher nachgegeben hatte als dem der Mehrheit nach demokratischer Behandlung.

Die schlechteste Moral des Werkes wurde unter den Männern festgestellt, deren Vorarbeiter *zwischen* den demokratischen und autoritären Extremen eingestuft worden waren. Das GE-Forscherteam hatte das Gefühl, daß sich diese Vorarbeiter inkonsistent verhalten hatten, indem sie einmal nachgiebig und ein andermal hart und unduldsam waren. Ihre Männer wurden dadurch frustriert und waren unfähig, ihre künftige Behandlung zu antizipieren. Der geborene autokratische Vorgesetzte, der einer Schulung in Human Relations unterzogen wurde, wird sich vermutlich genauso verhalten, indem er manchmal mit seinen neu erlernten Methoden experimentiert und manchmal sein altes Ich hervorkehrt – ein Verhaltensmuster, das die Arbeit unter ihm wahrscheinlich im Vergleich zu der Zeit *vor* seiner »Aufklärung« nur erschwert.

Demnach steht also fest, daß es keine einzigartige Methode der Aufsichtführung gibt, die unter allen Umständen nur die beste Seite bei allen Arbeitnehmern anspricht. Der Aufsichtsstil muß so beschaffen sein, daß er sowohl für die spezifische Arbeit als auch für die Arbeiter, die diese verrichten, angemessen ist. Überdies ist es gar nicht so unwahrscheinlich, daß vermehrte Forschung noch weitere Faktoren offenlegen wird, die miteinbezogen werden müssen. Je komplizierter die Gleichung wird, desto größer sind die Anforderungen, die an den einzelnen leitenden Angestellten gestellt werden hinsichtlich seiner Fähigkeit, die jeweilige Situation zu diagnostizieren und seine Rolle dementsprechend zu spielen. Es wäre einfach absurd zu erwarten, daß Indoktrination oder Ausbildung irgend jemand zu einer gleichermaßen geschickten Anleitung aller Arten von Gruppen befähigen könnte. Die Vielschichtigkeit der Arbeitsmoral und der Leitung erfordert, daß jeweils unterschiedliche Menschentypen für die verschiedenartigen Führungsaufgaben ausgewählt und ausgebildet werden.

Der Psychologe Rensis Likert, der dem Institut für Sozialforschung der Michigan-Universität vorsteht, war der erste, der sich eingehend mit den Michigan-Studien auseinandersetzte. Wie Mayo, so analysiert und verwirft auch er eine traditionelle »Theorie« der Aufsichtführung, die vom Management als mehr oder weniger feststehend hingenommen wurde, die aber die Forschung nicht nur als falsch, sondern zugleich als absolut ineffizient nachwies.

Da in der Vergangenheit die Unternehmen sich selbst bekanntermaßen nicht zum Untersuchungsgegenstand erhoben haben, besteht leicht die Gefahr, daß jede Behauptung, die ein zeitgenössischer Theoretiker über ihre angeblichen Vorstellungen vom Menschen aufstellt, nur dem Zweck dient, hinterher wieder zerrissen zu werden. Likert scheint diese Gefahr zu erkennen und ist daher mit »Verhaltensannahmen«, die er dem Management unterstellt, viel vorsichtiger als Mayo. So wirft er der Unternehmensleitung nicht etwa vor, daß sie in ihren Arbeitnehmern nur einen wüsten Haufen sieht, sondern seine Kritik am Management geht vielmehr dahin, daß es insgesamt zu folgerichtig handelt, daß es zu stark auf sichtbare Ergebnisse abzielt und sich zu wenig um die einzelne Person kümmert.

Likert bezeichnet seine Vorstellungen über die wünschenswerten Formen des Umgangs mit den Arbeitnehmern als eine »modifizierte Theorie« der Organisation und des Managements[11), 12)]. Diese Bezeichnung ist günstig, weil es sich bei Likerts Theorie nicht um eine radikale Veränderung, sondern um eine Neu-Interpretation einiger orthodoxer Vorstellungen über die bestmögliche Art der Unternehmensführung handelt. Seine Aussage besteht im wesentlichen darin, daß das Management bei seiner Konzentration auf Aktiva und Passiva, Gewinne und Verluste ganz einfach nicht weit genug gegangen ist. Es hat nämlich nicht erkannt, daß Arbeitnehmer auch Aktiva sind oder sein können, die genausoviel Interesse und Planung erfordern wie das Anlagevermögen, und daß eine Verschlechterung der Arbeitsmoral oder der Motivation als ein nicht zu unterschätzender Verlust gewertet werden muß.

Likert kennt natürlich die in allen jährlichen Geschäftsberichten zu findenden Passagen, in denen die Geschäftsleitung zur allgemeinen Besänftigung die Wichtigkeit guter Beziehungen zur Belegschaft betont. Er will auch die Intentionen, aufgrund derer diese Absätze geschrieben werden, keineswegs herabmindern. Aber er ist ganz einfach skeptisch, daß das Management derart hochgesteckte Ziele erreichen kann, wenn es an seinen herkömmlichen Methoden, mit denen es seine Belegschaft zufriedenzustellen sucht, festhält. Nach Likerts Ansicht hat das Management bisher versucht, die Kooperation und Ruhe mit differierenden Lohn-, Sozialleistungs- und Leistungsanreizvereinbarungen zu erkaufen, was einfach am

Kern des Problems vorbeigeht. Eine dauerhaft leistungssteigernde Motivation ergibt sich gewöhnlich aus der Reaktion auf einen besonderen Leitungsstil – und zwar aus dem interessierten, unterstützenden und unaufdringlichen Stil – und nicht so sehr aus Dankbarkeit für geldliche Entlohnung. Demzufolge ist die Investition eines Betriebes in ihre Angestellten keineswegs ausreichend abgesichert, wenn zwar alle gut bezahlt und versichert sind aber schlecht geleitet werden. Langfristig ist Effizienz einfach unvereinbar mit einer Leitung, die in erster Linie die Arbeitsverrichtung im Auge hat.

Dies ist natürlich dieselbe paradoxe Erscheinung, der die Michigan-Gruppe bei ihrer Arbeit sooft begegnet ist: daß nämlich eine scheinbar objektive, vernünftige Form der Aufsichtführung sich selbst einen »unvernünftigen« Widerstand schafft, der mit der Zeit ihre Wirksamkeit ins Gegenteil zu verkehren pflegt. Sie entspricht in etwa dem Versuch, einen flachen Kahn mit der Breitseite durch das Wasser vorwärts zu stoßen: Je stärker man stößt, desto größeren Widerstand leistet das Wasser. Die Ironie liegt jedoch darin, daß die Vorgesetzten, die den stärksten Druck ausübten und dabei am wenigsten Erfolg hatten, den grundsätzlichen Wünschen der Geschäftsleitung eher und genauer nachkamen als alle anderen Aufsichtführenden. Die fortgesetzt hohe Produktivität mied offenbar den Mann, der sich am meisten mit ihr befaßte, und fiel demjenigen in den Schoß, dessen Hauptinteresse einer guten Atmosphäre galt. Es schien fast, als ob man dem Interesse des Managements am besten diente, wenn man es ignorierte und statt dessen den Arbeitnehmern entgegenkam.

Diesem paradoxen Phänomen liegt ein ganz einfacher Gedanke zugrunde (so einfach, daß er fast selbstverständlich erscheint), der in Wirklichkeit einige recht revolutionierende Folgerungen impliziert. Dieser Gedanke besagt, daß die Verantwortung für die Produktion erwiesenermaßen in die Domäne des Arbeiters gehört und nicht in die des Vorgesetzten. Die eigentliche Funktion der Vorgesetzten ist die Bereitstellung von Informationen, Arbeitsmaterial und organisatorischer Anweisungen, die die Arbeiter für ihre Arbeit benötigen; ansonsten haben sie sich möglichst weitgehend zurückzuhalten. Dies impliziert natürlich, daß die meisten Angestellten in selbstdisziplinierten Gruppen arbeiten können, die wenig oder überhaupt keines Drucks bedürfen, um ihre Arbeitszeit produktiv zu verbringen. Hierin liegt der revolutionäre Aspekt dieser Vorstellungen, denn sie widersprechen den Erfahrungen jahrzehntelanger Managertradition. In seiner modifizierten Theorie stellt Likert effektiv die Behauptung auf, daß eine richtig angeleitete Gruppe den Stolz und den Wunsch aller Mitglieder nach Erfüllung hinreichend befriedigen kann, um alle möglichen Tendenzen zur künstlichen Produktionsbeschränkung überzukompensieren.

Likerts Ansicht nach kann auch die zu starke – von der Betriebsleitung häufig verlangte – Einmischung des Vorgesetzten in die täglich anfallenden Probleme der Produktion als »Usurpation« angesehen werden, die den letzten Rest von latenter Macht zerstören kann, mit der die Gruppe ihre Mitglieder möglicherweise zu produktiver Arbeit hätte anhalten können. Die verschiedenen Mängel und Unausgeglichenheiten der Arbeiter unterliegen dann nur noch der wachsamen Kontrolle des Vorgesetzten. Über kurz oder lang wird nun mehr er sich motiviert fühlen zu produzieren, da er als einziger noch persönliche Befriedigung aus der Produktion ziehen kann. Für die anderen wird die Produktion nicht länger eine persönliche Erfüllung sein, die ihnen ihre eigene Macht und Bedeutung in diesem System vor Augen hält; statt dessen wird sie der Preis sein für den Schutz vor den Demütigungen des Vorgesetzten, die ihnen dieser sonst zufügen könnte.

Somit liegt der Schlüssel zu einer leistungsmotivierten Arbeiterschaft in einem Aufsichtsstil, der bei den Arbeitern eine verstärkte Besitzergreifung von ihren Arbeitsplätzen bewirkt. Das Management ist an dies Problem oft zu negativ herangegangen, indem es den Arbeitern jegliche Kontrollbefugnis entzog, um Betriebsstörungen und Drückebergerei vorzugreifen. Likert plädiert für ein positives Vorgehen. Er schlägt vor, diese Kontrollbefugnis zu delegieren und dem Arbeiter durch die Möglichkeit der Selbstdisziplin Befriedigung zu verschaffen. Es muß in diesem Zusammenhang noch einmal besonders betont werden, daß es sich hier um eine Besitzergreifung der *Arbeitsplätze* handelt und nicht der Betriebe. Der Kontrollbereich, der delegiert werden muß, um die Bedingung zur Selbstmotivation zu erfüllen, ist viel begrenzter als der Bereich, der den meisten Geschäftsführern vorzuschweben scheint, wenn sie »das Recht der Betriebsleitung auf Leitung ihres Betriebes« verteidigen. Es geht hier keineswegs um die weitgehenden Kompetenzen der Entscheidungsbefugnis und der Zielfestsetzung, sondern vielmehr um die Verfügungsgewalt über den kleinen Ausschnitt des Gesamtbetriebes, den die Arbeiter täglich vor Augen haben.

Was würde aber aus dem seit langem angestrebten Ziel einer wissenschaftlichen Betriebsführung – nämlich der geordnete und vorhersehbare Gang der Ereignisse – werden, wenn jede Arbeitsgruppe zu einer unabhängigen, in sich geschlossenen Einheit werden würde? Wie könnte das Management planen, kontrollieren oder vorbeugen, wenn die endgültige Verwirklichung ihrer Pläne von den Launen ihrer Angestellten abhinge? Likerts Antwort hierauf ist, daß die autoritär strukturierte Betriebsleitung die Ereignisse keineswegs wirklich unter Kontrolle hat; daß in einem etwas weniger starren System eine größere Produktivität als bisher zu erwarten wäre – auch wenn sie vielleicht nicht genau vorherbestimmbar wäre – und daß dieser Begriff der »Kontrolle« insgesamt unecht ist, da er nicht mit den wirklichen Zielen der Unternehmensleitung vereinbar ist.

Das eigentliche Anliegen des Managements ist die Gewährleistung eines gewinnbringenden Einsatzes des Geschäftsvermögens; hieraus leitet sich als Ziel die Produktivität ab. Die Kontrolle ist dagegen nur eins der zahlreichen möglichen Mittel zum Erreichen dieses Ziels. Kontrollmaßnahmen haben sich jedoch schon sehr oft eher als leistungshemmend denn als produktivitätssteigernd erwiesen. Die größten Gewinne sind am ehesten dann gewährleistet, wenn man die künstlichen leistungsmindernden Hindernisse beseitigt und nicht etwa ein noch so übersichtliches und ausgeklügeltes Regelungssystem aufbaut.

Da die Motivation des individuellen Arbeiters die Triebfeder seiner Leistung ist, macht sich Likert an den Entwurf einer Organisationsform, in der der einzelne das Gefühl der Wichtigkeit und der Einflußmöglichkeit auskosten kann. Ein Arbeiter, der in seinem Betrieb effektiv etwas darstellt, der bei Angelegenheiten, die in seinen Aufgabenbereich fallen, um Rat gefragt wird und nicht nur Direktiven erhält, wird sich höchstwahrscheinlich mit seiner Arbeit identifizieren. Dementsprechend hervorragende Leistungen werden damit zu einer Frage des persönlichen Stolzes und sind nicht nur ein für den Arbeiter bedeutungsloses Bemühen um die Profite eines anderen. Der Schlüssel zu einer optimalen Verbindung zwischen den stärksten Aspirationen des einzelnen und den Zielen des Unternehmens ist die Mitgliedschaft des Arbeiters in einer Gruppe, der man ein gewisses Mitspracherecht eingeräumt hat – einer Gruppe, in der der Vorgesetzte nicht mehr die Rolle des Zwangausübenden oder Aufsehers verkörpert, in der er fördernd wirkt, Informationen vermittelt und vor allem die Persönlichkeit des einzelnen unterstützt. Das Mitspracherecht gehört zu einem jener komplizierten Begriffe, der die Liebhaber der Human Relations elektrisiert hat und dessen Bedeutung dadurch einer starken Verwässerung unterlag. Es muß natürlich irgendein Verfahren oder eine Reihe von Praktiken geben, damit das Mitspracherecht zu einer Routineangelegenheit des Managements wird; da aber die Anhänger der Human Relations die zu überwindenden Widerstände überbetonten und die zu ihrer Durchsetzung erforderliche geistige Haltung vernachlässigten, haben sie es fertiggebracht, das Mitspracherecht in ein ziemlich bedeutungsloses Ritual zu verwandeln. Grundsätzlich besteht das Mitspracherecht jedoch darin, daß man regelmäßig die erforderlichen Informationen erhält, um die bei der Arbeit anfallenden Entscheidungen treffen zu können, und daß diese Entscheidungen vom Management akzeptiert werden, womit dies zum Ausdruck bringt, daß es die zugrundeliegende Erfahrung achtet. Die Betonung liegt hier auf »achten«. Wenn das Mitspracherecht ein effizientes Instrument zur Mobilisierung der Leistungskraft der Arbeiter sein soll, muß es zunächst einmal auf der Einsicht des Vorgesetzten aufbauen, daß er ohne die freiwillige Hilfe seiner Leute seine Arbeit nicht richtig bewerkstelligen könnte, und zum anderen auf seiner Bereitwilligkeit, einen ausreichenden Anteil seiner Macht abzutreten, um diese Hilfe für sie attraktiv zu machen.

Likert sieht sehr wohl, daß es nicht leicht sein würde, eine Organisation zu erneuern, die traditionsgemäß soviel Macht wie möglich beim Management konzentrierte. Aber das Ziel ist sicherlich die Mühe wert, da die Vorteile, die aus der Nutzung latenter Motivationen bei den einzelnen Arbeitern erwachsen, fast unschätzbar sind. Aber weder das Mitspracherecht noch die angestelltenorientierte Aufsichtführung, noch irgendein anderer aufgeklärter Leitungsstil können aus sich heraus alle Arbeiter unter allen Umständen positiv beeinflusen. Die Michigan-Gruppe kann nicht etwa ein Patentmittel anbieten, sondern nur auf einen bisher stark vernachlässigten Bereich der Unternehmensführung hinweisen, in dem Verbesserungen möglich sind und unternommen werden sollten.

Kapitel 3

Die Pittsburgh-Studien

Eine der bisher anspruchsvollsten Studien auf dem Gebiet der Arbeitsmotivation wurde von Frederick Herzberg und seinen Mitarbeitern in der Psychologischen Abteilung von Pittsburgh unternommen[13]. Ihr lagen sorgfältige Interviews mit etwa 200 Ingenieuren und Buchhaltern zugrunde, die in 11 unterschiedlichen Betrieben in und um Pittsburgh beschäftigt waren. Diese Männer wurden aufgefordert, über Erlebnisse aus der Vergangenheit zu berichten, die in ihnen entweder besonders gute oder besonders schlechte Assoziationen in bezug auf ihre Arbeit hervorriefen. Außerdem sollten sie angeben, wie sich diese Vorkommnisse auf ihre Verhaltensweisen und ihre Leistung auswirkten und ob diese Auswirkungen von kurzer oder längerer Dauer waren. Wenn diese Interviews auch mit Genehmigung des Managements geführt wurden, so waren sie doch streng vertraulich, und jedem Teilnehmer wurde die Anonymität gewährleistet.

Das Pittsburgh-Forschungsteam erkannte sogleich, daß der Aufbau ihrer Studie die aus den vorhandenen Daten möglichen Schlußfolgerungen von vorneherein einschränkte. Erstens ist eine aus Ingenieuren und Buchhaltern bestehende Gruppe erheblich besser ausgebildet und weniger auf gute Beziehungen zu einem bestimmten leitenden Angestellten angewiesen als gelernte oder nur angelernte Arbeiter (die vornehmlich Gegenstand der bisher betrachteten Untersuchungen waren). Es ist relativ wahrscheinlich, daß Geistesarbeiter auf Einflüsse reagieren, die für den Büroangestellten oder einfachen Arbeiter von geringer Bedeutung sind und umgekehrt. Und dennoch lohnt sich eine gesonderte Analyse über die Motivation der akademisch und technisch vorgebildeten Kräfte, da deren Bedeutung in der Volkswirtschaft ständig zunimmt. Darüber hinaus können wir vielleicht Anhaltspunkte gewinnen über die bei den Arbeitern in Zukunft zu erwartenden Motive, die in einer zunehmend technologischen Wirtschaft und bei immer besser ausgebildeten Arbeitskräften den Vorrang erhalten werden.

Zweitens ist jede Untersuchung, die auf freiwilligen Angaben beruht, naturgemäß sowohl durch die Offenheit als auch durch das Selbstverständnis der Teilnehmer begrenzt. Mangelnder Offenheit läßt sich in gewissem Umfang durch geschickte Interviewtechniken abhelfen, doch gibt es demgegenüber keine Möglichkeit, um die aus mangelndem Selbstverständnis resultierenden Fehler zu beseitigen. Allerdings haben diese Nachteile wohl vor allem eine Begrenzung der Anzahl und der Tiefgründigkeit der Daten zur Folge und weniger eine Verzerrung des Inhalts der von den Teilnehmern mitgeteilten Erlebnisse. Daher hielt die Pittsburgh-Gruppe die Durchführung der Studie trotz dieser unvermeidlichen Schwächen für lohnend. Diese Entscheidung wurde nachträglich durch die Wichtigkeit der gefundenen Ergebnisse vollauf gerechtfertigt.

Wenn die analysierten Männer sich wohl fühlten bei ihrer Arbeit, war es gewöhnlich aufgrund eines Ereignisses, aus dem hervorging, daß ihre Arbeit besonders gut war oder daß sie in ihrem Fach immer sachverständiger wurden. Gefühle der Zufriedenheit oder des Sichwohlfühlens waren bei diesen Angestellten demnach an die spezifischen Aufgaben gebunden, mit denen sie betraut waren, und nicht an allgemeine Faktoren wie Geld, Sicherheit oder Arbeitsbedingungen. Demgegenüber beruhten Gefühle des Unbehagens gewöhnlich auf einer Beeinträchtigung genau dieser Faktoren, wenn diese in ihnen den Eindruck erweckten, sie würden unfair behandelt.

Aufgrund dieser Ergebnisse unterschied die Pittsburgh-Gruppe fortan zwischen sogenannten »Motivatoren« und sogenannten »Hygienefaktoren«. Ein Motivator ist ein Einfluß, der der Einstellung oder der Leistung in der Regel Auftrieb verleiht. Hygienefaktoren erzeugen dagegen keine Verbesserungen, sondern können allenfalls eine *Verschlechterung* der Arbeitsmoral oder der Leistungsfähigkeit *verhindern.* Sie bilden die Voraussetzung für eine wirksame Motivation, können aber nicht selbst Motivationen hervorrufen: Sie können also nur die Moral festigen. Dadurch wirken sie jeder wirklich ernsthaften Unzufriedenheit oder jedem Leistungsabfall von vorneherein entgegen und ebnen dem Motivator den Weg. Am wichtigsten ist jedoch, daß die Hygienefaktoren den einzelnen überhaupt nicht in seinem Wunsch nach guten beruflichen Leistungen bestärken.

Es war eindeutig, daß bei dieser Gruppe von Ingenieuren und Buchhaltern als eigentliche Motivatoren nur die Gelegenheiten in Frage kamen, die ihr Sachwissen vergrößerten und die Übertragung von Aufgaben mit höheren Anforderungen boten. Gehalt, Arbeitsplatzsicherheit und Arbeitsbedingungen waren Hygienefaktoren: Waren sie unzulänglich, übten sie einen deutlich negativen Einfluß auf die Haltung dieser Männer aus; dagegen hatten sie keine ausgesprochen positiven Auswirkungen, wenn sie richtig gestaltet waren. Demnach war es ziemlich sinnlos, die Motivation dieser Männer nur im Zusammenhang mit guter Bezahlung, der Bereitstellung von zusätzlichen Sozialleistungen und einem angenehmen Arbeitsplatz zu sehen. Diese Faktoren würden überhaupt keine Motivation hervorrufen. Hätte man den Männern hingegen diese Leistungen entzogen, dann hätte sich ihre Motivation erheblich verschlechtert!

Das gleiche Prinzip schien auch für die sogenannten guten Aufsichtsmethoden gültig zu sein, wie zum Beispiel die Anerkennung der Individualität des Arbeitnehmers und seine faire Behandlung, und ebenso für die Kommunikationsprogramme, mit denen die Männer über die Ziele und die Politik der Unternehmensleitung auf dem laufenden gehalten werden sollten. Diese erweckten in den »Versuchspersonen« weder eine ausgesprochen positive Einstellung gegenüber ihrer Arbeit noch den Wunsch, eifriger zu arbeiten. Wenn dagegen die Aufsichtführung taktlos und die Kommunikation schlecht war, machte sich schnell Entmutigung breit, und die Männer arbeiteten gerade soviel wie nötig.

Überraschenderweise fand die Pittsburgh-Gruppe heraus, daß weder die traditionellen Brot-und-Butter-Motivatoren *noch* die intellektuelleren Human Relations-Motivatoren irgendwelche Motivationen auslösten. Zumindest für diese Gruppe war das Vorhandensein dieser Faktoren eine Minimalforderung, ohne deren Erfüllung sie das Beschäftigungsverhältnis überhaupt nicht eingegangen wären. Wollte man diese Männer dagegen über das eintönige, zwar befriedigende, aber nicht besonders reizvolle Niveau der Motivation hinausbringen, so bedurfte es schon zusätzlicher Bedingungen: Wichtig war, daß sie Spielraum für persönliche Initiative und eigene Ideen erhielten, experimentieren und die bei ihrer Tätigkeit auftretenden Probleme nach eigenen Anschauungen lösen konnten. Ihr Motivator war die Selbständigkeit bei ihrer Arbeit, die materiellen Belohnungen waren demgegenüber nebensächlich.

Offenbar bleiben Motivatoren in einer Umgebung ohne Hygienefaktoren wirkungslos, und die letzteren besitzen wiederum ohne das Vorhandensein von Motivatoren nur einen oberflächlichen und unmerklichen Effekt. Für die Aufrechterhaltung einer hohen Produktivität und für eine befriedigende und nicht als unvermeidliche Last empfundene Arbeit sind alle beide unentbehrlich. Durch die Erkenntnis dieser Interdependenz konnte das Pittsburgh-Team die zahlreichen die Motivation determinierenden Faktoren in ein ausgewogenes und realistisches Verhältnis zueinander bringen, ohne daß ein Faktor auf Kosten irgendeines anderen überbetont wurde. Dies war eine beachtliche Leistung.

Die meisten Ereignisse, die nur vorübergehend positive Gefühle auslösten, waren irgendwelche Beweise der Anerkennung für gute Arbeit von anderen. Ein anerkennendes Schulterklopfen verursachte ein kurzes Gefühl der Befriedigung, das jedoch bald wieder verschwand. Zumindest in dieser Gruppe hatte das oft gepriesene Geheimmittel des Lobes nur vorübergehende Wirkung; um einen nachhaltigeren Effekt zu erzielen, hätte man es häufiger anwenden müssen, was leicht zuviel des Guten hätte werden können. Länger anhaltende Gefühle der Zufriedenheit entstanden nur durch Begebenheiten wie die Übertragung von interessanten Aufgaben, das Auskosten von beträchtlicher Verantwortung und die Beförderung auf wichtige Posten. Der Schlüssel zu einer besseren Motivation schien also in der Betrauung mit Aufgaben zu liegen, die die Männer bis an die Grenzen ihrer Kapazität auslasteten und die die wachsenden Fähigkeiten auf neue und schwierigere Aufgaben abstimmten.

Gute Aufsichtspraktiken hatten im wesentlichen einen hygienischen Effekt: Die Männer fühlten sich nicht vernachlässigt, sondern sie sahen, daß die Vorgesetzten nette Kollegen waren, denen ihre

Interessen am Herzen lagen. Nach Ansicht der Pittsburgh-Gruppe darf diese Form der Hygiene bei keiner Arbeitsgruppe fehlen. Doch ist sie wahrscheinlich auf dem Niveau der systematisch angeordneten Arbeitsplätze, deren Tätigkeiten oft standardisiert sind und sich ständig wiederholen, ausschlaggebender als auf dem Niveau geistiger Arbeit, bei der Motivatoren größeren Spielraum besitzen. Der Arbeiter in der Produktion, der oft seinen Tag mit der Ausführung von genau vorgeschriebenen Routinearbeiten verbringt, hat nicht viel Gelegenheit, um ein Wachsen an seiner Aufgabe bei sich erfahren zu können. Hygiene ist daher für ihn ein überaus wichtiger Faktor, und er kann auf ihr Fehlen sehr empfindlich reagieren – so wie er zum Beispiel auf ein desinteressiertes oder unfaires Verhalten des Vorarbeiters reagieren würde. Der geistige Arbeiter ist dagegen in einer glücklicheren Lage: »Ein Mann, der sich durch seine Arbeit herausgefordert, angeregt und befriedigt fühlt, wird viel eher einen schwierigen Vorgesetzten tolerieren[14].«

Die vom Pittsburgh-Team erfaßten Ingenieure und Buchhalter berichteten, daß sich ihre jeweilige Einstellung effektiv in ihrer Leistung niederschlug, daß der Unterschied jedoch eher qualitativ war und sich schlecht in reinen Outputveränderungen ausdrücken ließ. War ihre Einstellung zu ihrer Arbeit positiv, dann legten sie mehr Sorgfalt, Phantasie und fachliches Können an den Tag; war sie dagegen negativ, verhielten sie sich zwar nicht direkt nachlässig, aber kümmerten sich auch nicht allzu intensiv um feinere Details. Kurz gesagt brachte eine günstige Einstellung ihre Schöpfungskraft und ihren Wunsch nach Auszeichnung hervor, wogegen eine ungünstige Verfassung jeglichen Anreiz, über die minimalen Anforderungen hinauszugehen, zunichte machte.

Ein wichtiger Punkt ist, daß die Akademiker – wahrscheinlich aber auch die meisten Nichtakademiker – eigene Methoden der »Outputrestriktion« besitzen und daß diese Methoden sich nicht unbedingt in Produktionsstatistiken oder in den Messungen der Wirtschaftsingenieure niederschlagen müssen. Dabei wird weniger die Quantität als vielmehr der Einfallsreichtum und die Sorgfalt beeinträchtigt. Wenn diese Männer mit ihrer Arbeit unzufrieden waren, hatten die Betriebe in der Regel höchstens die rein routinemäßige Anwendung ihrer Begabungen und Fähigkeiten zu erwarten. Allein bei positiver Einstellung konnten die Gesellschaften von ihrer besonderen Begabung profitieren, die ihre Arbeit über das übliche Niveau hervorragen ließ. Für den einzelnen war es eine Frage der persönlichen Entfaltung oder einer wenig inspirierenden Konformität; für die Gesellschaft bedeutete dies entweder wirtschaftliches Wachstum oder Stagnation.

Unter Zusammenfassung aller Daten entwickelte die Pittsburgh-Gruppe eine Theorie der Arbeitsmotivation, die wichtige Folgerungen für unsere zunehmend technologische (und damit auch spezialisierte) Wirtschaft enthält. Sie übt gleichzeitig Kritik an verschiedenen vorhergehenden wissenschaftlichen oder andersgearteten Arbeiten, die auf diesem Gebiet veröffentlicht wurden. Die Gruppe beginnt mit der Feststellung der Vielfalt von »Bedürfnissen«, die den Arbeitern in verschiedenen Untersuchungen und von diversen Experten im Laufe der Jahre zugeschrieben worden sind. Dies hat viele Manager verwirrt und zu dem Schluß verleitet, daß die meisten Arbeitnehmer nicht wüßten, was sie wollten, und daß selbst wenn sie es wüßten, ihre Bedürfnisse unersättlich wären. Um nun die Personalverwaltung dennoch rational zu gestalten, haben *sie* dem Arbeitnehmer *gesagt*, was er für wünschenswert halten sollte. Dies ist eine der Auswirkungen – wenn nicht gar der bewußt angestrebte Zweck – vieler betrieblicher »Kommunikationsprogramme«, die über zusätzliche Sozialleistungen (Fringe-Benefits), die Leitung der Gesellschaft und die Vorzüge der freien Marktwirtschaft informieren. Die Pittsburgh-Gruppe weist nun darauf hin, daß diese Kampagnen in Wirklichkeit nur Zufriedenheit unter den Arbeitnehmern erzeugen sollen, indem sie demonstrieren, wie man sich um die Belegschaft kümmert und bemüht. In gewisser Hinsicht sind sie auch schweigende Eingeständnisse des Fehlschlagens vieler paternalistischer Programme, die die Einstellung der Beschäftigten gegenüber ihrer Arbeit nicht in gewünschter Weise beeinflussen konnten. Die Kommunikation – in der modernen marktüblichen Bedeutung des Wortes – wird dann vordringlich, wenn besondere Vergünstigungen von seiten des Betriebes als selbstverständlich hingenommen werden – was oft der Fall ist, wenn sie jahrelang unterschiedslos gewährt worden sind.

Im Gegensatz zu denen, die versuchen, den vermeintlich chaotischen Bedürfnissen der Arbeitnehmer eine eigene Ordnung aufzuzwingen, haben andere Manager erkannt, daß die Befriedigung eines bestimmten Bedürfnisses wiederum ein anderes, bis dahin ruhendes Bedürfnis zu erwecken pflegte. Nach Auffassung dieser Manager besteht eine natürliche Tendenz, nach der sich das Interesse an bereits befriedigten Bedürfnissen verliert, selbst wenn diese einmal höchst begehrenswert gewesen waren. Statt dessen steigert man sich immer mehr in die Beschäftigung mit dem Bedürfnis hinein, das gewöhnlich unter den zahlreichen, zu jedem Zeitpunkt vorhandenen unbefriedigten Bedürfnissen das zugkräftigste ist.

Demzufolge gibt es eine Art Pyramide oder Hierarchie, in der die Bedürfnisse nach ihrer Wichtigkeit angeordnet sind, und das Augenmerk und die Bemühungen der betreffenden Person richten sich jeweils auf diejenigen, die sich in der Nähe oder direkt an der Spitze befinden, bis sie irgendwie befriedigt werden. Solange diesen auch in angemessener Form entsprochen wird, verlieren sie für die Motivation des Individuums ihre unmittelbare Bedeutung. Es wendet sich neuen Dingen zu. Natürlich können die früheren Bedürfnisse plötzlich wiederkommen, wenn die zu ihrer Befriedigung getroffenen Vorkehrungen einmal ernsthaft beeinträchtigt werden sollten.

Die stärksten Motivatoren sind selbstverständlich die elementaren biologischen Bedürfnisse, denen allein zur Selbsterhaltung Genüge getan werden muß: Essen, Trinken, Wohnen und dergleichen. In primitiven Wirtschaften und in jenen zahlreichen Teilen der Welt, in denen sich das Dasein gerade um das Existenzminimum bewegt, sind diese Bedürfnisse die Hauptbeschäftigungen fast aller dort lebenden Menschen. Wenn die ständig drohende Gefahr des Hungertodes aufhört und man sich dem beruhigenden Gefühl hingeben kann, man habe ein Hemd auf dem Körper und ein Dach über dem Kopf, dann neigt der Mensch dazu, sich eher um die *Erhaltung* dieses Vermögens zu kümmern, als die vorhandenen erfreulichen Gegenstände zu genießen. Anders ausgedrückt macht sich das Individuum nicht so sehr Gedanken darüber, wo die nächste Mahlzeit herkommt, sondern es sorgt sich vielmehr um die Etablierung seines Rechts auf das Eigentum oder auf den Arbeitsplatz, das diese Mahlzeit ermöglicht. Der Mensch wird dann sicherheitsbewußt. In einem noch fortgeschritteneren Stadium, nachdem er sich mit Sicherheitsvorkehrungen eingedeckt hat, mag in ihm der Wunsch nach einem gewissen Luxus entstehen, darauf nach dem Erreichen eines bestimmten Status, und daran anschließend wird er gar nach Erfüllung um der Erfüllung willen streben. Bei jedem weiteren Schritt verliert das Bedürfnis, das den Betreffenden vorher am meisten gereizt hatte, seine ursprüngliche Bedeutung, weil ein neues Bedürfnis an dessen Stelle getreten ist.

Hieraus folgt, daß man nie echte Zufriedenheit und Ruhe erkaufen kann, indem man den Menschen die von ihnen gewünschten Dinge garantiert. Zufriedenheit ist einfach nicht käuflich – sie kann es nicht sein, da sie kein natürlicher Zustand des Menschen ist. Zeitweilig mögen sie vielleicht in einem hart erkämpften Privileg oder Besitz schwelgen, aber bald werden sie wieder unruhig und werden erneut so hart wie je zuvor kämpfen. Es stimmt zwar, daß viele Menschen sich mit sehr wenig begnügen und ihr Leben leben, ohne Dinge zu begehren, die sie nicht besitzen. Aus längerfristiger Perspektive ist jedoch auch diese Zufriedenheit nur vorübergehend: Früher oder später wird eine kommende Generation die Passivität und Resignation ihrer Väter abwerfen und mehr für sich selbst verlangen. Forderungen, Bedürfnisse und Bestrebungen werden nie aufhören, da der Mensch von Natur aus unersättlich ist. Erst seine fortgesetzte Unzufriedenheit befähigt ihn, zu überleben und Höhepunkte zu erreichen.

Soweit die Theorie. Speziell für die Industrie besagt sie, daß es immer Unzufriedenheit geben wird. Diese kann weder »käuflich« beseitigt noch ignoriert werden. Der Motivator von heute wird zum Hygienefaktor von morgen. Statt das Versagen der einzelnen Sozialleistungsprogramme in bezug auf die Besänftigung der Arbeiter zu beklagen, täte der Manager besser daran, sich mit der beständigen Unzufriedenheit abzufinden. Er sollte vielmehr auf deren *Beständigkeit* hoffen; denn genau dieser Drang, irgend etwas stark genug zu begehren, um dafür zu arbeiten, ermöglicht erst den Fleiß, den Einfallsreichtum und die Perfektionierung, auf denen der gesamte industrielle Fortschritt aufbaut.

Die Sozialleistung, die nicht restlos zufriedenstellt, sondern nur ein anderes Bedürfnis erweckt, das erneut Unzufriedenheit mit sich bringt, ist der Preis, den wir für den Fortschritt zu zahlen haben. Sie stellt nicht etwa sinnlos vertanes Geld dar, sondern ist eine Art finanzielle Investition, um die Motivationen immer gerade so weit »anzuheizen«, daß es nie zum offenen Konflikt kommt, aber auch nie der Tiefpunkt an Frustration und Verzweiflung erreicht wird. Nach dieser Theorie sollte die Betriebsleitung ihre Aufgabe nicht darin sehen, den Arbeitnehmern die Qualitäten ihrer Sozialleistungen anzupreisen, die sie ohnehin als selbstverständlich betrachten, sondern sie sollte vielmehr zu antizipieren versuchen, wo in Zukunft die stärksten Bedürfnisse auftreten werden, und ein aktives Programm planen, um die durch jene Bedürfnisse entfachten Motivationen in die richtige Bahn zu lenken.

Nun sah die Pittsburgh-Gruppe sehr wohl, wie sinnlos es war, den Leuten auf noch so geschickte Weise ihre Motivationen einreden zu wollen, besonders wenn dabei der Schwerpunkt auf solche Bedürfnisse gelegt wurde, die schon seit langem jegliche Anziehungskraft verloren hatten. Dagegen war es viel vernünftiger, die eigentlichen Motivatoren der Arbeiter herauszufinden, indem man sie direkt befragt und nicht etwa aus der Vergangenheit heraus die für sie »richtigen« Motivatoren bestimmt. Die Forschergruppe legte Wert auf die Betonung der gegenwärtig bei den Arbeitnehmern vorherrschenden Vorstellungen und hielt die in der Vergangenheit angestellten Überlegungen der Manager für unmaßgeblich.

Nach ihrer langen und gründlichen Beobachtung der augenscheinlich wahren Bedürfnisse des akademisch vorgebildeten Angestellten konstatierte das Pittsburgh-Team, daß eine Reihe von paradoxen Erscheinungen Sinn erhielten, wenn man die Bedürfnisse in zwei Gruppen unterteilte. Die erste (Hygiene) diente der zweiten als wesentliche Grundlage und erforderte eine gerechte Berücksichtigung solcher Hintergrundfaktoren wie Gehalt, Aufsichtführung und Arbeitsbedingungen. Wurden diese vernachlässigt, konnten sie bei dem einzelnen das Gefühl der eigenen Wertschätzung ernsthaft verletzen; er würde entweder verbittert werden und dem Management feindselig gegenüberstehen, oder er würde sich so gedemütigt fühlen, daß ihm die Arbeit, auf die er eigentlich stolz sein sollte, gleichgültig würde. Andererseits wäre die Reaktion des Individuums auf ein befriedigendes und ausgewogenes Verhältnis dieser Faktoren nicht notwendigerweise übermäßige Begeisterung. Es könnte bei seiner Arbeit ebensogut in einen bequemen und einfallslosen Trott verfallen. Es könnte aus diesem

Arbeitstrott nur herauskommen, wenn auch die zweite Gruppe von Bedürfnissen (Motivatoren) befriedigt würde, d. h. wenn es aus seiner Tätigkeit ein Gefühl der persönlichen Entfaltung ableiten könnte. Ein derartiges Gefühl könnte jedoch nur eine Arbeit vermitteln, die nicht bloß interessant, sondern zugleich herausfordernd ist, die nicht nur Prestige verleiht, sondern auch Bedeutsamkeit, die nicht nur Spaß macht, sondern gleichzeitig Unternehmungsgeist erweckt.

Diese persönliche Entfaltung – also eine zunehmend bessere Beherrschung seiner Umgebung – ist potentiell der stärkste aller Motivatoren, weil er im Gegensatz zu anderen Motiven nie ganz befriedigt werden kann. Wenn die Arbeit keine Gelegenheit zu einer derartigen Entfaltung bietet, dann können wir bei der Motivierung der Arbeiter bestenfalls eine Art selbstzufriedener Langeweile erwarten, bei der Elan und Begeisterung ebenso selten sein werden wie Beschwerden. Schwungvolle Phasen werden nur kurzlebig sein, weil die motivierende Triebkraft schnell nachläßt und an Spannung verliert. Die Geschäftsleitung wird früher oder später über dem Versuch, die Aspirationen der Arbeitnehmer anzuheben, verzweifeln und sich in eine Art Waffenstillstand ergeben – wenn dieser überhaupt möglich ist. Somit scheint die Verbindung der Arbeit mit persönlicher Entfaltung immer noch der aussichtsreichste Weg aus dem jahrhundertealten Dilemma, das durch plötzlich auftretende Motivatoren verursacht wird, die ihre anfängliche Kraft jedoch schnell wieder verlieren und verschwinden, ohne aber ihre Wirkung gänzlich zu verlieren – deren Aufrechterhaltung zudem sehr kostspielig ist.

Nun gibt es allerdings bestimmte Grenzen, die die Industrie bei ihrem Bemühen, die Arbeit zu einem Mittel der persönlichen Entfaltung zu machen, einhalten muß. Einmal unterscheiden sich die Menschen erheblich darin, inwieweit sie überhaupt wachsen *können* oder gewillt sind, auf eine derartige Gelegenheit zu reagieren, selbst wenn sie dazu fähig wären. Zudem sind die Chancen für diese Entfaltung dort am größten, wo ein ausreichender Freiheitsspielraum zum Experimentieren vorhanden ist, wo man das Arbeitstempo und sogar die spezifischen Aufgaben, die man erfüllen möchte, weitgehend selbständig bestimmen kann. Wollte man eine derartige Freiheit unterschiedslos gewähren, so würde dies unweigerlich zum Chaos führen. Versuche, eine Organisation dahingehend zu ändern, daß sie von den Vorteilen dieses persönlichen Wachstums profitieren kann, erfordern gutes Urteilsvermögen und viel Feinfühligkeit. Es muß auf jeden Fall eine zentralisierte Kontrollstelle geben, die entscheidet, wann, wie und wem Managementkontrollen delegiert werden.

Es *gibt* aber einen Mittelweg. Sorgfältig ausgewählten Leuten kann mit gutem Gewissen erlaubt werden, selbst zu entscheiden, wie sie die weitgesteckten, von der oberen Geschäftsleitung gesetzten Ziele erreichen können. Die Pittsburgh-Gruppe plädiert für eine begrenzte und realistische Art des »Mitspracherechts«, für ein System, in dem jeder, der seine Freiheit bei der Arbeit positiv zu nutzen weiß, so viel Freiheit erhält, wie die Gesellschaft verantworten zu können glaubt. Solche Leute sind besonders häufig unter den neuen »Elite«gruppen von heute, den Geistesarbeitern und Technikern, zu finden. Bei vielen von ihnen können die herkömmlichen Entlohnungsformen für ihre Arbeit nur erste Ansätze von Motivationen erzeugen; ihren Höhepunkt erreichen diese erst durch die Aufhebung der Restriktionen, Verhaltensmaßregeln und Kontrollen.

Kapitel 4
Weitere Harvard-Studien

Da der gutausgebildete Akademiker in der heutigen Wirtschaft eine noch nie dagewesene Verhandlungsmacht besitzt, müssen wir uns fragen, ob seine Motivation nicht einen Spezialfall darstellt; ob sie bei ihm nicht eine Art Luxus ist, den man bei Arbeitern, deren Fähigkeiten weniger stark gefragt sind, kaum tolerieren würde. Vielleicht verliert die informelle Gruppe mit ständiger Verbesserung der individuellen Verhandlungsposition und einem damit verbundenen verstärkten Unabhängigkeitsgefühl für den einzelnen allmählich immer mehr an Bedeutung, während sie für jemanden ohne derartige Verhandlungsmacht eine unersetzliche Quelle von Sicherheit ist. Der Akademiker sieht in der Gruppe keineswegs eine

Lebensnotwendigkeit und kann sehr wohl ohne sie auskommen, wenn er es wünscht; der Wunsch nach persönlicher Entfaltung und Unabhängigkeit vermag sein Bedürfnis nach Zugehörigkeit zu einer Gemeinschaft sehr wohl überzukompensieren. Folgt nun aber hieraus, daß für die in der Produktion arbeitenden Männer, deren Erfolg mit dem der Gruppe verknüpft ist, der Wunsch nach persönlicher Entfaltung unerheblich ist?

Eine kürzlich durchgeführte Analyse unter Fabrikarbeitern ergab, daß der an sich vorhandene Wunsch nach persönlicher Weiterentwicklung und Entfaltung bei diesen Männern sehr viel häufiger frustriert wird als bei Akademikern. Teils als Folge dieser Frustration entsteht ein Gefühl der Sinnlosigkeit und ein Desinteresse, die beide die Fortentwicklung und die effiziente Arbeitsleistung eindeutig verhindern. Diese Studie, die von Abraham Zaleznik und seinen Mitarbeitern der Harvard Business School[15)] durchgeführt wurde, untersucht aufs genaueste die verbindenden Elemente, die die informelle Gruppe zusammenhalten, und die Mechanismen, mit der die Gruppe die Produktivität beeinflußt.

Bei dieser Untersuchung sammelte das Forscherteam nicht einfach eine Reihe von Beobachtungen in der Hoffnung, daß sie sich in irgendein Schema einfügen würden (was für einige der bahnbrechenden Arbeiten charakteristisch war), sondern im Laufe der letzten Jahre waren ja genügend Ergebnisse zusammengetragen worden, um die Aufstellung von formalen Hypothesen zu erlauben, die wiederum aktuellen Tests unterworfen werden konnten. So hatten die Männer, bevor sie überhaupt die Fabrik, in der die Untersuchung stattfand, betreten hatten, nicht weniger als 31 verschiedenartige Hypothesen über die Produktivität der Arbeiter und ihre Beziehungen untereinander entwickelt. Durch die Aufstellung dieser Ex-ante-Hypothesen hielt praktisch das gesamte Team seinen Kopf für die Verifizierung seiner theoretischen Überlegungen hin.

Die Untersuchung fand über einen längeren Zeitraum verteilt in einer bestimmten Abteilung eines Industriebetriebes statt. In dieser Abteilung wurden höchst qualifizierte Beobachter eingesetzt, die bald das Vertrauen der Arbeiter gewannen. Im Laufe der Zeit machten sie detaillierte Angaben über die Beziehungen der Männer untereinander, sie beobachteten, wer zu den mehr oder weniger dominierenden informellen Gruppen gehörte und wer sich hinsichtlich der Mitgliedschaft in dieser »Gruppengesellschaft« als Außenseiter verhielt. Diese Beobachtungen wurden dann zu den Leistungen der verschiedenen Arbeiter in Beziehung gesetzt.

Die Mehrzahl der Beschäftigten in dieser Abteilung erzielte in etwa gleich niedrige Ergebnisse. Dies galt sowohl für die »ordentlichen Mitglieder«, die die größte informelle Hauptgruppe bildeten, als auch für viele Außenseiter, die keiner solchen Gruppe angehörten. Einige, aber längst nicht alle Außenseiter arbeiteten extrem effizient. Bei oberflächlicher Betrachtung schien diese Abteilung das klassische Beispiel für eine informelle Gruppe zu sein, die den Output bewußt beschränkte, wobei einige »Akkordbrecher«, die dem Gruppeneinfluß gegenüber immun waren, nicht weiter ins Gewicht fielen.

Aber die Erklärung schien doch nicht ganz so einfach zu sein. Warum arbeiteten dann nicht *alle* Außenseiter gleich gut oder schlecht – woher kam der Unterschied? Und mehr noch, was trieb einige unter ihnen zu so hoher Leistung? Waren sie die einzigen, bei denen die Leistungsanreiz- und Kommunikationssysteme der Betriebsleitung erfolgreich angeschlagen hatten?

Je tiefer die Harvard-Gruppe mit ihrer Analyse vordrang, desto offenkundiger wurde, daß die Bemühungen des Managements, die Einstellung der Arbeiter zu beeinflussen, nur wenig erfolgreich waren. Die Daten bewiesen sogar, daß die Betriebsleitung bei den Männern so gut wie gar keine Motivationen erzeugen konnte, egal ob es sich um Gruppenmitglieder oder um Außenseiter, um leistungsstarke oder leistungsschwache Arbeiter handelte. Die stärksten Motivatoren wurden von den Arbeitern selbst hervorgebracht.

Die Mitgliedschaft in einer »ordentlichen« Gruppe wurde offenbar viel höher bewertet als jede Belohnung, die die Unternehmensleitung bieten konnte, wobei die Beschäftigung als solche möglicherweise eine Ausnahme darstellte. Demnach gab sich das Management gewissermaßen einer sinnlosen Selbsttäuschung hin, wenn es immer wieder versuchte, die Produktion anzuregen oder die Männer für ihren Standpunkt zu gewinnen. Hier bestand ein paradoxes Bild: Die Anerkennung durch die Gruppe war der entscheidende Motivator, und zwar selbst für diejenigen, die gar keiner Gruppe angehörten. Das Management schien einfach die Tatsache zu übersehen, daß seine Bemühungen, die Männer anzusprechen, sich in einer Art Vakuum vollzogen.

Hinzu kam, daß die Gruppe grundsätzlich stagnierte und in ungesundem Zustand war, so daß die Mitgliedschaft die Männer aufgrund der mit ihr verbundenen persönlichen Frustration teuer zu stehen kam. Der Preis für die Mitgliedschaft war die Anpassung an die Gruppenstandards, die Gemeinschaftssinn und Einigkeit innerhalb der Gruppe, mürrische Gleichgültigkeit gegenüber der Betriebsleitung und mitleidige Verachtung für Nichtmitglieder verlangten. Jeder Versuch, sich hervorzuheben, etwas zu vollbringen, das den normalen Rahmen sprengte, oder aber die Aufmerksamkeit auf sich zu lenken, wurde als Verrat an der Gruppe betrachtet, da er die Solidarität gefährden konnte. Demnach begab sich der Arbeiter, der ordentliches Gruppenmitglied wurde, effektiv fast all seiner Chancen auf persönliche Entfaltung und auf den Stolz als persönlichen Maßstab sowie eines beträchtlichen Teils an Individualität.

Die Harvard-Forscher bezeichneten die ordentliche Gruppe als »erstarrt«, da sie die individuelle Entfaltung im Keim erstickte und ihre Mitglieder ständig auf dem gleichen niedrigen Reifeniveau hielt. Erstarrte Gruppen sind eindeutig kranke Gruppen, die für die Mitglieder und das Management gleichermaßen nachteilig sind; und dennoch sind sie keineswegs unüblich. Es ist fraglich, ob es überhaupt viele Industrieorganisationen – gleich welcher Größe – ohne diese Gruppen gibt. Sie bilden Hindernisse, an denen viele Leistungsanreiz-, Kommunikations- und Kontaktprogramme gescheitert sind. Die erstarrte Gruppe ist trotz ihrer inneren Zerrüttung wegen ihrer grundsätzlich negativen Zwecksetzung für das Management der harte Kern des Motivationsproblems.

Obwohl sie allem Anschein nach ihren Zweck verfehlten, liegt ihrer Bildung dennoch eine gewisse Logik zugrunde. Sie schützen nämlich ihre Mitglieder vor der Isolierung von ihren Kollegen. Die Angst vor Isolation war bei den untersuchten Arbeitern derart ausgeprägt, daß sie alle anderen möglicherweise vorhandenen Motive übertraf, sogar den Wunsch nach Selbstentfaltung, dem von den Fachkräften der Pittsburgh-Studie so große Bedeutung beigemessen wurde. Natürlich war für viele Individuen der Verzicht auf persönliche Entfaltung nicht allzu schwer, da sie in dieser Richtung ohnehin keine großen Ambitionen besaßen. Für sie war die Integration in eine erstarrte Gruppe höchst natürlich und einfach.

Für andere war dagegen die Entscheidung für den Versuch, etwas aus sich zu machen, und der damit verbundenen Isolation sehr bitter. Zudem war es keine echte Alternative, da die Chancen, als Arbeiter der Produktion irgend etwas Bedeutenderes zu erreichen, so gering und die Aussicht, nach einem derartigen Versuch gemieden zu werden, so sicher und abstoßend erschienen. Diese Männer, die vermutlich das Potential besaßen, um über das übliche Leistungsniveau hinauszugelangen, wurden statt dessen gezwungen, eine unbefriedigende Lösung einfach deswegen zu akzeptieren, weil sie das geringere von zwei Übeln darstellte. Angesichts einer indifferenten Umgebung schien allein die Vereinigung mit anderen Arbeitern in einer Gemeinschaft, die zumindest ihre persönlichen Interessen wahrte, die einzig mögliche Sicherheit zu bieten. Somit wurden auch sie »ordentliche Mitglieder«; aber gleichzeitig wurden sie apathisch, verbittert und standen der Betriebsleitung feindselig gegenüber. Auf diese Weise wurden die Männer, die vermutlich am besten auf die anspornenden Maßnahmen der Geschäftsleitung angesprochen hätten, ihr am stärksten entfremdet.

Teils durch die natürliche Neigung der weniger Ehrgeizigen, teils durch die unechte Wahl, der sich die Strebsameren gegenübersahen, erwarb die Gruppe genügend Mitglieder, um im Betrieb tonangebend zu sein. Auch die Nichtmitglieder konnten sie nicht ignorieren. Entweder versuchten sie, ebenfalls hineinzukommen, indem sie deren Mitglieder nachahmten und dadurch Anerkennung zu erreichen suchten, oder sie wurden verbittert über ihre Außenseiterrolle und versuchten, sich unter anderem durch gute Leistungen zu rächen.

Ironischerweise reagierten die Akkordbrecher aber nicht auf die Bemühungen des Managements, den Output zu erhöhen. Sie versuchten einzig und allein, sich bei einer anderen Gruppe von Arbeitern, von der sie frustriert worden waren, zu rächen. Die Rache bestand in deren Bloßstellung, im Übertreffen ihrer Leistungen und im Verspotten ihrer Wertvorstellungen. Wichtig hierbei ist jedoch, daß die Betriebsleitung zum Entstehen dieser Situation nahezu nichts beigetragen hatte. Wiederum ging der Haupteinfluß allein von der informellen Gruppe der Arbeiter aus, indem sie der Mehrzahl der Arbeiter eine niedrige Produktionsrate abnötigte und andere zu hoher Leistung herausforderte.

Die Zugehörigkeit zur Gruppe oder die Ablehnung durch sie hing von einer Vielzahl von Faktoren ab. Wenn ein Arbeiter zufällig viel mit anderen Gruppenmitgliedern gemeinsam hatte – wenn er zum Beispiel das gleiche Ausbildungsniveau besaß, von ähnlicher Herkunft war und vor allem Wertanschauungen hatte, die leicht mit denen der Gruppe zu vereinbaren waren –, dann war ziemlich sicher, daß er Mitglied werden würde. Wenn sich dagegen seine Lebensumstände in bestimmten wichtigen Punkten unterschieden oder wenn er eine persönliche Eigenschaft besaß, die ihn zu sehr Individualist sein ließ, so daß er sich nur schwer in die Gruppe hätte einfügen können, würde er wahrscheinlich ein Außenseiter bleiben. In diesem Falle könnte er einerseits versuchen, Aufnahme zu finden, indem er um die Gunst der Mitglieder wirbt – was mit ziemlicher Sicherheit das Vermeiden augenfälliger Produktionsergebnisse bedeuten würde – oder aber sich mit seiner Situation abzufinden und sich zu überzeugen, daß sich die Zugehörigkeit zu der Gruppe ohnehin nicht lohnt. Er wird dann alles daransetzen, um die ordentlichen Mitglieder in ihrer Leistung zu übertreffen und sie als minderwertig erscheinen zu lassen.

Die Gruppe erfüllte viele Funktionen. Einigen vermittelte sie das Gefühl der Zugehörigkeit und bewahrte sie vor der Anonymität. Jenen, die nicht besonders zielstrebig waren, lieferte sie eine vorgefertigte Daseinsform. Vor allem aber ermöglichte sie die klare Abgrenzung des jeweiligen Status: Das Mitglied »wußte«, daß es mit den anderen Gruppenmitgliedern auf einer Stufe stand, daß die Außenseiter unter ihm und die Vorarbeiter über ihm standen. Es brauchte keine Befürchtungen zu hegen, daß seine Bedeutung womöglich unterschätzt würde oder daß es nicht wüßte, ob es überhaupt etwas galt, und wenn, wieviel es galt.

Nun mag diese Art der Besorgnis etwas esoterisch erscheinen, insbesondere für jemanden, der in der Regel ganz genau anzugeben weiß, wie er von anderen eingeschätzt wird. Die Harvard-Gruppe stellte jedoch fest, daß die Mehrzahl der Produktionsarbeiter nicht in dieser glücklichen Lage waren. Sie waren im Schatten einer geschützten und geordneten Gesellschaft aufgewachsen, die keinen Platz für sie zu haben schien. Die Welt dieser Arbeiter war kein besonders gastlicher Ort. Sie besaß ihre in sich geschlossenen privilegierten Kreise und darum herum ein weites Menschengefängnis, das von Leuten seiner Art bevölkert war, deren Chancen, etwas Höheres zu erreichen oder in der Welt irgend etwas Nachhaltiges zu hinterlassen, wahrhaftig sehr gering waren. Mit anderen Worten befand er sich in einer Umgebung, die sich augenscheinlich herzlich wenig daraus machte, ob er lebte oder starb.

Nicht viele Männer bringen es fertig, lange gegen derartige Ungleichheiten anzukämpfen. Die Mehrzahl dieser Männer hatte schon seit langem eingesehen, daß es sich überhaupt nicht lohnte zu kämpfen, daß es am klügsten war, nicht mehr daran zu denken, daß man nach »Höherem« streben wollte, und nur noch dem Augenblick zu leben. Sollten sich doch die privilegierten Männer mit der Verantwortung abplagen; vertraue nur einem Menschen, der ebenso verloren und unterdrückt ist wie du selbst; meide denjenigen, der den Kampf noch nicht aufgegeben hat, denn dieser ist ein Narr und wird den übrigen das Leben nur erschweren. So etwa ist ihre Grundeinstellung.

Auf diese Weise verfielen die Menschen, die dem Leben keinen Sinn mehr abgewinnen konnten, in einen Zustand der Apathie. Ein winziger Rest von Selbstachtung wird nur noch dadurch bewahrt, daß man dem Individuum jegliche tatsächliche Bedeutung abspricht oder die persönliche Erfüllung als reine Illusion betrachtet. Demnach brachten sie überhaupt kein »wirkliches« Opfer und waren gar nicht so gemein. Ob dies nun ihre innerste Überzeugung ist oder nicht, wichtig ist nur, daß sie so handeln, als ob sie fest daran glauben. So tun sie sich mit anderen zusammen, die dies ebenso bereitwillig glauben und alle gegenteiligen Behauptungen ignorieren oder ablehnen. Dadurch nimmt die informelle Gruppe langsam eine feste und zu guter Letzt starre Form an. Sie wird der Hafen der Besitzlosen, der Männer, die sich gegenüber dem Management abkapseln, indem sie ihm weder trauen noch seine Wertvorstellungen teilen.

Ist denn nun die Umwelt des Arbeiters *tatsächlich* so kalt und leer, wie es nach dieser Schilderung den Anschein hat? Er lebt auf demselben Planeten und in derselben Zeit wie jeder andere auch; und dennoch scheint für manch anderen das Leben ständig voller Möglichkeiten und Gelegenheiten zu sein. Kann diese defätistische Haltung der Arbeiter nicht einfach eine Rechtfertigung für angeborene Faulheit oder Unfähigkeit sein? Manchmal trifft dies natürlich zu. Aber grundsätzlich bedeutet das Leben auf demselben Planeten oder die Arbeit in derselben Fabrik nicht unbedingt ein Leben unter gleichen Bedingungen. Ausschlaggebend ist nicht so sehr die physische, sondern vielmehr die psychologische Umwelt: also die Umwelt, die Möglichkeiten und Chancen eröffnet und die individuellen Bestrebungen ventiliert. In dieser Beziehung kann der Arbeiter selbst in einer demokratischen und wohlgesonnenen Gesellschaft zu kurz kommen. Ihn erwartet stereotype Arbeit, ein – wenn überhaupt – nur geringfügiger Einblick in die Bedeutung seiner Arbeit, der Wettbewerb der Fachkräfte um Positionen, die zusätzlich zur rein manuellen Betätigung geistige Anforderungen stellen. Seine Chancen beschränken sich darauf, das zu tun, was man ihm sagt, und sich ansonsten ruhig zu verhalten.

Im Hinblick auf Selbstentfaltung und Qualifikation für anspruchsvollere Aufgaben sind viele Arbeiter zugegebenermaßen stark benachteiligt. Das System läßt dies einfach nicht zu: Man erwartet von ihnen keine Steigerung, sondern eine konstante Leistung, jahraus, jahrein. Die diesbezüglichen Pläne des Managements gehen von der Annahme aus, daß sie am Ende ihres Berufslebens nicht viel fähiger oder verantwortungsbewußter sind als am Anfang.

Für das Harvard-Team war diese Annahme der springende Punkt des ganzen Problems. Wird sie einmal vorausgesetzt, ist das Entstehen einer erstarrten Gruppe und dementsprechend der mit ihr auftretenden Probleme unausbleiblich. Wenn die Arbeiter überhaupt nicht den Wunsch oder das Bedürfnis nach besseren Entwicklungsmöglichkeiten hätten, wäre es verständlich, daß man ihre Arbeit in einfache, sich ständig wiederholende Arbeitsvorgänge aufspaltet, daß man ihren Arbeitseinsatz durch Akkordlohnsätze ansporntoder durch strenge Aufsichtführung von ihnen erzwingt und daß man sie völlig von den ihre Arbeit betreffenden Entscheidungsprozessen ausschließt. Diese Annahme läßt keine andere Möglichkeit zu. Sie verstärkt den Pessimismus, der den Arbeitern von Älteren eingeimpft wurde, die selbst noch weniger Möglichkeiten besaßen, um die von ihnen zum Zwecke des Lebensunterhalts ausgeübte Tätigkeit in irgendeiner Form zu kontrollieren. Wenn der Arbeiter noch einen letzten Funken von Ehrgeiz zu Beginn seiner Beschäftigung besaß, dann wird diese Annahme ihn bald ersticken.

Bisher ist den Managern so viel darüber gepredigt worden, dem »Individuum die Chancen zur Selbstentfaltung« zu geben, daß sie es bald kaum noch hören können werden. Mehr noch, auch die Harvard-Gruppe ist ihrerseits das Predigen leid. Und dennoch scheint sich diese Idee noch nicht richtig durchgesetzt zu haben, und das, was das Management unter guten menschlichen Beziehungen versteht, ist oft weit entfernt von dem, was Experten sich darunter vorstellen. Es geht eben nicht um ein rein mechanisches Vorgehen; das findet man häufig genug, doch bleibt das Individuum davon zumeist unberührt, selbst wenn die Betriebsleitung so geschickt ist und die Betreffenden nicht durch Tricks zu beeindrucken sucht.

Ein Teil des Problems – und möglicherweise sogar sein Kern – besteht darin, daß die Manager ebenfalls persönliche Beweggründe besitzen und daß diese ihre Handlungen ebenso beeinflussen, wie die Motive der Arbeiter die ihren bestimmen. Einer der wesentlichsten Unterschiede zwischen dem Beruf des Managers und anderen Tätigkeiten ist, daß er *Macht* besitzt – er kann Entscheidungen treffen, Ziele und Mittel bestimmen und Veränderungen herbeiführen. Möglicherweise war es vor allem die Macht, die ihn am Beruf des Managers reizte; oder aber er empfand diese, nachdem er einmal die entsprechende Position erreicht hatte, als einen ausgesprochen positiven Aspekt seiner Tätigkeit. Es ist durchaus denkbar, daß er sich in diese Macht extrem hineinsteigert und vergißt, daß es dennoch Dinge gibt, die er nicht seinem Willen unterwerfen kann, und daß er, besonders wenn andere Menschen betroffen sind – Dinge nicht einfach durch Anordnung geschehen machen kann.

Mit anderen Worten beschränkt sich die Aufgabe des Managements nicht einfach darin, die richtige Entscheidung zu treffen und darauf zu achten, daß sie ausgeführt wird. In dem Moment, wo eine Entscheidung andere Personen betrifft, mag sie falsch sein – und auch nicht richtig ausgeführt werden – solange diese nichts von sich aus dazu tun. Ihr Beitrag braucht nur in dem Vermitteln des Gefühls zu bestehen, daß die Betriebsleitung die Arbeiter versteht und ihnen zu helfen versucht. Wenn dies Gefühl nicht vorhanden ist, oder – was schlimmer ist – wenn das Management *meint*, seine Leute zu verstehen, es aber effektiv nicht tut, wird die Entscheidung wahrscheinlich ziemlich wirkungslos bleiben oder gar negative Folgen haben.

Verständnis für seine Männer haben, erfordert viel mehr als das Wissen ihrer Namen und Geburtstage. Es erfordert, daß man ihre Aspirationen und Frustrationen kennt; daß man bereit ist, einen Teil der von den Managern ausgeübten Macht über ihr Arbeitsleben an sie abzutreten, und daß man diejenigen aussondert, die unter freieren und weniger reglementierten Arbeitsbedingungen bessere Leistungen erzielen, und ihnen diesen Spielraum gewährt. Die erstarrte Gruppe wird erst dann die Einschränkung der Leistung ihrer Mitglieder einstellen, wenn sie überflüssig wird, weil die Umwelt bessere Möglichkeiten und Gelegenheiten eröffnet.

Kapitel 5

Der Einfluß des Geldes: William F. Whyte

Bei vielen Managern herrscht noch immer die Vorstellung, Motivation sei gleichbedeutend mit Geld. Dollar gelten als das übliche »Rezept« zur Anregung der Produktion, zur Beruhigung der Unzufriedenen und zur Verstärkung der Loyalität. Es erscheint fast wie eine Vergewaltigung des gesunden Menschenverstandes, wenn man behauptet, dies Rezept sei in Wirklichkeit so eine Art Hausmittel und längst nicht so wirksam, wie gemeinhin angenommen wird.

Und dennoch lassen sich die Ergebnisse einer umfassenden Untersuchungsreihe über Prämiensysteme[16)] mit dieser Behauptung recht gut zusammenfassen. Unter der Leitung von William F. Whyte von der Cornell-Universität haben sich Sozialwissenschaftler Arbeitsoveralls übergestreift und mehrere Monate in der Produktion gearbeitet, indem sie (sozusagen) mit einem Auge die Bohrmaschine und mit dem anderen ihre Kollegen beobachteten. Ihre Berichte »aus erster Hand« über die tatsächliche Reaktion auf die Einführung von Leistungsprämien bilden die Grundlage einer bisher einmalig umfassenden Analyse über den Einfluß des Geldes auf die Haltung der Arbeiter.

Zweifellos übt Geld einen bedeutenden Einfluß auf das Denken und Verhalten der Produktionsarbeiter aus; aber dieser Einfluß ist weder so simpel noch so stark, wie das Management oft unterstellt hat. Tatsache ist, daß finanzielle Anreize sich sehr schnell mit einer Reihe von Motiven vermischen, die wenig oder überhaupt nichts mit Geld zu tun haben, so daß der endgültige Effekt des Geldes sich genauso schlecht herausfinden läßt wie ein einzelnes Ei in einem Omelette. Geld ist nur einer von vielen wichtigen Faktoren, die einen Arbeiter interessieren, und daher kann er es nicht mit einem ökonomischen Vor- oder Nachteil gleichsetzen. Er ist nicht einfach ein Homo oeconomicus, sondern zugleich ein sozial ausgerichteter Mensch – und man könnte ihm sicherlich noch weitere Attribute hinzufügen, um seine Vielschichtigkeit zu illustrieren. Alles in allem folgt hieraus, daß der gesunde Menschenverstand nicht unbedingt ein zuverlässiger Anhaltspunkt ist, wenn man die Reaktion von Fabrikarbeitern auf die Möglichkeit, mehr Geld zu verdienen, vorhersagen will.

Jetzt wird es kaum mehr überraschen, daß einer der »anderen« wesentlichen Faktoren für den Produktionsarbeiter seine Gruppe ist. Er ist in der Regel kein extremer Individualist, und ihm ist auch nicht allzuviel an der Akkumulierung eines großen materiellen Besitzes gelegen. Wenn er der Unternehmertyp wäre, hätte er sicherlich einen Ausweg aus der Gruppe gefunden – um in die Betriebsleitung oder die Gewerkschaftsspitze aufzusteigen oder eine eigene Firma zu gründen –, oder er wäre, wenn er dies nicht geschafft hätte, wahrscheinlich von der Gruppe hinreichend starkem Druck ausgesetzt gewesen, um deren Wertvorstellungen zu akzeptieren und seine eigenen aufzugeben. In jedem Fall wird für die Gruppe normalerweise ein gemeinsames Streben nach Sicherheit, nach Beibehalten des *Status quo* und nach Linientreue des einzelnen charakteristisch sein.

Diese Haltung steht dermaßen im Widerspruch zu der üblichen Bereitschaft des Managers, Risiken einzugehen, um dadurch Gewinne zu erzielen, daß es vielen von ihnen schwerfällt, an das Vorhandensein einer derartigen Einstellung zu glauben. Oft hat dies zu der Ansicht geführt, daß die Arbeiter ganz einfach irregeleitet sind oder ihr eigentliches Wesen nicht kennen, so daß eine reichlich bemessene finanzielle Zuwendung (in Form von Prämienzahlungen) ausreichen würde, um ein Gleichgewicht herzustellen.

Mythen sind schwer totzukriegen. Es ist ziemlich klar, daß es noch lange dauern wird, bevor der Ruf des Geldes als letztlicher Motivator ausgestorben sein wird. Zwar sind die Gegenbeweise mittlerweile bereits zahlreich, aber sie müssen wahrscheinlich noch vervielfacht und jahrelang gepredigt, verkauft und diskutiert werden, bevor der Mythos endgültig unglaubhaft geworden sein wird.

Ein Grund, weshalb der Geldmythos sich so hartnäckig halten konnte, ist wohl der, daß er teilweise auf Wahrheit beruht. Viele Menschen *werden wahrhaftig* in erster Linie von dem Wunsch angetrieben, viel Geld zu verdienen, und dieser besitzt gegenüber allen anderen Beweggründen absoluten Vorrang, selbst gegenüber solch wichtigen Gesichtspunkten wie der Meinung seiner Mitmenschen. Solche Menschen sind zum Beispiel unter Unternehmern und vielen Typen von Verkäufern relativ häufig zu finden. Darüber hinaus hat der traditionelle Rahmen, in dem sich der Unternehmer bewegt – die Zeitschriften, die er liest, die Meinungen, die er respektiert, die Ratschläge, die er anhört –, den Tugenden der Erwerbstüchtigkeit schon immer einen zentralen Platz eingeräumt. Es überrascht dann auch keineswegs, daß die Menschen, die über die Entlohnung anderer bestimmen, die Meinung vertreten, das Geld sei eindeutig der stärkste Motivator.

Sie sind auch keinesfalls allein mit ihrer Ansicht. In jeder Berufsgruppe gibt es Menschen, die in direkter, positiver und vorhersehbarer Weise auf finanzielle Anreize reagieren. Der Prozentsatz dieser Leute differiert allerdings in den einzelnen Gruppen. Wenn auch Versuche, ihn zu messen, überaus schwierig sind, so steht doch fest, daß der Prozentsatz der rein geldmotivierten Arbeiter in der Produktion relativ niedrig ist. Bei der Gegenüberstellung von leistungsstarken »Akkordbrechern« und leistungsschwachen Angehörigen einer restriktiv wirkenden Gruppe als Index schätzt Whyte, daß vielleicht 10 v. H. der amerikanischen Produktionsarbeiter den von der Gruppe ausgeübten Druck ignorieren und auf Prämienleistungssysteme mit ihrer bestmöglichen Leistung reagieren. Mit anderen Worten erzielt das in der Industrie am weitesten verbreitete Motivationssystem nur zu zehn Prozent den gewünschten Erfolg, während es auf die restlichen neunzig Prozent wahrscheinlich überhaupt keinen Eindruck macht oder sogar Widerstand erzeugt. Demnach scheint das Prämiensystem, so wie es üblicherweise gehandhabt wird, zumindest für Produktionsarbeiter eine bemerkenswert ineffiziente Technik zu sein.

Inwieweit ein Arbeiter tatsächlich auf ein spezielles Prämiensystem anspricht, scheint weniger von dem System als von seinen eigenen Lebensumständen abzuhängen. Whyte führt einige Daten an – die zugegebenermaßen nur ein Versuch sind –, nach denen der Akkordbrecher und der bewußt restriktive Arbeiter (restricter) zwei grundsätzlich differierende Menschentypen sind. In jenen Betrieben, in denen diese Beziehung untersucht wurde, kam der Akkordbrecher in der Regel aus einer häuslichen Umgebung, in der die wirtschaftliche Selbständigkeit über alles ging (wie z. B. in einer Farmerfamilie oder einer städtischen Familie der unteren Mittelschicht). Der restriktive Arbeiter dagegen war im allgemeinen in einer städtischen Familie der Arbeiterklasse aufgewachsen, in der die proletarische Tradition dominierte. Der Akkordbrecher, der von den anderen Arbeitern gemieden wird, sich aber nichts daraus macht, neigt auch außerhalb der Arbeitsstätte zur Außenseiterrolle. Er ist kein Mitläufer und hat nur einen engen Freundeskreis. Das ordentliche Gruppenmitglied dagegen gehört nicht nur der betrieblichen »Gruppengesellschaft« an, sondern auch anderen formellen oder informellen Gemeinschaften außerhalb des Betriebes.

Der Akkordbrecher besitzt oft einen starken Drang, sich von seiner Herkunft frei zu machen und sich als vermögender unabhängiger Mensch zu etablieren, der niemandem im Leben verpflichtet ist. Der restriktive Arbeiter gibt sich demgegenüber mit seinem Status im Leben zufrieden, er legt mehr Wert auf die Beliebtheit bei anderen als auf die Lösung seines Abhängigkeitsverhältnisses und empfindet diese Abhängigkeit vielleicht gar nicht als unangenehm. Der Außenseitertyp spart und investiert sein Geld und hat selten außergewöhnliche Interessen – zumindest keine kostspieligen. Der Gruppentyp gibt eher viel Geld aus und hat Hobbys, die Geld kosten, ohne einen wirtschaftlichen Ertrag zu bringen.

Allem Anschein nach spiegelt also die Reaktion eines Individuums auf ein Leistungsanreizsystem seine Grundeinstellung zum Leben wider, die wiederum das Ergebnis von Einflüssen ist, die schon lange vor Beginn seines Beschäftigungsverhältnises und lange vor seiner ersten Begegnung mit einem derartigen System auf ihn eingewirkt hatten. Daher wird die Effizienz eines Leistungsanreizsystems sowohl durch den Menschentyp, für den es bestimmt ist, als auch durch die finanzielle Gestaltung des Systems begrenzt. Ironischerweise sucht sich der Personentyp, der am ehesten auf ein derartiges System anzusprechen scheint, wahrscheinlich so bald wie möglich eine Stellung außerhalb der Produktion; und die effektiv Bleibenden sind zahlenmäßig nicht stark genug, um die Produktionsergebnisse nachhaltig zu beeinflussen.

Falls nach der Einführung eines Prämienleistungssystems dennoch Produktivitätssteigerungen eintreten, heißt das noch längst nicht, daß dieser Unterschied durch das zusätzliche Geld bedingt ist. Die verkappten Soziologen in der Produktion, die den Einfluß dieses Systems auf den einzelnen Arbeiter erforschten, beobachteten mindestens drei weitere Einflußfaktoren, von denen jeder allein oder alle zusammen einen ebenso starken Antrieb auslösen können wie das Geld. Zunächst macht die Festsetzung einer bestimmten Quote die eigene Produktivität zu einer Art Spiel: Die Zahl der produzierten Einheiten ist die »Punktzahl«, und man kann nun wie beim Pokern, Bowling oder Billard gewinnen oder verlieren. Das Sichmessen mit einer vorgegebenen Norm ist mit anderen Worten eine ziemlich universelle Form des Vergnügens, allerdings nur unter der Voraussetzung, daß die Norm weder so niedrig angesetzt ist, daß jeder sie erreichen kann, noch zu hoch, so daß sie praktisch unerreichbar ist. Wenn die Arbeiter untereinander mit ihren Leistungen prahlten und besonders mit ihrem Erfolg im »Ausstechen des Systems«, hörten Whytes Beobachter insgeheim zu und waren erstaunt, wie sehr die Kommentare den im Verlauf eines Spiels geäußerten Bemerkungen glichen und was für eine untergeordnete Rolle das Geld dabei spielte.

Zweitens bot die Sollerfüllung die beste Möglichkeit, um der unwillkommenen Aufmerksamkeit des Vorgesetzten zu entgehen. Dadurch schafften sie sich den Vorarbeiter vom Hals. Das Leben im Betrieb war viel angenehmer, wenn man einem der Hauptübel aus dem Wege gehen konnte. Für Männer, die den größten Teil ihres Berufslebens in der Fabrik verbrachten und daher versuchten, sich dieses Leben so angenehm wie möglich zu machen, war jede noch so geringfügige Annehmlichkeit ebenso wichtig wie eine kurzfristige finanzielle Vergünstigung. Wenn jedoch die Erfüllung der Quote der Preis dafür war, daß man vom Vorarbeiter zufriedengelassen wurde, dann kann sie sehr leicht zur Leistungsobergrenze werden. Die Arbeiter haben dann kaum ein Interesse daran, mehr als den »üblichen Preis« für die Befreiung von der Anwesenheit des störenden Vorgesetzten zu zahlen, besonders wenn diese Befreiung als Ziel stärkeres Gewicht besitzt als Geld. Whytes Beobachter hatte oft den Eindruck, als sei dies der Fall. Sie konnten sogar beobachten, daß viele Arbeiter ihre besondere Freude daran hatten, vor den Augen des Vorgesetzten irgendeine geringfügige Regel zu verletzen, solange sie es sich aufgrund ihrer Quotenerfüllung leisten konnten. In diesen Fällen verschaffte die Produktion auf dem Sollniveau tatsächlich eine Art Immunität gegenüber der kleinlichen Disziplin.

Als letzter Faktor kommt hinzu, daß das Arbeiten in einem regelmäßigen und relativ schnellen Tempo weniger zu ermüden scheint als unregelmäßige oder zu langsame Produktion. Hat der Arbeiter einmal einen festen Arbeitsrhythmus gefunden, kann er diesen gewöhnlich leichter beibehalten, als wenn er ständig umschalten müßte oder seine Aufmerksamkeit in unregelmäßigen Abständen irgendwelchen Dingen zuwenden würde, die nichts mit seiner Arbeit zu tun haben. Ein Arbeiter, der ständig in einem gleichmäßigen Rhythmus gearbeitet hat, wird am Ende des Tages frischer sein als jemand, der unregelmäßig gearbeitet oder »gebummelt« hat.

Langeweile kann ermüdender sein als Anstrengung, und die Anstrengung wiederum ist weniger ermüdend, wenn sie im gleichmäßigen Rhythmus erfolgt. Erfahrene Arbeiter erkennen dies intuitiv, selbst wenn sie es nicht in Worte fassen können. Auch hier werden Männer, die damit rechnen, daß sie den größten Teil ihres Berufslebens in der Produktion verbringen werden, mehr Wert darauf legen, daß sie ihren Arbeitsplatz ohne allzu große Ermüdung verlassen, als sich für kurzfristige finanzielle Vorteile kaputtzumachen. Da aber der Arbeiter, der seine Arbeit in gleichmäßigem Rhythmus verrichtet, in der Regel immer sein Soll erfüllen wird, entsteht leicht der Eindruck, daß er auf das Leistungsanreizsystem reagiert. Da die Quoten im allgemeinen – bewußt oder unbewußt – innerhalb der Grenzen festgelegt sind, die fast alle Arbeiter erreichen können, erhalten meistens die Leute Prämien, die ohnehin nicht weniger geleistet hätten.

Diese Beobachtungen bedeuten nun keineswegs, daß monetäre Anreize ineffizient sind oder daß sie nur einen kleinen Kreis von Leuten ansprechen, die zufällig hierfür empfänglich sind. Sie zeigen jedoch, daß der Einfluß des Geldes überaus komplex ist und leicht mißverstanden wird und daß aller Wahrscheinlichkeit nach ein großer Teil des Geldes, der für Prämienleistungssysteme verausgabt wird, unwirksam oder unnötig ist.

Die Komplexität beruht darauf, daß der Arbeiter neben seinem *effektiv vorhandenen* finanziellen Interesse noch viele andere Interessen besitzt, die ihn davon abhalten, direkt und »automatisch« auf das Leistungsanreizsystem zu reagieren. Er bewertet zugleich die Meinung seiner Kollegen, eine gewisse Bequemlichkeit bei seiner Arbeit und die langfristige Sicherheit seines Arbeitsplatzes. Da er nicht darauf aus ist, einen rein finanziellen Nutzen zu maximieren, wird der Arbeiter oft als unlogisch oder zumindest als unökonomisch bezeichnet. Whytes Analyse beweist dagegen, daß die Reaktion des Arbeiters auf monetäre Anreize nicht nur völlig logisch ist, sondern daß er in Wirklichkeit eine subtilere Vorstellung vom »Nutzen« hat als der Wirtschaftsingenieur. Der Zeithorizont des Arbeiters ist größer, als die Planer im Leistungsanreizsystem im allgemeinen annehmen: Er überlegt sich schon im voraus die Auswirkungen seiner Leistungssteigerung und macht sich insbesondere Gedanken über das Anheben des Arbeitstempos, über Arbeitsknappheit und Spannungen mit Vorgesetzten und Freunden. Er fragt sich, ob ihm die einmalige Beschleunigung seines Arbeitstempos hinterher noch ein normales Tempo erlaubt, ohne daß man ihm irgendeine Strafe auferlegt.

Man muß sich hierbei vor allem klarmachen, daß der Arbeiter viel mehr zu »verkaufen« meint, als der Manager zu »kaufen« glaubt. Nach Ansicht des Arbeiters verkauft er zugleich seine Zukunft und seine restliche Karriere, und er ist ja daran interessiert, diese Zukunft so sicher, annehmbar und gewinnbringend wie möglich zu gestalten. Daher versucht er, Änderungen in seinem Verhalten weitgehend zu vermeiden und keine Präzedenzfälle zu schaffen, die seine langfristigen Interessen gefährden könnten. Demgegenüber führt das Management ein Leistungsanreizsystem ein, um zu einem bestimmten Zeitpunkt bestimmte Produktionseinheiten zu »kaufen«. Das Problem ergibt sich nun daraus, daß der Arbeiter seine Arbeit nicht völlig unabhängig von seiner Zukunft oder von nichtmonetären Konsequenzen verkauft. Hier liegt in konzentrierter Form der Grund, weshalb Prämienleistungssysteme bei Produktionsarbeitern bisher so geringen Anklang gefunden haben.

Die enttäuschenden Ergebnisse wurden jedoch gewöhnlich darauf zurückgeführt, daß das System offensichtlich noch Ausweichmöglichkeiten zuließ, und nicht etwa auf einen fundamentalen Mangel im System selbst. Man vertrat die Auffassung, daß ein Leistungsanreizsystem nur dann optimal funktionieren würde, wenn man diese »Schlupflöcher« zustopfte: Man mußte also die Verfahren straffen, neue Messungen vornehmen und neue Regelungen erlassen. Wenn die Ergebnisse dann immer noch nicht den Erwartungen entsprachen – was häufig der Fall war –, wurden weitere Kontrollen angeordnet.

Die Konsequenz hieraus ist nicht etwa eine positive Motivation zugunsten der Produktion, sondern eine Kraftprobe zwischen zwei Personengruppen, die beide gleichermaßen entschlossen sind, sich nicht von der anderen ausstechen zu lassen. Irgendwie schienen die Arbeiter immer noch einen Ausweg zu finden, um dem System zu entrinnen oder es gar zu sabotieren. Manchmal fanden diese Ausweichversuche sogar die stillschweigende Zustimmung der Vorarbeiter, die die ihnen auferlegten strengeren Kontrollmaßnahmen als genauso unangenehm empfanden wie die Arbeiter die ihren. Über kurz oder lang fühlt sich jede Seite dann dermaßen herausgefordert, daß persönliche Motive ins Spiel kommen und der eigentliche Zweck der Organisation in Vergessenheit gerät. Manchmal erweckt das Management sogar den Anschein, als sei es entschlossen, die Kontrolle über die Arbeiter nur um der Kontrolle willen auszuüben, und als übersehe es die Tatsache, daß dies nicht unbedingt der Produktion förderlich ist. Whyte stellte fest, daß es in der Industrie unermeßlich viele Geschäftsführer gibt, die fast alles daransetzen, um ihre »Macht« zum Erteilen von Anordnungen aufrechtzuerhalten, selbst wenn diese oft nicht effizient ausgeführt werden. Der wesentliche Punkt ist, daß die Prämienleistungssysteme dem Betriebsleiter keineswegs ermöglichen, die Motivation der Arbeiter zu kontrollieren, und daß Versuche, den Arbeiter zu einer Reaktion auf ein grundlegend ineffizientes System zu *zwin-*

gen, absurd sind. Weder das süße Lockmittel Geld noch der Prügel der Kontrollen durch das Management sind subtil genug, um einen dauerhaften Motivationseffekt zu erzielen – die einzige Reaktion, die sie mit ziemlicher Sicherheit unverändert hervorzurufen vermögen, ist Widerstand.

Whyte ist viel zu klug, um irgendwelche »Lösungen« vorzuschlagen oder zu behaupten, daß wir eines Tages ausreichendes Wissen besitzen könnten, um derartige Probleme völlig zu beheben. Er vertritt aber die Auffassung, daß das vom inzwischen verstorbenen Joseph Scanlon vom Massachusetts Institute of Technology vorgeschlagene Programm sehr vielversprechend und generell richtungweisend ist. Scanlons Gedanken haben ziemlich viel Aufmerksamkeit erregt und sind in einer Reihe von Industriebetrieben verwirklicht worden. Einzigartig ist, daß im Gegensatz zu den meisten weitverbreiteten Motivationssystemen dieses von sehr vielen Sozialwissenschaftlern anerkannt wird.

Obwohl der »Scanlon-Plan« vielfach zitiert wird, als sei er irgendwo in einer einfachen definitiven Form niedergeschrieben worden, ist er nie als Patentformel gedacht gewesen, die beliebig angewendet werden kann. Der einzige Zweck dieses Plans ist die Entwicklung einer realistischen Möglichkeit, mit der sich die Interessen der Arbeitnehmer und die des Managements in Einklang bringen lassen. Das tatsächliche Vorgehen wird je nach der Art des Betriebes und den jeweiligen örtlichen Bedingungen variieren, aber es wird normalerweise zwei grundsätzliche Methoden umfassen. Erstens werden Prämien für Produktivitätssteigerungen nicht an den einzelnen, sondern an die gesamte Gruppe ausgezahlt. Zweitens erörtern die Arbeiter gemeinsam mit dem Management die Methoden, mit denen Produktionsraten oder Qualitätsnormen verbessert werden können.

Der Scanlon-Plan – wir werden ihn hier so nennen, obwohl es sich eigentlich eher um eine Philosophie als um einen Plan handelt – ist weder einfach ein weiterer Gewinnbeteiligungsplan noch eine modifizierte Form des betrieblichen Vorschlagswesens. Da die Belohnung für Vorschläge aufgeteilt und nicht an den einzelnen vergeben wird, bietet sie eine zusätzliche Verdienstmöglichkeit, ohne jedoch zwingend auf Kosten der Mitarbeiter zu gehen. Dadurch vermeidet der einzelne die Gefahr der Ächtung, die so oft die Männer davon abhält, Ideen zur Verbesserung der Produktion vorzutragen. Unter dem Scanlon-Plan kommt der erfolgreiche Vorschlag eines Arbeiters auch allen anderen in seiner Gruppe zugute, so daß der Betreffende wahrscheinlich von allen hochgeschätzt werden wird. Weiterhin wird durch das Verteilen der Belohnung anerkannt, daß eine Idee nie ausschließlich die Schöpfung eines Mannes ist und daß, selbst wenn sie es wäre, ihre Verwirklichung die Kooperation vieler anderer erfordert.

Tatsache ist, daß der Plan gemeinsame Anstrengungen zur Leistungssteigerung fördert, indem er die Arbeiter unmittelbar am Prozeß der Produktionsplanung teilhaben läßt. Arbeitergruppen wählen Männer in den Ausschuß, der ihre Ideen wiederum einer zentralen Planungsgruppe mitteilt, welche sich aus dem Management und Arbeiter-(manchmal auch Gewerkschafts-)vertretern konstituiert. Wird eine Idee angenommen, so erhält die Gruppe, aus deren Mitte der Vorschlag kam, die einem vorher vereinbarten Schema entsprechende Vergütung. Hier besitzt der Arbeiter wirklich eine echte Chance, seine Arbeit mitzugestalten. Dies ist ein effektiver Fortschritt gegenüber der endlosen Verrichtung von Routinearbeiten, die von anderen ausgedacht worden sind.

Letztlich ist jedoch die rein mechanische Seite des Plans unwichtig. Viel wichtiger ist die resultierende veränderte Einstellung von Management und Arbeitergruppen. Die Teilnahme an den Entscheidungsprozessen und Belohnungen des Managements – zumindest solange es um die Planung ihrer eigenen Arbeit geht – kann gegenseitigen Respekt und Verständnis erzeugen. Die bisher üblichen »notwendigen« Kontrollen der Arbeiter einerseits und das Umgehen dieser Kontrollen andererseits erübrigen sich dann. Scanlon-Systeme versuchen also, eine Atmosphäre zu schaffen, in der Manager und Arbeiter endlich Gelegenheit haben, ihre gegenseitigen Illusionen zu verlieren.

Geschieht dies – allerdings gibt es keine Garantie, daß es tatsächlich eintritt –, wird die Produktivität steigende Tendenz zeigen, die Zahl der Konflikte wird wahrscheinlich sinken, und das Management wird den Produktionsprozeß effektiv besser unter Kontrolle haben als vorher. Die Arbeiter werden sich zwar nicht übermäßig anstrengen, aber sie werden auch nicht bummeln, die Zeit mit Erzählen vertrödeln oder bewußt langsam arbeiten. Das Resultat wird ein gleichmäßiger Arbeitsfluß sein, der effizienter ist als der typische unregelmäßige Rhythmus, der durch augenfällige Anstrengung und heimliches Faulenzen entsteht. Der Einfallsreichtum wird nicht mehr zur Täuschung des Vorarbeiters, sondern vielmehr zur Leistungssteigerung aufgewandt. Es wird sicherlich keine an Wunder grenzenden Umwälzungen geben, und ein Teil des alten Mißtrauens und der Ängste bleiben zweifellos bestehen, aber diese Überbleibsel werden zwangsläufig durch die allmählich modifizierte Auffassung über den wahren Charakter der anderen Seite abgebaut werden. Es erscheint fast widersinnig, daß das Management dadurch die Produktivität besser unter Kontrolle bekommt, daß es einen Teil seiner Kontrollbefugnis an die in der Produktion Beschäftigten abtritt.

Whyte gibt sich nicht etwa der Illusion hin, der Scanlon-Plan könne überall gleich gute Erfolge erzielen. Die Erfahrung mit diesem Plan war bisher nicht sehr bemerkenswert: Er ist nur unter bestimmten Umständen funktionsfähig, und zudem gibt es eine Reihe von praktischen Schwierigkeiten, die seine Effizienz beeinträchtigen. Wie jeder Lösungsversuch, der an den Wurzeln eines überaus alten Problems anzusetzen versucht, ist der Scanlon-Plan am erfolgreichsten, wenn die Konflikte noch nicht zu tief gehen und beide Gruppen schon von vorneherein einer Annäherung ihrer Ideen nicht völlig ablehnend gegenüberstehen. Er arbeitet demnach dann am besten, wenn die beiden Gruppen einsehen, daß irgend etwas nicht stimmt und daß sie offensichtlich beide zu dieser Unstimmigkeit mit beitragen. Dies erfordert jedoch ein in der heutigen Industriewelt unübliches Maß an Einsicht; folglich ist unser Fortschritt auf dem Wege zu rationaleren Methoden der Motivation, um die Menschen zu höherer Leistung anzuregen, wahrscheinlich langsam und mühselig.

Whyte spricht dies ganz offen aus: »Der Erfolg eines Vorhabens, wie es der Scanlon-Plan impliziert, erfordert eine wahrhaftige Revolutionierung der Konzeption des Managements über seine Funktionen ... Die Betriebsleitung, die (allein) an der Erhaltung ihrer Vorrechte interessiert ist, sollte besser den Scanlon-Plan gar nicht erst in Erwägung ziehen.«

Es hat auch keinen Sinn, nur Lippenbekenntnisse zu den dem Plan zugrunde liegenden Konzeptionen zu liefern und mit einem oder mehreren Tricks nur eine scheinbare Form der Mitsprache zu schaffen:

»Es gilt bei vielen Angehörigen des Managements als fortschrittlich, von dem Mitspracherecht als einer für den Arbeiter überaus wichtigen Angelegenheit zu reden. Oft verraten sie sich jedoch dadurch, daß sie sagen, ›man müsse dem Arbeiter das Gefühl geben, mitreden zu dürfen‹. Diese künstlich erzeugte Bedeutung der Mitsprache versuchen sie durch Veröffentlichungen von Gewinn- und Verlustrechnungen und mit anderen Mitteln zu erreichen, mit denen sie die Arbeiter über den Stand der Geschäfte informieren. Das echte Mitspracherecht impliziert dagegen Veränderungen im Verhalten und in der Aktivität der Leute. Es impliziert, daß der Arbeiter seinerseits bei den Mitgliedern des Managements Verhaltensänderungen hervorrufen kann. Wenn die Betriebsleitung zu keinen bedeutenderen Änderungen bereit ist, braucht sie ein derartiges Programm überhaupt nicht anzufangen.«

Somit ermittelt Whyte, der anfangs nur die finanziellen Anreize untersuchen wollte und dann feststellte, daß diese nicht losgelöst von den anderen Bedürfnissen betrachtet werden konnten, am Schluß seiner Anlayse, daß die *Macht* vielleicht das wichtigste – und am meisten mißbrauchte – Instrument der Motivation ist. Die Macht zur selbständigen Regelung der Arbeitsmethoden zur freien Bestimmung der Ziele und Normen und sogar – zumindest teilweise – zur Festsetzung des eigenen Entgelts: dies alles schien für eine dauerhafte Leistungssteigerung ausschlaggebender zu sein als das Geld.

Kapitel 6

Der Einfluß der Organisation: Chris Argyris

Viele Fäden der Beweisaufnahme laufen jetzt allmählich zusammen. Die Beschränkungen, die dem Individuum von Industrieunternehmen um der Ordnung und der Leistung willen auferlegt werden, scheinen Widerstände zu erzeugen, die die Organisationen schließlich lähmen können. Da die großen Gesellschaften in der

Regel immer größer werden und die kleinen fortwährend in die Klasse der großen aufsteigen, müssen die Differenzen zwischen Individuum und Organisation zwangsläufig immer ernstere Konsequenzen haben. Je mehr Personen in den Konflikt miteinbezogen werden, desto raffiniertere Kontrollmethoden werden einer zunehmend gerissenen und ungebändigten Arbeitnehmerschaft entgegengesetzt werden.

So wird die Arbeit für die meisten Menschen eine immer weniger befriedigende Form des Zeitvertreibs. In ihrer zunehmenden Freizeit werden sie derart enorme Reserven an Energie und Interessiertheit aufwenden, daß diese ausreichen, um die Freizeit zur Grundlage eines neuen riesigen Industriezweiges zu machen. Aber während die Menschen sich von der Arbeit als einer möglichen Quelle persönlicher Befriedigung abwenden, entfernt sich auch das Management vom Menschen als Quelle produktiver Leistungen: Dies bezeugt die schnelle Verbreitung der Automation. So drängt sich einem fast die Schlußfolgerung auf, daß unter den in vielen großen Organisationen vorherrschenden Bedingungen eine Vielzahl von Menschen weder glücklich noch wirtschaftlich gesichert ist.

Wenn dieser Zustand weit genug um sich greift, dann können wir uns in Zukunft einmal der paradoxen Situation einer reichen Wirtschaft, die eine unglückliche Gesellschaft erhält, gegenübersehen. Der Mensch würde arbeiten müssen, um sich die Früchte seiner Arbeit leisten zu können, aber er würde in der Arbeit selbst nur eine geringe Motivation zu erhöhter Leistung finden. Dadurch könnte eine steigende Zahl von Arbeitern motivationsmäßig »marginal« werden. Wenn diese Gruppe beträchtlichen Umfang annähme, könnte sich die Industrie vor dem Dilemma sehen, sie entweder aus Gründen der Kaufkraft weiterzubeschäftigen oder aber sie zu ersetzen und sowohl höhere Steuerzahlungen als auch einen weniger aufnahmefähigen Markt in Kauf zu nehmen. Eine solche Situation wäre immanent instabil und würde früher oder später zu irgendeiner Form des Zusammenbruchs führen, der dann Kontrollen nach sich ziehen würde, die effizient sein können, es aber nicht sein müssen.

Ob nun diese wenig erfreuliche Zukunft tatsächlich auf uns zukommt, dürfte wohl davon abhängen, inwieweit folgende grundlegende Prämisse richtig ist: daß nämlich die Organisationen aufgrund ihrer Wesensart das Individuum unweigerlich zu manipulierbaren und damit geistlosen Geschöpfen herabwürdigen. Chris Argyris von der Yale-Universität ist einer der Sozialwissenschaftler, der den Mut besaß, diese Möglichkeit offen ins Auge zu fassen. Das Ergebnis seiner Analyse stimmte ihn zwar nicht besonders optimistisch, andererseits machte es ihn aber auch nicht gänzlich pessimistisch. Seiner Ansicht nach ist die Organisation aufgrund ihrer spezifischen Art für den einzelnen in gewisser Hinsicht zwar schädlich, nur muß diese Schädlichkeit nicht *zwangsläufig* fatal oder unkontrollierbar sein. Die zur Zeit größte Gefahr besteht seines Erachtens darin, daß zu wenig Manager die sozialen Auswirkungen ihrer Politik oder deren mögliche Richtung kennen.

Argyris ist der Auffassung, daß die Organisationen gegenwärtig in ihrer Politik häufig dazu neigen, mit dem natürlichen Wachstumsprozeß des Individuums zu kollidieren. Da diese Kollision eine ziemlich einseitige Angelegenheit ist, breitet sich zwangsläufig Frustration aus. Die meisten Organisationen – insbesondere die auf niedrigerem Niveau – sind auf Männer zugeschnitten, die eine sehr infantile Form der Lebenseinstellung haben: Sie geben ihnen kaum Handlungsfreiheit oder Ermessensspielraum und gewähren ihnen nicht die Freiheit, die Regelungen jeweils den Umständen entsprechend anzuwenden. Man erwartet einfach vom Arbeitnehmer, daß er das tut, was ihm gesagt wird, und das Denken dem Vorgesetzten überläßt, dessen diesbezügliche Befähigung ein ständiger Streitpunkt unter den von ihm beaufsichtigten Leuten ist. Auf jeden Fall werden Millionen erwachsener Männer gezwungen, 40 Stunden in der Woche ihr Denkvermögen zu unterdrücken, nur um ein System aufrechtzuerhalten, das nicht halb so effizient ist, wie es den Anschein hat. Das ist eine nicht unbeträchtliche Summe von Arbeitsstunden, die auch eine nicht unbeträchtliche Zahl von Problemen aufwirft.

Sind Industrieunternehmungen nun tatsächlich so angelegt, daß sie nur dem unreifen Arbeiter entgegenkommen? Trifft es zu, daß sie den gereifteren Menschen frustrieren und entmutigen? Wenn dieser Vorwurf stimmt, dann würde sich die Industrie unbeabsichtigt ihr eigenes Grab schaufeln, denn gerade der gutausgebildete Arbeiter liefert ja dem Unternehmer mit seiner Schöpfungskraft und seinem Intellekt die Grundlagen des wirtschaftlichen Wachstums.

Dennoch hält Argyris diesen Vorwurf für gerechtfertigt und untermauert seine Überzeugung mit einer detaillierten Analyse, die stark auf den bisherigen Lehren der Psychologie über den menschlichen Entwicklungsprozeß aufbaut. Der Kern dieser Theorie ist, daß die Industrieorganisationen mit ihrer herkömmlichen Art der Betriebsführung in verschiedenen wesentlichen Punkten an den normalen Bedürfnissen eines gereiften Erwachsenen gänzlich vorbeigehen[17), 18)].

Der Ausgangspunkt von Argyris ist das Individuum, das bei der Vorstellung im Personalbüro einer Firma gewöhnlich physisch ausgereift erscheint, dessen emotionale Reife – also sein Realitätssinn, seine Selbstbeherrschung und Selbständigkeit – jedoch von der Stufe höchster Entwicklung bis hinab zu reinster Naivität variieren kann. Bei der Zusammenstellung der Charakteristika, die den ausgereiften Erwachsenen vom naiven unterscheiden, stellt Argyris sieben Umstellungsprozesse fest, die normalerweise mit dem Heranwachsen eines Menschen auftreten.

Zunächst stellt der Mensch sich von der Passivität des Kindes auf die Aktivität des Erwachsenen um. Für das Kind ist charakteristisch, daß es seiner Umwelt völlig preisgegeben ist; sein Dasein besteht aus einer Kette von Geschehnissen, in den es ohne sein Zutun verwickelt wird.

Ein ausgereifter Erwachsener dagegen weiß seine Umgebung bis zu einem gewissen Ausmaß unter Kontrolle zu halten und bestimmte Vorkommnisse in gewünschter Richtung zu beeinflussen.

Zweitens entwächst der Mensch langsam der völligen Abhängigkeit von anderen und vermag schließlich auf eigenen Füßen zu stehen. Dieser Entwicklungsprozeß verläuft unterschiedlich; während manche Menschen extrem unabhängig werden, bedürfen andere zeit ihres Lebens enger Anlehnung an schutzbietende Personen und Institutionen. Und dennoch sieht Argyris hierin ein Merkmal eines voll ausgereiften Erwachsenen, und die Mehrzahl der Psychologen würde ihm in diesem Punkt zustimmen. Er weiß natürlich, daß gewisse Abhängigkeiten normal sind; denn kein Mensch ist letztlich völlig selbstgenügsam auf dieser Welt. Aber die Anerkennung dieser Tatsache bedeutet deshalb nicht, daß wir vor der Meinung anderer zu Kreuze kriechen oder hilflos mit ansehen müssen, wie unerfreuliche Ereignisse ihren Lauf nehmen.

Drittens besitzt das Kind ein begrenztes Repertoire von Verhaltensmöglichkeiten, aber mit zunehmendem Alter wird es beweglicher und kann in einer bestimmten Situation verschiedenartig reagieren. Der Erwachsene ist sowohl weniger voraussehbar als auch anpassungsfähiger als ein Kind. Er kann eine vorgegebene Aufgabe nicht nur auf vielfältige Weise lösen, sondern er würde mit ziemlicher Wahrscheinlichkeit ihrer auch überdrüssig, wenn ihm diese Vielfalt nicht gegeben wäre.

Viertens verliert ein Kind schnell das Interesse an einer bestimmten Sache und verfolgt seine Belange kaum sehr intensiv oder wohlüberlegt. Mit dem Heranwachsen beginnt es jedoch, bestimmte Gegenstände auszusondern und ihnen mehr Aufmerksamkeit zu widmen als anderen. Allmählich erwirbt es einen ziemlich genau abgesteckten Bereich von Interessen, von denen es manche mehrere Stunden lang ununterbrochen absorbieren und ihm erhebliche Befriedigung verschaffen können. Die Veränderung vollzieht sich hier mit anderen Worten von einem ziemlich oberflächlichen Interesse des Kindes an seiner Beschäftigung zu der Fähigkeit des Erwachsenen, in seinem Tun ständig neue Herausforderungen zu finden, vorausgesetzt, daß es ihn überhaupt interessiert.

Fünftens ist der Zeithorizont des Kindes sehr kurz. Es sieht in dem Leben nur eine Reihe von kurzen Augenblicken, die teils miteinander in Beziehung stehen, teils aber auch nicht. Die Vergangenheit ist schnell vergessen, und die Zukunft existiert praktisch nicht; es befaßt sich in erster Linie mit der Gegenwart. Mit zunehmender Reife jedoch gewinnen Vergangenheit und Zukunft immer mehr an Bedeutung, und der Erwachsene vergißt sogar oft die Gegenwart zugunsten vergangener und/oder künftiger Ereignisse. Sein Verhalten wird durch die von ihm erinnerten Dinge beeinflußt, selbst durch solche Dinge, die er nie selbst erlebt, sondern von denen er gelesen oder gehört hat. Desgleichen interessiert er sich sehr für die möglicherweise in der Zukunft eintretenden Geschehnisse und versucht, sie so zu beeinflussen, daß sie seinen Wünschen und Vorstellungen weitestgehend entsprechen.

Sechstens legt das Kind normalerweise eines Tages seine kindliche Untergebenheit gegenüber allen Menschen ab und wird als Erwachsener zu einer gleichrangigen oder sogar höherrangigen Persönlichkeit. Eine reife Person kann je nachdem sowohl die Rolle eines Untergebenen als auch eines Vorgesetzten übernehmen; aber sie wird sich deswegen nicht als *angeborener* Mitläufertyp betrachten. Unter Berücksichtigung der durch Ausbildung und Erfahrung entstehenden Unterschiede hält er sein Urteilsvermögen und seine Entscheidungsfindung für mindestens ebenso gut wie die seines nächsten Mitarbeiters. Er ist nicht servil und läßt sich nicht auf »seinen Platz« im kastenmäßigen Sinne verweisen.

Siebentens besitzt das Kind noch keine feste Meinung über sich selbst, da es ja noch keine richtige Persönlichkeit besitzt, über die man sich eine Meinung bilden könnte.

Der Erwachsene denkt dagegen sehr viel über sich selbst nach und besitzt gewöhnlich recht festgefügte Vorstellungen über seine eigene Person. Er ist sich seines Ichs bewußt und wäre bereit, einiges zu dessen Verteidigung auf sich zu nehmen. Er nimmt es daher auch ziemlich übel, wenn er das Gefühl hat, wie ein mechanisches Wesen und nicht wie ein menschliches Individuum mit persönlichen Bedürfnissen und Gedanken behandelt zu werden. Sein Ich kann ihn zu einem recht schwierigen Menschen machen, da es individuelle Aufmerksamkeit und Behandlung verlangt; dies ist aber ein durchaus gesundes Verlangen, ohne das der einzelne nicht gedeihen kann. In manchen Menschen kann dies Verlangen nach Aufmerksamkeit durch fortgesetzte Vernachlässigung zerstört werden, aber damit wird zugleich der Wunsch zerstört, sich zu verbessern, sich auszuzeichnen und schöpferisch tätig zu sein. Das erwachsene Ich mit seinem fortwährenden Selbstinteresse mag zwar hinderlich für eine rein mechanistische Betriebsführung sein, aber es ist zugleich die unerläßliche Grundlage jeglicher Produktivitätssteigerung.

Wenn die betreffende Person, die sich im Personalbüro vorstellt, diese sieben wichtigen Reifestadien einigermaßen gut durchlaufen hat, dann hat sie dem Betrieb sehr viel zu bieten. Doch wird der Umgang mit diesen Menschen nicht immer ganz einfach sein, und in manchen Fällen wird man deswegen sogar auf eine Einstellung verzichten. Hat seine Bewerbung Erfolg, ist immerhin denkbar, daß er sich in einer Organisation befindet, deren herkömmliche Verfahrensweise ihm nur geringen Spielraum zu persönlicher Entfaltung läßt und ihn mehr oder weniger dazu zwingt, sich in ein Verhaltensschema einzufügen, dem er schon vor Jahren entwachsen ist. Er würde bald herausfinden, daß man in den meisten Unternehmen von ihm ein passives, unselbständiges, untergeordnetes, unterwürfiges, oberflächliches und gefühlloses Verhalten erwartete – daß seine Rolle darin bestand, das zu tun, was ihm aufgetragen wurde, unaufhörlich Routinearbeiten zu leisten und das Denken anderen zu überlassen.

Wieweit sich ein Individuum durch diese Situation beeinträchtigt fühlt, hängt von seinem Reifestadium und den Restriktionen ab, die ihm bei seiner Arbeit auferlegt werden. Um diese Frage aus der richtigen Perspektive zu sehen, muß vorausgeschickt werden, daß ausgesprochen reife Erwachsene – im spezifischen, vorher definierten Sinn – sehr selten sind. Man kann wohl berechtigterweise annehmen, daß sehr viele erwachsene Menschen in dieser Welt durchaus passiv und unselbständig sind, daß sie ihren Reifeprozeß schon weitgehend abgeschlossen haben und daß sie die typischen Restriktionen im Unternehmensbereich überhaupt nicht oder kaum als störend empfinden. Für einen beträchtlichen Teil der Erwerbstätigen – möglicherweise sogar für den größeren Teil – ist ein reglementiertes, restriktives und sich stereotyp wiederholendes Arbeitsleben die Norm. Es gibt jedoch auch andere, deren Bedeutung weit größer ist als ihre Anzahl. Ihr Schicksal in einer typischen Organisation ist entweder ein allmähliches verbittertes Sichaufreiben oder aber eine begrenzte Entfaltung ihrer Fähigkeiten, die nicht so sehr *aufgrund*, sondern vielmehr *trotz* dieses Systems ermöglicht wird.

Für solche Leute scheint sich als natürlicher Ausweg eine unternehmerische, freiberufliche oder spezialisierte technische Tätigkeit anzubieten, bei der sie hinreichend Spielraum und Freiheit haben, um ihre Talente auszunutzen. Viele von ihnen gelangen aber nicht in derartige Stellungen, sei es wegen mangelnder Ausbildung, aufgrund von Vorurteilen oder ganz einfach aus Mangel an Gelegenheit. (Natürlich gibt es viele im diesbezüglichen Sinne reife Persönlichkeiten, die gar nicht in leitender oder freiberuflicher Stellung tätig sein *wollen*. Sie fühlen sich dann in einer typischen Organsiation besonders frustriert, weil die von ihnen bevorzugte Arbeit am meisten reglementiert und kontrolliert ist.) Überdies sind auch leitende Posten nicht völlig frei von Restriktionen, insbesondere auf der unteren Ebene, im mittleren Management und in den Stabsstellen. In vielen Betrieben wird der Akademiker durch Berichterstattungssysteme derart erfolgreich abgekapselt, daß sein möglicher Einfluß auf die herkömmliche Organisationsform minimiert oder gar völlig ausgeschaltet wird. Es hat demnach den Anschein, als ob Industrieorganisationen eine bemerkenswert wirksame Methode entwickelt haben, um sich gegen Personen abzuschirmen, deren positive Anregungen zu sinnvollen Veränderungen die Anpassungs- und Lebensfähigkeit der Industrieunternehmen nur erhöhen könnten.

Argyris gibt drei Mechanismen an, durch die die Organisation den reifen Arbeitnehmer frustriert und den unreifen ermutigt, in seinem derzeitigen Reifestadium zu verharren. Es sind dies die formale Organisationsstruktur, dirigistischer Leistungsstil und Kontrollen durch das Management wie die Aufstellung von Budgets, Leistungsanreizsysteme, Zeit- und Bewegungsstudien.

Für die Organisationsstruktur ist typisch, daß sie die Macht in den Händen einiger weniger konzentriert und den am unteren Ende der Befehlskette befindlichen Arbeitnehmer ziemlich stark den Launen seines Vorgesetzten oder gar des Systems aussetzt. Jedoch will Argyris die Struktur keinesfalls nur deswegen geändert sehen, weil sie auf einige Personen unerwünschte Auswirkungen zeitigt. Er ist vielmehr der Überzeugung, daß die Machtkonzentration für die Organisation selbst schädlich ist, da sie zu Apathie und Starrheit führt. Delegierung und Dezentralisierung gehen einfach nicht weit genug, wenn sie nicht auch dem einzelnen Arbeiter die Autorität und den Anreiz zur bestmöglichen Leitung seines Verantwortungsbereiches verleihen. Eine gewisse Zentralisierung ist zweifellos notwendig, um chaotische Zustände zu vermeiden, aber die typische Organisationsform übertreibt diese Vorsichtsmaßnahme derart, daß die Gefahr einer Stagnation geradezu bedrohlich wird.

Delegierte Autorität neigt in gewisser Hinsicht dazu, zu einer leeren Floskel zu werden. Nach Argyris wird der Vorarbeiter in der Regel wohl einsehen, daß es der Produktion am förderlichsten ist, wenn er sich weitgehend zurückhält, seine Männer größtenteils allein arbeiten läßt und nur darauf achtet, daß bei ihnen alles in Ordnung ist. Bei einem derartigen Verhalten kann aber die Betriebsleitung leicht den Eindruck gewinnen, er sei zu lax, und wird ihm gegenüber stärkeren Druck ausüben, den er wiederum auf seine Männer übertragen soll. Gefangen zwischen zwei Fronten, wird der Werkmeister sowohl gegenüber der Unternehmensleitung als auch gegenüber seinen Arbeitern eine passive Kompromißhaltung einnehmen, so daß das Management sich veranlaßt sieht, das Vakuum durch direkte Inspektionen und Kontrollen auszufüllen. Dies untergräbt die Autorität des Werkmeisters noch mehr, er zieht sich wiederum stärker zurück, und die »Delegierung« von Machtbefugnis sinkt zu einer ausgesprochenen Formalität herab.

Unter »dirigistischer Leitung« versteht Argyris den herkömmlichen Stil der Aufsichtführung, bei dem der Vorgesetzte fast alle bei der Arbeit anfallenden Entscheidungen selbst trifft, während seine Untergebenen rein ausführende Organe sind. Das System hat den Vorteil, daß ein bestimmter Arbeitsvorgang tatsächlich programmgemäß abläuft und daß die Verzögerungen und Irrtümer vermieden werden, die in einem dezentralisierten System leicht auftreten können. In einem System mit dirigistischer Leitung ist allerdings jegliche Entscheidungsbefugnis von seiten der Untergebenen nicht nur unnötig, sondern geradezu unerwünscht. Günstigenfalls wird ein untergeordneter Arbeitnehmer mit eigenen Ansichten nur das Urteilsvermögen seines Vorgesetzten in Frage stellen, im ungünstigsten Falle wird er sogar Verbesserungsvorschläge offen aussprechen und dadurch das Prestige seines Vorgesetzten untergraben.

Als System der Unternehmensführung sind dirigistische Methoden möglicherweise für Gruppen angebracht, die noch nicht ausreichend Erfahrung oder Fähigkeit zu eigenen Entscheidungen besitzen. Unglücklicherweise wird dieser Führungsstil jedoch vielfach angewendet, weil er den leitenden Angestellten am ehesten zusagt, und ohne Rücksicht auf seine Notwendigkeit bei den Arbeitnehmern. Alle eventuell vorhandenen Fähigkeiten zu selbständigem Denken werden ruhig ignoriert. Nach Ansicht von Argyris gehen so sehr viel potentielle Initiative und Schöpfungskraft einfach verloren, indem sie langsam kraftlos werden, weil das dirigistische Leistungssystem ihnen keine echte Chance zur Entfaltung gibt. Den Männern wird praktisch beigebracht, dem Urteil ihres Vorgesetzten mehr zu vertrauen als dem eigenen.

Nicht jeder reagiert auf dirigistische Führungsmethoden gleichartig, aber nach Argyris' Klassifizierung der verschiedenen möglichen Anpassungsformen scheint es kaum Ausweichmöglichkeiten zu geben. Hinsichtlich der Motivation ist der Aufsichtsstil, der praktisch nur aus Kontrollen besteht, eine Art Riesenfalle. Manche Arbeiter werden sich vielleicht eine Zeitlang dagegen auflehnen, um sich letztlich in die Rolle des Unruhestifters und Nörglers gedrängt zu sehen; andere finden sich sofort widerstandslos damit ab und werden ihrer Arbeit gegenüber indifferent. Andere wieder wählen eine zynische Haltung und nehmen das System achselzuckend als die *Conditio sine qua non* für ihren Lohn hin. Einige wenige schaffen die Beförderung, welche sie zwar von einem spezifischen Vorgesetzten befreit, aber nicht notwendigerweise von dem dirigistischen Leitungsstil.

Unternehmerische Kontrollen bestehen darin, daß man dem lokalen Vorschlagswesen verschiedenartige Restriktionen auferlegt, die bestimmte Entscheidungen unabhängig davon erfordern, ob sie für den Betroffenen angemessen sind oder nicht. Beispiele hierfür sind Budgets, Personalbeschränkungen und standardisierte Herstellverfahren. Man könnte nun einwenden, daß diese nie eine einzelne Entscheidung erzwingen dürfen, sondern nur Richtlinien darstellen, mit deren Hilfe die Übereinstimmung gefördert und Übertreibungen verhindert werden sollen. Argyris würde ein solches Argument wahrscheinlich ablehnen: Gleich welchen Zweck Kontrollen erfüllen sollen, sie stellen dennoch immer Verbote dar, die den Manager gegenüber allen Abweichungen vom Wortlaut der jeweiligen Anweisungen sehr wachsam sein lassen. Denn seine eigene Leistung wird mit Sicherheit danach gemessen, wie genau er sich an die vorschriftsmäßigen Kontrollen gehalten hat, und wenn er sie nach ihrem möglichen Gehalt auszulegen sucht, läuft er Gefahr, daß die Interpretation seines Vorgesetzten von der seinen abweicht. Unternehmerische Kontrollen verhindern demnach sehr viel mehr als nur Übertreibungen: Sie können die auf gesundem Menschenverstand aufbauenden Anpassungsprozesse an die Realität beeinträchtigen und zugleich das Ansehen des unmittelbaren Vorgesetzten in den Augen des Arbeitnehmers untergraben, da sie vielfach deutlich machen, daß die wahre Autorität woanders liegt.

Diese drei Mechanismen – Organisationsstruktur, dirigistischer Führungsstil und unternehmerische Kontrollen – bilden mit das Rückgrat und die Seele des modernen Managements. Nachteilig ist nur, daß sie häufig ein gleichgerichtetes Verhalten von Menschen erfordern, die in ihren Bedürfnissen und Aspirationen gänzlich andersartig veranlagt sind. Das Verhalten in einem modernen

Industriesystem wird oft eher durch die jeweilige Stellung in der Betriebshierarchie diktiert als durch die effektiven Fähigkeiten einer Person oder durch das, was man im Interesse der Organisation tun sollte. In den Augen von Argyris stellt diese verlangte Gleichförmigkeit jedoch keineswegs Effizienz dar; er sieht in ihr statt dessen eine enorme Verschwendung von Zeit, Begabung und Geld. Die versteckten Kosten dieser erzwungenen Gleichförmigkeit sind erschreckend hoch: hohe Ausfallquoten, Fluktuation, Apathie, Drückebergerei und das Senken der Vorgabezeiten – jede einzelne dieser Erscheinungen beeinträchtigt schwerwiegend die Gewinne. Bei der Planung der organisatorischen Effizienz scheint das Management das Fundament jeder Organisation – das Individuum – aus Unachtsamkeit ungefähr so ineffizient wie möglich eingesetzt zu haben.

Doch sind nicht Kontrollen und eine festgefügte Organisationsstruktur nötig, um eine Gesellschaft lebensfähig zu machen und zur Entfaltung zu bringen? Sind daher nicht die von Argyris angesprochenen Frustrationen ein notwendiger Teil des Preises, den wir für das Leben in einer technologisch hochentwickelten Gesellschaft zahlen müssen? Wenn dies stimmt, ist es dann nicht realistischer, den Arbeiter von seinen Frustrationen abzulenken und ihn zu rekreativen und anderen außerhalb des Arbeitsbereichs liegenden Interessen anzuregen, als sein unvermeidliches Pech bei der Arbeit ständig zu beklagen? Argyris stand bei seiner Untersuchung diesen Fragen völlig unsentimental gegenüber, und im Verlaufe seiner Nachforschungen schlug seine anfangs pessimistische Einstellung in einen sorgfältig gepflegten Optimismus um. Genauer gesagt, hat er sich zuerst nur damit befaßt, das gegenwärtige Problem zu beschreiben und seine Wurzeln zu erforschen, und erst seit kürzerer Zeit hat er damit begonnen, nach Lösungsmöglichkeiten zu suchen.

Während er schon länger davon überzeugt war, daß die Konzentration der Entscheidungsmacht in einigen wenigen Händen der Gesundheit (in diesem Fall der geistigen oder emotionalen Gesundheit) der meisten Individuen innerhalb einer Industrieorganisation abträglich ist, hat sich Argyris kürzlich auch mit der Frage auseinandergesetzt, ob ein derartiges System auch unmittelbar die Gesundheit der Organisation gefährdet[19]. Hierbei erhebt sich natürlich die Frage, ob sich die »Gesundheit der Organisation«

überhaupt definieren läßt, und wenn ja, ob sie in irgendeiner Beziehung zu der individuellen »geistigen Gesundheit« stehen könnte. Diese Frage erscheint vor allem deswegen vollkommen berechtigt, weil Psychologen immer noch verzweifelt nach einer für alle akzeptablen Definition der letzteren suchen.

Argyris ist überzeugt, eine Antwort oder zumindest einen Weg gefunden zu haben, auf dem die ersten versuchsweisen Schritte auf eine Antwort hin unternommen werden können. Zunächst vertritt er den Standpunkt, daß eine Organisation dann »gesund« ist, wenn sie ihre eigenen ursprünglichen Zwecksetzungen erfüllen kann; d. h. sie muß in der Regel ihre Ziele und die zur Erfüllung derselben zu überwindenden Hindernisse bestimmen und daran anschließend eine optimale Strategie planen und ausführen, um diese Ziele effektiv zu erreichen. Eine gesunde Organisation schätzt also sich selbst und ihre Situation absolut realistisch ein, ist flexibel und vermag ihre besten Ressourcen aufzubieten, um jeglicher Herausforderung begegnen zu können. Diese Definition von einer gesunden Organisation ähnelt verblüffend einigen Definitionen von geistig gesunden Individuen, die kürzlich von mehreren Psychologen formuliert worden sind. Diese stellen grundsätzlich fest, daß ein Mensch als geistig gesund gilt, wenn er sich über seine Person keinen Illusionen hingibt und wenn er sich so weit beherrscht, daß Angst, Vorurteil oder die Macht der Gewohnheit sein Bild von seiner Daseinswelt nicht verzerren können. Weiterhin wird er sich nur solche Ziele setzen, die für ihn wünschenswert und erreichbar, aber nicht notwendigerweise leicht zu realisieren sind, und er wird seine Taktik zum Erreichen jener Zielsetzungen den jeweiligen Umständen entsprechend abwandeln, ohne diese Ziele ebenfalls zu verändern.

Demnach gilt das, was für ein Individuum am besten ist, auch für eine Organisation und vice versa. Leider sind nur zu viele – stillschweigende oder explizite – gängige Definitionen dessen, was für eine Organisation am besten ist, kurzsichtig und veraltet. Organisationen dürfen einfach nicht nur Gewinne machen, die Absatzmärkte ausweiten und an Größe und Bedeutung zunehmen. *Sie müssen auch überleben.* Die Geschichte lehrt uns, daß Institutionen, die ihren Sinn verloren haben, nicht sehr lange überleben können. Die wahrhaft dauerhaften Institutionen, die – wie unsere Religion, unsere Familienstruktur und unser kulturelles Erbe – noch immer unter uns lebendig sind, haben entweder überleben können, weil sie irgendein fundamentales menschliches Bedürfnis befriedigen oder weil sie sich erfolgreich an die veränderten Zeitumstände angepaßt haben, oder beides.

Nun ist die Industrielle Revolution aber erst einige hundert Jahre alt, und auch die moderne Gesellschaftsform ist erst einige Dutzend Jahre alt oder sogar noch jünger. Es gibt somit keinen historischen Nachweis, daß die Industrieorganisationen der Gegenwart in ihrer Form bestehenbleiben werden oder ob sie einfach eine vorübergehende Erscheinung darstellen. Ihre Überlebenschancen hängen auf lange Sicht wohl weniger von dem internationalen Kampf mit einer anderen (kommunistischen) Grundform der Industrieorganisation ab, sondern vielmehr von ihrer Fähigkeit, sich an die Bedürfnisse der Menschen anzupassen, die sie besitzen, sie leiten, von ihnen kaufen oder für sie verkaufen, oder aber für sie arbeiten – wobei letztere besonders wichtig sind.

Natürlich wird das Fortbestehen der kommunistischen Industrieorganisation langfristig wahrscheinlich vom Bestehen genau desselben Tests abhängen, nämlich davon, inwieweit sie die Bedürfnisse der an ihnen teilhabenden Menschen befriedigen können. Mit dem Wachstum der sowjetischen Wirtschaft und insbesondere mit dem zahlen- und bedeutungsmäßigen Wachsen einer gut ausgebildeten Unternehmer»klasse« werden die rein materiellen Bedürfnisse der Sowjetbürger allmählich nachlassen. Aller Voraussicht nach werden dann (wenn es nicht schon vorher eintritt) Bedürfnisse nach Selbstverwirklichung und größerer persönlicher Freiheit entstehen – wie es sich bei den amerikanischen Arbeitern beobachten ließ, nachdem ihre materiellen Wünsche weitgehend befriedigt waren. Es bleibt abzuwarten, ob das Sowjetsystem sich den veränderten Bedürfnissen seiner Bürger anpassen kann oder ob es sie durch das Beharren auf vorindustriellen Taktiken frustrieren wird. Wenn die aus der Geschichte zu entnehmenden Lehren auch für die Sowjets ebenso offenkundig sein sollten wie für uns, so haben wir in jedem Fall noch den Vorteil, nicht auf ein Dogma festgelegt zu sein, das die Gegenwart beharrlich mit jahrhundertealten Wirtschaftstheorien zu interpretieren sucht.

Oder ist dem womöglich nicht so? Die Lehren mögen unterschiedlich sein, aber sind nicht genau die unkritische Hinnahme der konzentrierten Macht, des dirigistischen Leitungsstils und der unternehmerischen Kontrollen eine Art Scheuklappen, die *unsere* Industrieorganisationen hinsichtlich der in ihnen Beschäftigten allmählich veralten lassen können? Sollte man nicht wenigstens einen Anfang machen und diese Organisationen besser auf die in ihnen tätigen Menschen abstimmen? Argyris prophezeit dies als zwingende Notwendigkeit und hat sogar in groben Zügen einen Aktionsplan aufgezeichnet.

Zuerst stellt er fest, daß kein wie auch immer geartetes System der Machtverteilung innerhalb einer Organisation *allen* unterschiedlichen Situationen optimal angepaßt werden kann, in die eine Organisation hineingeraten kann. So weicht z. B. die Unternehmensstrategie, die darauf abstellt, hohe Produktivität und gute Beziehungen zwischen Arbeitern und Betriebsleitung zu erreichen, erheblich von der ab, die kostensenkend und gewinnsteigernd wirken soll[20].

Eine Organisation ist demnach nicht dann schon ideal, wenn sie flexibel genug ist, um je nach den betreffenden Umständen die Macht nach oben oder unten zu verlagern, sondern sie ist nur dann mustergültig, wenn die ganze Organisation ihre Probleme insgesamt abschätzt und dann die Machtverteilung wählt, die zu dem Zeitpunkt am passendsten erscheint. Argyris schlägt also vor, daß man sowohl den Bedürfnissen der Organisation (durch geschickte Betriebsführung) als auch denen des Individuums nachkommen müsse (indem man ihm eine Stimme gibt, mit der es den bevorzugten Stil der Unternehmensführung mit beeinflussen kann). Die Rolle des Betriebsleiters könnte danach von der eines herkömmlichen Autokraten bis zu der eines Mittelsmannes oder »Senators« der Arbeiter variieren, je nachdem, wie straff oder wie demokratisch die Organisation geleitet wird.

Dies sind natürlich radikale Vorschläge. Es ist unwahrscheinlich, daß man es mit ihrer versuchsweisen Anwendung allzu eilig haben wird. Vielleicht sind sie weniger bedeutsam als Vorschriften, sondern geben vielmehr die Richtung an, in der sich die Industrie möglicherweise als Reaktion auf den in ihr erzeugten Druck entwickeln muß. Argyris schlägt ein Programm vor, mit dem ein allmählicher Übergang von dem gegenwärtigen System der Betriebsführung zu einer flexibleren und mehr Mitsprache gewährenden Form geschaffen werden kann. Sein von ihm entworfenes Programm würde zugegebenermaßen von jedem Beteiligten ein gutes Maß an Reife erfordern, und es bleibt fraglich, ob die Reife der Organisation jemals wirklich der individuellen Reife vorausgehen kann. Andererseits muß der Circulus vitiosus der Organisationskontrollen, die die individuelle Abhängigkeit nur verstärken und dadurch wiederum weitere Kontrollen herbeiführen, irgendwie gebrochen werden. Argyris war einerseits so scharfsinnig, uns eine Diagnose zu liefern, und andererseits so kühn, gleichzeitig eine Lösung anzubieten. Wir befinden uns daher in seiner Schuld – ob seine Lösung vielversprechend ist oder nicht.

Kapitel 7

Der Einfluß der Management-Philosophie: Douglas McGregor

Es ist inzwischen ziemlich offensichtlich geworden, daß viele unternehmerische Handlungen, die überhaupt nicht die Motivation beeinflussen, sondern vielmehr die Betriebsführung erleichtern oder Kontrollen verbessern sollen, sich deutlich auf die Motivation auswirken, und zwar zumeist negativ. Ähnlich ist es mit vielen althergebrachten Grundsätzen, deren eigentlicher Zweck ist, den Arbeitern das wünschenswert erscheinen zu lassen, was das Management wünscht, die aber nur selten diesen Zweck erreichen. In Wirklichkeit haben sogar eine Reihe moderner Management-Praktiken auf die Motivation genau den *konträren* Effekt gezeigt, indem sie bei den Arbeitnehmern ein der Organisation abträgliches Verhalten erzeugten.

Die Aussichten sind jedoch nicht völlig hoffnungslos. Eine beträchtliche Anzahl orthodoxer Management-Methoden übt einen durchaus positiven Einfluß auf den Wunsch des einzelnen aus, seine Arbeit gut zu verrichten. Ein angemessenes Gehalt und vernünftige Sozialleistungen, feinfühlige und geeignete Aufsichtsmethoden, zweiseitige Kommunikationssysteme und bestimmte Einrichtungen zur Anerkennung und Beförderung sind gute Beispiele für herkömmliche Mittel, mit denen man in den Arbeitnehmern ohne weiteres positive Motivationen erzeugen kann. Wie jedoch die Forscher aus Pittsburgh und von der Harvard Business School gezeigt haben, sind diese traditionellen Motivatoren zwar notwendig, aber nicht hinreichend. Sie beseitigen mögliche Reibungen, machen die Arbeit erträglicher und erzeugen gelegentlich einen kurzen Lichtblick; oder mit anderen Worten: Sie schützen das Individuum vor den Gefahren der Demoralisierung. Aber sie bringen es in der Regel nicht fertig, den totalen Einsatz aller Kräfte zu entlocken, zu dem die meisten Menschen fähig sind. Die herkömmlichen Motivatoren können bei richtiger Anwendung die Arbeitnehmer beruhigen, aber nicht zu voller Leistung anregen, sie können zwar Willfährigkeit erzeugen, aber keine Schöpfungskraft.

Schade ist nur, daß dieser reizlose Zustand oft ganz bewußt angestrebt und dankbar akzeptiert wird, wenn er einmal erreicht worden ist. Es scheint mit zu den ungeschriebenen Gesetzen vieler Organisationen zu gehören, daß eine friedliche Belegschaft als endgültiges und im Hinblick auf die Motivation erstrebenswertes Ziel angesehen wird; und daß es sogar als optimale Grundlage für die Leitung eines Unternehmens gilt. Man könnte fast meinen, der einzige Zweck der Motivation bestünde darin, die Untergebenen davon abzuhalten, daß sie die Absichten ihrer Vorgesetzten zu vereiteln suchen.

Wenn das einzige Bestreben der Geschäftsleitung darin besteht, die Fähigkeit des Arbeitnehmers zum Durchkreuzen seiner Ziele weitgehend zu reduzieren, indem sie sich entweder veralteter Druckmittel oder der raffinierteren Methode seiner Zufriedenstellung bedient, gibt sie damit gleichzeitig zu, daß sie in dem Arbeitnehmer nur eine Art notwendiges Übel sieht, dessen potentieller Beitrag zur Organisation günstigenfalls geringfügig ist. Dem würde dann die Annahme zugrunde liegen, daß die Organisation nur aufgrund der klugen Leitung und des Energieaufwandes von seiten des Managements Leistungen vollbringt und daß die Angestellten reine Instrumente zur Ausführung der Details und der Schmutzarbeiten sind. Ein derartiges Management würde seine Funktion innerhalb der Organisation der eines meisterhaften Marionettenspielers gleichsetzen.

Nun mag diese Art der Beweisführung ganz so aussehen, als suche man nach einem Strohmann (oder nach einem Strohmanagement in diesem Fall), um diesen anschließend am Boden zu zerstören. Es gibt sicher keinen erfahrenen Manager, der so egozentrische Annahmen über seine eigene Rolle und seine Bedeutung machen würde; zudem läßt sich der erfolgreiche Manager allein durch Ergebnisse und Fakten lenken, und er kann sich nicht leisten, in irgendwelchen Vorstellungen zu schwelgen. Ein Manager muß selbstverständlich in erster Linie ein Tatmensch und kein Theoretiker sein. Wenn man ihn unbedingt in eine philosophische Richtung einordnen will, dann ist er sicherlich ein Empiriker und ein Pragmatiker – er läßt sich eher von der Erfahrung leiten als von vorgefaßten Meinungen, und es genügt ihm zu wissen, daß eine Methode »funktioniert«, ohne daß er unbedingt wissen möchte, warum sie funktioniert. Hat es dann überhaupt irgendeinen Sinn, sogenannte »Hypothesen« aus dem Arbeitsstil eines Managers abzuleiten oder eine »Theorie« zusammenzustellen, die ihm angeblich als Leitbild dient?

Dies Vorgehen läßt sich jedoch aus zwei Gründen rechtfertigen: Unternehmer sind selten so objektiv, wie allgemein angenommen wird, und die von ihnen getroffenen Annahmen erweisen sich oft als entscheidend für das Schicksal eines Unternehmens. Eine Management-»Philosophie« in dem von uns hier gebrauchten Sinn ist weder eine sorgfältig durchdachte Gedankenkette noch ein hochtönendes Glaubensbekenntnis. Sie setzt sich vielmehr aus all jenen selbstverständlich hingenommenen Ideen, aus all jenen unbestrittenen Auffassungen und Mutmaßungen zusammen, die die normale Operationsbasis der jeweiligen Organisation ausmachen.

Der Standpunkt, daß manche Philosophien realistischer sind als andere – und daß Unternehmerphilosophien effektiv einen merklichen Einfluß auf die Motivation der Arbeitnehmer aller Ebenen ausüben –, wird von Douglas McGregor vom Massachusetts Institute of Technology[21)] anhand geschickter Beweisführung überzeugend verteidigt. Da seine theoretischen Überlegungen viele der vorher beschriebenen Gedanken in ein abgeschlossenes System integrieren und darüber hinaus zugleich provokativ und bedeutsam sind, bilden sie einen adäquaten Höhepunkt unseres Überblicks über die derzeitigen Kenntnisse der motivierenden Umgebung.

Nach herkömmlicher Ansicht ist eine der am meisten geachteten und am wenigsten erträglichen Vorstellungen über das Management die, daß Manager effektiv das Verhalten ihrer Untergebenen *kontrollieren* können, d. h. daß das Verhalten anderer Personen durch bestimmte Verfahrensweisen manipuliert werden kann. Demnach sollte ein guter Manager auch fähig sein, die Umstände immer so zu gestalten, daß die Menschen seinen Zwecksetzungen entsprechend reagieren. Dies ist die Auffassung von einem Management, das gleich einem Marionettenspieler alle Fäden in seiner Hand vereint und alles manipuliert; nach McGregors Ansicht beruht sie auf einigen völlig irrigen Vorstellungen über die ursächlichen, das menschliche Verhalten bestimmenden Faktoren. Der Mensch wird viel stärker durch seine ureigenen Bedürfnisse angetrieben als durch den Druck, den das Management möglicherweise geltend macht. Somit ist der Unternehmer etwa in der Rolle eines Seemannes zu sehen, der ein kleines Boot durch mächtige Strömungen steuert: Sein Trick ist, sich an diese Strömungen anzupassen und sich ihnen nicht etwa zu widersetzen.

McGregor ist überzeugt, daß ein Großteil der unternehmerischen Maßnahmen der menschlichen Natur zuwiderläuft. Die zahllosen Beispiele von gründlich durchdachten Richtlinien, die in der Praxis erfolglos bleiben, weil die Leute sie nicht verstehen oder sie nicht richtig anwenden, sind offensichtliche Fälle. Doch nur zu oft macht die Unternehmensleitung ihre Leute für ihr Versagen bei der Anwendung von Richtlinien verantwortlich, die sie sehr leicht in Zielkonflikte mit dem Management hätten bringen können. Dies führt nur zu einem sinnlosen Wechsel von Druck und Gegendruck. Der eigentliche Fehler liegt darin, daß die diesen Richtlinien zugrundeliegenden stillschweigenden Annahmen unberücksichtigt bleiben. Wenn ein Grundsatz objektiv gerecht oder logisch erscheint, so ist damit noch nicht gewährleistet, daß dies für alle Menschen gilt.

Der Fehler liegt demnach in der Annahme, daß die Wertvorstellungen und die Logik des Managements auch von den Leuten geteilt werden, die seine Richtlinien ausführen. Dies ist häufig nicht der Fall. Die Wertvorstellungen und die Logik der Unternehmensleitung bilden eine Art ungeschriebene (oft unbewußte) Theorie über die Natur des menschlichen Wesens und die zu seiner Lenkung erforderlichen Strategien. McGregor ist der Überzeugung, daß diese »Theorien«, unabhängig davon, wie ausführlich sie dargestellt werden, einen tiefgreifenden Einfluß auf die Beziehungen des Managements zu seinen Angestellten und sogar unmittelbar auf die Zukunft des Managements selbst besitzen.

Es gibt eine ältere Theorie über das Wesen des Arbeiters und die Möglichkeiten seiner Behandlung in Organisationen. Es ist dies eine wenig schmeichelhafte, aber angeblich praktische Theorie, die von Mayo und vielen anderen beschrieben wurde. McGregor spricht von ihr einfach als von der »Theorie X«, und zwar teils, um der Entscheidung auszuweichen, ob es eine gute oder schlechte Theorie sei (man erinnere sich an die »Rabble Hypothesis«), und teils, um ihr dann eine andere, als »Theorie Y« bezeichnete gegenüberzustellen. Wir werden bei der Darstellung seiner Gedanken diese Terminologie übernehmen, müssen aber darauf hinweisen, daß es sich bei der Theorie X im wesentlichen um das handelt, was wir als einen dem Marionettenspieler vergleichbaren oder autoritären Standpunkt bezeichnet haben, während die Theorie Y die Interdependenz von Unternehmer und Arbeitnehmer anerkennt und im großen und ganzen die gegenwärtige wissenschaftliche Auffassung vom eigentlichen Wesen des arbeitenden Menschen beinhaltet.

Die Theorie X besitzt drei Eckpfeiler: Der eine besagt, daß die meisten Menschen nur ungern arbeiten; der zweite, daß ständig eine Art Schlagstock über ihren Köpfen schweben müsse, um sie tatsächlich zur Arbeit zu bringen, und der dritte behauptet, daß es dem gewöhnlichen Sterblichen lieber ist, wenn man ihm vorschreibt, was er zu tun habe, als wenn er selbst denken muß. Die Welt wird mit anderen Worten nur von Tagelöhnern bevölkert, deren Leitung allein eine Frage der Wachsamkeit ist, eine Frage der Befriedigung ihres Sicherheitsstrebens durch verschiedenartige Sozialleistungen und der latenten Drohung mit Arbeitslosigkeit für den Fall der Fälle. McGregor betont, daß diese Kette von Annahmen, obgleich völlig veraltet, noch immer einen weitverbreiteten Einfluß in der amerikanischen Industrie besitzt. Ein Großteil der Literatur über die Organisationsprinzipien scheinen mit ihrer Betonung zentralisierter Machtbefugnis und Kontrollen diese Annahmen als selbstverständlich vorauszusetzen. Was weit wichtiger ist, dieselbe Entscheidung findet sich auch bei vielen erfahrenen Unternehmern.

Es gibt natürlich viel Drückebergerei, produktionshemmende Arbeiter und erstarrte Gruppen. Der Anhänger der Theorie X braucht nur auf sie zu verweisen, um seine Ideen relativ eindrucksvoll zu untermauern. Doch weist die Forschung immer wieder nach, daß die Gruppen allein als *Folge* eines auf der Theorie X aufbauenden Managements existieren und nicht etwa, weil die Auffassung dieser Theorie vom Durchschnittsmenschen richtig ist. Es geht hier um die alte Frage nach dem Ursprung von Huhn und Ei; doch unabhängig davon, was zuerst da war, steht ziemlich eindeutig fest, wer als erster gehen wird, wenn die Situation sich verbessern soll. McGregor stellt fest[22]:

»In seiner grundlegenden Konzeption über die Lenkung menschlicher Ressourcen ... scheint das Management den Standpunkt zu vertreten, daß der Durchschnittsmensch für immer auf dem Entwicklungsstand seiner frühen Jugend stehengeblieben ist. Die Theorie X baut auf dem kleinsten gemeinsamen menschlichen Nenner auf: auf dem Fabrik›handlanger‹ der Vergangenheit.«

Doch hat es inzwischen bereits eine wesentliche Änderung gegeben, obwohl diese größtenteils noch nicht als solche anerkannt wird. So wurden beträchtliche Summen zur Untersuchung der Motivation des technischen Forschers ausgegeben, teils weil viele Unternehmen stark von seiner Arbeit abhängig sind, teils weil das Management bei seinen ersten intensiveren Kontakten mit diesem bisher als »akademisch« geltenden Typ dazu neigte, in ihm ein Wesen von einem anderen Planeten zu sehen. Mittlerweile ist man sich jedoch darin einig, daß die beste Art Leitung aller technischen und wissenschaftlichen Kräfte darin besteht, ihnen ein Maximum an Freiheit und an Kontrollbefugnis über ihren eigenen Aufgabenbereich zu geben, daß die typischen kleinlichen Restriktionen des Geschäftslebens für sie aufreibend sind und daß sie verantwortungsbewußt genug sind, um die Befreiung von diesen Restriktionen nicht zu mißbrauchen. Das Management hat demnach erstmals zugegeben, daß die Theorie X zumindest für einen Angestelltentyp nicht zutrifft.

Allerdings gelten wissenschaftliche und technische Angestellte immer noch als grundsätzlich verschieden von allen anderen Beschäftigten der Organisationen. Ganze Bücher wurden über sie geschrieben, in denen immer wieder ihre Einzigartigkeit betont wird, für sie werden spezifische »Kommunikations«medien veröffentlicht, und man sieht in ihnen im allgemeinen eine Rasse wertvoller Exzentriker. Dabei wird zumeist übersehen, daß der Unterschied zwischen diesen Arbeitnehmern und den meisten anderen an sich nur ein gradueller und kein qualitativer sein kann und daß diese »Differenz« in Wahrheit nur unser effektiv bedeutend besseres Verständnis für diesen Angestelltentyp als für den anderen widerspiegelt. Selbst unter der Voraussetzung, daß ein Wissenschaftler gewöhnlich viel intelligenter ist als der Durchschnittsarbeitnehmer, können dennoch die vollen Fähigkeiten dieses Durchschnittsmenschen wahrscheinlich nicht gänzlich genutzt werden, solange die Theorie X vorherrschend ist.

Die Antwort liegt jedoch nicht bei der Wahl des anderen Extrems. Wenn man jeden einfach sich selbst überläßt, muß dies nicht zwangsläufig die Moral anheben, und selbst wenn es so wäre, bedeutet gute Arbeitsmoral noch lange nicht höhere Produktivität. Doch wäre der Manager, der an vernünftigen Verbesserungen interessiert ist und nicht auf unrealistische Transformationen hofft, gut beraten, wenn er sich einmal die von McGregor als Theorie Y bezeichneten Erkenntnisse anschauen würde. Obwohl diese keineswegs revolutionär sind, bieten sie für die Unternehmensführung dennoch eine umfassendere und realistischere Basis als die überkommenen Annahmen der Theorie X.

Die Theorie Y behauptet zunächst, daß der Mensch nicht schon von Natur aus der Arbeit gegenüber positiv oder negativ eingestellt ist, sondern daß er vielmehr aufgrund seiner Erfahrungen mit ihr eine bestimmte Einstellung entwickelt. Zweitens kann man mit autoritären Methoden zwar so ziemlich alles erreichen, aber sie sind keineswegs die einzig möglichen Methoden; sie sind nicht unvermeidlich, und ihre unerwünschten Nebeneffekte müssen nicht ohne weiteres hingenommen werden. Drittens wählt der Mensch sich seine Ziele danach aus, ob er die Möglichkeit irgendeiner Belohnung sieht, sei sie materieller oder rein psychischer Natur; hat er seine Wahl getroffen, dann wird er die gesteckten Ziele mindestens ebenso zielbewußt anstreben, als wenn seine Vorgesetzten durch Zwang die gleichen Ergebnisse zu erreichen suchten. Viertens weicht der Mensch unter normalen Umständen nicht der Verantwortung aus, sondern sucht sie sogar.

Wahrscheinlich sind hiermit die Tatsachen noch nicht einmal gänzlich erfaßt. Aber so erscheint zumindest die unangenehme Lage des Managements einmal in neuem Licht. Die Theorie Y leugnet grundsätzlich die Notwendigkeit der Theorie X und behauptet, daß wir ohne sie wahrscheinlich mindestens ebensogut, wenn nicht sogar besser auskommen können. Sie ist ein Plädoyer für Flexibilität, aber da das Management sich in der Vergangenheit immer ziemlich eng an eine bestimmte Philosophie gehalten hat, würde der Übergang zu mehr Flexibilität unvermeidlich eine Reihe unorthodoxer Mittel und Methoden erfordern, und ein Teil der überlieferten Methoden müßte zwangsläufig aufgegeben werden. Das Kind braucht deswegen jedoch nicht gleich mit dem Bade ausgeschüttet zu werden; denn die Theorie Y strebt eine echte Integration der Ziele des Individuums mit denen der Organisation an und will nur verhindern, daß sich Individuum und Organisation gegenseitig unterjochen.

Nach McGregors Ansicht beinhaltet der wesentliche »Kontrakt« zwischen Arbeitgeber und Arbeitnehmer in der traditionellen Organisation die Vereinbarung eines Austausches von externer Kontrolle gegen Geld und andere Entlohnungsformen. Da diese Vereinbarung vielen Individuen gegen den Strich geht, bietet sie Anlaß zu Konflikten und vergeudet die Kräfte des Individuums und der Organisation. Die Kontrollen sind vermutlich notwendig, um die Disziplin der Leute aufrechtzuerhalten und um chaotische Zustände zu verhindern, aber McGregor behauptet dennoch, daß diese Vermutung einfach falsch ist und daß die Leute bei positiver Motivation ohne Kontrollen effektiv viel kooperativer und produktiver arbeiten, als sie es je mit Kontrollaufsicht tun werden.

Der Arbeiter ist nicht nur fähig, von sich aus diszipliniert zu arbeiten, ohne daß ihm ständig ein Vorarbeiter auf die Finger schauen muß, sondern er wird sogar mehr leisten, da er nicht so viel Energie und Einfallsreichtum zum Überlisten des Werkmeisters aufwenden muß. Die persönliche innere Disziplin kostet viel weniger und erreicht viel mehr als die von der Organisation auferlegte Disziplin. Inwieweit diese innere Disziplin jedoch zum Tragen kommt, hängt allein davon ab, ob ihre Einhaltung dem Individuum nützlich erscheint. McGregor behauptet also, daß die meisten Erwachsenen relativ reif sind und dies auch bei ihrer Arbeit sein können, wenn man ihnen nur eine echte Chance dafür bietet, damit sie einige positive Gründe für ihr Verhalten finden können.

Um Mißverständnisse zu vermeiden, muß betont werden, daß dies keineswegs ein Plädoyer für eine völlig regellose Belegschaft ist, sondern daß man vielmehr auf eine sich *selbständig regulierende* Arbeitnehmerschaft hinausmöchte; man strebt keine Anarchie an, sondern freiwillige, auf Selbstinteresse aufbauende Kooperation. Wenn man die Prämisse anerkennt, daß die meisten Menschen ohne extern auferlegte Disziplin bessere Leistungen erzielen als mit ihr, dann erhält dies Plädoyer einen Sinn; wenn man diese Prämisse dagegen ablehnt, dann wird es unsinnig erscheinen.

Wie ließe sich denn überhaupt die große Umwälzung bewerkstelligen; wie könnte man effektiv die Ziele der Organisation mit denen des Individuums integrieren? Kann man das Inkompatible denn in Einklang bringen? McGregor behauptet keinesfalls, daß man das könnte, aber er steht auf dem grundsätzlichen Standpunkt, daß die Bedürfnisse von Individuum und Organisation gar nicht inkompatibel sind, wenn man einmal von Traditionen, »gesundem Menschenverstand«, den »Realitäten des Lebens« und all den anderen Schlagworten absieht, hinter denen sich die Theorie X gewöhnlich versteckt.

»Die Theorie Y ist eine Aufforderung zur Innovation.« Die Zahl der Präzedenzfälle, die zu ihrer Durchführung herangezogen werden könnten, ist noch sehr klein. Zunächst muß deutlich gemacht werden, was sie *nicht* ist: Sie ist keine Aufforderung zum Chaos, und sie soll auch nicht die Verantwortlichkeit des Unternehmers aufweichen oder beseitigen. Die Theorie Y leugnet nicht etwa die Notwendigkeit von Autorität, sondern sieht in ihr nur eine von mehreren Methoden unternehmerischer Kontrolle, die zwar zeitweilig angemessen ist, aber keineswegs immer gilt. Sie mag angebracht sein, wenn das Management unter starkem äußeren Druck steht oder wenn der Arbeiter nicht die erforderliche Selbstdisziplin zu besitzen scheint. Andererseits sieht diese Theorie in autoritären Kontrollmethoden ein unpassendes Instrument der Unternehmensführung, wenn die Arbeitnehmer sich von allein zur Erfüllung der Organisationsziele verpflichtet fühlen.

Um eine solche (freiwillige) Verpflichtung zu erreichen, wäre zu überlegen, ob man dem Arbeitnehmer nicht »ein Stück vom Betrieb« abgeben sollte. Wenn die Erfahrung mit Beteiligungen oder mit Belegschaftsaktien auch gewisse Anhaltspunkte liefern kann, so ist die Beteiligung am Eigentum deswegen noch keine Garantie für Kooperation. Wird dagegen die Möglichkeit finanzieller Gewinne mit der Möglichkeit persönlicher Entfaltung gekoppelt, dann entsteht ein starkes Motivationspotential. Bei Anwendung der Theorie Y liegt die eigentliche Aufgabe des Managements darin, den jeweiligen Arbeitsplatz zum zentralen Ort der Erweiterung seiner Fähigkeiten, der Selbstkontrolle und der Selbstverwirklichung zu machen.

Wenn wir einen Menschen dafür bezahlen, daß er seinen Gesichtskreis erweitert und seine Umwelt besser zu beherrschen lernt, wird er mit ziemlicher Sicherheit seine Ziele mit den unseren gleichsetzen, und zwar nicht etwa, weil wir ihn bestochen haben, sondern weil wir in Wirklichkeit einen Teil unseres Unternehmens auf ihn persönlich zugeschnitten haben. Anstatt die Motivation des Betreffenden zu unterdrücken, eröffnen wir unserer Organisation vielmehr die Möglichkeit, durch seine Motivation gefördert zu werden.

Doch wer besitzt dann die Oberleitung über eine derartige Organisation? Ist in der vom Wettbewerb geprägten Arbeitswelt überhaupt eine solche Utopie denkbar? McGregor würde hierauf entgegnen, daß das Management in diesem System das Unternehmen de facto viel wirksamer lenken könnte (im Sinne von größeren möglichen Gewinnen) als bei Anwendung einer ausschließlich autoritären Methode. Das »Schiff« der Organisation reagiert viel besser auf ein mit leichter Hand geführtes Steuer als auf einen harten Griff. Was nun die Utopie angeht, so hätte die Theorie Y keinesfalls die angedeuteten Konsequenzen, da immer noch erhebliche Restriktionen bestehenbleiben würden. Doch wären diese weitgehend selbst auferlegt aus dem Bestreben heraus, den eigenen Aktionsspielraum so groß wie möglich zu halten, indem man den seiner Mitmenschen möglichst nicht beschneidet und dadurch Vergeltungsmaßnahmen vermeidet. Ein freies System würde sich sein eigenes natürliches Gleichgewicht zwischen freien Entscheidungen und Verpflichtungen schaffen, und die Gleichgewichtszustände wären wahrscheinlich sehr viel flexibler und wirklichkeitsnäher als die von autoritären Betriebsleitungen erzwungenen Verhältnisse.

Der Weg zu der von McGregor beschriebenen selbsttätig sich fortentwickelnden und selbstdisziplinierten Organisation ist allerdings nicht sehr bequem. Wenn es überhaupt eine Evolution geben soll, so muß sie an der Spitze bei den Beziehungen von Topmanagern und deren unmittelbaren Untergebenen einsetzen. Diese Beziehungen müßten in der gemeinsamen Festsetzung der Ziele, in Ratschlägen und Hilfe von seiten des Vorgesetzten (während der Untergebene seine eigenen Entscheidungen effektiv allein trifft) und einer gemeinsamen Besprechung der Ergebnisse bestehen. Statt den Untergebenen mit der drohenden Entlassung ständig unter Druck zu setzen – dies ist eine Form des Drucks, die unweigerlich bis in die untersten betrieblichen Ebenen weitergegeben wird und überall nur Konflikte und Widerstände erzeugt –, wird dieser einzig durch die Erlaubnis »kontrolliert«, in seinem Verantwortungsbereich ein echtes Gefühl des Besitzes zu entwickeln. Die gleiche Art positiven Vertrauens in den Untergebenen würde dann allmählich auf alle anderen Organisationsebenen übertragen werden. Der Vorgesetzte würde zum Ratgeber und Fürsprecher und wäre nicht reiner Aufpasser. Die Organisation würde sich eher der Erledigung ihrer Geschäfte widmen als der Austragung von Machtkämpfen.

Organisationspläne bekämen einen neuen Sinn. Statt wie bisher nur »Hack«ordnungen und Kampfrichtlinien aufzustellen, würden sie nun weitgefaßte Richtlinien darstellen, innerhalb deren Rahmen der einzelne hinreichend Spielraum zu individueller Arbeitsweise hat. Wir hören oft Proteste, daß dies ja ohnehin der Sinn und Zweck des Organisationsplans sei und daß Abweichungen von dieser Zwecksetzung in der Praxis nur den menschlichen Schwächen zuzuschreiben seien. McGregor würde entgegnen, daß es nicht so sehr die menschlichen Schwächen als vielmehr die falschen und defensiven Beziehungen der Menschen untereinander sind, die die Richtlinien des Plans zu Leerformeln erstarren lassen.

Bei der Theorie Y sieht der Unternehmer seine Aufgabe darin, seinem Untergebenen dahingehend zu helfen, daß die gegenseitigen Ziele nach dessen persönlicher Auffassung erreicht werden können. Der Manager schreibt weder die Ziele vor noch die zu ihrer Realisierung »besten« Methoden. Da die letztliche Verantwortung weiterhin auf seinen Schultern ruht, besitzt er zwar ein Vetorecht, von dem er aber nur in ausgesprochenen Notfällen Gebrauch machen sollte. Während er im Management (nach wie vor) eine exponierte Stellung einnimmt, hält er sich seinen Untergebenen gegenüber im Hintergrund.

Eine derartige Form der Betriebsführung erfordert sehr viel Vertrauen: in die Fähigkeiten und Integrität der berichterstattenden Leute, in ihre Entfaltungsmöglichkeiten und ihre Bereitwilligkeit, Verantwortung zu übernehmen. Der Manager muß sich mit dem Gedanken vertraut machen, daß seine Untergebenen – zumindest potentiell – fähig sind, seine Abteilung auch ohne ihn zu leiten. Diese Annahme mag für die meisten Arbeiter unverdient schmeichelhaft sein und die Einzigartigkeit des Managers unterbewerten. Und dennoch stimmt sie mit den Forschungsergebnissen sehr viel eher überein als der Zynismus, der noch immer das volkstümliche Bild vom Management beherrscht.

Vertrauen allein genügt jedoch nicht. Es bedarf auch eines gewissen persönlichen Heroismus, der dadurch charakterisiert ist, daß er von niemand lebend anerkannt wird, weil seine Existenz kaum erahnt wird. Der Manager muß genügend Fingerspitzengefühl erlernen, um andere Menschen nicht mit seiner Autorität zu erschrecken, sie nicht durch seine Selbstsicherheit zu hemmen und ihnen mit seiner Begeisterung nicht ungewollte Zustimmung abzunötigen. Er muß den Menschen das Gefühl der Freiheit vermitteln, so daß sie ihre eigenen Lösungen erarbeiten können, die häufig nicht mit seinen übereinstimmen werden. Das Schaffen dieser Freiheit verlangt persönliche Zurückhaltung. Der Manager muß ganz einfach lernen, genau die Eigenschaften, die ihm zu seinem Aufstieg ins Management verhalfen, fest zu zügeln. Er muß lernen, sich seiner eigenen Persönlichkeit als Instrument zur Entfaltung der Persönlichkeit anderer zu bedienen.

Viele Geschäftsführer glauben einfach nicht – oder werden gar ärgerlich –, wenn man ihnen sagt, daß sie ihren Angestellten ihre Ideen keineswegs richtig »verkaufen«, sondern vielmehr deren Zustimmung mehr oder weniger erzwingen, indem sie unbewußt die Angst mit ins Spiel bringen. Manchmal ist dies Spiel allerdings gar nicht unbewußt, sondern ein ganz bewußter machiavellistischer Zug bei jemandem, der sich ganz offen zur Theorie X bekennt. Sehr viel häufiger noch wird ein leitender Angestellter diese Beschuldigung deswegen von sich weisen, weil sie impliziert, daß er der

Theorie X anhängt, während er doch im Glauben lebt, daß dem nicht so sei.

Es stimmt jedoch, daß ein Geschäftsführer – ein absolut fähiger und ehrenwerter Mann – seine Untergebenen effektiv von der Verwirklichung ihrer eigenen Einfälle abhält. Er tut dies zumeist unbewußt und mit den besten Absichten. Sein faktischer Einfluß auf andere bewirkt aber unabhängig von seinen eigentlichen Absichten, daß er Manager zu Verwaltern und Offiziere zu Agenten macht. Ursächlich hierfür ist das nur allzu menschliche, relativ begrenzte Verständnis des Betreffenden für seine Ausstrahlungskraft auf andere und für seine Rolle als natürliche Zielscheibe allen Argwohns und aller Ängste, die seine Untergebenen im Umgang mit früheren Vorgesetzten entwickelt haben.

Dies ist der Punkt, an dem der Heroismus einsetzt: Um die Theorie Y effizient verwirklichen zu können, muß der Manager erkennen lernen, welchen Eindruck er auf andere macht, warum er seine Mitmenschen dergestalt beeindruckt und aus welchen Motiven heraus er sie in der ihm eigenen Art behandelt. Bevor er andere Menschen verständnisvoll behandeln kann, muß er erst sich selbst viel besser verstehen lernen. Er muß im Vergleich zu anderen Menschen eine weitaus stärkere Form des Selbstbewußtseins und der Selbstanerkennung entwickeln. Wenn ihm dies nicht gelingt, wird er den gesamten Prozeß der Freisetzung unterdrückter Motivationen, den die Theorie Y anstrebt, blockieren. Die Leute werden überhaupt keinen Vorteil in selbstverantwortlicher Arbeit sehen, wenn sie annehmen müssen, daß ihr Boß jederzeit wieder auf strenge Kontrollen zurückgreifen kann.

Diese Art der Selbstentfaltung ist allerdings nicht ganz einfach zu erreichen. Einige wenige sehr reife Manager – reif in ihren Anschauungen und nicht an Jahren – haben sie erreichen können. Man kann sie im allgemeinen daran erkennen, daß sie eine komplizierte und erfolgreiche Operation mit außerordentlich leichter Hand leiten. Als Mittel zur Annäherung an diesen Reifegrad bevorzugt McGregor den Typ von Schulungskursen für »Ausbildungsgruppen«, so wie er vom National Training Laboratory in Bethel, Maine, entwickelt wurde. Grundsätzlich handelt es sich hier um eine Reihe von Gruppentreffen unter der Leitung eines Psychologen, in deren Verlauf die Teilnehmer ihre Masken fallen lassen und ihre gegenseitigen Einstellungen offen zur Sprache bringen. Die Effizienz dieser Methode ist zwar umstritten; eins steht aber fest: daß sie kaum Erfolg haben wird, wenn der Teilnehmer nicht aufrichtig daran interessiert ist, etwas über sich selbst zu erfahren und seinen Wirkungsgrad als Leiter zu verbessern.

Diese spezifische Fähigkeit, eine eher hilfreiche als dominierende, eher anleitende als kontrollierende Haltung einzunehmen, kann – unabhängig davon, wie sie erreicht wird – ansteckend wirken. Sie kann nach unten durchsickern und dabei allmählich einige der »Schutzwälle« abbauen, die die Menschen zur Verteidigung ihres Ichs voreinander errichten. Langsam, aber unaufhaltsam werden sich die potentiellen Kräfte, die die Theorie X verneinen und die Theorie Y bejahen, durchzusetzen wissen. Zumindest ist dies McGregors Überzeugung. Sehr viele ernstzunehmende industrielle Motivationsforscher der Gegenwart stimmen darin mit ihm überein.

Kapitel 8

Konsequenzen für das Management

Der berufstätige Mensch der Gegenwart befindet sich in einer Umgebung, die ihn ständig und in erster Linie mit anderen Menschen konfrontiert: mit seinen Arbeitskollegen, bei denen er häufig nach Anerkennung heischt; mit seinem unmittelbaren Vorgesetzten, der ihn ständig überwacht oder aber ihm so weit traut, daß er ihn selbständig arbeiten läßt; mit seinem Lohnbuchhalter, der in ihm entweder ein abhängiges »Wirtschaftssubjekt« oder sogar ein vielschichtigeres Wesen mit sozialen und finanziellen Bedürfnissen sieht; zugleich mit einer Organisationsstruktur, die zumeist auf die Konzentration der Macht in möglichst wenigen Händen ausgerichtet ist, und zu guter Letzt mit der obersten Geschäftsleitung, die unbewußt von irgendwelchen Vorurteilen über seine Wesensart und seine Wunschvorstellungen geleitet sein mag. Außerdem wird er noch mit seiner Arbeit konfrontiert, die stupide oder stimulierend sein kann. Dieser gesamte Komplex und eine Reihe anderer

Einflußfaktoren wirken ständig auf ihn ein, formen seine Anschauungen und seine Gewohnheiten, die ihn während seiner ganzen Berufslaufbahn begleiten können.

Man kann den Menschen zwar nicht als Opfer seiner Umwelt bezeichnen, aber die wesentlichen Erkenntnisse der Forscher, die sich mit der motivierenden Umgebung intensiv befaßt haben, besagen, daß diese ihn nur zu häufig dominiert, indem sie seine eigentlichen Neigungen blockiert und ihn aus Verzweiflung oder Verbitterung in eine verbohrte, alles verneinende Haltung hineintreibt. Wenn das Management den Trend der Entmenschlichung der Arbeit aufhalten und die schöpferische Kraft der Menschen stärker nutzen will, muß es sich vor allem der großen Aufgabe widmen, eine bedrückende Umgebung in eine anregende zu verwandeln. Zu dieser Verwandlung bedarf es eines guten Quantums nüchterner Seelenforschung von seiten des Managements, da es sich offensichtlich zum großen Teil selbst in diese mißliche Lage gebracht hat – wenn auch unbeabsichtigt.

Ein erster Schritt in dieser Richtung wäre die Erkenntnis, daß die bestehenden Formen der Arbeitsorganisation keineswegs unausweichlich waren: Sie bestehen nur aufgrund von Entscheidungen, die auf der Grundlage von scheinbar ausreichenden Beweisen ihrer Richtigkeit getroffen wurden. Hätte das heute vorhandene Beweismaterial schon vor fünfzig Jahren zur Verfügung gestanden, würden wir vielleicht bereits in einer reicheren und befriedigenderen Wirtschaft leben. Nichts im System der freien Marktwirtschaft oder in der Natur des Menschen deutet darauf hin, daß die Arbeit unbedingt frustrierend sein oder im Menschen statt der besten nur die schlechtesten Eigenschaften hervorkehren muß. Daß dies dennoch so ist, liegt vor allem daran, daß sich zu Beginn der Blütezeit der Organisationen niemand um deren menschliche Konsequenzen kümmerte, da es »selbstverständlich« – weil so überaus logisch – schien, daß die Erwerbstätigen eine streng kontrollierte Arbeitsumgebung akzeptieren würden, und da niemand wirklich bedachte, daß menschliche Konsequenzen jemals irgendeine besondere Bedeutung haben könnten. Auch für das Management schien es kaum einen Grund zu geben, etwas anderes anzunehmen.

Auch der Charakter der Industriewelt von morgen ist nicht unvermeidlich. Er ist nur eine Frage der Entscheidung. Bewußt oder unbewußt legen wir ihre Grundzüge schon heute fest mit jeder getroffenen oder unterlassenen Entscheidung und mit jedem neu geschaffenen, verworfenen oder wiederholten Präzedenzfall. Wir haben schon immer unsere Zukunft in der Gegenwart gestaltet: Das Geschehen von gestern wird zur Tradition von morgen. Die Informationsbasis für Entscheidungen, die die Industrie von morgen betreffen, ist heute breiter als je zuvor; das gibt uns berechtigte Hoffnung auf eine bessere Zukunft.

Das Management war bisher Beweisen gegenüber, daß seine Organisation den Menschen zu sehr vernachlässigt, immer recht aufgeschlossen. Vielleicht war seine Reaktion langsam, zögernd und manchmal sogar widerwillig, aber wichtig ist, daß es überhaupt eine Reaktion gab. Wenn es auch nicht immer erfolgreich war, so hat es doch ernsthaft versucht, sich den Erkenntnissen der Human-Relations-Forscher anzupassen. Jetzt können wir sogar noch einen Schritt weiter gehen und behaupten, daß die persönliche Beziehung zwischen dem Manager und seinen Leuten, die an sich natürlich äußerst lebenswichtig ist, nicht die einzige Quelle für auftretende Schwierigkeiten bildet. Selbst in dem unwahrscheinlichen Fall, daß jeder Vorgesetzte jedem seiner Männer gegenüber eine aufrichtige und verständnisvolle Haltung einnehmen könnte, würden Langeweile und Ineffizienz keineswegs sofort beseitigt. Arbeit muß mehr sein als nur angenehm – sie muß den einzelnen absorbieren, faszinieren, herausfordern. Selbst wenn wir der Kritik von Mayo und Likert Genüge tun, bleibt die von Herzberg und von Argyris bestehen. Die Grenzen der menschlichen Leistungsfähigkeit liegen bereits außerhalb der angenehmen Beziehungen zu den Vorgesetzten. Daher haben die jüngsten Untersuchungen über die motivierende Umgebung sich stärker auf die Organisation als solche und auf die Verteilung der Macht in ihr konzentriert. Die Beweislast geht dahin, daß zu viele Entscheidungen den Leuten von ihren Vorgesetzten abgenommen werden. Demzufolge würde eine größere Streuung der Entscheidungsbefugnis nicht etwa zum Chaos, sondern durchaus zu erhöhter Produktivität führen, wenn sie auch zweifellos mit einer gewissen Verwirrung verbunden wäre. Der Verlust einer ordentlichen Kontrolle mag manche Verwalter verunsichern, aber er würde gleichzeitig enorme ungenutzte Energiereserven und Schöpfungskraft freisetzen.

Alles in allem deuten die jüngsten Forschungsergebnisse darauf hin, daß die Leitung unserer Unternehmen zu wenig großzügig gehandhabt wird, so daß Initiative und Einfallsreichtum häufig nach einem außerhalb der Arbeit liegenden Betätigungsfeld suchen müssen. Einige wenige besonders begünstigte Ingenieure und Forscher haben es geschafft, das Management davon zu überzeugen, daß sie auf leichte Zügel sehr viel besser reagieren, aber die Mehrheit der Beschäftigten aller Ebenen besitzt bei der Arbeit auch weiterhin nur geringen Spielraum, um ihr eigenes Urteilsvermögen geltend zu machen.

Die extrem streng kontrollierte Organisation ist überholt. Es ist gut möglich, daß sie in ein oder zwei Generationen nur mehr eine Kuriosität und nicht mehr die Regel ist. Das Management wird flexibler werden und mehr individuelle Verantwortung zugestehen, denn dies sind effizientere Organisationsprinzipien als die herkömmliche Befehlskette im Linienprinzip. Die ersten Anzeichen für das nahende Ende der engherzig kontrollierten Organisation sind schon die verstärkten Tendenzen zur Dezentralisation, Delegierung und Management-Fortbildung. Nur in den wenigen Fällen, in denen die vorgeschriebenen oktroyierten Kontrollmethoden im Hinblick auf die Belegschaft des Betriebes oder für seinen Markt am geeignetsten erscheinen, wird diese Form der Unternehmensführung aufrechterhalten bleiben.

Selbst die Verbreitung der modernen Datenverarbeitungsanlagen mit all ihren revolutionären Konsequenzen für das Management wird diesen Trend nicht aufhalten können. Es wurde manchmal argumentiert, daß mit der zunehmenden Automatisierung zahlreicher normaler Entscheidungsfunktionen das mittlere Management weitgehend durch Maschinen ersetzt werden würde. Die Macht würde sich dann in weniger Händen konzentrieren als je zuvor, und diese könnten wahrscheinlich riesige Organisationen mit ebensoviel (oder mehr) Raffinesse manipulieren wie die weit kleineren Organisationen der Gegenwart. Theoretisch würde fast niemand in dieser automatisierten Organisation nennenswerte Kontrolle über seine Umgebung besitzen, und selbst die wenigen Personen, die tatsächlich Kontrollbefugnis hätten, wären gezwungen, diese in einer extrem großzügigen und distanzierten Form auszuüben.

Das Management kann automatisiert werden, die menschliche

Natur dagegen nicht. Der Mensch hat noch nie seine Motivationen in der Absicht verändert, sich leichter verwalten und lenken zu lassen, und es gibt keinerlei Anzeichen, daß er in dieser Beziehung in Zukunft entgegenkommender wird. Letztlich war es immer das System, das sich an den Menschen anpassen mußte, und nicht umgekehrt. Daher ist mehr als unwahrscheinlich, daß die Datenverarbeitungsanlagen trotz ihrer potentiellen Fähigkeit, die Industrieorganisationen mehr als je zuvor zu zentralisieren, dies tatsächlich bewirken werden. J. F. Burlinghame hat den Hauptgrund hierfür dargelegt[23].

»Da der Bevölkerungsteil mit verbesserter Ausbildung rapide zunimmt, vermag man nur schwer zu glauben, daß die berufstätigen Mitglieder dieser Gruppe sich während ihrer täglichen Arbeitsstunden ... mit Beschäftigungen ohne jede intellektuelle Befriedigung zufriedengeben werden. Es ist wahrscheinlicher, daß sie versuchen werden, die Freiheit der Geschäftsleute oder anderer Gruppen zu beschneiden, die ihnen derartige Bedingungen auferlegen wollen.«

Auch erscheint es kaum glaubwürdig, Burlinghames Argument mit der Behauptung zu begegnen, daß die Abhängigkeit der Handels- und Industrieorganisationen vom gebildeten Menschen nachlassen wird. Die Systeme werden nichtsdestoweniger von Menschen entworfen und eingerichtet; sie können nur durch Menschen modernisiert, verbessert und korrigiert werden; und die jeweils besseren Systeme, die die heutigen veralten lassen, werden auch von Menschen entwickelt werden. Wollte man den Strom wißbegierigen, schöpferischen Talents, der sich in eine Organisation ergießt, aufhalten, so entspräche dies nur einer weitaus teureren Form der Veraltung, als wir sie je erlebt haben. Kurzum, Organisationen können ohne talentierte Kräfte nicht überleben, und talentierte Menschen werden nicht bereit sein, ein System zu tolerieren, das sie an ihrer Entfaltung hindert. Demnach wird der Einsatz der Datenverarbeitungsanlagen allein eine praktischere und effizientere Form der Dezentralisierung bezwecken und nicht der Errichtung eines besseren Kontrollsystems dienen.

Der grundlegende Fehler der zentralisierten Organisationsform – der Fehler, der voraussichtlich zu ihrer Beseitigung führen wird – ist treffend von Raymond A. Bauer von der Harvard Business School charakterisiert worden[24]:

»Bis vor kurzem dominierte in der Organisationstheorie noch eindeutig ... die Befehlskette des Liniensystems ... Die Leute wurden als Schachfiguren betrachtet, die beliebig herumgeschoben werden konnten. Es wurde zwar zugegeben, daß sie in Wirklichkeit nicht ganz so passiv waren, aber dennoch liefen alle Bemühungen darauf hinaus, sie mit vermehrten Kontrollen so gut wie möglich in den Griff zu bekommen ... Der heute allgemein übliche Kommentar zu einem derartigen Organisationsmodell lautet, daß seine einzige Wohltat darin bestand, nie von irgend jemand wirklich erfolgreich angewandt worden zu sein ...

Es gab bestimmte Vorstellungen von *der* besten Art, eine Tätigkeit zu verrichten, und *dem* am besten geeigneten Menschentyp für eine bestimmte Tätigkeit ... (aber) es ließ sich verschiedentlich beobachten, daß die Produktivität einer Person, die eine routinemäßige Arbeit nach ihren eigenen Vorstellungen auf beliebige Weise verrichten darf, höher sein kann, als wenn sie zu einer einzigen ›besten‹ vom REFA-Fachmann ausgearbeiteten Art der Arbeitsverrichtung gezwungen wird.«

Der Fehler bei zentralisierten Organisationen beruht mit anderen Worten auf folgendem Paradox: Die Mehrzahl der Menschen sind immer dann am wenigsten produktiv, wenn sie zum Zweck einer besseren Kontrolle ihrer Arbeit in zusammenhängenden wirtschaftlichen Einheiten organisiert sind. Wenn diese Verallgemeinerung auch einen beträchtlichen Wahrheitsgehalt besitzt, können wir sie dennoch nicht zu allgemeingültig auslegen. Wo immer dringender äußerer Druck eine koordinierte Reaktion verlangt, wo die Art der Arbeit unzweideutige Informationen über die erwarteten Verhaltensweisen erfordert oder wo die Arbeiter selbst abhängig und wenig geneigt sind, Initiative zu zeigen (und vielleicht noch unter vielen anderen Bedingungen), wird die straffe Organisationsstruktur zweifellos bestehenbleiben. In Wirklichkeit ist diese Struktur, die nur für eine begrenzte Zahl von Bedingungskonstellationen geeignet ist, aber fast für sämtliche Arbeitsbedingungen zur Tradition geworden. Folglich wird sie in den kommenden Jahren mit Sicherheit an Bedeutung verlieren. Die Organisation von morgen wird flexibler, lebensfähiger und produktiver werden, wenn sie die aktive Mitsprache all ihrer Leute auf allen Stufen gewinnt und diese nicht mehr nur zu passiver Willfähigkeit verurteilt.

Manche Leute sehen in letzterer Organisationsform bloß eine Art verzuckertes Orwellsches Schreckgespenst, ein bisher einmalig subtiles Instrument der Menschenmanipulation, durch welche sie zu Robotern werden, ohne es zu merken. Doch hat diese Kritik wenig Sinn, wenn man nicht gerade (wie die Marxisten) annimmt, daß die Interessen der Manager und der Arbeitsbevölkerung von Natur aus gegensätzlich sind und daß daher jeder zufriedene Arbeiter getäuscht worden sein muß. Die moderne Forschung bietet keinerlei Anhaltspunkte, die eine derartige Annahme unterstützen. Bauer äußert sich hierzu ziemlich eindeutig: »Man würde gern (eine Organisation) aufbauen, in der die Menschen weitestgehend das tun, was sie tun sollen, weil sie es tun möchten. Andere Autoren haben ein derartiges System als ganz extremes Kontrollsystem angesehen ... Ich für meinen Teil kann nur sagen, daß eine Organisation, die ja zur maximalen Befriedigung der Arbeitnehmer errichtet worden ist, welche vermeintlich (nämlich nach Ansicht dieser Autoren) kontrolliert werden, in mir nur Verwirrung hinsichtlich der Bedeutung von Kontrolle erzeugt.«

Klar ist, daß das Management zur Selbstprüfung und nötigenfalls auch zum Experimentieren mit neuen Organisationsmethoden bereit sein muß. Aber das reicht noch nicht aus. Es muß sich auch ein besseres Verständnis für den Arbeiter und seine Individualität aneignen: Es muß lernen, was ihn motiviert, wie er zu dieser Motivation kam und warum er sich so verhält, wie er es tut. Denn jeder einzelne Arbeiter tritt seine Arbeit mit einer Vielzahl von Motiven an, die zeitlich seinen Kontakten mit der motivierenden Umgebung vorausgehen. In Teil II werden wir uns der Untersuchung dessen zuwenden, was bisher über das motivierte Individuum bekannt ist.

Teil II

Das motivierte Individuum

Einleitung zu Teil II

Es ist nicht gut möglich, von der motivierenden Umgebung zu sprechen und dabei die Menschen, die in dieser Umgebung arbeiten und ihre eigenen persönlichen Motive dort geltend machen, außer acht zu lassen. Die Umwelt ist schließlich nicht der einzige Motivationsfaktor; es wäre tatsächlich richtiger zu sagen, daß sie nur die Richtung verändert, die das Individuum gemäß seiner natürlichen Veranlagung einschlagen würde. So wird sich eine stark motivierte Person nicht nennenswert von seiner Zielsetzung abbringen lassen. Andererseits kann aber jemand mit relativ vagen Zielen von seiner Umgebung derart geformt werden, daß er ihr völlig ausgeliefert ist.

Häufig finden Berufstätige jedoch bei ihrer Beschäftigung nicht ausreichend Gelegenheit zur Befriedigung ihrer innersten Bedürfnisse, so daß sie sich Hobbys oder anderen außerhalb ihres Arbeitsplatzes liegenden Betätigungen zuwenden, um ihre Begeisterungsfähigkeit ausschöpfen und sich verausgaben zu können. Ärzte und Berufsberater haben jahrelang die herkömmliche Eintönigkeit der Arbeitsplätze und ihrer Umgebung stillschweigend akzeptiert. Sie raten frustrierten Leuten häufig, sich irgendwelche *externen* Möglichkeiten zur Befriedigung ihrer aufgestauten Ambitionen und Fähigkeiten zu suchen. Bedauernswert ist nur, daß eine wenig angenehme Arbeitsatmosphäre einfach als selbstverständlich hingenommen wird, besonders bei den Arbeitnehmern mittleren Alters, bei Nichtakademikern und generell bei Produktionsarbeitern.

Bis vor kurzem wurde der Frage, welche Ambitionen und Bestrebungen in der Industrie aufgestaut werden, kaum wissenschaftliche Bedeutung zugemessen. Das Hauptaugenmerk galt der Unternehmensleitung und ihrer Rolle als Schranke individueller Freiheit, während das eigentliche Individuum und seine Triebkräfte vernachlässigt wurden. Die Männer, die die vom Management geschaffene Arbeitsumgebung am stärksten kritisierten, warfen ihm offen vor, dem Arbeiter mit verschiedenen Vorurteilen zu begegnen: Die Leute seien immanent faul und ihrer Arbeit gegenüber indifferent – wobei man übersah, daß sie womöglich erst aufgrund zu strikter Anweisungen so geworden sind – oder sie seien im

Grunde genommen rein ökonomisch ausgerichtete Menschen, die genau wie eine Unternehmung auf Gewinne und Verluste reagieren.

Dem haben die Kritiker eigene Annahmen entgegengehalten. So nahm Mayo beispielsweise an, daß der Mensch eine natürliche Neigung zu gegenseitigen Treueverhältnissen und zu gemeinsamen schutzbietenden Gruppen besaß. Likert geht davon aus, daß die Arbeiter sich ihrer Arbeit gegenüber verantwortlich fühlen und demnach frustriert sind, wenn man ihnen nicht ein gewisses Maß an Kontrollbefugnis über ihre Arbeit zugesteht. Herzberg ist der Ansicht, daß das Bedürfnis, seine berufliche Rolle zu meistern, allen anderen Bedürfnissen gegenüber dominant ist, zumindest für Menschen, deren elementare Bedürfnisse bereits befriedigt sind.

Es ist keineswegs notwendig, diese Liste von Annahmen nur auf die von Experten getroffenen zu beschränken. Die meisten Menschen haben ihre eigene private Anschauung über die Triebfedern menschlichen Handelns. So ist beispielsweise die Zahl der Leute im Wachsen begriffen, die sich unwohl bei dem Gedanken fühlen, wie diese ganzen übermäßig humanen Aspekte wohl die Moral unserer Arbeiter beeinflussen mögen. Sie sehen irgend etwas leicht Unamerikanisches darin, etwas, das die Selbstsicherheit und Initiative dahinschwinden lassen könnte. Vermutlich liegt dem die Annahme zugrunde, daß sich Selbstsicherheit nur als Reaktion auf eine gleichgültige Umwelt entwickeln kann und daß sie verkümmern muß, wenn diese Welt zu entgegenkommend ist. Dies liegt etwa auf der gleichen Linie wie die Behauptung, daß der Fähigste nicht überleben kann, wenn der weniger Fähige es kann.

Ein großer Teil dieser Kritik verfehlt den Kern der Sache, da sie sich gegen eine Form von Wohlfahrtspaternalismus wendet, die von keinem anerkannten Sozialwissenschaftler ernsthaft gelehrt wird. Es ist ja gerade die gemeinhin zu beobachtende sinkende Selbstsicherheit, die Männer wie Argyris und McGregor alarmiert sein läßt und die sie wieder anzuheben versuchen. Doch über dies Mißverständnis hinaus sind noch andere, tiefergehende Fragen zu beantworten: so, ob die Management-Praktiken von heute tatsächlich die Selbstsicherheit fördern oder aber sie unterdrücken und ob das Management effektiv irgendeinen Einfluß auf die Motivation des Individuums ausübt.

Wenn diese Fragen leicht zu beantworten wären, hätte es bisher sicherlich weniger Uneinigkeit gegeben. Es ist zwar relativ einfach, für jede Seite ein attraktives Beweisgerüst zu errichten, aber es bleiben dennoch einige unangenehme Tatsachen bestehen, die nicht mit dem Rest in Einklang zu bringen sind. Solange wir uns mit bloßen Annahmen über die Menschen zufriedengeben und nicht darauf bestehen, daß sie mittels logischer Tests oder durch Erfahrung verifiziert werden, ist die eine Annahme offenbar mindestens ebenso gut wie jede andere. Als erstes etwas hoffnungsvolleres Anzeichen für ein besseres Verständnis der Arbeitsmotivation kann man das langsame Verschwinden dieser lässigen pseudorationalen Haltung gegenüber Annahmen deuten.

In den letzten Jahren sind die Psychologen dem Verständnis der menschlichen Motivation in einigen wichtigen Punkten erheblich nähergekommen. Wenn sich diese auch noch nicht in eine eindeutige theoretische Form bringen läßt – es gibt leider noch einige bedauerliche Lücken in dem von ihnen abgesteckten Gebiet –, so sind sie dennoch richtungweisend für ein offenkundig nützliches Konzept der Motivation. Die Erhärtung dieser Gedankengänge durch handfeste Beweise ist noch bruchstückhaft, aber im Steigen begriffen. Nichtsdestoweniger steht bereits fest, daß sie die vorhandenen Fakten sehr viel überzeugender erklären, als die traditionellen oder die mit »gesundem Menschenverstand« entwickelten Ideen es können. Weit wichtiger ist, daß die durch diese neuen Konzeptionen hervorgerufene Forschung einige interessante Tatbestände offengelegt hat, die von älteren Anschauungen nicht vorhergesehen werden konnten. Im Hinblick auf die Untersuchung der Arbeitsmotivation befinden wir uns demnach in einer ziemlich aufregenden Zeit, weil im nächsten Jahrzehnt einige wichtige, für unser Verständnis umwälzende Ergebnisse auf uns zuzukommen scheinen.

Neben einem kurzen Überblick über die klassischen Motivationstheorien von Freud und Adler wird dieser Abschnitt sich vor allem mit relativ neuen Arbeiten befassen. Maßgebend hierfür ist, daß die klassischen Theorien längst nicht so relevant für die Industrie sind wie die zeitgenössischen. Die neuen Konzepte beinhalten trotz ihres relativ geringen Bekanntheitsgrades wichtige Folgerungen für die Industrie und verdienen die Aufmerksamkeit der Manager. Daher werden wir die derzeitigen Vorstellungen über das Kompetenzmotiv, das Geselligkeitsstreben und das Leistungsmotiv behandeln und anschließend die biografische Forschung über die Entwicklung dieser und anderer Motive betrachten. Nach der Analyse des Prestige- und Sicherheitsmotivs werden wir dann weit genug sein, um uns dem am meisten besprochenen und am wenigsten verstandenen Motivator von allen zuzuwenden, nämlich dem Geld.

Es wird sich zeigen, daß sich viele dieser neueren Motivationstheorien mit einigen – aber keineswegs allen – Ideen über die motivierende Umgebung, die in Teil I vorgestellt wurden, überschneiden. Dies ist natürlich teilweise der Grund für ihre Bedeutung. Die Tatsache, daß unser Wissen über die Arbeitsumgebung mit den – wenn auch noch sehr unvollständigen – Erkenntnissen über das Individuum zusammenzupassen beginnt, könnte leicht das Vorspiel für weitreichende Verbesserungen im Verständnis und in der Verwaltung und Leitung menschlicher Ressourcen sein. Anschließend an diese Darstellung der zeitgenössischen Forschung und Theorie über das Individuum werden wir versuchen, diese mit dem in Einklang zu bringen, was wir über die Umgebung erfahren haben, und zu prüfen, ob die Arbeit des Sozialwissenschaftlers dem Management irgend etwas Neues oder Nützliches bieten kann.

Kapitel 9

Die klassischen Theorien

Sigmund Freuds Name ist heute ein Wort des »Hausgebrauchs«. Den meisten Menschen ist bekannt, daß er erheblich zu der gegenwärtigen Form der Psychiatrie beigetragen hat, daß er überzeugt war, die Träume des Menschen sinnvoll deuten zu können, und daß seine Theorien angeblich alles durch sexuelle Phänomene zu erklären versuchten (was nicht wahr ist). Wahrscheinlich wird es bis in die weite Zukunft geteilte Ansichten über ihn geben; manche werden ihn loben und andere ihn verurteilen. Ein ernsthafter Motivationsforscher kann Freud nur schlecht unberücksichtigt lassen: Dazu war sein Einfluß auf die Psychologie – ob er nun gut war oder schlecht – einfach zu groß. Gewichtet man allein die Intensität seines Einflusses, so kommt kein anderer Psychologe auch nur annähernd an ihn heran*).

Freud war ein Forschungsgenie. Er betrat als erster einen Weg, der noch heute begangen wird, in damals neues unbekanntes und sogar unerwartetes Territorium. Einige seiner theoretischen »Landkarten«, die er von jenen vorher unerforschten Bewußtseinsbereichen aufgezeichnet hat, haben sich inzwischen als erstaunlich genau erwiesen, während einige andere Details unzutreffend und andere nicht besonders aufschlußreich waren. Seine Bedeutung liegt nicht so sehr darin, daß seine Ideen alle verifiziert werden konnten, sondern vielmehr in der Aufklärung so vieler Bewußtseinsbereiche, die bis dahin unerklärlich gewesen waren. Wenn Freuds Theorien bis ins letzte Detail gestimmt hätten, wäre er mehr als nur ein Genie gewesen: Man hätte ihn geradezu als Wunder bezeichnen müssen.

Freud war der erste, der die Bedeutung der *unbewußten Motivation* erkannte. Dies war von allen seinen Ideen zweifellos die wichtigste und gleichzeitig die für Laien am schwierigsten verständliche. Aber er wollte damit nur sagen, daß die Menschen sich normalerweise nicht all ihrer Wünsche bewußt sind, daß sie oft Geschmacksrichtungen, Neigungen oder Auffassungen haben, die ihr Verhalten sehr stark beeinflussen, die sie aber gar nicht begründen können. Freuds Nachforschungen überzeugten ihn immer mehr davon, daß die Motivation der meisten Menschen mit einem Eisberg verglichen werden konnte: Nur ein kleiner Teil ragte über die Oberfläche, so daß der einzelne ihn erkennen und sich seiner bewußt werden konnte, während der größere Teil verborgen blieb und dem Bewußtsein durch starke Kräfte vorenthalten wurde.

Diese Kräfte waren keineswegs nur schlecht, da sie einen geordneten Gedankenfluß ermöglichten und die Zerstreuung durch irrelevante oder störende Vorstellungen verhinderten. Andererseits bestand bei zu starker Bewußtseinsverdrängung von Bedürfnissen und Impulsen die Gefahr, daß Spannungen akkumuliert wurden,

*) Freud war als Arzt, der geistig kranke Menschen behandelte, Psychiater, und da er die Methode der Tiefenanalyse erfand, war er zugleich der erste Psychoanalytiker der Welt. Da wir uns hier mit seinen theoretischen Leistungen als Erforscher der menschlichen Motivation befassen, kann er ohne weiteres als Psychologe bezeichnet werden. Ich nehme sogar an, daß er diese Bezeichnung vorgezogen hätte. S.W.G.

die zu Neurosen oder geistigen Störungen führen konnten. Bei den meisten Menschen ist jedoch ein gewisses Maß an unbewußten oder unerkannten Motiven durchaus normal und sogar notwendig. Es ist dies Normalmaß an Unbewußtem, das den meisten Menschen erlaubt, das Funktionieren Freudscher Mechanismen besser bei anderen zu beobachten als bei sich selbst.

Freud betonte stark die Wichtigkeit der frühen Kindheitserlebnisse für den Aufbau der späteren erwachsenen Persönlichkeit. Jeder Mensch ist zu jedem Zeitpunkt das Produkt aller Vorkommnisse und Begegnungen, die ihm in seiner Vergangenheit widerfahren sind. Da das Kind anfangs relativ plastisch (im psychologischen Sinn) ist und erst allmählich in seinem Denkvermögen und Verhalten konsistent wird, folgerte Freud, daß die frühesten Erfahrungen die später von dem Kind genommene Entwicklungsrichtung am stärksten beeinflussen. Er schloß daraus, daß mit 5 Jahren die meisten grundlegenden Wesenszüge der zukünftigen Persönlichkeit weitgehend determiniert seien und daß die danach gemachten Erfahrungen zwar die in der Entwicklung befindliche Person im Detail zu ändern vermögen, aber nicht grundsätzlich wandeln können.

Gleichzeitig wies Freud darauf hin, daß das Individuum kein reines Opfer seiner frühen Umgebung sei und daß es nicht vom fünften Lebensjahr an dazu verurteilt sei, ein ganz bestimmtes Leben zu führen. Die Begegnung des Kindes mit seiner Umwelt war nicht bloß einseitig, so daß das Kind ziellos in die eine oder andere Richtung gestoßen werden konnte. Statt dessen kam es zumindest mit Rudimenten von Individualität in der Form von Instinkten zur Welt und besaß damit angeborene Anlagen oder Neigungen zu bestimmten Verhaltensweisen. Wenn auch alle Kinder die gleichen Instinkte besitzen, so gibt es doch graduelle Unterschiede. So mag ein Kind recht lebhaft sein, während ein anderes sich in derselben Situation lethargisch zeigt. Diese Instinkte hängen eng mit dem Selbsterhaltungstrieb zusammen, der zum Beispiel durch Essen befriedigt wird. Doch wenn dann seine Instinkte mit zunehmendem Alter immer mehr durch die erlernten Verhaltensmuster ersetzt werden, gibt es für ihre weitere Existenz an sich kaum noch Gründe, die etwas mit der Selbsterhaltung zu tun haben. Da die Instinkte des Kindes sich so gut ihrer Aufgabe entledigten, ihm seine Wünsche zu erfüllen (und weil zugleich ohne sein Wissen eine Anzahl Erwachsener immer eilfertig seine Regungen und Rufe beantwortet hatte), mag das Kind zu der verständlichen Schlußfolgerung gekommen sein, daß die Welt einzig zu seinem Wohlergehen geschaffen wurde. Es muß sich somit wieder von der Vorstellung *befreien*, daß es seine Umgebung und alle darin befindlichen Personen völlig unter Kontrolle hatte – es muß also einen langwierigen und nicht ganz einfachen Prozeß durchmachen. Erst wenn es diesen erfolgreich abschließt, kann man es als zivilisiert bezeichnen. Diese Bezeichnung verdient nicht jeder Mensch.

Auf jeden Fall sind die Instinkte des jungen Kindes und seine Umwelt ständig in Kontakt und erzeugen so allmählich die spezifische Erfahrungs- und Reaktionsstruktur, aus der schließlich ein mehr oder weniger stabiles Persönlichkeitsmuster wird. Psychologen ringen immer noch mit dem Problem, inwieweit die Persönlichkeit des Erwachsenen effektiv von Instinkten geprägt und inwieweit sie durch Erfahrung bedingt ist (dies ist die »Natur-Erziehungs-Kontroverse). Die allgemein anerkannte Auffassung geht dahin, daß die Instinkte und andere angeborene Wesensmerkmale dem möglichen Entwicklungsspielraum gewisse weitgefaßte Grenzen setzen (besonders im Hinblick auf die Intelligenz), daß aber die spezifischen Wege, die das Kind innerhalb jener Grenzen verfolgt, sehr stark von seiner frühen Umgebung beeinflußt werden. Dies läßt der Erfahrung noch einen weiten Spielraum der Einflußnahme. Wie Mark Twain satirisch in seinem Stück *Pudd'nhead Wilson* aufzeigte, können divergierende Umweltbedingungen zu enormen Unterschieden in der Persönlichkeit führen.

Mit dem Heranwachsen des Kindes und der Erweiterung seines Gesichtskreises werden die Erwachsenen seiner Umgebung seinen Forderungen gegenüber immer weniger tolerant und fangen an, eigene Forderungen zu stellen. So wird von dem Kind erwartet, daß es entwöhnt und sauber wird, daß es sich an- und auskleidet und selbständig ißt. Mit jeder neuen Forderung befindet es sich in der Situation, etwas innig Geliebtes aufzugeben, um das nicht zu verlieren, was es noch mehr liebt: die Zuneigung und den Schutz seiner Eltern. Zu guter Letzt ist es dann erwachsen – aber keineswegs immer. Manchmal gelingt es ihm nie gänzlich, eine Hürde auf dem Weg zur Reife zu überwinden, entweder weil es sich bewußt davor sträubt oder weil seine Eltern es nicht mit genügend Anteilnahme angespornt haben. Diese unvollendeten Schritte in dem Prozeß des Heranwachsens bleiben als kleine Fehler im Charakter des Kindes bis ins Erwachsenendasein erhalten. Sie können in verkleideter Form als Empfindlichkeit, Willensschwäche und Verantwortungslosigkeit auftauchen sowie in anderen kindlichen Formen der Weigerung, die Realität wahrhaben zu wollen.

Freud befaßte sich vor allem mit der Entwicklung von Neurosen und geistigen Störungen. (Die oben aufgezeigte Theorie des »unvollständigen Wachstumsprozesses« ist in extrem vereinfachter Form eine Zusammenfassung seiner psychiatrischen Erkenntnisse.) Daneben befaßt er sich – wenn auch zwangsläufig in geringerem Umfang – mit der Entwicklung der normalen Persönlichkeit und insbesondere damit, wie Kinder ungesunden, in ihrer frühen Umwelt auftretenden Einflüssen widerstehen und sich zu reifen, emotional gefestigten Erwachsenen entfalten können.

Normalerweise ist es für das Kind nicht allzu schwer, seine Forderungen an die Umwelt, seinen Launen ständig nachzukommen, einzustellen und selbst eine gewisse Verantwortung zu übernehmen. Bei jedem Schritt sieht es sich sozusagen einer Möhre und einem Rohrstock gegenüber: Die Möhre symbolisiert die Zustimmung und den Beifall der Eltern, wenn es ihren Wünschen entspricht, und der Rohrstock steht für unterschiedliche Formen der Bestrafung nebst der von Freud als schlimmster Strafe überhaupt bezeichneten Zurückweisung, wenn es diesen Wünschen zuwiderhandelt. Auf diese Weise wird das Unvermeidliche wünschenswert, und in dem Kind entsteht allmählich der *Wunsch*, erwachsen zu werden. Manchmal geht dieser Lernprozeß tatsächlich so schnell, daß die Eltern kaum Zeit haben, sich daran anzupassen.

Der Prozeß des Heranwachsens wird stark durch die Phase gefördert, die Freud »Identifizierung« nannte, in deren Verlauf das Kind versucht, sich entsprechend dem Vorbild des gleichgeschlechtlichen Elternteils zu verhalten. So wird ein kleiner Junge möglichst weitgehend die Verhaltensweisen des Vaters, sein Gebaren und manche seiner Gewohnheiten nachzuahmen versuchen. Je stärker der Vater diesen Nachahmungstrieb unterstützt – er kann dies durch ausreichende Aufmerksamkeit, Interesse und Zustimmung –, desto mehr verstärkt und beschleunigt er diesen Prozeß. Demgegenüber werden ihn Gleichgültigkeit und Desinteresse von seiten des Vaters verlangsamen. Diese Identifizierung, die bei fast allen Kindern mit etwa 2 Jahren in gewissem Umfang einsetzt, vermittelt dem Kind einen positiven Anreiz zum Erwachsenwerden. Sie trägt gleichzeitig sehr zur Schaffung eines fundamentalen Rahmens für sein späteres Verhalten als Erwachsener gegenüber jenen Aspekten des Lebens bei, die als typisch männlich gelten, zu denen unter anderem die Einstellung gegenüber der Berufslaufbahn, der Arbeit und dem Arbeitgeber zählt.

Doch ist kein Mensch ein vollkommenes Abbild seines Vaters; denn der Charakter des Kindes wird nicht allein durch den reinen Nachahmungstrieb geformt. Er entwickelt sich sehr viel komplizierter. Mit zunehmendem Alter kommt das Kind – abgesehen von seinem Vater – mit vielen anderen Leitbildern in Berührung, von denen einige seine in der Entwicklung befindliche Persönlichkeit teilweise mitprägen. Personen – wie andere Familienmitglieder (Frauen sowohl als Männer), Nachbarn, Freunde, Lehrer, Leinwandstars und sportliche Idole – können dem Kind Vorbilder sein, die es in sein wachsendes Repertoire von Verhaltensweisen und Gepflogenheiten einfügt.

Manchmal sind aber die Leitbilder, die einem Kinde gerade zur Verfügung stehen, aus irgendeinem Grund unbefriedigend, so daß es sich, statt sie nachzuahmen, genau entgegengesetzt verhält und versucht, sich soweit wie möglich von ihnen zu *unterscheiden*. Freud bezeichnete dies als »Reaktionsbildung«; d. h. der Charakter wird nicht durch Absorption, sondern durch Reaktion auf die Wesenszüge des Leitbildes geformt. Wenn ein Junge auf seinen Vater »reagiert«, sind gewöhnlich einer oder mehrere der folgenden drei Gründe dafür ursächlich: a) Der Vater entsprach nicht irgendwelchen allgemeinen kulturellen Verhaltensanforderungen; b) der Vater wurde von anderen wichtigen Erwachsenen (besonders von der Mutter) lächerlich gemacht oder in irgendeiner Form geringschätzig behandelt; c) der Vater stieß das Kind zurück, nahm kein Interesse an ihm oder zog gar seine Versuche, sich selbständig zu machen, ins Lächerliche.

Wir werden später noch sehen, daß Reaktionsbildungen gegenüber der Person des Vaters in den Vereinigten Staaten unter der heutigen männlichen Jugend keine Seltenheit sind. Darüber hinaus scheinen diese Reaktionen eine extrem wichtige Rolle für die Entwicklung von bedeutenden Arbeitsmotivationen zu spielen – wenn sie auch nicht in unmittelbarer Beziehung zum Büro und der Fabrik zu stehen scheinen.

Alfred Adler, der zeitweilige Mitarbeiter von Freud, der sich später von ihm trennte, um seine eigene theoretische Schule aufzubauen, übte ebenfalls einen bedeutsamen Einfluß auf unser Verständnis der Arbeitsmotivation aus[25]. Adler ist selbst unter Fachkundigen längst nicht so bekannt wie Freud; viele seiner Ideen sind heute anerkanntes Gedankengut, ohne mit seinem Namen in Verbindung gebracht zu werden. Im Gegensatz zu Freud, der das Lustprinzip und den Selbsterhaltungstrieb und die mit diesen zusammenhängenden Motive betonte, lag bei Adler der Schwerpunkt auf dem Machtmotiv. Unter »Macht« verstand er die Fähigkeit, andere zu einem den eigenen Zwecken entsprechenden Verhalten zu bewegen. So besitzt zum Beispiel ein Kleinkind beträchtliche Macht über andere. Alle Eltern werden bestätigen können, daß ein Säugling allein mit seinem Geschrei bei allen in Reichweite befindlichen Erwachsenen erhebliches Aufsehen erregen kann.

Nach Adlers Ansicht bereitet diese Fähigkeit, andere Menschen manipulieren zu können, naturgemäß ein gewisses Vergnügen. Und zwar fällt es dem Menschen nicht nur als Kind schwer, sich diese Fähigkeit abzugewöhnen, sondern er mag auch später einen beträchtlichen Teil seines Erwachsenenlebens mit dem Versuch verbringen, diese glückselige Zeit, da andere Menschen seinem Willen weitgehend unterworfen waren, wiederaufleben zu lassen. Adler erkannte sehr wohl, daß die mit dieser »Diktatur in Kleinformat« verbundene Macht nicht so sehr um ihrer selbst willen von dem Kinde gesucht wurde, sondern daß sie vielmehr eine Art Zufluchtstätte vor der extremen kindlichen Hilflosigkeit bildete. Die Erwachsenen sind für das Kind sozusagen die Rettungsleine, und daher ist es ausgesprochen lebenswichtig, ob die erwachsenen Personen seiner Umwelt zuverlässig sind oder nicht; das Machtmotiv erhält somit eine Dringlichkeit, die sich nie so ganz verliert, selbst wenn es im Laufe der Zeit überflüssig wird. Dies Gefühl ist besonders ausgeprägt in einem älteren Kind oder in einem Erwachsenen, der sich in seiner Fähigkeit, die Aufmerksamkeit und Achtung anderer zu erringen, in irgendeiner Form beeinträchtigt fühlt.

Solche Menschen können manchmal recht weit gehen, um die Aufmerksamkeit auf sich zu lenken, und dadurch die tatsächlich vorhandene oder nur eingebildete Schwäche, die sie anfangs beunruhigte, überwinden. Bei der Beschreibung dieses Prozesses führt Adler zwei wohlbekannte Begriffe in die Psychologie ein: den *Minderwertigkeitskomplex* (angstähnliche Gefühle der Unzulänglichkeit oder der Unsicherheit, die nicht notwendigerweise eine reale Basis haben müssen) und *Kompensation* (die Neigung, sich extrem zu verausgaben, um die Ziele zu erreichen, die die »Minderwertigkeit« an sich versagen würde).

Zweitens fand Adler heraus, daß Macht nicht die einzige Lösungsmöglichkeit für das Problem der Hilflosigkeit war. Im Laufe der Zeit wird dem heranwachsenden Kind zunehmend klar, daß kooperatives Verhalten ihm eine beständigere Sicherheitsgewähr bietet als die Macht und daß ersteres zudem in bezug auf erforderliche Wachsamkeit und die Angst vor Vergeltung sehr viel weniger kostspielig ist. Wenn die Entwicklung des Kindes normal voranschreitet und nicht zu starken Spannungen ausgesetzt wird, verwandelt sich das Machtmotiv nach und nach in den Wunsch, die Beziehungen zu anderen Menschen zu verbessern – d. h. diese Beziehungen stärker auf Vertrauen, Offenheit und gegenseitiger Hilfe aufzubauen. Nur so könnte sich der ausgereifte Erwachsene unter anderen Menschen ohne Angst oder Mißtrauen frei bewegen. Wenn dieser Prozeß dagegen auf irgendeiner Entwicklungsstufe gestört wurde – zum Beispiel durch zu viele enttäuschende Kontakte mit wenig vertrauenswürdigen Erwachsenen –, dann würde das Machtmotiv nicht nur fortbestehen, sondern noch verstärkt hervortreten. Der Erwachsene mit einem derartigen Reifeprozeß wäre ständig auf der Hut, er wäre kaum geneigt, viel von seinen Plänen oder Gefühlen preiszugeben, und befände sich fortwährend auf der Suche nach einem Vorteil, der seine Position in dieser scheinbar trügerischen Welt absichern würde.

Adler war wie Freud der Ansicht, daß der grundsätzliche Lebensstil eines Individuums sehr früh durch die Art der Kindheitserlebnisse mit den Erwachsenen seiner kleinen Welt bestimmt wurde. Ungefähr mit 5 Jahren wäre das Kind in seiner Einstellung zu anderen Menschen so weit, daß es ihnen entweder anpassungsfähiges Vertrauen oder eine gewisse Entschlossenheit entgegenbringt, sich nicht von ihnen verletzen zu lassen; wahrscheinlicher ist aber noch, daß sein Verhalten eine irgendwo dazwischenliegende Variante ist, welcher sowohl das Streben nach Vertrauen als auch nach Macht in bestimmtem Umfang zu eigen ist.

Freud und Adler sahen beide in einem verbesserten Verständnis psychologischer Störungen ihr Hauptanliegen, um diese besser behandeln zu können. Daher lag der Schwerpunkt ihrer Gedankenführung auch auf der Entstehung von Neurosen und weniger auf ihrer Beseitigung. Erst kürzlich haben moderne Psychologen begonnen, das Gedankengut dieser großen klassischen Theoretiker auf das Verständnis der normalen psychologischen Entwicklung zu erweitern und speziell auf die Anpassung des Erwachsenen an seinen Beruf anzuwenden.

Kapitel 10

Das Kompetenzmotiv: Robert W. White

Seit den bahnbrechenden Arbeiten von Freud und Adler zu Beginn dieses Jahrhunderts ist eine Vielzahl von Menschen diagnostiziert und psychologisch behandelt worden. Aus dieser Beobachtungs- und Erfahrungsmasse sind eine Reihe von Modifikationen der ursprünglichen Theorien hervorgegangen. Wenn die wesentlichen Grundzüge der klassischen Theorien auch den Tests, denen sie im Laufe der Zeit unterzogen wurden, recht gut standgehalten haben – was natürlich die gebührende Anerkennung für den Genius von Freud und Adler ist –, so haben Psychologen der Gegenwart es dennoch für nötig befunden, gewisse Aspekte dieser Theorien zu erweitern oder neu zu interpretieren, um sie den Fakten besser anzupassen.

Eine derartige Re-Interpretation, die für unser Verständnis der Arbeitsmotivation recht bedeutsam ist, wurde kürzlich von Robert W. White von der Harvard-Universität unternommen[26)]. White stellt zunächst einmal fest, daß die ursprüngliche Theorie Freuds trotz ihrer Komplexität immer noch ein wenig zu einfach ist, um allen Aspekten des menschlichen Verhaltens gerecht zu werden. Insbesondere ist das Individuum mehr als nur ein Träger von Instinkten; es ist zugleich ein aktiver Beobachter und Gestalter seiner Umgebung. Für White liegt eine der Hauptquellen menschlicher Motivation in dem Interesse, die Welt in ihrer Vielfalt kennenzulernen und in Erfahrung zu bringen, wie man alle persönlichen Ziele wunschgemäß erreichen kann. Während Freud die Instinkte betonte, die der Selbsterhaltung und der Annehmlichkeit dienen, und Adler darüber hinausgehend das Streben nach Macht über andere hervorhob, vertritt White die Ansicht, daß der Mensch auch seine physische (und später sogar seine soziale) Umwelt verstehen und manipulieren möchte. Im weitesten Sinne möchte er fähig sein, Dinge geschehen zu machen – Ereignisse herbeizuführen und sie nicht passiv erwarten zu müssen.

White bezeichnet diesen Wunsch nach Beherrschung seiner Umwelt als »das Kompetenzmotiv«. Er glaubt, daß man es schon bei ganz kleinen Kindern beobachten kann, wenn sie ziellos Gegenstände betasten, überall herumstöbern und nach allem Erreichbaren greifen. Später äußert es sich in dem Drang, alles zu erforschen, herumzubasteln, Dinge auseinanderzunehmen, sie wieder zusammenzubauen und dergleichen. Als Ergebnis jahrelangen Forschens in seiner kleinen Welt, des Kennenlernens ihrer Möglichkeiten und deren Ausnutzung entwickelt der kleine Junge eine gewisse Zuversicht, daß er sich auch in der größeren Welt, die er als Erwachsener betreten wird, genausogut zurechtfinden wird. Ob sein Fähigkeitssinn stärker oder schwächer ausgeprägt ist, hängt von den Erfolgen oder Mißerfolgen ab, die der Junge bei seinen Vorstößen in die ihn umgebende Welt erfahren hat. Wenn die Erfolge überwogen, wird er das Leben wahrscheinlich als ein relativ vielversprechendes Abenteuer betrachten, bei dem ihn gesunder Menschenverstand und Ausdauer sehr weit bringen können. Andererseits, wenn die Mißerfolge die Erfolge übertrafen, mag der Junge das Leben günstigenfalls als ein gefährliches Spiel ansehen, in dem das Eingehen von Risiken mit großer Wahrscheinlichkeit in einem weiteren Fiasko enden wird, so daß es klüger ist, einfach alles auf sich zukommen und sich treiben zu lassen und gar nicht erst zu versuchen, die Dinge in irgendeiner Form zu beeinflussen.

Da das Individuum jeden Tag irgendwelchen Kontakten mit

seiner Umgebung ausgesetzt ist, ändert sich das Verhältnis zwischen Erfolg und Mißerfolg ständig. Folglich ist das Schicksal eines Menschen nie endgültig besiegelt. Es ist immer noch möglich, daß eine plötzlich auftretende Glückssträhne ein furchtsames Ich aufmuntert und daß umgekehrt eine Unglücksserie einem an sich sehr zuversichtlichen Menschen jeglichen Halt raubt. Während die künftige Persönlichkeit in vielen wichtigen Aspekten sehr wohl mit 5 Jahren weitgehend festgelegt sein mag, gilt dies keineswegs für den Kompetenzsinn: Er kann anfänglich ausgesprochen negativ sein und sich dennoch als Ergebnis späterer Erfolge erheblich stärker entwickeln.

Leider hat diese Entwicklungsfähigkeit jedoch Grenzen. Nach bestimmter Zeit erreicht auch der Kompetenzsinn ein maximales Niveau, von dem er (normalerweise) nur noch geringfügig abzuweichen vermag. Dies rührt daher, daß sich der Fähigkeitssinn nach einiger Zeit auf die Wahrscheinlichkeit auszuwirken beginnt, mit der eine Erfahrung zu einem Erfolg oder Mißerfolg wird. Die waghalsigeren Typen werden ständig darauf aus sein, irgend etwas zu gewinnen oder zu verändern, und durch ihr stürmisches Meistern aller Hindernisse und durch ihre Ausdauer, mit der sie die Ziele anstreben, bringen sie das Glück mehr oder weniger auf ihre Seite. Schwächer veranlagte Individuen werden weniger wagen und damit auch weniger gewinnen und möglicherweise zu leicht vor Hindernissen zurückschrecken. So wird der Kompetenzsinn allmählich zur Prophezeiung, die sich von selbst erfüllt: Der einzelne erreicht selten mehr, als er erwartet, weil er nicht mehr zu erreichen versucht, als er sich zutraut.

Während die Freudianer überzeugt sind, daß die entscheidenden Jahre die ersten fünf Lebensjahre sind, betrachtet White das Alter von 6 bis 9 als besonders wichtig für die Entwicklung des Kompetenzmotivs. Dies sind die unangenehmen Jahre des Zwischenstadiums, in dem das Kind nicht mehr völlig im Schutze der Familie lebt, diesem aber auch noch nicht ganz entwachsen ist. Es entwickelt immer mehr Kontakte zu anderen Jungen außerhalb der Familie – Kontakte, die einige Jahre später in eine für den Jungen viel passendere und attraktivere Gemeinschaftsform einmünden als seine Familie. Die Vor-Teenagerzeit mit ihren Kameradschafts- und Clubverhältnissen bringt schließlich die Welt des Heranwachsenden mit seiner ganzen Vielfalt hervor, mit ihren spezifischen Verhaltensnormen und den rauhen, manchmal sogar rebellischen Experimenten mit dem Erwachsensein. Die Saat dieser Unabhängigkeit beginnt in dem Alterszeitraum von 6 bis 9 gerade zu keimen, und daher ist diese Periode im Hinblick auf das Kompetenzmotiv so überaus wichtig. Zu diesem Zeitpunkt kann ein scheues Kind durch den Kontakt mit gleichaltrigen Menschen, die nicht für seine anfängliche Abkapselung ursächlich waren, aus seiner Zurückgezogenheit herausgelockt werden. Jetzt kann das verwöhnte, eigensinnige oder wichtigtuerische Kind von seinen Zeitgenossen in seine dringend benötigten Schranken verwiesen werden. In dieser Zeitspanne kann das unternehmungslustige Kind erstmals seine »Flügel« außerhalb der schutzbietenden Familiensphäre erproben. Mit anderen Worten wird hier der Kompetenzsinn dem ersten bedeutenderen Test unterworfen.

Obwohl die Ergebnisse dieses Tests die Stärke des Fähigkeitssinns, den ein Junge später einmal besitzen wird, noch nicht endgültig determinieren, sind sie doch nicht ganz unerheblich. Das in diesen Jahren entstandene Muster wird sich später aufgrund des Wechselspiels zwischen Fähigkeit und Verhalten wiederholen, das schon früh einzusetzen beginnt. Die scheinbar radikalen äußeren Veränderungen, die manchmal bei Zwanzigjährigen oder Älteren auftreten, sind oft mehr scheinbar als real: Irgendwo in der Entwicklungsreihe sind wahrscheinlich die Anfänge eines Kompetenzsinns – also einer konstruktiven Haltung gegenüber sich bietenden Chancen – zurückgedrängt worden. Im richtigen Augenblick und in der richtigen Atmosphäre kann dieser latente Optimismus im Hinblick auf die eigene Person wieder hervorbrechen.

In Erwachsenen äußert sich das Kompetenzmotiv im allgemeinen als Wunsch nach guten beruflichen Leistungen und nach beruflicher Entfaltung. Es mag daher sehr viel mit Herzbergs Erkenntnis gemeinsam haben, daß die dauerhaftesten Befriedigungen der Buchhalter und Ingenieure aus der Lösung schwieriger technischer Probleme entsprangen. In einer zivilisierten Gesellschaft, die kaum noch elementare Herausforderungen zu bieten hat, äußert sich das Bedürfnis nach einem passenden Ventil für das Kompetenzmotiv wahrscheinlich teilweise in der wachsenden Tendenz, daß die Menschen sich eher mit ihrem Beruf identifizieren als mit einem spezifischen Arbeitgeber oder mit der Region oder Gruppe, in der sie geboren und aufgezogen wurden.

Der Arbeitsplatz kann eine der wenigen bleibenden Stätten sein, in der ein Mann seine Fähigkeiten mit der Umgebung in einem Wettstreit messen kann, der weder extrem einfach noch unsagbar schwer ist. Wo ein derartiger Wettstreit möglich ist, kann das Kompetenzmotiv zum Tragen kommen, und der Genuß von nicht zu unterschätzenden Belohnungen rückt in greifbare Nähe. Ist ein solcher Wettkampf dagegen nicht möglich – wie bei den meisten routinemäßigen oder zu stark beaufsichtigten Beschäftigungen –, dann bewirkt ein stark ausgeprägtes Fähigkeitsmotiv nur Frustration, während ein schwaches die Resignation und Abhängigkeit fördert.

Des weiteren spielt das Kompetenzmotiv wahrscheinlich eine Schlüsselrolle für den Berufserfolg, insbesondere bei solchen Tätigkeiten, bei denen Initiative oder Erfindungsgeist wichtig sind. Ein Mann, der sich selbst die Fähigkeit zur Beeinflussung seiner Umwelt zutraut, wird dies effektiv viel häufiger und wagemutiger versuchen als jemand, der sich von seiner Umgebung beeinflussen läßt. Ist es demnach möglich, daß die Spiele und groben Scherze von Sieben- und Achtjährigen irgend etwas mit den Geschehnissen in der Geschäftsführersuite 30 Jahre später zu tun haben können? Whites Theorie hält dies ohne weiteres für möglich, und in einem späteren Abschnitt werden wir uns mit Beweismaterial befassen, das diese Möglichkeit zumindest nicht gänzlich ausschließt.

Kapitel 11

Das Geselligkeitsmotiv: Stanley Schachter

Die Psychologen haben das Problem der menschlichen Motivation unter den verschiedensten Aspekten zu erfassen versucht. So haben sie sich nicht nur damit auseinandergesetzt, wie sich Selbstsicherheit und Wagemut aus einem elementaren Gefühl der Befähigung entwickeln können, sondern sich ebenfalls mit der Frage befaßt, weshalb manche Menschen einen so extremen Gemeinschaftssinn besitzen, während andere ohne weiteres den größten Teil ihres Lebens in Zufriedenheit allein verbringen können. Daß die Mehrzahl der Menschen gern in Gesellschaft anderer ist, erscheint völlig natürlich, doch dieses Bedürfnis scheint in einigen stärker vorhanden zu sein als in anderen und unter bestimmten Umständen ganz besonders stark hervorzutreten.

Stanley Schachter von der University of Minnesota[27)] hat die Anfänge eines Verständnisses für diesen Drang nach Geselligkeit in vielversprechender Weise gefördert. Schachter ist in der Ergründung der Ursachen des Geselligkeitsmotivs bisher am weitesten vorgedrungen; und dennoch hat auch er zunächst nur einen Anfang gemacht. In vieler Hinsicht werfen seine Nachforschungen mehr Fragen auf und liefern nur wenige Antworten. Selbst ein scheinbar so allgemeinverständlicher Charakterzug wie der, gern mit anderen Menschen zusammen zu sein, erweist sich bei näherer Analyse als recht komplex. Dies ist zugleich ein gutes Beispiel für die teilweise bei Laien zu findende Vorstellung, daß der Psychologe häufig um ganz offensichtliche Erscheinungen viel Worte macht. Bei gründlichem Studium von Schachters Arbeit wird klar, daß der Gegenstand seiner Analyse weder offensichtlich noch simpel ist. In der Tat demonstriert die Untersuchung des Geselligkeitsstrebens, wie sehr das »Offensichtliche« in Erstaunen versetzen kann, wenn man in die unter der Oberfläche liegenden Bereiche vordringt – hierin liegt ja größtenteils das Geheimnis, weshalb die psychologische Forschungsarbeit so interessant und vielseitig ist.

Die Bedeutung des Strebens nach Geselligkeit steht außer Zweifel: Mayo hob sie bei seiner Verurteilung des unpersönlichen Fabrikwesens hinreichend hervor, und die Expansion der Gewerkschaften ist Beweis genug für die außerordentlichen Konsequenzen, die die Neigung zu gemeinschaftlicher Bindung zeitigen kann. Doch wurde die Existenz eines Geselligkeitsmotivs bisher immer als mehr oder weniger selbstverständlich vorausgesetzt, so daß Schachter bei seinen ersten ernsthaften wissenschaftlichen Untersuchungen in vorhandenen Forschungsergebnissen nur sehr wenig Anhaltspunkte oder gar Theorien zu seiner Anleitung finden konnte. Im allgemeinen wurde angenommen, daß die Suche nach Anschluß an andere entweder ein Mittel zum Zweck oder aber Selbstzweck sein konnte. Das heißt, daß der Mensch entweder die Gesellschaft anderer sucht, um irgendeine von anderen zugemessene unpersönliche Belohnung zu erzielen, wie z. B. Geld, Gunst oder Schutz, oder aber er sucht die Geselligkeit, weil er sie ganz einfach genießt. Schachter befaßte sich nur mit dem letzteren Motiv zur Geselligkeit, nämlich mit dem Wunsch, mit anderen Menschen zusammenzukommen, selbst wenn offensichtlich nicht mehr als deren Gesellschaft dabei gewonnen wurde.

In einer Hinsicht hatte ein Teil der früheren Forschung diese Frage schon berührt. So hatten Psychologen festgestellt, daß im Falle eines Vorkommnisses, das einen bisher gehegten Glauben widerlegte, die »Gläubigen« sich auf schnellstem Wege gegenseitig aufzusuchen pflegten, um aufgeregt ihre Beobachtungen zu vergleichen, Spekulationen über das Ereignis anzustellen und Erklärungen dafür zu suchen. Zu guter Letzt ergibt sich dann aus all diesen Diskussionen eine Form der Übereinstimmung, und die Mehrzahl der Personen wird sich diese Meinung schnellstens zu eigen machen. Ob die neuen Vorstellungen nun eher den Tatsachen entsprechen als die alten oder ob sie sich überhaupt von den alten unterscheiden, fällt dabei kaum ins Gewicht. Was jedoch ins Gewicht *fällt*, ist die Abstimmung der eigenen Auffassung mit der aller anderen. Man scheint also ausgesprochen erleichtert zu sein, wenn die eigenen Anschauungen von vielen geteilt werden, als ob diese Übereinstimmung die »Richtigkeit« und daher die Sicherheit seiner Gedanken bestätigt.

Man kann leicht über dies Bedürfnis spotten, das viele Menschen nach einem neuen Gegenstand der Anpassung suchen läßt, sobald die alte Konformität zerstört wurde. Zugegebenermaßen ist dies Verhaltensmuster am häufigsten bei fanatischen Gruppen mit extremen Ansichten zu beobachten, die gegenüber plötzlich auftretenden Gegenbeweisen ihrer Ideen sehr anfällig sind, wie bei tausendjährigen Kulten, die ihren sorgfältig berechneten »Jüngsten Tag« ohne besondere Vorkommnisse vorbeigehen sehen. Aber das sich von der Verwirrung über die Versammlung mit Gleichgesinnten bis zur erneuten Übereinstimmung vollziehende Verhaltensmuster ist keineswegs nur auf eine Randgruppe beschränkt, wie jeder, der einen Preiseinbruch auf dem Aktienmarkt miterlebt hat, bezeugen kann. Es ist dies vielmehr eine recht gebräuchliche Reaktion auf einen mit Sicherheit eintretenden Verlust.

Schachter sah in dem Beruhigungseffekt, der davon ausging, daß man mit anderen einer Meinung war, das wichtigste Element in diesem Verhaltensmuster. Anscheinend vermittelte diese Gleichartigkeit der Ansichten das Gefühl, daß man die Welt verstand und daß das Leben demnach nicht gar so gefährlich war. Augenscheinlich ging bei dieser besonderen Form der Vereinigung der Sinn über das reine »Zusammenseinwollen« mit anderen Menschen hinaus. In diesem Fall erfüllte die Geselligkeit zugleich den Zweck, das Leben weniger willkürlich und unerklärlich erscheinen zu lassen, selbst wenn den gegenseitig geteilten Anschauungen an sich jegliche fundierte Basis fehlte. (Hierin liegt auch ein Erklärungsgrund für die Unpopularität neuer Ideen: Sie lassen die Welt plötzlich so fremd erscheinen!) Wenn das Verhaltensmuster auch nicht besonders rational ist, so ist es deshalb nicht weniger menschlich.

Somit kann ein Beweggrund für die Suche nach Anschluß in der sich bietenden Gelegenheit liegen, seinen Glauben bestätigt zu bekommen. Schachter fragte sich jedoch, ob das unangenehme Gefühl der Ungewißheit einzig und allein für den Geselligkeitsdrang ursächlich ist oder ob es nur zu einer breiten Klasse von Befürchtungen gehört, die in den Menschen das Bedürfnis nach Anschluß erwecken. Um eine Antwort auf seine Frage zu finden, unternahm er eine Serie von raffinierten – wenn auch leicht teuflischen – Experimenten. Die Objekte dieser Experimente waren jene unbesungenen Helden (in diesem Falle Heldinnen) der meisten psychologischen Forschungsarbeiten: die College-Studenten des 2. Jahres, die als Gegenleistung für ihre freiwillige Teilnahme an Versuchen von einem Laboratoriumsbericht befreit werden.

Schachters Technik bestand im Erzeugen eines leichten Angstzustandes durch die Ankündigung, daß seine Versuchsobjekte während des Experiments ein gewisses Maß an Schmerzen ertragen müßten. Dies stimmte natürlich nicht; Schachter wollte nur absichtlich einen leicht erregten Gemütszustand hervorrufen. Nachdem er seine Opfer hinreichend verstört hatte, sagte er ihnen, daß sie die weitere Entwicklung abwarten müßten und stellte ihnen anheim, ob sie diese Wartezeit allein oder gemeinsam verbringen wollten. Die meisten entschieden sich für das gemeinsame Warten, obwohl sie sich gegenseitig nicht kannten. An diesem Punkt angelangt, gab Schachter seinen Trick zu, entschuldigte sich und erklärte das Experiment seinen zutiefst erleichterten Objekten. Er hatte nun den gewünschten Beweis für seine Behauptung, daß Unbehagen effektiv das Verlangen nach Gesellschaft anderer entstehen läßt.

In ähnlichen Experimenten erbrachte er den Beweis für eine Anzahl anderer wichtiger Thesen. Erstens sucht ein aufgebrachter Mensch nicht irgendeine beliebige Gesellschaft, sondern er zieht Menschen in ähnlicher Lage vor. Mit anderen Worten zieht der Unglückliche die Gesellschaft anderer Unglücklicher dem Beisammensein mit zufriedenen Menschen vor. Überdies läßt sich diese Neigung, sich mit anderen Menschen in ähnlicher Lage zusammenzutun, bei unglücklichen Menschen selbst dann beobachten, wenn sie sich nicht gegenseitig verständigen können, so daß die Form der gegenseitigen Bestärkung durch »Gedankenaustausch« nicht zum Tragen kommen kann. Das bloße Zusammensein mit anderen scheint schon den Kummer zu mildern, besonders wenn die anderen selbst ähnliche Probleme haben.

Im Licht der Schachter-Experimente bekommen manche von Mayos frühen theoretischen Behauptungen überhaupt erst Sinn. Ein Individuum im fortgeschrittenen Stadium der Anomie ist sicherlich sehr unglücklich. Wenn das Zusammensein mit anderen Menschen in ähnlicher Situation dazu beitragen kann, diese Lage erträglicher zu machen, würde es sie natürlich aufsuchen; und würde es aus irgendeinem Grunde an der Vereinigung mit ihnen verhindert, empfände es dies als Mangel. Schachter unterstützt jedoch nicht Mayos Ansicht, daß der Geselligkeitstrieb allen Menschen ein natürliches und notwendiges Bedürfnis ist. Dieser Drang wäre zumindest im Falle des Arbeiters eher die Reaktion auf die Langeweile und Ineffizienz des Fabriklebens. Die informelle Gruppe ist aller Voraussicht nach ein Gegenmittel – allerdings nur teilweise – für den Zusammenbruch eines Ichs, das zu einem unwichtigen, fast zufälligen Fleck in seiner Umgebung geworden ist.

Die informelle Arbeitsgruppe ist ein Mittel, um mit der demütigenden Unfähigkeit fertig zu werden, die angesichts einer hochmechanisierten Organisation zutage tritt. Die Gruppe vermittelt ein bestimmtes Gefühl der Beruhigung: Alle anderen Mitglieder sind dem System gegenüber ebenso »unterlegen«; daher ist der Makel der Unterlegenheit für jeden einzelnen weniger schwer zu ertragen. Unter diesem Gesichtspunkt entspringt die informelle Arbeitsgruppe nicht notwendigerweise dem »natürlichen« Herdentrieb; sie kann ebensogut eine Defensivreaktion und ein Symptom tiefster innerer Not sein.

Das heißt natürlich nicht, daß Arbeiter keine auf echter Freundschaft und anderen positiven Triebkräften aufbauenden Gruppen zu bilden vermögen. Doch bedarf die zufällige restriktive Gruppe, deren Gemeinsamkeiten nur auf die Zugehörigkeit zu derselben Abteilung beschränkt sind, festerer Grundlagen, um nicht auseinanderzufallen. Diese können offenbar durch den anästhetischen Effekt der Vereinigung mit anderen gleichermaßen benachteiligten Menschen geschaffen werden.

Danach widerlegt auch die Existenz von »Einzelgängern« und »Akkordbrechern« die Vorstellung, daß es irgendein allgemeingültiges Bedürfnis nach Geselligkeit zum Selbstzweck gäbe. Denn offensichtlich fühlen sich die Akkordbrecher dem System überlegen oder bedienen sich desselben, ohne sich von ihm unterkriegen zu lassen. Sie besitzen demnach kein Bedürfnis nach Zugehörigkeit zur Gruppe, mögen sich ihr aber durchaus zuwenden, wenn sie ihr Selbstvertrauen einmal verlieren sollten. Die »ordentlichen Mitglieder« bedürfen der Gruppe, da sie ihnen ein fiktives Gefühl der Bedeutsamkeit verleiht, das ihre Tätigkeit ihnen nicht vermitteln kann. Zalezniks »erstarrte« Gruppen sind von der Unpersönlichkeit des Fabriksystems derart erdrückt worden, daß das Zusammenhalten der Mitglieder für die Wahrung ihres Ichs essentiell wird.

Das Streben nach Anschluß kann demzufolge der bloße Ausdruck guter Kameradschaft sein oder aber das Symptom eines extremen Verlusts an Selbstachtung. (Es kann auch viele andere Ursachen haben: So mag es beispielsweise eine wohlüberlegte List sein, um die Wahrscheinlichkeit zum Erreichen gewisser Vorteile zu erhöhen.) Schachter selbst weist darauf hin, daß seine Arbeit insofern unvollständig ist, als er nicht die Einflüsse anderer Motive wie reine Freude, Neugier oder Beherrschung anderer auf das Geselligkeitsstreben mit einbezogen hat. Natürlich können wir nicht behaupten, daß der Wunsch nach der Gesellschaft anderer Menschen aus dem Gefühl des Unglücklichseins oder der Unsicherheit und nichts anderem resultiert. Doch *kann* dieser Wunsch hierin seine Ursache haben, und er ist zumindest in einer Form ein offensichtlicher Versuch, einen Teil der verlorenen Sicherheit zurückzugewinnen, wenn das Individuum seiner Umgebung eindeutig nicht gewachsen ist.

Schachter hat somit etwas Licht in das Dunkel um die Ursachen gebracht, die die Menschen zur Gruppenbildung veranlassen. Darüber hinaus hat er auch die Frage untersucht, warum einige Menschen stärker zur Geselligkeit neigen als andere. Wenn wir uns die Arbeit von W. F. Whyte in Erinnerung bringen, dann waren die Akkordbrecher, die sich von der restriktiv arbeitenden Fabrikgruppe fernhielten, in gewisser Hinsicht anders veranlagte Personentypen als die ordentlichen Mitglieder. Schachter fand demgegenüber heraus, daß der Anschlußtrieb bei den leicht angespannten Menschen, die sehr empfindlich auf alle gesellschaftlichen Strömungen reagierten, sehr viel stärker ausgeprägt war als bei den sorgloseren Typen, die das Leben so nahmen, wie es gerade kam. Dies stimmt nicht völlig mit Whytes Ergebnissen überein. Die Akkordbrecher waren keineswegs sorglos oder lässig; sie waren im Gegenteil sehr ernsthafte Typen. Des weiteren waren die Gruppenmitglieder nicht zwangsläufig unter Anspannung lebende Menschen; sie waren eher viel zu entspannt.

Und dennoch ist diese Inkonsistenz wohl mehr scheinbar denn real. Whyte beobachtete seine Arbeiter, *nachdem* sie in ihrem Geselligkeitsverhalten bereits festgelegt waren; vielfach waren sie sogar in starren Verhaltensmustern fixiert. Schachter untersuchte seine Studenten vor und nach seinem Versuch, den Geselligkeitstrieb durch bewußt erzeugte Unruhe zu induzieren. Whytes Gruppenmitglieder hatten die tröstliche Zugehörigkeit zur Gruppe schon monate- oder jahrelang auskosten können – auf jeden Fall lange genug, um alle möglichen für ihren Beitritt zur Gruppe ursächlichen Unsicherheiten weniger drohend werden zu lassen. Sie versuchten grundsätzlich nicht mehr, als Individuum zu handeln, sondern bemühten sich vielmehr, ihre Umgebung unter Kontrolle zu halten, damit ihre Sicherheit nie ernsthaft gefährdet werden konnte. Ihre Ruhe war demnach nicht die Ursache, sondern das Ergebnis ihres Geselligkeitstriebs. Vermutlich hätte eine Bedrohung der Zuverlässigkeit ihrer Sicherheitsmaßnahmen – die Existenz einer zu großen Anzahl von Akkordbrechern könnte eine solche Bedrohung darstellen – beträchtliches Unbehagen und böse Vorahnungen bei ihnen ausgelöst. Dies scheint auch tatsächlich einzutreten, wenn einer Gruppe der Ersatz durch Automation droht.

Die wahrscheinlichste Erklärung für die fehlende Anschlußneigung ist wohl die, daß zumindest zwei Menschentypen prädestiniert sind, diese Neigung vermissen zu lassen. (Wie wir gleich sehen werden, verhalten sich Menschen mit völlig unterschiedlichen Motiven häufig gleichartig, obwohl ihr Verhalten selbstverständlich anderen Zwecken dient. Daher ist es oft auch irreführend, die Motivationen einer Person allein aus ihrer Verhaltensweise ableiten zu wollen.) Auf jeden Fall scheint festzustehen, daß einige Personen deswegen keiner Gruppe beitreten, weil sie ihr entweder mißtrauen oder aber sie verachten, und daß andere sie meiden, weil sie sich selbst sicher genug fühlen, um ohne sie auskommen zu können. Aller Wahrscheinlichkeit nach waren die zufriedenen Außenseiter bei Schachters Experimenten völlig indifferent gegenüber der Gelegenheit zur Mitgliedschaft in einer Gruppe. Vielleicht hätte beständiger Druck in direkter Form bei vielen von ihnen schließlich die Bereitschaft zum Anschluß erhöht. Die vorübergehenden Belastungen eines psychologischen Experiments sind ja auch nur bedingt mit dem alltäglichen Druck des Fabriklebens vergleichbar.

Schachter vermittelt uns mit seiner Arbeit vor allem ein besseres Verständnis für die Gründe, die manche Menschen veranlassen, Gruppen zu bilden, die die Produktivität beschränken. Die Gruppe selbst ist von Natur aus defensiv. Sie ist ein Mittel zur Schaffung einer künstlich verkleinerten Welt, in der die in der realen alltäglichen Arbeitswelt fehlenden Werte – Stolz, Bedeutung, Sicherheit – in kleinerem Maßstab vorhanden sind. Der Impuls zum Aufbau einer solchen Gruppe wird durch das Gefühl der Unfähigkeit ausgelöst, das jemand empfindet, der von einem System abhängig wird, das keinesfalls von ihm abhängig ist. Es ist mit anderen Worten *die mangelnde Kontrollfähigkeit über die Arbeitsumgebung*, die so viele Arbeiter in informelle restriktiv arbeitende Gruppen treibt. Dieser Mangel an Kontrolle in diesem System liegt zunächst in der übermäßigen Vereinfachung und Rationalisierung des Arbeitsflusses begründet und wird durch übermäßige Beaufsichtigung und Kontrolle und durch eine mangelnde effiziente Kommunikation zwischen Managern und den von ihnen geleiteten Leuten verstärkt.

Dabei sind manche Menschen für die Aufnahme in dieses Schema empfänglicher als andere. Der Unterschied beruht zumindest teilweise auf der Persönlichkeit des einzelnen oder genauer auf der Fähigkeit des Individuums, mit der Unsicherheit leben zu können. Augenscheinlich kann eine Vielzahl der heutigen Arbeitnehmer ein derart geringes Maß an Kontrolle über die eigene Arbeit, die die Arbeitsumgebung ihnen gerade gewährt, nicht ertragen, ohne wieder zur Gruppe zurückzukehren, da diese ihnen die nötige Unterstützung und emotionale Erleichterung vermittelt. Die Arbeitseinschränkung resultiert demzufolge nicht aus der Halsstarrigkeit oder angeborenen Opposition gegenüber dem Management, sondern ist vielmehr ein Mittel zur Erhaltung der Gruppe. Würde man zum Akkordbrecher, so hieße dies die Gruppe schwächen, da man die Abhängigkeit des Managements von ihr mindern würde; die Gruppe zu schwächen, hieße wiederum, die ohnehin geringe Würde und Sicherheit ihrer Mitglieder gefährden. Derartige Gruppen sind also nicht von vorneherein gegen die Unternehmensleitung oder gegen die Produktivität eingestellt; sie können im Gegenteil ungewöhnlich produktiv sein, wenn ihre inneren dynamischen Kräfte richtig verstanden und ausgenutzt werden, wie Mayo eindeutig mit seiner Flugzeugfabrik-Untersuchung und die Michigan-Gruppe mit ihrer Prudential-Studie und noch andere Versuche gezeigt haben.

Das bewußte Zurückhalten der Arbeitsleistung ist somit nur ein – und keineswegs ein notwendiger – Nebeneffekt der informellen Arbeitsgruppen. Diese Gruppen sind wiederum nur Nebeneffekte – ebenfalls nicht notwendige – eines Systems der Arbeitsorganisation, das die individuellen Kontrollmöglichkeiten der eigenen Arbeit minimiert. Es handelt sich jedoch keineswegs um unabänderliche menschliche Widerspenstigkeit, sondern um ein selbsterzeugtes Hindernis, das sich sehr wohl beseitigen läßt. Die Beseitigung wird nicht ganz einfach sein, und es wäre weder richtig noch möglich, sie völlig zu beseitigen. Dennoch ist die Arbeitsbeschränkung eine für alle unnötige Belastung, selbst für die dafür Verantwortlichen. Sie kann und sollte daher aus dem Wege geräumt werden.

Kapitel 12

Das Leistungsmotiv: David McClelland

Zufälligerweise wissen wir über eine bestimmte Motivationsart sehr viel mehr als über alle anderen. Zum Glück für alle, die sich mit der industriellen Motivation beschäftigen und sie erforschen, besitzt dies Motiv – das Leistungsstreben – einen bedeutenderen Einfluß auf den Erfolg oder Mißerfolg eines Industrieunternehmens als jedes andere uns bekannte Motiv. Die Forschung befaßte sich mit ihm bei weitem am eingehendsten und wandte dabei offensichtlich die allerbesten Forschungsmethoden an. Und dennoch wurde die Erforschung des Leistungsmotivs merkwürdigerweise nicht aufgrund seiner ökonomischen Bedeutung unternommen, sondern war vielmehr ein unbeabsichtigtes Nebenprodukt beim Erproben eines neuen Testverfahrens.

Es geschah folgendermaßen: In den dreißiger Jahren führte Henry A. Murray von der Psychologischen Klinik in Harvard ein neues Testverfahren ein, das in seiner Popularität unter den Psychologen bald den zweiten Platz hinter dem berühmten Rorschach-Test einnehmen sollte. Murray nannte es den »Thematischen Apperzeptions-Test« (oder TAT, als der er heute üblicherweise bekannt ist)[28]. Wie der Rorschach-Test besteht der TAT aus einer Reihe von bedruckten Tafeln, die die Phantasie anregen sollen. Aber statt der unklaren Tintenkleckse zeigte Murrays Test Bilder von Menschen, teils auf Fotografien, teils auf Zeichnungen. Diese Bilder waren bewußt verschwommen und ungenau, so daß die betrachtende Person sie völlig frei interpretieren konnte.

Murray stellte nun fest, daß die Geschichten, die jemand auf Verlangen bei der Betrachtung der TAT-Bilder je nach seinen gedanklichen Assoziationen erzählte, derart analysiert werden konnten, daß sie die inneren Triebkräfte der erzählenden Person bloßlegten. Da die Bilder so verschwommen sind, stellen die Bedeutungen, die der einzelne ihnen gibt, weitgehend »Projektionen« seiner eigenen Gedanken und Empfindungen dar, die ihn normalerweise unterbewußt beschäftigen. Diese Einflüsse werden so in die Geschichte verwoben, daß nur der erfahrene Psychologe sie enträtseln kann. Es ist daher kaum verwunderlich, daß dieser subtile, sensitive Test zu einem der bevorzugten klinischen Instrumente der Psychologen bei der Analyse der individuellen Motivation wurde.

Kurz nach dem Zweiten Weltkrieg begann eine Gruppe von Psychologen unter der Leitung von David C. McClelland der Harvard-Universität mit dem TAT zu experimentieren, um festzustellen, ob es empfindlich genug war, Veränderungen in der Motivation ausfindig zu machen, die durch einfache Versuche, einzelne Personen in ihrer Einstellung zum Schwanken zu bringen, verursacht wurden. Um ihre Aufgabe nicht unnötig zu erschweren, entschloß sich die McClelland-Gruppe, ein spezifisches Motiv für die intensive Analyse auszuwählen: eins, auf das der Test relativ gut ansprach und das ziemlich leicht in ihren studentischen Versuchsobjekten zu erwecken war. Das Leistungsmotiv entsprach zufällig genau diesen Anforderungen und wurde so vornehmlich aus Bequemlichkeitsgründen zum Forschungsobjekt! Aus diesem unwahrscheinlichen Anfang sind einige der weitreichendsten Einblicke in die Ursachen persönlichen und sogar nationalen wirtschaftlichen Erfolgs hervorgegangen. Denn es dauerte nicht lange, und man erkannte die ökonomische Bedeutung des Leistungsmotivs, so daß es selbst zum Gegenstand eingehender Nachforschungen erhoben wurde[29), 30), 31)].

Da das Leistungsmotiv anfangs nur als Phantasieprodukt und nicht unmittelbar in der Wirklichkeit wahrzunehmen war, wurde es ursprünglich nur im Zusammenhang mit den Geschichten definiert, in denen es entdeckt worden war. In der Regel betrachtete man das Leistungsmotiv in einer TAT-Geschichte dann als gegeben, wenn die Hauptperson nach einem gewissen Grad der Auszeichnung strebte; d. h. wenn sie sich gefühlsmäßig zu der Vollendung einer Aufgabe verpflichtet hatte, die sie für gleichermaßen wertvoll und schwierig hielt.

Wenn ein Motiv sich immer nur in der Phantasie offenbaren und sich nie auf das tatsächliche Verhalten eines Individuums auswirken würde, dann wäre es kaum mehr als eine Laborkuriosität. Doch entdeckte die McClelland-Gruppe sehr bald, daß das Leistungsmotiv im Leben der von ihm beeinflußten Menschen eine überaus wichtige Rolle spielte. Sie fand sogar heraus, daß Personen, deren Gedanken sich bei der Aufforderung, eine Geschichte zu erzählen, sogleich Leistungsbereichen zuwandten, mit ziemlicher Sicherheit auch im täglichen Leben in dieser Richtung *aktiv* waren. Die TAT-Geschichte ist keine bloße romantische Ausflucht für Tagträumer; es scheint im Gegenteil so zu sein, daß die Tagträume tatkräftiger Menschen sich um ihr Tun drehen und daß ihr innerer Drang zum Vollbringen einer greifbaren Leistung ziemlich zuverlässig durch die Phantasie wiedergegeben werden kann.

Das Leistungsmotiv ist mittlerweile hinreichend erforscht worden, um uns die Aufzählung einiger Charakteristika zu gestatten, die mit ihm zusammenzuhängen scheinen. Zuvor soll aber noch darauf hingewiesen werden, daß, wenn zwei Dinge gleichzeitig geschehen, das eine nicht notwendigerweise die *Ursache* für das andere zu sein braucht. Das Leistungsmotiv erzeugt keinerlei Vorliebe für bescheidene Risiken, konkreten Feedback oder irgendeines der anderen Merkmale, die wir besprechen werden. Sie alle sind wohl eher wesentlicher Bestandteil einer ganzen Gruppe von Folgeerscheinungen, die aus bestimmten Bedingungen zur Zeit der Kindheit herrühren – Bedingungen, die wir nach der Analyse aller mit dem Leistungsmotiv verbundenen Erkenntnisse beschreiben werden. Im Augenblick soll der Hinweis genügen, daß wir uns bei der Verwendung der Begriffe Leistungsmotiv oder Leistungsstreben in Wirklichkeit einer Art psychologischer Abkürzung bedienen, mit der wir eine Daseinsform oder eine grundsätzliche Lebenseinstellung umschreiben und nicht bloß ein psychologisches Elementarteilchen, das einem Atom oder Molekül vergleichbar wäre.

Fast jeder besitzt in bestimmtem Umfang einen Leistungstrieb, aber manche Menschen sind durchweg stärker leistungsmotiviert als andere. Vielleicht ist der wichtigste Aspekt eines wirklich ausgeprägten Leistungsmotivs der, daß der betreffende Mensch ausgesprochen empfindlich auf Ermahnungen reagiert, die zu besseren Leistungen anspornen sollen. Natürlich werden sich die meisten Menschen bei ihrer Arbeit mehr anstrengen, wenn sie dazu aufgefordert werden oder wenn sie irgendeinen lohnenswerten Grund zur Verausgabung erhalten; doch wird die leistungsmotivierte Person in der Regel alle anderen in ihrem Eifer übertreffen. Sie strengt sich mehr an und stellt höhere Anforderungen an sich selbst, besonders wenn alles gegen sie zu sein scheint. Folglich erreicht sie auch mehr. Wir können zum Beispiel beobachten, daß Universitätsstudenten mit ausgeprägtem Leistungsmotiv gewöhnlich bessere Noten erzielen als gleich intelligente Studenten mit geringerem Leistungstrieb. Leitende Angestellte »auf ihrem Weg nach oben« in ihrem Betrieb werden zumeist von stärkerem Leistungsdenken angetrieben als ihre weniger schnell aufsteigenden Kollegen. Je stärker das Leistungsstreben, desto größer ist die Wahrscheinlichkeit, daß der einzelne sich selbst viel abverlangt.

Der vielleicht faszinierendste Aspekt des Leistungsmotivs ist, daß es die Erfüllung einer Aufgabe zum Selbstzweck werden läßt. Die Person ohne großen Leistungsdrang erwartet in der Regel für ihre verstärkten Anstrengungen eine entsprechende materielle Entlohnung. Wenn der stärker leistungsmotivierte Mensch materielle Belohnungen auch nicht gerade verächtlich von sich weist und im Gegenteil oft eine recht unerwartete Verwendung dafür hat, sind sie dennoch nicht wirklich essentiell für ihn. Ihn reizt besonders, gewinnen zu können, sich erfolgreich mit einem schwierigen Leistungsstandard zu messen; dies bedeutet ihm mehr als Geld oder ein offizielles anerkennendes Schulterklopfen. Er ist nicht etwa ein Altruist: Ihm bereiten schwierige Aufgaben einfach genügend Freude, so daß er nicht erst zu ihrer Erledigung bestochen werden muß.

Er ist schon daran interessiert, viel Geld zu verdienen; doch wenn er viel Geld besitzt, gibt er es nicht prahlerisch aus oder hortet es womöglich. Geld scheint für ihn vor allem ein Bewertungsmaßstab zu sein, ein Mittel zur Beurteilung seines Erfolges und zum Vergleich seiner vollbrachten Leistungen mit denen anderer, dagegen ist es für ihn weniger ein Statussymbol oder eine Quelle wirtschaftlicher Sicherheit. Gibt man ihm die Wahl zwischen einer lukrativen, aber unkomplizierten Aufgabe und einer anspruchsvolleren mit bescheidenem finanziellen Ertrag, so wird er wahrscheinlich – veteris paribus – die letztere Alternative wählen. Er ist offensichtlich kein Homo oeconomicus im klassischen Sinne, doch hat gerade sein Hang zum Meistern schwieriger Probleme der wirtschaftlichen Aktivität im Verlauf der Geschichte völlig neue Bereiche erschlossen. Denn dieser nicht ausschließlich ökonomisch denkende Mensch besitzt alle Merkmale des klassischen Unternehmers, abgesehen von dem einen, das alle angesehenen Unternehmer haben »sollten«: das Gewinnstreben. McClelland zieht daraus mit

Recht die Folgerung, daß das Gewinnmotiv – zumindest in seiner Funktion als Anreiz für das stark leistungsmotivierte Individuum – neu interpretiert werden müßte: Die Verlockung des Gewinns liegt nicht so sehr darin, möglichst viel Geld mit dem geringsten Risiko und Aufwand zu verdienen, sondern der Gewinn ist vielmehr ein objektiver Erfolgsmaßstab für das Erfüllen einer schwierigen Aufgabe. Die ursprüngliche und bei weitem ökonomischere Definition würde sehr viel eher den Menschentyp ansprechen, dessen Leistungstrieb relativ schwach ist. Somit offenbart sich uns in McClellands Arbeit eine gewisse Ironie: Das klassische Motiv des Kaufmanns erweist sich bei näherer Betrachtung als eine Triebkraft, die nur die am wenigsten unternehmerischen unter ihnen anspricht. Wenn auch die Behauptung übertrieben wäre, daß die waghalsigsten Unternehmer einzig und allein von dem reinen Wunsch nach dem Vollbringen großer Werke getrieben wurden, so kommt man der Wahrheit doch sehr nah mit der Aussage, daß das Schaffen solcher Werke in Verbindung mit dem Gewinn einen viel stärkeren Anreiz für sie bietet als ein sicherer oder müheloser Gewinn allein.

McClelland ging noch einen Schritt weiter und testete seine Theorie, indem er in verschiedenen Ländern den jeweiligen Leistungsgrad von leitenden Angestellten maß. Die Resultate ergaben, daß die Chancen des Angestellten, in Positionen mit mehr Macht und Verantwortlichkeit aufzusteigen, um so größer sind, je ausgeprägter sein Leistungsmotiv ist. Wahrhaftig verblüffend an diesem Ergebnis ist, daß es unabhängig von dem jeweiligen Entwicklungsstand sowohl für »entwickelte« als auch für »unterentwickelte« Länder gilt und sogar unabhängig davon, ob das Land eine freie Marktwirtschaft oder eine kommunistische Wirtschaftsform besitzt. In bezug auf die Motivation zumindest scheinen erfolgreiche leitende Angestellte der ganzen Welt eng miteinander verwandt zu sein, und zwar ist es unverkennbar ihre Leistungsmotivation, die sie befähigt, in jeder beliebigen Wirtschaftsform erfolgreich zu sein.

Bei näherer Betrachtung der leistungsmotivierten Person erkennt man, warum die Leitung eines Betriebes für sie eine besonders attraktive Laufbahn sein muß und warum sie so außergewöhnlich gute Voraussetzungen für einen erfolgreichen Unternehmer mitbringt. Die wichtigste Beziehung zwischen dem Leistungsmotiv und dem Erfolg des Unternehmers ist die individuelle Risikobereitschaft. Die meisten Menschen besitzen eine natürliche Präferenz für ein bestimmtes Risikomaß: Einige neigen zum hemmungslosen spekulativen Spiel, während andere ein konservatives Vorgehen bevorzugen, das die Gefahr des Verlustes minimiert. Die Menschen mit stark ausgeprägtem Leistungsstreben wählen in der Regel den Mittelweg; sie sind bereit, ein normales Maß an Risiko einzugehen, das einerseits genügend Reiz und andererseits die Hoffnung auf einen lohnenden Gewinn bietet, aber nicht so extrem ist, daß ihr eigener Beitrag auf den Ausgang praktisch keinerlei Einfluß ausübt.

Die extremen Formen der Risikobereitschaft findet man in der Regel bei Personen mit relativ schwachem Leistungstrieb. Manche von ihnen wählen das hohe Risiko offensichtlich deshalb, weil das Endergebnis so weit außerhalb ihres Einflußbereiches liegt, daß sie für den tatsächlichen Verlauf des Geschehens keinerlei Gefühl persönlicher Verantwortung zu hegen brauchen. Sie können ihre Verluste dann dem Pech ankreiden und ihre Gewinne der eigenen Gerissenheit zugute halten. Andere wiederum wählen vielleicht deshalb geringfügige Risiken mit kleinen, aber sicheren Gewinnen, weil sie dann im Falle eines Mißerfolgs nur geringem Tadel ausgesetzt sind. Es scheint also, daß die Risikobereitschaft jedes Menschen davon abhängt, inwieweit er bereit ist, ein gewisses Maß an Verantwortlichkeit für die Ergebnisse der von ihm unternommenen Projekte zu übernehmen.

Ein leistungsorientierter Mensch bevorzugt ein mäßiges Risiko ganz einfach deswegen, weil seine Anstrengungen, Fähigkeiten und seine Entschlossenheit eine angemessene Chance bieten, um den Ausgang zu seinen Gunsten zu beeinflussen. Daher ist die erreichte Leistung allein der persönlichen Initiative zuzuschreiben und ist nicht bloß eine Glückssträhne oder eine Selbstverständlichkeit. Aus diesem Grunde bevorzugt der leistungsmotivierte Mensch gewöhnlich das vorsichtige Risiko: nämlich die Gelegenheit, etwas Lohnendes auf einem Gebiet zu vollbringen, auf dem Erfolge schwer, aber nicht unerreichbar sind. Dies ist natürlich genau der bewußte aggressive Realitätssinn, der den erfolgreichen Unternehmer auszeichnet.

Nimmt er einmal ein Projekt in Angriff, dann möchte der stark leistungsorientierte Mensch auch wissen, wie gut er vorankommt. Daher bevorzugt er Aktivitäten, deren Ergebnisse schnell, genau und unmißverständlich zutage treten. So interessieren sich Jungen mit ausgeprägter Leistungsmotivation beispielsweise oft für das Zimmerhandwerk oder mechanische Hobbys, die jeweils schnelle und konkrete Beweise vom Fortschritt seiner Arbeit liefern; sie können beobachten, wie der Tisch langsam Gestalt annimmt, und der reparierte Wecker läuft, oder er tut es nicht. Der erwachsene Leistungstyp mag sich zu Laufbahnen im Verkauf oder im Management hingezogen fühlen, weil sich hier der Erfolg relativ schnell offenbart. Doch welche Laufbahn er auch immer wählt, er wird sie kaum fortsetzen (zumindest nicht mit dem Gefühl der Zufriedenheit), wenn er nicht ausreichende Informationen darüber erhält, wieweit seine Bemühungen ihn dem angestrebten Ziel näher bringen. Dies sollte dem Geschäftsführer zu denken geben, der einerseits nach talentierteren Kräften in den Reihen der Managementzöglinge verlangt, andererseits aber die periodischen Bewertungsgespräche als überflüssiges Übel ansieht.

Allerdings gibt es in den einzelnen Formen des Feedbacks durchaus Unterschiede. Menschen mit dem Bedürfnis nach guten Leistungen werden härter arbeiten, wenn man ihnen genau sagt, was bei ihrer Arbeitsweise richtig oder falsch ist. Sagt man ihnen dagegen nur in vager Form, daß ihre Arbeit »in Ordnung« ist oder daß sie kooperativ und angenehm sind, oder irgend etwas anderes »Nettes«, aber Irrelevantes, dann werden sie sich kaum mehr verausgaben. Zufällig gilt genau das Gegenteil für Menschen, bei denen das Geselligkeitsmotiv stärker ausgeprägt ist als der Leistungsdrang: *Sie* arbeiten besser, wenn man sie wegen ihrer Haltung lobt, wohingegen die Leistung von untergeordneter Bedeutung ist.

Es scheint fast, daß man zuerst die grundlegenden Motive der Menschen kennen sollte, wenn man sie zur größtmöglichen Leistung anspornen will. Kennt man diese, dann kann man anfangen, spezifische, auf die einzelnen Aufgaben abgestimmte Formen des Feedbacks für die leistungsmotivierten Menschen und sozialen oder »verhaltensorientierten« Feedback für die sozialen Arbeitnehmer anzuwenden. Unglücklicherweise sind die Menschen in Wirklichkeit nicht in zwei so reinlich getrennte handliche Gruppen aufgeteilt; sonst wären wir womöglich in der Lage, ein richtiges »Kochbuch« über die Aufsichtführung zu schreiben! Die meisten Menschen sind weder vorwiegend leistungs- noch überwiegend geselligkeitsmotiviert; tatsächlich ist das für die amerikanische Kultur charakteristische Muster eine relativ starke, aber ausgewogene Mischung von beiden.

Die Leistungsmotivation läßt die Menschen sich selbst und die von ihnen angestrebten Leistungen irgendwie realistischer einschätzen. Sie verlieren zwar nicht ihre Schwächen und Neigungen, können aber im entscheidenden Fall bei Unternehmungen, die ihnen am Herzen liegen, ausgesprochen unsentimental werden. Sie wissen sehr wohl, daß große Leistungen nicht schnell oder leicht zu erbringen sind. Daher werden sie sich innerlich eher auf lange, harte Kämpfe einstellen, als auf eine Glückssträhne hoffen. Selbst ihr Denken ist sehr viel stärker auf die Zukunft ausgerichtet, ist stärker mit Erwartungen und Versuchen logischer Prognosen angefüllt als das der Menschen ohne übermäßige Leistungsprinzipien. Der Mann mit hochgradigem Leistungstrieb besitzt nicht zwangsläufig bessere organisatorische Fähigkeiten als sein nächster Mitarbeiter, aber seine Einstellung befähigt ihn, seine Fähigkeiten sehr viel effizienter einzusetzen als die meisten Männer. Wenn er ein Hindernis vor sich sieht, versucht er sogleich, einen Ausweg zu finden, und verschwendet weiter keine Gedanken an das Hindernis selbst. Er ist praktisch, wagemutig und entschlossen – eine ausgezeichnete Kombination, die mit oder ohne die Fähigkeit organisatorischer Brillanz hervorragende Ergebnisse erzielen kann.

Ebensowenig wird sich der leistungsmotivierte Typ durch seine Neigungen und Abneigungen von dem angestrebten Ziel abbringen lassen. Wenn seine Tätigkeit Mitarbeiter erfordert, wird er statt mit engen Freunden eher mit anerkannten Experten zusammenarbeiten, selbst wenn sie ihm völlig fremd oder gar unsympathisch sind. Dies steht natürlich genau im Gegensatz zu der Verhaltensweise, die man von einem geselligkeitsmotivierten Menschen erwarten würde. Leistungsorientierte Menschen nehmen gegenüber ihren geschäftlichen Angelegenheiten eine streng geschäftsmäßige Haltung ein – gleich welcher Art ihre Geschäfte sind. Sie würden nicht nur nicht zulassen, daß Freundschaften sie an der Vollendung ihrer Aufgaben hindern, sondern sie würden beides gar nicht erst miteinander in Verbindung bringen. Sie sind nicht unbedingt unbarmherzig oder pflichtbewußt (obwohl sie beides sein können), aber sie legen auf jeden Fall mehr Wert auf die Überwindung von Hindernissen als darauf, bei anderen Menschen beliebt zu sein. Abgesehen von oberflächlichen Dingen wie Kleidung, Sprache und Gebaren sind sie gewiß keine Konformisten. Der leidlich gute Job und die einigermaßen anerkennenswerte Durchschnittsleistung sind ihnen nicht gut genug, wenn die Aufgabe überhaupt ihr Interesse erwecken soll.

McClellands Team hat eine interessante Beziehung zwischen Optimismus und der Leistungsmotivation entdeckt. Wir haben bereits ausgeführt, wie die leistungsorientierte Person ihre Erfolgschancen kühl und objektiv abwägt, wenn die ihm entgegenstehenden Schwierigkeiten genau abzusehen sind. Was geschieht jedoch, wenn diese nicht eindeutig sind? Wenn wir einen Mann mit starkem Leistungstrieb in eine völlig neue Situation versetzen – in der er noch keine Erfahrung besitzt und demnach nicht weiß, wie gut er mit ihr fertig werden kann –, dann wird er ausgesprochen zuversichtlich sein. Er traut sich nämlich nicht nur zu, daß er diese unvorhergesehene Situation sehr gut meistert, sondern er wird zugleich überzeugt sein, daß er sämtliche Rekorde schlagen kann. Da er nun von den gewöhnlichen realitätsbedingten Restriktionen befreit ist, kommt sein »eigentliches Ich« nur zu überschwenglich zum Vorschein! Und gerade weil er sich nicht durch das Fehlen von richtungweisenden Anleitungen abschrecken läßt, kann er ungehemmt drauflosarbeiten und sehr viel mehr aus allen sich möglicherweise bietenden Gelegenheiten herausholen als der vorsichtige Typ, der erst abwartet, bis sich die Umstände deutlicher abzeichnen.

Sobald seine Lage konkreter zu werden beginnt, wird sich das leistungsmotivierte Individuum seine Chancen sehr genau ausrechnen. Er mag sogar eine etwas übertrieben vorsichtige Haltung annehmen, wenn die Umstände zu sehr gegen den Erfolg zu sprechen scheinen. Wir müssen uns vergegenwärtigen, daß er kein romantischer Träumer ist, davon überzeugt, jede an ihn herangetragene Herausforderung meistern zu können, sondern ein Realist, der zufällig gern auf der Seite der Gewinner ist. Er sucht sich seine Herausforderungen dementsprechend nach dem Gesichtspunkt aus, ja keine Energien für unwahrscheinliche Abenteuer zu verschwenden. Mit seiner Kühnheit angesichts des Unbekannten und seiner Vorsicht gegenüber dem Vertrauten verhält er sich irgendwo paradox. Daher eignet er sich seinem Temperament nach auch besser für forschende oder wettbewerbsmäßige Tätigkeiten als für bestens funktionierende Organisationen, die bis zu einem Zustand mechanisch ablaufender Prozesse gereift sind. Es ist unverkennbar, daß wir den leistungsmotivierten Menschentyp sehr viel seltener in starr geregelten oder statischen Industrien als in den sogenannten »Wachstumsindustrien« finden.

Haben sich leistungsorientierte Menschen einmal gefühlsmäßig zur Erfüllung einer bestimmten Aufgabe verpflichtet, dann werden sie im allgemeinen sehr stark von ihr in Anspruch genommen; sie können ihre Gedanken nur schwer davon lösen, bevor sie nicht vollendet ist. Sie können sich selbst schwer verzeihen, ein Projekt in Angriff zu nehmen und dann wieder fallenzulasen. Da unbeendete Arbeiten ihr Gewissen nicht unerheblich belasten, werden sie diese nicht länger als nötig unvollendet lassen. Vielleicht liegt hierin ein weiterer Grund für ihre Abneigung gegen zu große Risiken: Der Makel des Fehlschlags würde sie zu stark und zu lange belasten.

Im übrigen ist diese Fähigkeit, sich einer unvollendeten Arbeit leichter zu erinnern als bereits vollendeter Aufgaben, eine wohlbekannte Eigenart des Gedächtnisses, die bei den meisten Menschen – ob sie zufällig leistungsmotiviert sind oder nicht – nachgewiesen werden kann. Doch ist der Effekt sehr viel ausgeprägter, wenn sie derartig motiviert *sind* und wenn die betreffende Aufgabe von ihnen als wichtig betrachtet wird.

Im allgemeinen sind stark leistungsorientierte Personen weit ausdauernder, realistischer und tatkräftiger als Personen mit andersartiger Motivationsstruktur. Doch sind sie deswegen nicht zwangsläufig leistungsfähiger; dies scheint vielmehr davon abzuhängen, ob die Aufgabe ein gewisses Maß an persönlicher Initiative oder Einfallsreichtum verlangt. Ist dies der Fall, dann wird der leistungsmotivierte Typ seine Konkurrenten voraussichtlich weit hinter sich zurücklassen. Ist dies dagegen nicht erforderlich, wird er wahrscheinlich eine ganz durchschnittliche einfallslose Leistung erbringen. Dies wirft die bohrende Frage auf, wie viele potentielle hochgradig Leistungsfähige in den Hörsälen dahinsiechen, in denen die Geschwindigkeit auf den Durchschnittsstudenten abgestellt ist, oder auf Arbeitsplätzen, die so organisiert sind, daß das Denken allein den Vorgesetzten überlassen ist. Die Frage läßt sich zwar nicht beantworten, aber sie kann zumindest wachrütteln. Der Gedanke, daß ein »echter« Leistungstrieb sich auf natürliche Weise und unabhängig von einer noch so stupiden Umgebung durchsetzen wird, bietet nicht sehr viel Trost. Wir können es uns nicht leisten, uns ausschließlich auf einige wenige heldenhafte Charaktermenschen zu verlassen, die sich über ihre Umwelt emporzuheben vermögen; zudem ist es keineswegs von Vorteil für uns, wenn wir die restliche große Mehrheit künstlich behindern.

Bei unserer Darstellung der persönlichen Merkmale, die gewöhnlich mit der Leistungsmotivation verbunden sind, mag der Eindruck entstanden sein, daß wir eine Art Volksheld heraufbeschwören wollten: einen Menschen mit all den Eigenschaften, die ein rotblütiger amerikanischer Junge besitzen »sollte«. Dies ist keineswegs Zufall. Die Leistungsmotivation spielt schon seit der Zeit der Kolonisation eine Schlüsselrolle in der amerikanischen Kultur. Was waren die Horatio-Alger-Geschichten anderes als eine Verherrlichung des Leistungstriebs?

Aufgrund der ursprünglichen Grenzen, die zugleich grenzenlose Herausforderungen und grenzenlose Gelegenheiten boten, aufgrund des Beginns politischer Freiheit, die die Beschränkungen aufhob, die Kastenwesen und Tradition dem Leistungsstreben auferlegt hatten, und aus vielen anderen Gründen war das Leben im frühen Amerika der Entwicklung starker Leistungstriebe besonders förderlich. Zur Zeit seiner Blüte wurden die mit diesem Motiv zusammenhängenden Wertbegriffe – wie Realitätssinn, Entschlossenheit, Aggressivität – überaus hoch bewertet. Sie wurden Generation für Generation den jungen Amerikanern als die erstrebenswerten Ideale hingestellt. Diese Überlieferung, die Vorzüge des Leistungsdenkens anzupreisen, war von Erfolg gesegnet: Die Vereinigten Staaten sind nach McClellands Beobachtungen heute eins der am stärksten leistungsmotivierten Länder der Welt. Es erscheint völlig folgerichtig, daß eine Gesellschaft, die ihre jungen Menschen zu hohen Zielsetzungen anspornt und ihre Franklins, Edisons und Fords zu Helden macht, ganze Generationen von

Männern erzeugt, die nicht ruhen können, bis sie selbst etwas Großes vollbracht haben. In gewisser Hinsicht versinnbildlicht das Leistungsmotiv ziemlich gut den Genius und die Größe Amerikas.

Doch schätzen auch andere Länder das Leistungsmotiv hoch ein. In Wirklichkeit haben wir keinen Grund zur Selbstzufriedenheit und zum Selbstbeglückwünschen. Wir besitzen keineswegs ein Monopol für die Fähigkeit, den Leistungstrieb zu stimulieren, und wir sind nicht notwendigerweise die mit stark leistungsmotivierten Menschen am reichsten gesegnete Nation. Unser derzeitiger Hauptgegner, die Sowjetunion, bringt massenweise Erwachsene hervor, deren Leistungstriebe denen der Amerikaner sehr wohl vergleichbar sind. Offensichtlich ist also die Leistungsmotivation kein exklusives Vorrecht einer bestimmten Ideologie oder eines politischen Systems: Ihre Wurzeln gehen sehr viel tiefer. Das Leistungsmotiv entspringt einer vielschichtigen Gruppe persönlicher und kultureller Vorläufer, die von der Forschung teilweise recht gut erkannt worden sind.

Zunächst sind starke Leistungsmotive in einigen Gesellschaftsklassen eher zu finden als in anderen. Leute des sogenannten »Mittelstands« – Kaufleute, Manager, freie Berufe und Fachberufe aller Art im Angestelltenverhältnis – haben gewöhnlich ein ausgeprägteres Leistungsdenken als die »unteren« oder »oberen« Schichten. Es überrascht kaum, daß diejenigen, die ihre Berufswahl danach treffen, inwieweit die jeweilige Beschäftigung größtmögliche Chancen bietet, etwas aus eigener Kraft zu vollbringen, von einem starken Bedürfnis nach Leistung angetrieben werden. Es überrascht auch nicht, daß sie ihren Kindern den Wert des Leistungsvermögens einschärfen und sie zu Gewohnheiten und Verhaltensweisen anhalten, die die Befriedigung dieses Dranges erleichtern. Daher »rekrutiert« sich der Mittelstand teilweise aus den stärker leistungsorientierten Mitgliedern der Arbeiterklasse und stimuliert gleichzeitig das Leistungsdenken bei den Kindern der eigenen Mitglieder. Das Leistungsmotiv ist einer der Hauptgründe für das phänomenale Wachstum des Mittelstands in den Vereinigten Staaten und den anderen industrialisierten Ländern, wie beispielsweise der Bundesrepublik Deutschland. (Doch war es keinesfalls der einzige Grund; die erweiterte Schulpflicht, technologische Veränderungen und das Fehlen eines Kastensystems spielen ebenfalls eine wichtige Rolle.)

Es ist ganz interessant, einmal am Rande festzuhalten, daß der Mittelstand gewachsen und gediehen ist trotz der schrecklichen Vorhersage von Marx, er würde »unaufhaltsam« schrumpfen, da immer mehr kleine Kaufleute von den Monopolisten verdrängt werden würden. Marx hatte anscheinend noch nichts vom Leistungsmotiv gehört; und selbst wenn er es gekannt hätte, bleibt zweifelhaft, ob er die Stärke, mit der es das Wirtschaftsleben beeinflussen sollte, vorausgesehen hätte. Doch haben sich die Menschen ja gerade deswegen in dem Mittelstand konzentriert, weil der Handel und die Technologie dem Leistungsmotiv so attraktive Entfaltungsmöglichkeiten boten (und noch bieten), und sind nicht etwa vor einer zerfallenden, gewinnsüchtigen Gesellschaft geflohen, wie Marx beharrlich behauptete.

Es ist eine erwiesene Tatsache, daß Eltern des Mittelstands ihren Kindern andersartige Wertvorstellungen vermitteln als Eltern der Arbeiterklasse den ihren. Es gibt natürlich viele Ausnahmen in beiden Richtungen; schließlich ist das Streben von Männern, in höherrangige und besserbezahlte Positionen zu gelangen, eine der hervorstechendsten Eigenschaften des amerikanischen Lebens. Insgesamt jedoch scheinen die meisten jungen Leute zutiefst von den Wertvorstellungen ihrer sozialen Schicht beeinflußt zu sein, in der sie erzogen wurden. Mit Erreichen des Erwachsenenalters sind diese Anschauungen ziemlich festgefügt. Daher ist es möglich, einige unterschiedliche Reaktionsmuster in Gruppen des Mittelstands und der Arbeiterklasse aufzuzeigen, obgleich es in beiden Gruppen immer eine Vielzahl von Individuen geben wird, die nicht in dieses Schema passen.

Einer der interessantesten Aspekte dieser Reaktionsmuster betrifft die Entlohnung. Ein Forscher der McClelland-Gruppe beschäftigte High-School-Studenten beider sozialen Klassen an einem Projekt, bei dem nicht nur die Qualität ihrer Arbeit beurteilt wurde, sondern bei dem ihre Leistungen auch bezahlt wurden. Unter diesen Umständen erbrachten die Gruppen der Mittelschicht und der unteren Klasse äquivalente Leistungen. Nach einiger Zeit stellten die Forscher jedoch die Bezahlung der Studenten ein, teilten ihnen aber weiterhin mit, wieweit sie sich bestimmten Produktionsnormen angenähert hatten. Die Gruppe der Arbeiterklasse verlor bald das Interesse und ihre Leistungen fielen ab; aber die

Mittelstandsgruppe setzte ihre Arbeit in unvermindertem Tempo fort.

Somit gab das »Gewinn«motiv bei den Arbeiterkindern einen weit größeren Ausschlag, während in der Gruppe des Mittelstands das Leistungsmotiv dominierte. Natürlich kann man einwenden, daß die Studenten der Arbeiterklasse »geldhungriger« waren und daher stärker nach einem festen Platz in dieser Welt strebten als die eher selbstzufriedenen Studenten der Mittelschicht. Doch geht aus dem Beweismaterial ziemlich eindeutig hervor, daß die Studenten der Arbeiterklasse weder ausgehungert (nach Leistung) noch geldmotiviert waren; sie waren einfach weniger stark leistungsorientiert als die Mittelstandsgruppen und daher für Appelle an ihr Ich weniger empfänglich. Sie bedurften einfach mehr als die anderen Kinder eines unmittelbar ersichtlichen Grundes, um sich mehr einzusetzen.

Bevor wir womöglich zu viele weitgehende Schlußfolgerungen über soziale Klassen ziehen, muß darauf hingewiesen werden, daß der Begriff »Mittelstand« in Wirklichkeit eine sehr ungenaue und schlecht abgegrenzte Form der Klassifizierung von Menschen ist. Soziologen amüsieren sich oft über die Art, wie sich fast jeder Amerikaner als zum Mittelstand gehörig bezeichnete, obwohl objektive Indikatoren (wie Einkommen, Beschäftigung und Wohnort) ihn eindeutig in die untere oder obere Klasse einordnen würden. Wichtig ist, daß die Mittelschicht einen so weiten Bereich umfaßt und so viele verschiedenartige Menschentypen vereinigt, daß man nur schwer irgendwelche Verallgemeinerungen über sie treffen kann. Daher müssen alle bisherigen Bemerkungen über den Mittelstand mit Vorsicht genossen werden. Um besser verstehen zu können, inwieweit soziale Gruppen mit der Verbreitung des Leistungsmotivs zusammenhängen, müssen wir die umfassende »Mittelschicht« in kleinere, schärfer abgegrenzte Komponenten zerlegen.

Dies kann zum Beispiel dadurch geschehen, daß man die Mittelstandsfamilien in »unternehmerische« und »bürokratische« Gruppen unterteilt[32]. In unternehmerischen Familien sind die Eltern in relativ kleinen wagemutigen Organisationen tätig, die beträchtliche Aufstiegsmöglichkeiten bei entsprechender Risikobereitschaft und Wettbewerbsfähigkeit bieten. Im Gegensatz dazu sind die Eltern bürokratischer Familien in größeren, besser eingeführten Organisationen tätig, in denen man nur langsam oder durch starke Spezialisierung »vorankommt« und in denen die Risiken in der Regel begrenzt sind. Eingehende Studien beider Familiengruppen haben gezeigt, daß jede dazu neigt, ihre Kinder in ihrer Erziehung auf die besondere Form des Wirtschaftslebens vorzubereiten, das die Eltern selbst führen.

So unterweisen die unternehmerischen Eltern ihre Kinder in Selbstkontrolle, teils sogar Selbstaufgabe, und halten sie zu entsprechendem Eifer an, damit sie ein einmal ins Auge gefaßtes Ziel aktiv verfolgen. Dabei betonen sie vor allem die Unabhängigkeit: Das Kind lernt, daß sein Schicksal letztlich immer in seiner Hand liegen wird. Es sieht mit der Zeit in der Welt einen ziemlich vielversprechenden Ort für Menschen, die genügend Energie aufbringen, um irgendeine Aufgabe erfolgreich zu vollenden. Kurz und gut, es bekommt so ein gutes Quantum an Leistungsmotivation mit auf den Weg. Bürokratische Familien betonen demgegenüber die Tugenden der Geduld, der Konformität und der Bereitwilligkeit, sich eher der Umgebung vertrauensvoll zu überlassen, als sie selbst manipulieren zu wollen. Ihre Kinder werden wahrscheinlich entspannter, weniger diszipliniert oder hingebungsvoll sein als die der unternehmerischen Familien. Sie werden von der Welt den Eindruck erhalten, daß sie ein recht angenehmer Ort ist, in dem man recht gut zu Rande kommen kann, wenn man die Dinge einfach sich selbst überläßt. Sie werden heitere und nicht übermäßig ernsthafte Menschen, mit denen man leicht auskommen kann. Ihr Leistungstrieb ist in der Regel nicht sehr stark.

Demnach kann der soziale Ursprung eines Menschen die Intensität seines erworbenen Leistungsmotivs – und schließlich auch aller anderen Motive – recht weitgehend beeinflussen. Die Bedingungen, unter denen bestimmte soziale Gruppen leben, tragen mit dazu bei, daß sie gewisse Erwartungen in bezug auf ihre Kinder hegen und sie zur Entwicklung gewisser Verhaltensweisen anhalten werden. Und gerade diese spezifischen Erwartungen und Verhaltensweisen spielen für die Entfaltung eines ausgeprägten Leistungsstrebens bei dem heranwachsenden Kind eine entscheidendere Rolle als die »Klassen« selbst.

McClelland hat mit seiner Gruppe die Erwartungen und Verhaltensweisen genau untersucht, die die Motivation eines Kindes formen und es für seinen künftigen Lebensweg mit einem starken oder schwachen Leistungstrieb erfüllen. Ihre anfänglichen Untersuchungen ergaben, daß die Eltern von Jungen, die selbst noch ein ziemlich ausgeprägtes Leistungsdenken besaßen, von ihren Söhnen schon früh ein relativ »erwachsenes« Verhalten erwarteten. Dies geschah, indem sie von dem etwa 6- bis 8jährigen Jungen die Fähigkeit zur Selbständigkeit (z. B. das Treffen eigener Entscheidungen, das Verrichten bestimmter Dinge ohne fremde Hilfe) und Beherrschung (beispielsweise mußte er Bescheid wissen in der Nachbarschaft, gute Ergebnisse im Leistungssport erzielen usf.) verlangten und erwarteten, daß er in der Nähe des Hauses schon auf sich selbst aufpassen konnte. Demgegenüber erwarteten die Eltern von Jungen mit relativ geringem Leistungsstreben eine derartige Unabhängigkeit und die Beherrschung ihrer Umwelt entweder früher – bevor er überhaupt reif genug dafür war – oder aber sehr viel später.

Das »verfrühte« Erwartungsmuster fand sich zumeist bei den ärmeren wirtschaftlichen Gruppen oder in Familien, in denen das Kind seinen gequälten Eltern zur Last wurde. Dies vorzeitige Antreiben verhalf dem Jungen kaum zu Selbstsicherheit; statt dessen schreckte es ihn ab, gab ihm das Gefühl, zu Hause unwillkommen und außer Hause unfähig zu sein. Das Ergebnis war nur zu oft eine lustlose »Was soll's?«-Haltung, bei der das Bedürfnis nach Leistung fast völlig verdrängt worden war. Manchmal erzeugt diese in frühem Alter erzwungene Verselbständigung bei einem Jungen eine gewisse List und Schlauheit, die ihn tatsächlich sehr gut zum Überleben in einer Wettbewerbswelt befähigen; doch ist unglücklicherweise eine passive, niedergeschlagene Haltung eher die Regel.

Das »verspätete« Erwartungsmuster wurde im Gegensatz dazu am häufigsten in wohlhabenderen Familien oder Gruppen gefunden, die aus Tradition die Beschäftigungen ihrer Kinder sehr engherzig überwachten. Diese Jungen waren dementsprechend entweder übermäßig behütet oder übermäßig diszipliniert oder aber beides. Sie lernten, die von ihren Eltern erhaltenen Belohnungen als Selbstverständlichkeit oder als Zeichen der Anerkennung für gutes Betragen hinzunehmen, und versuchten nicht, sie aus eigener Anstrengung zu erringen. Daher waren sie eifrig bestrebt, ihren Eltern durch erwartungsgemäßes Verhalten zu gefallen und die Art von Selbstbehauptung, die den Eltern mißfiel, zu vermeiden. Oder aber sie merkten, daß es ihnen Ärger ersparte, wenn sie taten, was von ihnen verlangt wurde, und daß es nur Unannehmlichkeiten gab, wenn sie das taten, wonach ihnen der Sinn stand. Wenn dies Verhaltensmuster mit entsprechendem Nachdruck eingetrichtert wurde, konnte es den Leistungstrieb des Jungen ganz erheblich dämpfen.

Das soll jedoch nicht heißen, daß leistungsorientierte Jungen von ihren Eltern nicht zur Disziplin angehalten wurden: Sie waren sehr wohl diszipliniert, nur gab es wichtige Unterschiede in der Betonung. Bei den stark leistungsorientierten Jungen hatte es einerseits weniger »Du darfst nicht« gegeben, und andererseits waren diese Restriktionen sehr viel früher auferlegt worden als den Jungen mit schwächerem Leistungsbedürfnis. Wo die Disziplin nur für besondere Fälle galt und nicht ein auf alle Bereiche übergreifendes Gebot der Willfährigkeit war, wo sie als reine Form der Selbstverantwortlichkeit hervorgehoben wurde und nicht als Unterwerfung unter die Autoritätspersonen um ihrer Autorität willen ausgelegt wurde, da kam das Leistungsmotiv voll zur Entfaltung. War die Disziplin schwach oder unstet oder nahm sie einen zu großen Platz im Leben des Jungen ein, blieb das Leistungsstreben voraussichtlich unterentwickelt.

Daher sind diejenigen Elternhäuser die besten Brutstätten für künftige Unternehmer und Tatmenschen, in denen die Kinder ermutigt werden, ihr Leben selbst in die Hand zu nehmen, sobald sie fähig dazu sind; in denen sie durch elterliche Disziplin nicht übermäßig eingeschränkt werden und wo bei den Eltern der Wunsch überwiegt, den Jungen auf die Leistungen und die Verantwortung des Erwachsenen vorzubereiten, und die ihn nicht einfach loswerden wollen oder aber den eigenen Wertvorstellungen anzupassen suchen. Entfernt man irgendeine dieser Größen aus der Gleichung, dann sinkt sofort die Wahrscheinlichkeit, Erwachsene mit ausgeprägtem Leistungsmotiv hervorzubringen. Denn die grundlegenden Neigungen, die für das Kind später richtungweisend sind, werden schon in diesem frühen Lebensstadium festzulegen begonnen; im Laufe der Zeit wachsen diese dann lawinenartig an, indem sie eine Art Impuls erhalten, der stärkere Abweichungen immer unwahrscheinlicher werden läßt. Die Persönlichkeit des einzelnen wird allmählich immer konsistenter und – zumindest im weitesten Sinne – vorhersehbarer. Die betreffende Person wird sich selbst gleichsam »jeden Tag ähnlicher«.

Um das Leistungsmotiv aus der richtigen Perspektive zu sehen, müssen wir zuerst mit anderen, bereits besprochenen Motiven – Kompetenz und Geselligkeit – und mit einem bisher nur angedeuteten – der Macht – einen Vergleich anstellen. Der semantische Inhalt des Motivationsbegriffs ist noch immer ziemlich verschwommen. Dies spiegelt unser unvollständiges Wissen und das Übergewicht an Theorien wider, die sich mit konkreten Gegenständen befassen. Daher lassen sich nur schwer scharfe Trennungsstriche zwischen ähnlichen Konzepten wie Whytes Kompetenzmotiv und McClellands Leistungsmotiv ziehen. Im Falle des Leistungsmotivs ist die Forschung inzwischen ausreichend, um unserer Meinung relativ präzise Ausdruck zu verleihen. Die Kompetenz läßt sich dagegen nicht so einfach darstellen; sie ist aller Wahrscheinlichkeit nach ein umfassenderes und fundamentaleres Motiv als die Leistung, doch können erst die Zeit und vermehrte Forschung ermitteln, ob es sich tatsächlich um zwei verschiedene Begriffe handelt. Unter diesen Umständen erscheint es vernünftig, anzunehmen, daß eine verallgemeinerte Form des Fähigkeitsmotivs mit dem Heranwachsen des Kindes eine Reihe spezifischer Bedeutungen erhalten kann. Eine könnte beispielsweise ein Leistungstrieb sein, aber dieser könnte sich ebensogut als starkes Gefühl der Befähigung zu gesellschaftlichen Positionen oder gar als ein Streben nach dem Herrschen oder der Kontrolle über andere erweisen. Damit unser semantisches Problem noch ein bißchen komplizierter wird: es besteht bereits Gewißheit darüber, daß Motive sich nicht gegenseitig ausschließen; sie können sehr wohl in einer Person nebeneinander existieren und sind daher in allen denkbaren Kombinationen zu finden.

Was nun das Leistungs- und Geselligkeitsmotiv angeht, so sind sie zwar unterschiedlich, aber keineswegs antithetisch. Es wäre zum Beispiel falsch anzunehmen, daß leistungsmotivierte Menschen immer fleißiger sind als geselligkeitsorientierte. Der Unterschied hängt vielmehr von der Art der Arbeit und dem Feedback ab. Nichtsdestoweniger hält sich in Unternehmerkreisen eine gewisse volkstümliche Ansicht, die sich in einem Leo Durocher zugeschriebenen Aphorismus zusammenfassen läßt, nach dem der »netteste Kerl immer zuletzt fertig wird«. Wenn hier unter einem netten Kerl eine Person mit starkem Geselligkeitsdrang gemeint ist, die die Gemeinschaft und Bekanntschaft mit anderen Menschen liebt, dann können wir mit Bestimmtheit sagen, daß dieser Drang noch nicht viele erfolgreiche Männer behindert hat, die einen gleichermaßen starken Drang nach Leistung *und* Geselligkeit empfanden.

Es muß beachtet werden, daß Experimente, in denen Menschen mit einem sehr stark und einem weniger stark ausgeprägten Motiv gegenübergestellt werden, nur möglich sind, wenn man die Versuchsobjekte aus einer sehr großen Anzahl von Menschen auswählen kann. Genau aus diesem Grunde sind derartige Menschen auch so selten. Die meisten Menschen lassen sich nicht so einfach in die eine oder andere Motivationsgruppe einordnen. Man findet sehr viel häufiger (zumindest in den Vereinigten Staaten), daß beide Motive im Leben eines Individuums eine gleich bedeutende Rolle spielen. Die amerikanische Kultur predigt ihren Kindern schließlich die Moral und Brüderlichkeit genauso heftig wie die Leistung.

Abgesehen von Unterschieden, die in den Motiven selbst liegen, besteht eine enorme und unglückliche Differenz zwischen dem Forschungsaufwand, der ihnen im einzelnen gewidmet wurde. So wissen wir zum Beispiel sehr viel mehr darüber, wie man das Geselligkeitsmotiv erwecken kann, als über die spezifische Lebensgeschichte, die eine Person für diese Geisteshaltung so überaus empfänglich werden läßt. Andererseits sind der Ursprung des Leistungsmotivs und die verschiedenen Möglichkeiten zu seiner Anregung ziemlich gut bekannt. Die eingehenden Nachforschungen, die die McClelland-Gruppe dem Leistungsmotiv gewidmet hat, sind derart fruchtbar gewesen, daß es bedauerlich ist, daß sich noch keine andere Gruppe in vergleichbarer Form mit dem Geselligkeitsmotiv befaßt hat. Die Bedeutung des Leistungsmotivs für die Industrie ist unverkennbar, doch ist das Geselligkeitsmotiv auf andere Weise mindestens ebenso bedeutsam: Die Gewerkschaftsbewegung, informelle Gruppen und eventuell sogar der Zusammenschluß zu Personengesellschaften und Fusionen sind diesbezügliche Fälle.

Die gleichen Überlegungen gelten – wenn auch in verstärkter Form – für das Machtmotiv. Wir können es zwar im Rahmen einer TAT-Geschichte identifizieren, aber darüber hinaus wissen wir sehr wenig von ihm. Allerdings gibt es eine beträchtliche Anzahl von Forschungsarbeiten über sogenannte »autoritäre Persönlichkeiten«. Dies sind Menschen, die scheinbar sehr bereitwillig die Herrschaft anderer akzeptieren und diese sogar gern auf alle anderen erweitert sehen möchten. Doch sind sie nur ungern bereit, diese Macht selbst auszuüben – und dabei sind es gerade die Machtausübenden, über die wir mehr erfahren wollen. Und zwar vor allem, weil die modernen Organisationen sehr viel Macht in bestimmten Händen konzentrieren und weil die fehlende Macht bei anderen in der Organisation beschäftigten Menschen sich eindeutig produktivitätsmindernd auszuwirken scheint. Faktisch wissen wir heutzutage kaum mehr über Machtbestrebungen als vor etwa einer Generation, als Adler uns seine klinischen Erkenntnisse mitteilte.

Alles, was wir mit einiger Bestimmtheit über das Verhältnis zwischen Leistungs- und Machtmotiv sagen können, ist, daß beide manchmal gemeinsam auftreten und manchmal nicht. Auf jeden Fall scheint der Drang, andere Menschen kontrollieren zu können, nicht unbedingt Voraussetzung für gute Leistungen zu sein, und zwar noch nicht einmal für die Art Leistung, die in der Anleitung anderer Menschen und ihrer Arbeit besteht.

Trotz dieser Lücken können wir nun die zu Beginn des zweiten Teils gestellte Fragen beantworten, welche Ambitionen und Bestrebungen in der Industrie aufgestaut werden: Das Leistungsmotiv kommt eindeutig zu kurz. Wieviel Spielraum läßt ein produktionsorientierter Vorgesetzter dem persönlichen Verantwortungsgefühl? Wie steht es mit direktem Feedback in der Massenproduktion? Welchen Freiheitsspielraum gewähren wir den meisten Arbeitnehmern – sogar denen in leitenden Positionen und im mittleren Management – für persönliche Zielsetzungen, ihre Risikobereitschaft und realistische Beurteilung? In der Regel herzlich wenig. wie oft werden Gehälter nicht nach dem Schwierigkeitsgrad einer Aufgabe, sondern nach dem Zeitaufwand festgesetzt? Nur zu oft. Wofür investieren wir mehr Geld und Zeit, für die Vermittlung eines Gefühls der Sicherheit bei unseren Angestellten oder aber für die Vermittlung des Gefühls, daß sie etwas Lohnendes vollbringen und sich bei ihrer Arbeit entfalten? Die unschöne Wahrheit ist leider, daß viele moderne Organisationen das Leistungsmotiv nur sehr ungenügend ausnutzen.

Die Erkenntnisse der Michigan-Gruppe, daß die meisten Arbeitsgruppen unter angestelltenorientierter Leitung viel leistungsfähiger sind als die unter produktionsorientierter, werden ganz verständlich, wenn wir einfach die folgende Annahme treffen: In den meisten Arbeitsgruppen gibt es genügend Leute mit genügend latenter Leistungsmotivation, um die durch divergierende Aufsichtsmethoden bedingten Unterschiede in den Leistungsergebnissen hinreichend zu erklären. Diese Annahme ist keineswegs weit hergeholt. Die von W. F. Whyte beschriebenen »spielähnlichen« Reaktionen der Fabrikarbeiter auf ein Leistungsanreizsystem werden verständlicher, wenn wir ihnen auch ihren Teil an Leistungsmotivation zugestehen. Das heißt, daß das Übertreffen eines mäßig schweren Standards leistungsorientierte Menschen von Natur aus reizt, völlig unabhängig von der Höhe ihrer Entlohnung.

Der Einfluß des Leistungsmotivs tritt noch viel deutlicher in einer Berufsgruppe wie die der Buchhalter und Ingenieure von Herzberg hervor. Die Voraussetzungen für die Zugehörigkeit zu einer solchen Gruppe sind gewöhnlich hart genug, um zuallererst zumindest mäßig leistungsorientierte Männer anzuziehen. Der Hauptmotivator war nach Herzbergs Bericht der persönliche Erfolg in ihrem Beruf. Dies entsprach wohl weitgehend der Freude an konkretem Feedback und am Wettbewerb mit einem hervorragenden Standardmaß, also den Faktoren, die McClelland als Kernpunkte des Leistungsmotivs anführte.

Demzufolge ist das Leistungsmotiv allem Anschein nach tiefgründiger und wichtiger, als man bisher vermutete. In der Regel fällt es uns nur bei Personen auf, die es geradezu in heroischen Mengen besitzen und daher zu spektakulären, unübersehbaren leistungsmäßigen Bravourstücken fähig sind. Und dennoch ist der größte Teil der Leistungsmotivation in dieser Welt in kleinen, völlig unheroischen Mengen auf gewöhnliche Menschen verteilt, die durchaus nicht prädestiniert sind, irgendwelche Höhen zu erklimmen oder Rekorde zu brechen. Warum soll man ihnen nicht Normen setzen, an denen sie sich messen können, wenn dies ihre Leistungskraft erhöht und ihre Arbeit für sie befriedigender macht? Würde ihre Arbeit nicht effizienter und schöpferischer werden, wenn sie derart organisiert wäre, daß sie die Ergebnisse ihrer Bemühungen sehen und bestimmte Entscheidungen über die Art der

Ausführung treffen könnten? Ist denn das Leistungsmotiv nicht effektiv eine unserer größten ungenutzten Quellen der Produktivität? Deshalb können wir nach der Analyse der motivierenden Umgebung behaupten, daß »Arbeit nicht nur angenehm sein muß, sondern darüber hinaus absorbierend, faszinierend und herausfordernd«. Erfüllt sie diese Anforderungen nicht, dann kann es geschehen, daß ein in seinen potentiellen Konsequenzen überaus weittragender Motivator nur zu einem ganz geringfügigen Teil ausgenutzt wird.

Der wohl am meisten umstrittene Aspekt des Leistungsmotivs, der einem zumindest am meisten gegen den Strich geht, ist die neuartige Wendung, die es dem Geld und seiner Motivatorfunktion gibt. Inzwischen sollte hinreichend klargeworden sein, daß das Geld bei der Motivation eine ausgesprochen komplizierte Rolle spielt und daß es wie alle anderen Motivatoren keineswegs völlig rational ist. In einem späteren Teil dieses Buches wird der Frage der Geldmotivation noch ein besonderer Abschnitt zur eingehenden Analyse gewidmet; deshalb wollen wir uns für den Augenblick mit der Aussage begnügen, daß die Erforschung des Leistungsmotivs uns zu der Frage zwingt, welche Funktionen das Geld im Gefühlsleben des einzelnen erfüllt. Wir können nicht leichthin feststellen, daß jemand um des Geldes willen arbeitet, und es dabei belassen, denn Geld kann für ihn viel mehr bedeuten als nur die Zahlen auf seinem Lohnstreifen oder auf seinem Bankkonto oder seiner Vermögensaufstellung. So kann er unter anderem im Geld einen Erfolgsmaßstab sehen oder ein Statussymbol oder ein Mittel zur Absicherung gegen Unglücksfälle, oder es wird einfach zum Selbstzweck. Ob die Bedeutung des Geldes nun symbolisch oder rein finanziell oder beides ist, spielt dabei kaum eine Rolle; auf keinen Fall kann Geld noch immer als der einzige oder als der vorrangige Grund des Arbeitens angesehen werden.

Selbst relativ routinemäßige oder lakaienhafte Arbeit kann eine gewisse Anziehungskraft besitzen. Wir haben die Angewohnheit, uns häufig über die den größten Teil unseres wachen Daseins ausfüllende Tätigkeit lustig zu machen; so sagen wir zum Beispiel »Die Arbeit ist der Fluch der trinkenden Klassen« oder »Warum wurde ich nicht reich geboren statt intelligent?«, um nur zwei illustrative alte Witze zu zitieren. Doch hat Freud schon darauf hingewiesen, daß Humor als Ventil für Gefühle dienen kann, deren wir uns sonst schämen würden. Besteht nicht die Möglichkeit, daß wir zum Teil mit unseren Scherzen über die Arbeit dem, was uns ständig belastet, uns Rätsel aufgibt und in ganz seltenen Fällen unserem Ich schmeichelt, eine Art widerstrebenden Respekt entgegenbringen? Wenn die Arbeit wirklich nur eine unangenehme Notwendigkeit wäre und wenn irgendeine Form der Muße das eigentliche instinktmäßige Ziel unseres Daseins wäre, warum bereitet dann die Pensionierung den meisten Menschen anfangs so große emotionelle Schwierigkeiten? Warum suchen sich Arbeiter, deren Arbeitszeit ohne Einkommensverlust verkürzt wird, Nebenbeschäftigungen? Vielleicht ist es gar nicht einmal die Arbeit selbst, sondern vielmehr ihre Organisation, die der »Fluch« der arbeitenden (und auch der trinkenden?) Klassen ist.

Bevor wir die Erörterung des Leistungsmotivs beenden, sollten wir noch erwähnen, daß es nicht immer ein reiner Segen sein muß. Ein reichlich mit diesem Motiv ausgestatteter junger Mann ist in vielen großen Organisationen häufig ein Anwärter auf schnelle Beförderung. Sein Lebenslauf hat ihn wahrscheinlich sieggewohnt gemacht und verleiht ihm eine Zuversicht, die ihn Hindernisse überwinden läßt, vor denen andere, weniger zuversichtliche Männer zurückschrecken oder zu deren Überwindung sie zumindest mehr Zeit benötigen. Daher wird man dem leistungsmotivierten jungen Mann die Verantwortung für die Beaufsichtigung anderer Menschen schon in einem Alter übertragen, in dem seine Erfahrung einesteils erheblich kürzer und andererseits völlig andersgeartet ist als die der unter ihm arbeitenden Menschen. Er hat es sich zur Gewohnheit gemacht, seine Aussichten optimistisch einzuschätzen und würde in einer andersartigen Auffassung von seiner Zukunft wahrscheinlich ein ziemlich unmännliches Abweichen von seinem persönlichen Ehrenkodex sehen. Die von ihm beaufsichtigten Leute werden dagegen größtenteils eine weniger einseitige Vergangenheit haben: Ihnen wird das Gefühl der Entmutigung, der Unterlegenheit oder der Ablehnung vertrauter sein. Ihnen wird vielleicht das, was er lediglich für schwierig hält, völlig unmöglich vorkommen, und sie werden das ihm einfach Erscheinende als schwierig ansehen.

Dem leistungsmotivierten Menschen muß keineswegs das Mitgefühl fehlen, aber ihm wird, insbesondere wenn er jung ist und nie das Gefühl der Niederlage gekostet hat, leicht die richtige Perspektive fehlen. So kann er seinen Untergebenen gegenüber schnell ungeduldig oder kritisch sein, wenn sie weniger entschlossen und optimistisch handeln als er. Er mag noch keine ausreichende »Bekanntschaft mit dem Kummer« gemacht haben, um verstehen zu können, wie wichtig für manche Menschen Sicherheit sein kann und warum manche Veränderung so bedrohlich erscheint oder weshalb man sich gegen fortwährende Anstrengung sträubt, selbst wenn sie hoch vergütet wird. So kann der leistungsorientierte junge Mann leicht zu einem gefühllosen, ineffizienten Vorgesetzten werden. Er neigt möglicherweise dazu, an das Ich der Männer mit schmissigen Studentenparolen zu appellieren oder zu couragiert vorzupreschen in der Annahme, daß seine Männer ihm begeistert Folge leisten. Vielleicht übersieht er auch die Spannungen, die er bei anderen schon allein durch seinen schnellen Aufstieg oder durch seine Neigung verursacht hat, sich *und* seine Männer zu schwierigen Aufgaben zu verpflichten.

Mit der Zeit – eventuell durch die läuternde Erfahrung der Niederlage – mag er ein Auge dafür bekommen und lernen, seinen Erfolgsdrang mit einem bestimmten Maß an Verständnis für seine Männer zu koppeln. Mit zunehmender Reife wird er seine Lage realistischer und weniger egoistisch einschätzen können und ihm wird klarwerden, daß der durch andere erreichte Erfolg weitaus indirekter ist als der aus eigener Kraft erzielte. Es besteht allerdings die Gefahr – und dies gilt besonders für den jungen Mann, der auf höhere Verantwortungsposten »lanciert« und zu schnell befördert wird –, daß er die Ebene, auf der diese Lehren am besten gelernt werden können, überspringt, ohne je die Chance des Lernens gehabt zu haben. Später kann ihm dann zugleich ein bestimmter Gemeinschaftsgeist und hinreichendes Gespür fehlen, um zu erkennen, was seine Geschäftsführer und Vorgesetzten mit ihren Untergebenen im Sinn haben. Auf jeden Fall wird es für ihn mit Sicherheit zu Beginn seiner Managerlaufbahn eine unangenehme Periode geben, in der er entdecken muß, daß seine Mitmenschen durchaus nicht immer so leistungsorientiert sind wie er. Paradoxerweise können die gleichen Eigenschaften, die ihn in höhere Verantwortungspositionen befördern, zumindest vorübergehend hindern, seiner vollen Verantwortung gerecht zu werden.

Kapitel 13

Biografische Studien: Das Leistungs-, Prestige- und Sicherheitsmotiv

Jeder normale Erwachsene besitzt eine Reihe verschiedenartiger Bedürfnisse, die sein Handeln bestimmen, wobei manche im Vergleich zu anderen eindeutig dominierend sind. Diese Struktur oder »Hierarchie« von Motiven ist in der Regel ziemlich stabil. Überwiegt beispielsweise heute bei einem Menschen der Leistungsdrang, dann wird dieser auch in längerer absehbarer Zeit noch bei ihm vorherrschen. Des weiteren ließe sich wahrscheinlich auch nachweisen, daß dasselbe Motiv schon in der Vergangenheit – möglicherweise sogar seit seiner Kindheit – dominierend war.

Die gleiche Verallgemeinerung trifft auch für die anderen Hauptmotive zu. Die meisten Menschen besitzen zeit ihres Lebens ein ziemlich konsistentes Motivationsmuster. Die Bedürfnisse, die ein Erwachsener bei seiner Arbeit zu befriedigen sucht, sind in seiner Vergangenheit in ihn eingepflanzt worden und werden unabhängig von seinen zukünftigen Erlebnissen in ihm erhalten bleiben. Natürlich wächst der Mensch aus bestimmten, nur für individuelle Phasen seines Lebens geltenden Interessen oder Verhaltensweisen heraus, doch selbst dieser Wachstumsprozeß tendiert zu bestimmten grob vorgezeichneten Richtungen.

Die wachsende Erkenntnis, daß die Motive Erwachsener größtenteils in der Kindheit und Jugend determiniert werden, hat aufs neue das Interesse an Untersuchungen erweckt, die die frühere Entwicklung erwachsener Menschen zurückverfolgen und nach Aufschlüssen für ihre derzeitigen Stärken und Schwächen suchen. In der Industriepsychologie hatte die biografische Forschung zeitweilig einen leicht angeknacksten Ruf, der weitgehend auf den zweifelhaften Erfolg von Personalbögen als Instrument der Personaleinstellung zurückzuführen war. In neuerer Zeit hat die geschicktere Anwendung biografischer Daten das Interesse an diesem Gebiet wiederaufleben lassen. So konnte Paul Mussen, ein Psychologe der University of California, in seinem Überblick über die Psychologie des Kindes bis 1959 feststellen, daß sich die Forschung zu diesem

Zeitpunkt »im allgemeinen darin einig war, daß die familiären Erfahrungen des Kindes die Hauptdeterminanten seiner Persönlichkeit sind[33]«. 1961 untersuchten die beiden praktizierenden Industriepsychologen Erwin K. Taylor und Edwin C. Nevis die bei der Personalauswahl errungenen Fortschritte und bemerkten dazu, daß »das Beweismaterial die Annahme zu bestätigen scheint, daß die anhand der verschiedensten biografischen Daten vermittelte Information eine der besten Quellen zur Prognose (des beruflichen Erfolgs) ist[34]«. Offenbar ist also die Erforschung der Kindheit für Psychologen und Personalfachleute ein gleichermaßen ernstes und praktisches Anliegen geworden.

Wir haben bereits einige biografische Studien gestreift: W. F. Whytes Team nahm die Lebensumstände der Akkordbrecher und der restriktiven Kräfte unter den Produktionsarbeitern in Augenschein, während McClellands Gruppe gewisse Bestimmungsfaktoren des Leistungsmotivs einer näheren Betrachtung unterzog. Eine ausführliche biografische Untersuchung wurde von James C. Abegglen von der Universität von Chicago unternommen[35]. Abegglen brachte eine Reihe von leitenden Angestellten in höchsten Positionen (Vizepräsidenten und höher) in großen Betrieben des Chicagoer Raumes dazu, sich für intensive Interviewserien und psychologische Tests zur Verfügung zu stellen. Daher ist diese Studie zugleich unter zwei Gesichtspunkten interessant: Einmal liefert sie Aufschlüsse über die Motivationen leitender Angestellter, und zum anderen ist sie für die Psychologie im weiteren Sinne wichtig.

Abegglen interessierten vor allem die Ursachen der sogenannten »sozialen Mobilität«, d. i. nach soziologischer Terminologie der Aufstieg oder (seltener) der Abstieg eines Individuums aus seiner ursprünglichen sozialen Klasse. Er wollte vor allen Dingen herausfinden, ob es irgendwelche subjektiven charakteristischen Wesenszüge gab, die den Menschen zu ihrem radikalen sozialen Aufstieg verholfen hatten. Dies ist natürlich genau die Frage, die Philosophen gern aus ihrer rein theoretischen Sicht beantworten. Gewöhnlich geben sie ziemlich moralistische Antworten, indem sie betonen, daß das soziale mobile Individuum intensiver als alle anderen arbeitet und daher aufsteigt, weil es den Erfolg ganz einfach verdient. Abegglen bemühte sich jedoch um tiefgründigere und objektivere Antworten.

Folglich unternahm er eine Versuchsreihe, in deren Verlauf er die Vergangenheit von 20 leitenden Angestellten, die in sehr bescheidenen oder ärmlichen Verhältnissen aufgewachsen waren, es aber im Laufe ihrer Karriere bis zu den höchsten Positionen der geschäftlichen Rangleiter gebracht hatten, aufs genaueste erforschte. Diese Männer waren Beispiele sozialer Mobilität *par excellence:* Nur sehr wenig andere hatten so umfassende Erfolge zu verzeichnen, die mit den ihren vergleichbar gewesen wären.

Jeder dieser Männer erzählte einem ausgebildeten Interviewer in einem langen und vertraulichen Gespräch so viel aus seiner frühen Jugend, wie ihm erinnerlich war. Da diese Information in einem unbekannten Ausmaß »gefiltert« wurde durch die Fähigkeit des einzelnen, sich sehr lange zurückliegende Ereignisse ins Gedächtnis zurückzurufen, und durch seine Bereitschaft, das von ihm Erinnerte wirklich zu enthüllen, mögen die Allgemeingültigkeit und die Genauigkeit von Abegglens Daten allerdings etwas fragwürdig sein. Seiner Überzeugung nach waren seine Versuchsobjekte wahrscheinlich so wahrheitsgetreu wie möglich, aber nicht notwendig ganz so ausführlich.

Biografische Untersuchungen zeigen Lebensläufe so auf, wie sie effektiv erlebt wurden, sie durchdringen die kleinen Beschönigungen und Verheimlichungen, mit denen unsere Erlebnisse aus Gründen der Etikette soweit verharmlost werden, daß sie für die Öffentlichkeit nicht mehr interessant genug erscheinen. Wenn überhaupt, dann gibt es nur wenige Lebensläufe, die nicht durch bestimmte Spannungen belastet oder ganz ohne Geheimnisse sind, über die man besser nicht spricht. Diese Behauptung soll das Leben nicht schlimmer erscheinen lassen, als es in Wirklichkeit ist, sondern vielmehr das eingestehen, was wir alle insgeheim wissen, aber aus Gründen des guten Tons nicht öffentlich zugeben: daß es mit ziemlicher Sicherheit in fast jedem Lebenslauf einige wenig »salonfähige« Phasen gibt. Daher müssen wir uns bei sehr eingehenden biografischen Nachforschungen – und diese sind unerläßlich, wenn wir die Motivation erschöpfend ergründen wollen – darauf gefaßt machen, daß wir einem beträchtlichen Maß geheimer persönlicher Größe und sogar menschlicher Tragödie begegnen. Aber dies ist eben das wahre Leben. Weitaus wichtiger als die schmutzige Seite des Lebens ist jedoch die Tatsache, daß ungünstige Umstände oft sehr bedeutende und wertvolle Karrieren erzeugen. Die Not ist manchmal ein unerläßlicher Begleiter des Erfolgs.

Doch zurück zu Abegglen; was fand er schließlich in der Vergangenheit seiner sozial mobilen Direktoren? 15 von 20 berichteten von einem unterschiedlich gearteten frühen ernstlichen Spannungsverhältnis mit ihrem Vater. Manchmal waren Scheidung, Krankheit, Tod oder finanzielle Schwierigkeiten ursächlich. Vielleicht war jedoch am wichtigsten, daß diese Männer sich erinnern konnten, die wirtschaftlichen Engpässe der Familie irgendwie der Unfähigkeit des Vaters in seiner Rolle als Beschützer und Versorger zugeschrieben zu haben. In vielen Fällen kamen die Eltern anscheinend nicht sehr gut miteinander aus, wobei die Mutter zumeist eher ein Beispiel für Kraft und Standhaftigkeit gab als der Vater. Demnach glichen sich bei diesen Männern nicht nur die angespannten wirtschaftlichen Verhältnisse, sondern auch die frühen gefühlsmäßigen Beziehungen innerhalb ihrer Familien. Die Söhne waren im allgemeinen von ihren Vätern enttäuscht oder verachteten sie sogar, während die Mütter als dem Vater überlegen galten, jedoch ziemlich streng und nicht besonders »mütterlich« im Sinne der Beschützerin waren.

Um zu verstehen, wie diese Umstände die Entwicklung der Motivationsstruktur bei diesen Männern beeinflußten, erscheint es angebracht, sich Freuds Konzepte der Identifizierung und der Reaktionsbildung nochmals zu vergegenwärtigen. Die zwischen Vater und Sohn überlicherweise stattfindende Identifikation scheint blockiert worden zu sein. Die Jungen empfanden keine Bewunderung für ihren Vater und versuchten nicht, ihm nachzueifern. Daher waren die Väter hauptsächlich im negativen Sinne Vorbild: Sie besaßen Gewohnheiten und Verhaltensweisen, die die Jungen sich *nicht* aneignen wollten. Somit fand augenscheinlich eine Reaktionsbildung statt, die die Jungen danach streben ließ, effizienter, vertrauenswürdiger und insgesamt bedeutungsvoller als ihr Vater zu werden. Die Energie, die ihren ausgeprägten Erfolgsdrang immer wieder speiste, war vermutlich ihre Abneigung, selbst in die gleiche schwächliche Defensivrolle zu verfallen, die ihre Väter innegehabt hatten. Offenbar hatte zum Teil die Mutter ihren Impuls ausgelöst, indem sie den Jungen ein Beispiel an Selbstsicherheit und Verantwortlichkeit gab. Sie setzte den Jungen nicht nur ein nachahmenswerteres und befriedigenderes Beispiel, sondern – was vielleicht noch wichtiger war – sie ließ die Verhaltensweise der Väter im Hinblick auf die ideale, für einen Mann wünschenswerte Haltung noch weniger attraktiv erscheinen.

Ein bewußter Wettbewerb mit dem Vater war dagegen selten. Die Männer berichteten, daß sie rückblickend früher das Gefühl gehabt haben mußten, es fehle irgend etwas in der Beziehung zu ihren Vätern, etwas, dessen Fehlen sie bedauerten; doch störten sie sich damals nicht bewußt stark an diesem Mangel, sondern versuchten, das Beste daraus zu machen. Dieses fehlende »Etwas« war vermutlich ein gutes Beispiel für die Art, in der ein Mann mit den Problemen des Unterhaltens und Heranziehens einer Familie fertig werden sollte. Sie mußten sich anderen Quellen für Leitbilder zuwenden, die sie bereitwillig akzeptieren konnten. Obwohl es vielfach andere Männer gab (Lehrer, Verwandte, Freunde), an denen sie sich orientieren konnten, ließen sie es selten zu einer engen Beziehung mit diesen kommen. Tatsächlich prägte diese Neigung, anderen gegenüber immer eine gewisse Distanz zu wahren – zwar hinreichend höflich und freundlich, aber doch nicht zu offenherzig zu sein –, ihre in der Entwicklung befindlichen Persönlichkeiten ganz wesentlich. Und gerade weil sie keine engen Bindungen hatten aufkommen lassen, waren sie auch nicht von diesen abhängig; daher konnten sie ihre Gedanken leicht für sich behalten und alte Beziehungen beenden, um neue zu beginnen, ohne dies als großen Verlust zu empfinden. Das erleichterte ihnen das Vergessen der jeweils zu einem Lebensabschnitt gehörigen Freundschaften und sogar der Werte, die jene Freundschaften gekennzeichnet hatten, so daß sie sich neuen Freunden und ihren Wertvorstellungen anpassen konnten. Sie waren gefühlsmäßig auf keine bestimmte Daseinsform festgelegt und fühlten sich in ihnen unbekannten Gruppen genauso wohl wie in vertrauten Gruppen.

Im Endergebnis waren sie also nicht nur bestrebt, voranzukommen und sich von ihrer Herkunft zu distanzieren, sondern sie waren zudem frei von starken Bindungen, die ihnen die Loslösung von ihren gewohnten Lebensformen erschwert hätten. Die psychologischen »Weichen« für ihre Mobilität wurden demnach in ihrer Kindheit gestellt durch die unbefriedigenden Vorbilder und ihre Abneigung gegen dauerhafte Bindungen. Die Unzufriedenheit und die Abneigung sollten sie als mehr oder weniger zentrale Charakterzüge ihr ganzes Leben begleiten. Die Unzufriedenheit bewahrte sie davor, sich zufriedenzugeben oder selbstzufrieden zu sein, so daß sie ständig mehr von sich verlangten, während ihre Zurückhaltung die Vorliebe für einen bestimmten Zustand nie so groß werden ließ, daß sie das Interesse an weiterem Vorankommen verloren.

Offensichtlich bedarf es aber noch einiger Dinge mehr, um einen Mann von sehr bescheidenen Anfängen in eine so hohe Position aufsteigen zu lassen. Es bedarf gleichzeitig der Fähigkeit, Entschlossenheit und Initiative sowie einer Haltung, mit der sich das Vertrauen anderer gewinnen läßt, und ausreichend Glück, um bemerkt zu werden. Selbst wenn all diese Anforderungen gewährleistet wären, scheint es immer noch recht unwahrscheinlich, daß diese Personengruppe die Trägheit, die die meisten Männer zu einem vertrauten und bequemen Leben neigen läßt, ohne eine gewisse ihrem frühen Leben immanente Unausgewogenheit überwunden hätte.

Hinsichtlich der Reaktionsbildung sind noch zwei wesentliche Punkte zu beachten. Erstens ist sie nicht der einzige Mechanismus, der zum Erfolg führt. Abegglen befaßte sich auch mit den mobilsten Männern, die er überhaupt finden konnte. Weitaus die Mehrzahl der beruflichen Laufbahnen sind längst nicht so spektakulär und können durch recht unterschiedliche Kindheitserlebnisse erzeugt werden. Außerdem paßte auch ein Viertel der leitenden Angestellten in Abegglens Versuch nicht in das Reaktionsbildungsschema; im übrigen steht außer Zweifel, daß es viele erfolgreiche Männer gibt, die durchaus nicht extrem mobil zu sein brauchen, da sie das Glück hatten, in Familien mit recht hohem Lebensstandard hineingeboren zu sein.

Zweitens sind Reaktionsbildungen aufgrund von unbefriedigenden Vaterbildern im derzeitigen Amerika ziemlich weitverbreitet. Ob aufgrund der Depression in den 30er Jahren, die viele Männer ihr Selbstvertrauen verlieren und in ihnen ein überaus starkes Sicherheitsbedürfnis entstehen ließ, oder ob die Industrialisierung als solche Männer wirtschaftlich abhängig gemacht hat, die zuvor selbständig gewesen sein mochten, oder aus welchem Grund auch immer – auf jeden Fall konnten sehr viele Väter der vorherigen

Generation die Erwartung ihrer Söhne nicht ausreichend erfüllen, so daß die Reaktionsbildung zwangsläufig ein unter den Erwachsenen der Gegenwart häufig anzutreffendes psychologisches Muster ist. In demselben Maße, in dem dies zu einer weitverbreiteten Entschlossenheit zu persönlicher Verbesserung und zur vollen Ausschöpfung seiner Fähigkeiten geführt hat, trugen die Schwächen der Väter einer Generation merklich zur Stärke der folgenden Generation bei. Die hierin liegende leichte Ironie erinnert etwas an McClellands Bemerkung, daß die Geschichte im großen und ganzen nur eine Abfolge unbeabsichtigter und unvorhergesehener Konsequenzen ist.

Auf jeden Fall erwarben diese Männer einen mächtigen und fortwährenden Drang, vorwärtszukommen und die sich im Leben stellenden Probleme mit Entschlossenheit zu meistern. Sie wurden nicht durch Sentimentalität gegenüber dem Vertrauten gehindert und gaben sich nicht mit kleinen Erfolgen zufrieden. Es besteht kaum ein Zweifel, daß sie ein ausgeprägtes Leistungsmotiv erwarben, teils weil ihre vollbrachten Leistungen im Geschäftsleben ihnen ihren sozialen Aufstieg ermöglichten, teils weil sie das Bedürfnis hatten, sich immer wieder neuen Herausforderungen zu unterwerfen. Die Spannungen der Kindheit, die ihre grundlegenden Motive herbeiführten, waren natürlich sehr schnell vergessen. Doch wirkten die durch sie hervorgerufenen Gewohnheiten und Verhaltensweisen selbstverstärkend, und ihr Einfluß setzte sich ihr ganzes Leben hindurch fort. Die Eigenschaften, die sie vor Jahren in ihrer Jugendzeit aus Protest gegen die Mängel ihrer Väter erworben hatten, kamen ihnen als gereifte Männer in leitenden Positionen unbedingt zustatten. Sie waren schon immer sehr entschlossen gewesen, hatten sich immer hohe Ziele gesteckt und waren noch nie selbstzufrieden gewesen.

So interessant Abegglens Erkenntnisse auch sind, so muß doch daran erinnert werden, daß sie von einer kleinen und sehr selektiven Gruppe abgeleitet wurden. Er hat nachgewiesen, daß eine Reaktionsbildung in jungen Jahren ein für das ganze Leben gültiges Muster prägen kann, das durch extremes Streben nach Leistung und sozialem Aufstieg gekennzeichnet ist; doch können auch andere Formen psychologischer Beziehungen derartige Motivationen erzeugen. Von ihren Vätern enttäuschte Söhne haben den Erfolg keineswegs von vorneherein für sich allein gebucht! Es ist heute erwiesen, daß es eine Reihe von mehr oder weniger konsistenten biografischen Grundstrukturen gibt und daß diese bestimmte, den Verlauf der Karriere beeinflussende Motive hervorbringen können. Die langfristige Motivationsstruktur hängt weitgehend von der Art der Ausbildung ab, die ein Individuum zu erhalten sucht, und davon, wie gut er sich darin macht; außerdem beeinflußt sie seine berufliche Neigung und seine Leistungen in dem gewählten Beruf. Die individuelle berufliche Laufbahn ist zumeist eine Fortsetzung des ersten Lebensabschnitts.

Wir haben bereits gesehen, wie aus der Enttäuschung, die ein Junge gegenüber dem vom Vater gesetzten Beispiel männlichen Handelns und Verhaltens empfindet, ein starkes *Leistungsmotiv* hervorgehen kann. Biografische Studien, die vom Verfasser angestellt wurden, deuten darauf hin, daß mindestens ein anderer spezifischer Lebenslauf ebenfalls ein ausgeprägtes Leistungsmotiv erzeugen kann. (Es mag sehr wohl weitere gleichermaßen effektive Vergangenheitsmuster geben, die bisher noch nicht erkannt worden sind.) Dieser zweite Weg zur Leistungsmotivation beruht nicht etwa auf einer Reaktionsbildung, sondern vielmehr auf einer positiven Identifizierung mit dem Vater. Es gibt demnach eine Reihe von gesunden und wünschenswerten Umständen, die eine aktive, energische und erfolgreiche Karriere begünstigen.

Die diesem spezifischen Lebenslauf zugrundeliegende Psychologie ist ziemlich eindeutig: Entscheidend sind die energischen, zuversichtlichen Väter, die kaum vor etwas zurückschrecken und ihre Söhne zu gleichem Verhalten ermuntern. Diese Väter waren in wirtschaftlicher Hinsicht nicht unbedingt extrem erfolgreich, insbesondere wenn die Jugendzeit ihrer Söhne gerade in die Depression fiel, aber in ihrer Geisteshaltung ließen sie sich nie etwas zuschulden kommen. Sie waren zumindest moralisch nie unterlegen und waren sich dessen mit Stolz bewußt. Natürlich waren einige unter ihnen wohlhabend. Doch war die wesentliche Eigenschaft, die die Väter dieser leistungsorientierten Söhne prägte und den Ausschlag gab, nicht ihr Reichtum, sondern ihr Vertrauen in die eigenen Fähigkeiten, mit denen sie ihr Leben aktiv zu gestalten wußten. Sie waren nämlich selbst leistungsmotiviert. Ihre Söhne bewunderten sie, eiferten ihnen nach, und ihre Charaktere wurden schließlich von dem gleichen Vertrauen, dem Tatendrang und der Unabhängigkeit geprägt, die ihren Vätern so gute Dienste geleistet hatten.

In Wirklichkeit ist dieses Muster derart einfach, daß es guten Psychologen verdächtig vorkommen würde, besonders den mit der klinischen Praxis vertrauten, da sie oft ein völlig anderes Ergebnis sehen. Danach scheint ein auffallend erfolgreicher Vater eine gleichwertige Entwicklung häufig zu erschweren; seine vollbrachten Leistungen erscheinen dermaßen überragend, daß sein Sohn schon vor dem Versuch einer Nachahmung zurückschreckt. Dies bewirkt dann die genaue Umkehrung der durch Unzufriedenheit gekennzeichneten Situation, die wir zuvor beschrieben haben. Diesmal ist der Vater mit dem Sohn unzufrieden, und zwar kann seine Unzufriedenheit so weit gehen, daß er schließlich beschließt, er müsse drastische Maßnahmen ergreifen, um den langsamen Erfolg seines Sohnes zu beschleunigen. Daher schickt er ihn zum Psychologen. Da dieser Patiententyp keinen geringen Teil ihrer Praxis ausmacht, ist verständlich, warum Psychologen erfolgreichen Vätern gegenüber skeptisch sind! Doch sehen sie andererseits auch nicht die erfolgreichen Söhne der Väter.

Obwohl der Beweis schwer zu erbringen ist, läßt sich der Unterschied zwischen erfolgreichen und erfolglosen Söhnen scheinbar auf das Maß an Interesse und Zuneigung zurückführen, das der Vater jeweils aufbringt. Wenn ihm die Versuche beginnender Selbständigkeit bei seinem Sohn Spaß machen, wenn er ausreichend Zeit mit ihm verbringt, um sich zu vergewissern, daß ein Teil seiner eigenen Lebensanschauung »abfärbt«, und wenn er die Leistungen seines Sohnes lobt, wird dieser sich mit ziemlicher Sicherheit mit ihm identifizieren, so daß der alte Baum sozusagen einen schönen neuen Ableger erzeugt hat. Ist der Vater dagegen zu beschäftigt, um sich von seinem Jungen stören zu lassen, oder schlimmer noch, zeigt er sich ihm gegenüber geringschätzig oder macht sich über ihn lustig, bleibt die Identifikation mit Sicherheit aus. Dieser Junge mag sogar das Gefühl bekommen, daß er nur dann die Aufmerksamkeit seines Vaters erregen kann, wenn er völlig versagt – wobei er außerdem noch mit ihm abrechnen kann.

Ungeachtet dessen, ob ihr Antrieb einer glücklichen oder unglücklichen Vaterbeziehung entstammt, zeigen die Lebensläufe dieser leistungsmotivierten Jungen schon sehr frühzeitig ein bemerkenswertes Maß an Übereinstimmung. (Menschen können sich zwar gleichartig verhalten und sogar gleichartige Motive besitzen, und dennoch entstammen ihre Verhaltensmuster als Erwachsene extrem unterschiedlichen psychologischen Ursprüngen.) Es gibt mindestens drei Merkmale, die in ihrer Jünglingszeit auftreten und während ihres Erwachsenendaseins weiterbestehen; manchmal können sie sogar sehr viel weiter zurückverfolgt werden. Es sind dies die wohlüberlegte Auswahl von Beschäftigungen, in denen Auszeichnungen erworben werden können, die ausgeprägte Neigung, Entscheidungen über Ausbildung und Karriere ohne anderweitigen Rat oder andere Formen der Hilfe zu treffen, und die Abneigung gegen zu strenge Überwachung.

In der Jugend dieser leistungsmotivierten Personen geschah es häufig, daß sie eine spezifische Betätigung fallenließen (wie z. B. eine Sportart oder ein Hobby), wenn sie diese zwar recht gut, aber keineswegs hervorragend absolvierten, und daß sie sich statt dessen einer anderen Aktivität zuwandten, in der sie sich auszeichnen konnten. Sie suchten in der Regel den Wettbewerb, und zumindest in ihrer frühen Jugend schienen sie es mehr darauf angelegt zu haben, andere Jungen auszustechen, als die Ausübung der spezifischen, von ihnen betriebenen Tätigkeit besonders zu genießen. Dies Bedürfnis, immer der Sieger zu sein, war zwar keine »reine« Form des Leistungsmotivs, doch vermittelte es konkreten Feedback und schuf die Grundlage für ein früh entwickeltes Bewußtsein der Befähigung. Im Laufe der Zeit wurde das Siegen zur Gewohnheit. Dies war gleichermaßen auf die wohlüberlegte Auswahl der Ziele, auf die Entschlossenheit der Jungen und auf ihre grundsätzlichen Fähigkeiten zurückzuführen. Dadurch, daß sie ihre Energien nur auf die Bereiche konzentrierten, in denen sie komparative Vorteile besaßen, und sie nicht für lediglich interessante Bereiche verschwendeten, erzielten sie eine beträchtliche Aufwandsersparnis. Doch im Laufe der Zeit begannen sie den Sieg zu *erwarten*, und damit verlor der Wettbewerb als solcher an Reiz. Die Schwierigkeiten der von ihnen ausgewählten Betätigungsbereiche nahmen sie mehr in Anspruch als der Wettbewerb mit Gleichrangigen. Und somit verwandelte sich das ursprüngliche Bedürfnis nach dem Übertreffen der Leistungen anderer in ein Bedürfnis, schwierige Probleme gut zu lösen.

Diese Angewohnheit, sich Betätigungen auszusuchen, die die Möglichkeit der Auszeichnung boten, war nur ein Aspekt des umfassenderen Wesensmerkmals, Entscheidungen völlig selbständig zu treffen. Selbst als Jungen hatten diese Männer eine hervorstechende Neigung, bevorstehende Wahlmöglichkeiten schon lange im voraus zu antizipieren, die verschiedenen Alternativen gegeneinander abzuwägen und die einzuschlagende Richtung zu bestimmen, *ohne den Rat irgendeiner anderen Person in Anspruch zu nehmen.* Ebensowenig ließen sie sich durch Traditionen umstimmen, durch das, was ihre Freunde machten oder am wenigsten durch die bloßen Umstände. Sie wußten, warum sie den eingeschlagenen Weg gingen, es waren *ihre eigenen* Gründe und nicht die von irgend jemand anders. So wählten sie das College, ein Hauptfach, einen Teil der beruflichen Laufbahn und sogar den potentiellen Arbeitgeber, bei dem sie sich um eine Stellung bewerben wollten, mit Vorbedacht aus und schon lange, bevor die Zeit für die Entscheidung überhaupt reif war.

Sie besaßen alle ein langfristiges Ziel und eine Reihe von kurzfristigen Zielsetzungen, auf die sie zusteuerten; sie gaben sich nicht damit zufrieden, dem Schicksal seinen Lauf zu lassen. Wurden ihre Pläne durch den unausweichlichen Militärdienst unterbrochen, dann meldeten sie sich lieber freiwillig und warteten nicht erst die Einberufung ab. Auch hier versuchten sie, ihr Leben möglichst weitgehend selbst zu kontrollieren, anstatt sich vom Leben kontrollieren zu lassen. Dies Verhaltensmuster, sich Ziele zu setzen und sich völlig auf das eigene Urteilsvermögen zu verlassen, setzte sich bis in ihr Erwachsenendasein fort. Es befähigte sie, im wahrsten Sinne des Wortes zu wissen, wohin sie gingen.

Diese tief eingefleischte Gewohnheit der völlig selbständigen Entscheidungsfindung stand in unmittelbarem Zusammenhang mit ihrer Einstellung zur Aufsichtführung. Diese leistungsorientierten Männer wollten grundsätzlich nur wissen, was die Betriebsleitung von ihnen erwartete, und ansonsten sollte man ihnen bei der Ausführung freie Hand lassen. Sie schätzten allerdings gelegentlichen Feedback und waren gutem Rat gegenüber keineswegs verschlossen, besonders wenn sie noch unerfahren waren; doch gingen ihnen übertrieben wachsame und fordernde Überwachungsmethoden einfach gegen den Strich. Da die selbständige Kontrolle ihrer Arbeit so immens wichtig für sie war, wurde jeder, der sich in diese Kontrolle einmischen wollte – um es sanft auszudrücken – nur wenig geschätzt. Man kann sich recht gut vorstellen, wie sie auf einen produktionsorientierten Vorgesetzten reagiert hätten!

Das *Prestige*motiv ist heutzutage schon dermaßen geläufig, daß es modern geworden ist, sich darüber lustig zu machen. Man hört sehr viel über das Statusdenken, das Sichausrichten an den Joneses usf. Das Prestigedenken ist keineswegs eine Erscheinung des 20. Jahrhunderts. Anthropologen behaupten, daß es allem Anschein nach schon in Gemeinschaften des Steinzeitalters existierte, und es besteht keinerlei Grund zu der Annahme, daß die Menschen jemals bereit gewesen wären, jedem das gleiche Maß an Wichtigkeit oder Ruhm zuzugestehen.

Ob es einem gefällt oder nicht, die Menschen haben sich offenbar schon seit undenklichen Zeiten in Häuptlinge und Indianer, Edle und Bauern, leitende Angestellte und Stundenarbeiter unterteilt, und es gibt keinerlei Anzeichen dafür, daß sich dies ändern könnte. Die klassenlose Gesellschaft muß erst noch geschaffen werden, selbst in Sowjetrußland, das sich nach allgemeiner Auffassung in eine solche zu verwandeln sucht. Die Geschichte gibt keine Aufschlüsse über eine sich langfristig abzeichnende Prestigenivellierung. Die Revolutionen, die im 18. Jahrhundert in Westeuropa begannen und sich noch immer durch die ganze Welt ziehen, sind nicht so sehr auf den Wunsch zurückzuführen, daß die Gesellschaft das Prestige als solches abschaffen sollte, sondern sie sind vielmehr Revolten gegen feststehende Klassengrenzen, die ehrgeizige und befähigte Männer daran hindern, sich ihr angemessenes Prestige aufzubauen.

Was aber ist Prestige genaugenommen? Grundsätzlich ist es eine Anzahl nicht näher definierter Verhaltensweisen, die man von anderen Menschen gegenüber sich selbst erwartet: das Maß an Achtung oder Nichtachtung, an Formalität oder Informalität, an Reserviertheit oder Offenheit. Das Prestige eines Menschen ist also von der erwarteten Behandlung durch andere abhängig und hat daher einen entscheidenden Einfluß auf die Art der Annehmlichkeit, Bequemlichkeit und den Erfolg, mit denen er in seinem Leben rechnen kann.

Prestige wird von der Gesellschaft verliehen und nicht von dem einzelnen je nach Geschmack ausgesucht. Hohes Ansehen findet man einerseits bei Leuten mit geringem Status, die jemand bewußt über sich erheben, um sich geleitet und beschützt zu fühlen, und andererseits als individuellen Wunsch, den derzeitigen Status zu verbessern, um in eine derartige gehobene Position zu gelangen. Man braucht sich nur einmal zu vergegenwärtigen, was für ein Aufhebens ältliche Patienten von einem jungen Arzt oder Teenager oder von einem Jazzsänger machen. Die Basis für das Prestige ist die Ungleichheit von Fähigkeiten und Motiven; lästig wird das Prestige vornehmlich dann, wenn natürliche Ungleichheiten durch Kastenwesen oder Vorurteile blockiert werden. Ironischerweise ist die Startgleichheit die beste Garantie, daß sich die natürliche Ungleichheit des Menschen manifestiert; daher sind Unterschiede im Ansehen gewissermaßen eine unausbleibliche Folge der Demokratie.

Jeder Mensch beginnt sein Dasein mit einem bestimmten Maß an Prestige, das allein durch seine Herkunft bedingt ist. Die Gesellschaft stuft alle nach einer groben, unpersönlichen und unbesehenen Rangfolge ein. Viele Menschen durchlaufen ihr Leben auf recht angenehme Weise ohne merkliche Änderung ihres ursprünglichen Statusniveaus, während sich andere gegen den als unangemessen empfundenen Status auflehnen. Diese Unzufriedenheit mit dem Prestige, das dem einzelnen durch die Geburt verliehen wird, kann unter bestimmten Umständen zu einem das ganze Leben prägenden Verhaltensmuster werden, das durch das beständige Streben nach dem Aufstieg in höhere soziale Schichten gekennzeichnet ist. Die Prestigemotivation kann eine starke und fortwährende Triebkraft für die berufliche Entwicklung sein, da die von einem Mann ausgeübten Beschäftigungen ein ausgezeichnetes Mittel für den sozialen Aufstieg sein können.

Die Menschen streben zeit ihres Lebens auf zahllosen Wegen nach Ansehen; manche versuchen es mit subtilen, andere mit deutlicheren Methoden. Nur zu oft kämpfen sie dabei um rein äußerliche Formen des Ansehens, statt nach der Art persönlicher Großartigkeit, die stillschweigend Prestige gebietet. Wichtig ist jedoch, daß unabhängig von der Spitzfindigkeit dieser Versuche ein weitverbreitetes Bedürfnis besteht, die eigene relative Bedeutsamkeit klarzustellen und dies auf ein Niveau zu bringen, das der einzelne für sich selbst als angemessen erachtet. Das Streben nach Prestige ist in Wirklichkeit ein Streben nach Feedback, und die vielbesprochenen Statussymbole sind ganz einfach Kennzeichen, an denen die Menschen ablesen können, wieviel Ehrerbietung wir von ihnen erwarten. Gerade weil Prestige eine Form des Feedback ist, überschneidet es sich mit dem Leistungsmotiv, obwohl die beiden Motive keineswegs identisch sind und das eine häufig ohne das andere zu finden ist.

Das Prestigedenken ist an sich schon sehr alt; neu ist nur die Tatsache, daß so viele Menschen plötzlich ein sehr viel ausgeprägteres Streben nach Ansehen und Anerkennung entwickeln können, als ihre Eltern je für möglich gehalten hätten. Die Ausdehnung einer wohlhabenden, gebildeten Mittelschicht hat erstmals in der Geschichte ein Übermaß an *Neureichen* entstehen lassen. In der Übergangsphase von einem Status zum anderen sind Unbeholfenheit und Prahlerei unausbleiblich; daher ist die mobile Gesellschaft auch eine beliebte Zielscheibe für den Satiriker.

Es ist keineswegs ausgeschlossen, daß wir in Zukunft noch mehr Prestigemotivation und damit noch mehr sozialen Aufstieg, Prahlerei und beißende Kritik an diesen Erscheinungen erleben werden. Dies rührt daher, daß die letztliche Ursache für die Verbreitung dieses Motivs in einem historischen Prozeß liegt, der alle Anzeichen für ein weiteres Fortbestehen aufweist: Dieser Prozeß ist die Ausweitung des Überflusses auf einen sich ständig vergrößernden Teil der amerikanischen Bevölkerung. Der Wunsch nach größerer Bedeutung und Schätzung erwächst nicht bloßer Unzufriedenheit mit dem herkunftsmäßig »zugewiesenen« Status, sondern auch dem Glauben an eine *mögliche* Verbesserung. Die Möglichkeit der Aufstiegsmobilität hat drastisch zugenommen, seit die Wirtschaft die von Walt W. Rostow als »Start«periode bezeichnete Phase überwunden hat und in eine Ära sich rapid vermehrenden Überflusses eingetreten ist.

Nach Ansicht des Nationalökonomen Robert Heilbroner brachte die dreißigjährige Periode nach Beginn der Großen Depression eine »umfassende Erhöhung des Lebensstandards« mit sich. Der Prozentsatz der amerikanischen Familien, deren Einkommen unterhalb eines herkömmlichen geschätzten Existenzminimums lagen, sank von 1929 bis 1958 von 60 v.H. auf 36 v.H., und die Mehrheit der immer noch darunter liegenden Gruppen wurde eher durch soziale Handikaps (Rassenvorurteile, Alter, ungenügende Ausbildung) zurückgehalten als durch eine in der Wirtschaft selbst liegende Unfähigkeit, sie in dieser Aufwärtsentwicklung zu absorbieren. Die Kraft der Wirtschaft zur Erhöhung des Lebensstandards und damit auch des Statusniveaus steht heute außer Zweifel; selbst die durch die Automation bewirkten Umschichtungen werden voraussichtlich auf lange Sicht im Nettoeffekt zu einer Arbeitskräfteknappheit führen und somit die allgemeine Erhöhung des Wohlstandes erzwingen. Die alte Theorie, daß eine weit um sich greifende Armut eine unausweichliche Realität des Wirtschaftslebens ist, wurde durch die Geschichte widerlegt, und die Schleusen der Aufstiegsmobilität öffnen sich ständig weiter. Heilbroner führt dazu aus[36)]:

»Die wesentliche Ursache des wirtschaftlichen Unheils (im Jahre 1929) lag in der unangemessenen *Produktivität* des industriellen Prozesses selbst. 1958 war diese von allen Barrieren am schwierigsten überwindbare weitgehend bezwungen – ... Nachdem der Durchschnittsarbeiter $ 4 324 verdiente, bestand kein Zweifel mehr, daß die Lohnstruktur des gesamten Kapitalismus die enge Beziehung zwischen Armut und Einkommen der Industrie zerstört hatte.«

So können wir dem Geschichtsverlauf der amerikanischen Wirtschaft entnehmen, daß die Prestigemotivation sich aller Voraussicht nach immer mehr durchsetzen wird und daß sie weiterhin Karrieren, Konsumentenwünsche und Gemeinschaftsleitbilder mitprägen wird. Da Ansehen nicht absolut, sondern relativ ist, braucht das Motiv keineswegs in der Armut zu wurzeln: Jeder junge Mann oder jede junge Frau können mit dem jeweiligen zugewiesenen Status irgendeiner sozialen Klasse unzufrieden sein. Daher wird die Prestigemotivation nach der Beseitigung der Armut kaum aussterben; denn es ist letztlich nicht die Armut, sondern das Gerechtigkeitsgefühl des einzelnen – ob sein Status nach seinem Empfinden mit seinen Verdiensten übereinstimmt –, das entscheidet, ob er den angeborenen Status akzeptieren wird. Prestigemotivation scheint schon mit der Erkenntnis des Jugendlichen zu beginnen, daß er in unangemessenen Verhältnissen lebt; eine Erkenntnis, die teils einen gewissen inneren Stolz erweckt, teils jedoch diesen Stolz durch die

Realität seines Familienstatus zum Hohn werden läßt. Er lebt somit in einer höhnischen Umwelt, und es liegt nun an ihm, entweder seine Ansprüche auf persönliche Wertschätzung aufzugeben oder aber um ihre Verwirklichung zu kämpfen. Wo der überaus wichtige Anflug von Stolz letztlich herrührt, ist schwer zu sagen; biografische Untersuchungen deuten darauf hin, daß er manchmal von einem Elternteil eingegeben wird, der an die potentiellen Fähigkeiten des Kindes glaubt und möglicherweise hofft, an seinem Aufstieg teilhaben zu können.

Eine prestigemotivierte Person ist oft ein ausgezeichneter Wettbewerbsgegner; einerseits zu begierig nach Lorbeeren, als daß sie sich auf ihnen ausruhen würde, andererseits zu unsicher über den tatsächlichen Status, als daß sie ihn als selbstverständlich hinnehmen könnte. Es fällt dem Betreffenden oft schwer, sich auf einem neuen Statusniveau heimisch zu fühlen, selbst nachdem er sich bereits ziemlich fest und sicher etabliert hat. Wirkliche Sicherheit bietet ihm – zumindest auf die Dauer – nur der beständige Aufstieg. Er wird sich deshalb zumeist in beruflichen Laufbahnen versuchen, die potentiell hohe Einkommen, eindrucksvolle Titel und schnelles Vorankommen ermöglichen. Auf diese Weise mag das Prestigemotiv das geeignete Druckmittel sein, das sowohl für das Individuum als auch für die Betriebe zu hervorragendem beruflichen Erfolg führt.

Da die Prestigemotivation oft mit Snobismus verwechselt wird, muß darauf hingewiesen werden, daß ein Individuum, das seinen Wunsch nach Ansehen aufgrund einer relativ bescheidenen Herkunft erwirbt, kaum auf andere Menschen herabsehen wird. Dieser Typ besitzt keinerlei Ambitionen auf Überlegenheit; er sucht vielmehr die Bestätigung, daß er eine recht achtbare Persönlichkeit ist, die in einer höflichen Gesellschaft einigermaßen willkommen ist. Sollte er sich jemals fest etabliert fühlen, dann könnte er eventuell zum Snob werden, aber eine seiner rettenden positiven Eigenschaften ist, daß er selten seine innere Ungewißheit verliert, selbst wenn er ein für seine Bedürfnisse ausreichendes Maß an Prestige gewonnen hat. Diese Unsicherheit läßt ihn nie ganz in Ruhe und bewahrt ihm eine gewisse innere Demut. Snobismus ist dagegen eher die Schwäche eines Menschen, der seinen gewohnten Status zu verteidigen sucht; man findet sie jedoch kaum bei einem Menschen, der seinen Status zu verbessern versucht: Er ist ein defensives und nicht aggressives Verhalten.

Das Bedürfnis nach Prestige währt allerdings nicht ewig. So wie das Wasser sich seinen Stand sucht, wollen prestigemotivierte Menschen auch einen bestimmten Grad der Wichtigkeit in ihren Betrieben und Gemeinschaften erringen, der sie befriedigt und den sie als Endziel betrachten. Vielleicht dauert es eine Weile, bis sie glauben, daß sie es wirklich geschafft haben und daß sie sich nicht weiter zu bemühen brauchen, aber letztlich ist es dem erfolgreichen prestigemotivierten Menschen durchaus möglich, sich zu entspannen. Doch werden manche an dieser »Entspannung« gehindert; denn andere nehmen womöglich an, daß der Betreffende noch höher hinaus möchte und übertragen ihm (in den besten Absichten) immer anspruchsvollere und hervorragendere Aufgabenbereiche. Derart irrige Versuche, Männer in höhere Positionen zu befördern, als diese von ihrer Anpassungsfähigkeit her verkraften können, führen vielfach zu ersten Fehlschlägen in bisher erfolgreichen Karrieren. Da Prestigebedürfnisse in der Regel befriedigt werden, findet man sie meistens bei jüngeren Männern. Ältere haben häufig bereits einen für sie befriedigenden Rang erreicht oder aber haben sich damit abgefunden, daß ein weiteres Steigen ihres Ansehens unwahrscheinlich geworden ist.

Ein anderes, vielbesprochenes Motiv ist das Streben nach *Sicherheit.* In Wirklichkeit gibt es zwei unterschiedliche Formen der Sicherheitsmotivation, und sie differieren in ganz wesentlichen Punkten. Wir brauchen wohl nicht viel über bewußte Sicherheitsmotive zu sagen, da diese zum größten Teil recht realistisch und leicht verständlich sind, wenn auch gewisse Nebeneffekte bei ihnen häufig übersehen werden. Die normale Vorsicht erlegt uns eine bestimmte Achtsamkeit gegenüber den üblichen Gefahren des Lebens auf: Wir versuchen mit allen uns zur Verfügung stehenden Mitteln, mögliche Gefahren zu reduzieren und die Auswirkungen unvermeidlicher Verluste zu minimieren. Schließlich ist kein Mensch unverwundbar, sei es durch Unfälle, Kriege, Krankheiten oder die Launen der Wirtschaft, und zudem steht außer Zweifel, daß vom Unglück sehr hart getroffene Menschen einen deutlichen Leistungsabfall verzeichnen. Daher haben sowohl der einzelne als auch die Organisation ein gemeinsames Interesse an einer bestimmten Garantie, daß die Katastrophen des

Lebens gemildert oder, wenn möglich, abgewehrt werden. Es ist für einen Mann völlig normal, daß er sich zum Teil von Überlegungen leiten läßt, wie er sich und seine Familie am besten vor diesen Gefahren schützen kann, besonders wenn er älter wird und sich gleichzeitig verantwortlicher und verwundbarer fühlt. Somit sind bewußte Sicherheitsmotive sehr üblich, und zwar dermaßen, daß man leicht ihre Bedeutung überschätzt. Obwohl sie sich nur schwer beweisen läßt, besteht Grund zu der Annahme, daß viele Organisationen sich zu sehr auf das Sicherheitsmotiv verlassen haben. Das heißt, daß sie möglicherweise mehr Sicherheit zur Verfügung gestellt haben, als für eine minimale »Katastrophenversicherung« erforderlich ist, die ausreicht, um die Mehrzahl der Menschen vor chronischer Angst zu bewahren. Übertriebene Sicherheitsvorkehrungen können den Menschen zwar willfährig und vorhersehbar machen, aber nicht notwendigerweise leistungsfähiger; tatsächlich kann in Organisationen, in denen Schöpfungsgeist oder Initiative wünschenswert sind, eine übermäßige Betonung der Sicherheit die gesamte Leistungskraft vermindern.

Wenn auch ein ausgeprägtes Sicherheitsbedürfnis so wesentliche Entscheidungen wie das Verbleiben in einer bestimmten Organisation oder das Suchen eines neuen Arbeitsplatzes beeinflussen kann, ist es nur selten ein dominierendes persönliches Merkmal. Bewußte Sicherheitsmotive spielen gewöhnlich eine untergeordnete Rolle und fungieren in der Regel als hemmende Faktoren – d. h. sie unterdrücken oder verzerren die Impulse eines Individuums – und nur selten als Antrieb offenen Handelns. Wenn der Arbeitsplatz eines Menschen durch ein bestimmtes Vorkommnis gefährdet ist, wie z. B. durch die Unkenntnis einer Regel oder durch eine unpopuläre Meinung, dann können Sicherheitserwägungen ihn dazu bringen, *nicht* das zu tun, was er eigentlich gern tun würde. Organisationen können diese bewußten Sicherheitsmotive entweder positiv – durch verschiedene zusätzliche Sozialleistungen oder andere Schutzmaßnahmen – oder negativ beeinflussen, indem sie Befürchtungen der Entlassung, der Zurückversetzung oder des Übergangenwerdens erwecken. In jedem der genannten Fälle ist die Wirkung eher disziplinarisch als motivierend, und das Ergebnis wird wahrscheinlich eher Konformität sein als Neuerung. Demnach kann eine zu starke Betonung des normalen und allgegenwärtigen menschlichen Sicherheitsstrebens ebenso lähmend wirken wie seine Vernachlässigung.

Es gibt jedoch noch ein weiteres, ernster zu nehmendes Sicherheitsmotiv, das weitgehend unbewußt und daher längst nicht so offensichtlich und leicht verständlich ist. Manche Menschen werden in ihrem ganzen Leben vorwiegend von Sicherheitsmotiven geleitet, und zwar beginnt deren Einfluß schon lange, bevor sie überhaupt eine rationale Analyse der »üblichen Gefahren des Lebens« vornehmen können, und setzt sich ihr ganzes Leben hindurch fort. Die Gefahren, gegen die sie sich zu schützen suchen, sind vage, durchdringend und furchterregend; gewöhnlich sind diese Menschen auch irgendwie der Überzeugung, daß die Umwelt bestenfalls launisch und schlechtestenfalls bösartig ist. Ihr alles überragendes Bedürfnis ist daher, ein bestimmtes Maß an Sicherheit zu finden, und sie gehen aus diesem Grunde einseitige »Allianzen« mit Personen oder Organisationen ein, die ihnen ein relativ ungestörtes Leben zu garantieren scheinen. Hier ist die Vorstellung eines »psychologischen Arbeitsvertrages« ganz passend, da diese Leute häufig in ihren Arbeitgebern die Puffer sehen, die die Verantwortung für ihren Schutz übernehmen, wobei die eigene Gegenleistung die Zustimmung zu diesem Beschäftigungsverhältnis ist. Verständlicherweise neigt dieser Typ eher zu paternalistischen Organisationsformen; doch sollten sie jemals einem Druck ausgesetzt sein, der sie zwingt, eine gewisse Verantwortung für das eigene Wohlergehen zu übernehmen, dann werden sie leicht empfindlich und sind über die allgemeine Ungerechtigkeit zutiefst enttäuscht. Was als unvernünftiges Verhalten ihrerseits erscheint, wird verständlicher, wenn man bedenkt, daß ihr Schutzbedürfnis so stark ist, daß sie die Organisation nicht nur in eine fiktive Beschützerrolle hineinprojizieren, sondern zugleich unterstellen, daß das Unternehmen diesen Schutz auch zu gewähren bereit ist. Wenn die Organisation sich dieser auferlegten Rolle entledigt, verletzt sie in Wahrheit ein Abkommen, das ihr nie bewußt war.

Aller Wahrscheinlichkeit nach entwickelt sich eine starke Sicherheitsneigung in der Kindheit. Es gibt sehr verschiedene Möglichkeiten, um sie jemandem einzupflanzen. Eine der häufigsten ist die der Identifikation mit sicherheitsorientierten Erwachsenen. Wenn die Eltern geduldige, passive Menschen sind, die sich mit dem Leben so zufriedengeben, wie es sich ihnen darbietet, ohne es in Frage zu stellen oder ändern zu wollen, und wenn niemand eine solche Haltung herabsetzt oder einen kühneren Kurs einschlägt, ist es für die Kinder völlig normal, daß auch sie bereit sind, das Schicksal in seiner jeweiligen Form zu akzeptieren. Eine derartige Familienatmosphäre findet sich häufig in Bereichen mit chronischem wirtschaftlichem Rückstand und reflektiert einfach die trüben Zukunftsaussichten. Sie kann jedoch auch mitten in wirtschaftlichen Höhepunkten vorhanden sein. Diese Haltung wird sehr früh im Leben adaptiert und stellt eher eine grundsätzliche Auffassung dar als eine Anpassung an vorübergehende wirtschaftliche Umstände.

Für Menschen, die in einer solchen Atmosphäre aufgewachsen sind, ist das Leben in erster Linie unberechenbar und nicht manipulierbar. Sie besitzen selten viel Vertrauen in ihre Fähigkeit, den Verlauf ihres Lebens bewußt zu ändern. Daher wird ihr Lebenslauf effektiv weitgehend durch die Umstände, Traditionen oder die Wünsche anderer determiniert. Doch sehen sie darin wahrscheinlich nichts Außergewöhnliches und halten es für völlig natürlich.

Dieser Typ des sicherheitsmotivierten Menschen ist oft sehr beliebt. Er sucht nicht den Wettbewerb und gibt daher anderen Menschen nicht das Gefühl, sie müßten sich gegen ihn verteidigen. Er ist geduldig, eventuell philosophisch veranlagt, beklagt sich selten und behält gewöhnlich seine gute Laune, unabhängig von guten oder schlechten beruflichen Leistungen, was teilweise auf sein nicht allzu ernsthaftes Interesse daran zurückzuführen ist. Er kann mit einem Wort recht entwaffnend sein, und dieses ungekünstelte Wesen erweist sich oft als seine beste Waffe. Andere erwarten gewöhnlich nicht allzuviel von ihm und beanstanden daher selten seine Arbeit, und – was noch wichtiger ist – man ist gern in seiner Nähe. Er kann sich so durch seine Beliebtheit ein sicheres Anstellungsverhältnis schaffen, indem er es ohne irgendwelche Arglist fertigbringt, seine Arbeitsumgebung so sicher, tolerant und schutzbietend wie möglich zu machen.

Die Entwicklung unbewußter Sicherheitsmotivation wird außerdem durch eine übermäßig beschützende oder nachsichtige Behandlung während der Kindheit gefördert. Das Kind kann gewissermaßen mit Sicherheit derart übersättigt werden, daß es die Realität nur rosig verzerrt sieht und keine ausgewogene Vorstellung davon erhält, was es von anderen Menschen erwarten kann und was diese wiederum von ihm erwarten. Die Welt wird ihm als ein wohlwollender, toleranter Ort vorkommen, der sich geflissentlich seinen Bedürfnissen anpaßt; es kann sogar ziemliche Fertigkeit in dem Beschwatzen der Leute seiner Umgebung entwickeln, damit diese ihm seinen Willen lassen. Sollte sich diese Orientierung im Erwachsenendasein fortsetzen – was häufig der Fall ist –, dann wird der Betreffende wahrscheinlich ständig eine Haltung ungestörter Ruhe einnehmen, ungeachtet jedes auf ihn ausgeübten Druckes. Doch beruht dies weniger auf seinen »stahlharten Nerven« als auf seiner Unfähigkeit zu glauben, daß sich die Dinge nicht immer von allein zum besten wenden. Selbst wenn ganz offensichtlich nicht alles zum besten steht, wird er kaum in Verzweiflung ausbrechen; in seinem tiefsten Inneren findet er es unbegreiflich, daß das Glück ihn verlassen haben sollte oder daß sich die Wogen nicht wieder von selbst glätten.

Unbewußte Sicherheitsmotive resultieren demnach aus frühen Erfahrungen, die das Leben entweder als zu wenig kontrollierbar hinstellen, als daß sich persönliche Initiative lohnte, oder aber als zu wohlwollend, als daß Initiative erforderlich wäre. Der einzelne liefert sich somit gleichsam der Gnade seiner Umgebung aus und ist dabei entweder von dem Gefühl der Sinnlosigkeit oder dem erhabener Sicherheit erfüllt. In jedem Fall ist das Ergebnis eine Präferenz für eine überschaubare und schutzbietende Arbeitsumgebung.

Manchmal werden die Sicherheitsmotive leicht belächelt, als ob sie aus irgendeinem Grunde weniger männlich oder weniger achtbar wären als beispielsweise das Leistungs- oder Geldmotiv. Es stimmt zwar, daß übertriebenes Sicherheitsstreben viele Menschen möglicherweise von der vollständigen Nutzung ihrer Fähigkeiten abhält. Doch wenn man es aus der richtigen Perspektive betrachtet, ist das Motiv gar nicht so abstoßend, und die seinem Einfluß unterliegenden Menschen sind gar nicht so beklagenswert. Zuallererst trägt die Industrie selbst erheblich zur Pflege der Sicherheitsmotive bei, indem sie Pensionen und Fringe Benefits betont und nur widerwillig ältere Arbeiter einstellt. Beide Faktoren senken die Wahrscheinlichkeit, daß andere Motive als Gegengewicht gegen die Bedeutung des Sicherheitsmotivs ankommen können. Die Gewerkschaften erzielen mit ihrer Betonung des Dienstalters den gleichen Effekt, und die Regierung tut das Ihre durch Wohlfahrtsprogramme, die völlig unabhängig von ihren humanitären Zwecken die Gefahren der Arbeitslosigkeit hervorheben. So können wir die weitverbreitete Besorgtheit um Sicherheit kaum allein den Schwächen des jeweiligen Menschen anlasten.

Zweitens besitzt fast jeder in bestimmtem Umfang bewußte und unbewußte Sicherheitsmotive. Das Leben ist selten so eindeutig oder einfach – selbst nicht in der frühen Kindheit –, daß es Einflüsse ausschließen könnte, die ein Sicherheitsbedürfnis – oder aber irgendein anderes Bedürfnis – erzeugen helfen. In gewissem Sinne beginnt ein »starkes« Sicherheitsmotiv sich schon dann zu manifestieren, wenn erst ein bescheidenes Maß an Gefahr in der Umgebung vorhanden ist; daher kann sich auch ein an sich »schwaches« Sicherheitsmotiv bemerkbar machen, wenn das Individuum nur einer hinreichend starken Belastung ausgesetzt wird. Oder, um es deutlicher auszudrücken, jeder hat seinen Wendepunkt, und selbst der etxrem selbstbewußte Sicherheitsverächter mag bei sich plötzlich ausgeprägte Sicherheitsbedürfnisse entdecken, wenn er eine extreme Pechsträhne hat. So kann letztlich jeder von uns durch »höhere Gewalt« zu einem passiven, wenig wagemutigen und sicherheitsorientierten Menschen werden.

Allerdings – und das ist überaus wichtig – kann der Mensch die Auswirkungen extremer Sicherheitsmotive überwinden. Manchmal wächst er über sie hinaus, manchmal lernt er, aus anderen Motiven mehr Befriedigung abzuleiten, und manchmal stürzt er sich durch »unbesungene heroische Taten in den Rachen der Ungewißheit« und bringt es fertig, als besserer Mensch daraus hervorzugehen. Das Sicherheitsmotiv ist danach weder völlig schlecht noch ausschließlich durch menschliche Schwäche bedingt, es ist weder auf einige wenige Menschen beschränkt noch restlos vernichtend in seinen Auswirkungen.

Kapitel 14

Das Geldmotiv

Die gründliche Analyse des Geldmotivs mußten wir bisher aus zwei Gründen zurückstellen. Erstens ist beachtlich wenig über die psychologische Bedeutung des Geldes bekannt; abgesehen von einigen Forschungsergebnissen wie denen von Whyte, die darauf hinweisen, daß Geld doch längst kein so allmächtiger Motivator ist, wie allgemein angenommen wird, haben sich die meisten Sozialwissenschaftler damit zufriedengegeben, eine ernsthaftere Untersuchung des Geldes Nationalökonomen und dem Volksmund zu überlassen. Zweitens baut eine Analyse der Geldmotivation bei dem derzeitigen Wissensstand vornehmlich auf Anhaltspunkten in dem Hauptthema der vorhergehenden Kapitel auf.

»Geld ist zwar nicht alles«, so lautet eine volkstümliche Weisheit, aber es ist allem, was möglicherweise an nächster Stelle folgt, weit voraus. Doch muß eine vernünftige Theorie der Geldmotivation irgendwie die Fakten miteinander in Einklang bringen, daß für manche Menschen Geld zeit ihres Lebens alles *ist*, daß es für andere nur zeitweilig alles ist und daß es anderen wiederum nie viel bedeutet. Sie muß konsistente Erklärungen für die Tatsachen bieten, daß Geld ein eigenständiger Motivator oder ein Promoter anderer Motive sein kann und daß Unzufriedenheit mit finanziellen Vergütungen erst durch die niedrige Kaufkraft hervorgerufen wird oder aber nur eine Verschleierung weniger materieller Frustrationen ist. Sie muß die in manchen Situationen zu beobachtende ungeheure Anziehungskraft finanzieller Belohnungen mit ihrer bei anderen Gelegenheiten fast »irrationalen« Wirkungslosigkeit vereinbaren können. Kurzum, sie muß aus einem Flickwerk von scheinbar widersprüchlichen, oftmals völlig gegensätzlichen Beobachtungen ein sinnvolles Gefüge schaffen.

Bei näherer Betrachtung erweist sich das offenkundigste Charakteristikum des Geldes als gleichzeitig subtilstes und wichtigstes Merkmal: Geld ist ein Symbol. An sich wertlos, hängt sein Wert allein davon ab, was dagegen eingetauscht werden kann. Im Laufe der Geschichte hat sich das Geld immer mehr von dem entfernt, was es ursprünglich symbolisieren sollte: Der Übergang von Münzen über Banknoten und Schecks zu den Magnetbändern der Computer macht deutlich, daß alles, was unserer Bequemlichkeit dient, Werte repräsentieren und daher eine Form des Geldes werden kann. Als bequemer Preismaßstab, der für alle Güter gilt, besitzt das Geld eine völlig rationale Funktion. Doch leitet es seine einzigartige Bedeutung als Motivator allein von der Tatsache ab, daß seine symbolische Macht nicht an den Marktwert gebunden ist; Geld kann fast jeden anderen Wert symbolisieren, den die Menschen gerade für erstrebenswert halten. Somit kann Geld Leistung, Prestige, Macht oder Sicherheit repräsentieren; es kann der einzig vertrauenswürdige Begleiter des Zynikers oder der Teufel des Idealisten sein.

Das Geld steht in der Regel für alles, was der Mensch in seinem Leben für überaus wichtig hält. Seine rationale Funktion wird von der sehr bedeutsamen irrationalen Funktion überlagert, nach der es alle Hoffnungen und Befürchtungen der Menschen widerspiegelt, die sich seiner bedienen. Geld erhält also immer die Bedeutung, die die Menschen ihm verleihen, und reflektiert die gleichzeitig logische und emotionale Natur des Menschen. Der Grund für das im Hinblick auf das Geld selten rationale Verhalten der Menschen (oder wenn man möchte, der Märkte) liegt darin, daß das Geld selbst zum Teil irrational ist, was wiederum durch Vorliebe des Menschen hervorgerufen wird, seine geheimsten Wünsche in irgendeinen physischen Aspekt seiner Umwelt hineinzuprojizieren. So ist das Verknüpfen des Geldes mit nichtmateriellen Werten eine moderne Form der Abgötterei, die nach dem erfolgreichen Gebrauch des Geldes als Symbol materieller Werte wahrscheinlich unvermeidlich wurde. Wir wollen aber keineswegs über die ökonomische Bedeutung des Geldes oder seine Nützlichkeit in bezug auf gefühlsmäßige Symbole spotten; beide sind unbedingt notwendig, und die Welt wäre ohne sie wahrscheinlich ein weniger fortschrittlicher und weitaus stärker frustrierender Ort. Nun wird die Funktion des Geldes als Verhaltensmotivator aber kaum verständlich, solange man sich nicht über seine Doppelrolle als Repräsentant materieller und emotionaler Werte im klaren ist.

Es ist anzunehmen, daß das Geld ein relativ ineffizienter Motivator wäre, wenn es völlig rational wäre und nicht die Macht zur

Symbolisierung unfaßbarer Ziele besäße. Um dies zu beweisen, braucht man nur in jene unterentwickelten Teile der Welt zu blicken, in denen die Wahrscheinlichkeit, seinen Status und seine Macht verbessern zu können, so gering ist, daß selbst die Hoffnung darauf fast unbekannt ist. Solchen Menschen erscheint Geld nicht als ein »Freibrief« zu größerer Glückseligkeit, sondern lediglich als ein Mittel, mit dem sie ihre Arbeit gegen einige einfache und notwendige Güter eintauschen können – für sie hat Geld also eine rein ökonomische Funktion. Geschäftsführer haben in diesen Ländern häufig die Erfahrung gemacht, daß die Einheimischen gerade so viel arbeiten, um sich das Notwendigste kaufen zu können, ohne die Gelegenheit leichter zusätzlicher Einnahmen auszunutzen. Erst wenn das Geld zu einem glaubwürdigen Vermittler von Sicherheit, Rang und anderen immateriellen Zielen avanciert, kann es diese symbolisieren, und erst wenn es diese symbolisiert, kann es eine ins Gewicht fallende Motivationskraft erwerben.

Demnach hängt die Macht des Geldes, seinen eigenen motivierenden Effekt zu vervielfachen, allem Anschein nach davon ab, ob es nichtfinanzielle Ziele zugänglich machen kann. Dies hängt wiederum weitgehend davon ab, ob der einzelne etwas Kapital akkumulieren konnte oder ob er sein ganzes Einkommen ausgegeben hat. Sparsamkeit ist zwar nicht ausschließlich eine Frage des Charakters; sie ist aber auch nicht ganz unabhängig davon; ob jemand spart und seine Einkünfte investiert, hängt davon ab, inwieweit er dadurch eine Verbesserung seines Daseins für möglich hält. Haben ihn seine bisherigen Erfahrungen gelehrt, sich als Gefangener seiner Umgebung zu betrachten (was in einer unterentwickelten Gesellschaft oder einer diskriminierten Gruppe der Fall sein kann) oder aber als Mündel seiner Umgebung (dies könnte in einer paternalistischen Gemeinschaft vorkommen), dann ist für ihn die Zukunft unabwendbar, und Sparen erscheint ihm weder sinnvoll noch möglich. Es erübrigt sich wohl zu erwähnen, daß die Bildung von Kapital für jemand, dessen Einkommen am oder unter dem Existenzminimum liegt, ein rein akademisches Problem ist. Erst wenn eine gewisse Erfahrung zeigt oder zumindest zu zeigen verspricht, daß das Individuum tatsächlich seine Zukunft beeinflussen kann, wird eine umfassendere Vermögensbildung in der einen oder anderen Form wahrscheinlich. Unter diesen Umständen wird der Besitz von Geld vor allem ein mögliches Instrument zur Förderung der eigenen Interessen sein und kaum als ein relativ impotentes Gut betrachtet werden, das nur quält, ohne zu befriedigen.

Die Bemühungen eines Individuums, Kapital zu akkumulieren, und sein Optimismus hinsichtlich der Zukunft sind nicht nur interdependent, sondern beeinflussen auch seine Einstellung zum Einkommen. Doch ist diese Beziehung keineswegs so einfach. Menschen mit wenig oder gar keinem Vermögen, die nur wenig Grund zu übertriebenem Optimismus haben, werden kaum besonders stark auf finanzielle Leistungsanreize reagieren, obwohl sie Kaufkraft nötiger haben als jeder andere. Kein Geld zu haben, impliziert nicht notwendig, danach zu »hungern«. Besonders wenn die Zukunft unsicher erscheint, sind Arbeiter oft bereit, auf ein höheres Einkommen zu verzichten oder sogar einen niedrigeren Lohn zu akzeptieren, um ihren Arbeitsplatz zu sichern: Man erinnere sich an die künstlichen Vorgabezeiten in Zalezniks »erstarrten« Gruppen.

Für einen Mann, der sich immer der Gnade seiner Umwelt ausgeliefert fühlte, ist Geld kein Substitut für Sicherheit; für ihn liegt die notwendige Sicherheit nicht in seinen Ersparnissen, sondern in der kontinuierlichen Nachfrage nach seiner Arbeitskraft. Von seinem Standpunkt aus ist es völlig »logisch«, seine Dienstleistungen absatzfähig zu erhalten und einen höheren »Preis« abzulehnen, selbst wenn er paradoxerweise die Gesamtkosten seiner Arbeit durch seine bewußt niedrige Produktivität erhöht. Es ist eben nicht rationale Volkswirtschaftslehre, sondern seine grundlegende Lebensauffassung, die darüber entscheidet, wie er auf Chancen zum Geldverdienen reagieren wird.

Gehen wir einen Schritt weiter und betrachten einen Menschen, der zwar kein Vermögen, aber dennoch eine konstruktive Einstellung gegenüber der Zukunft besitzt. Dieser Typ kann in einer Wirtschaft mit gerade beginnender Industrialisierung vorkommen oder – für uns vertrauter – bei jungen Menschen, die ihre Ausbildung beendet haben und in das Berufsleben eintreten. Die Anziehungskraft des Geldes ist für diese Gruppen im allgemeinen sehr groß und kann so weit gehen, daß sie absolute Priorität bekommt und eine Art »Verrücktsein nach Geld« erzeugt. Der Grund hierfür ist, daß diese Menschen im Geld ein wirksames Instrument zur radikalen Verbesserung ihres Lebensstandards sehen. Sie werden sich zu immer größeren Käufen verleiten lassen, was früher oder später dazu führt, daß sie entweder sparen, um die hohen Summen zu bezahlen, oder Kreditabmachungen treffen, die letztlich nichts anderes sind als Verpflichtungen zu künftigem Sparen. Somit wird die Vermögensbildung in der einen oder anderen Form durch den Optimismus ausgelöst, der materielle Wünsche immer teurer werden läßt.

Etwas Vermögen oder Ersparnisse lassen die Aussichten auf erhöhtes Einkommen zumindest am Anfang attraktiver als je zuvor erscheinen. Da diesen Menschen der Sinn nach all den Dingen steht, die man mit Geld kaufen kann, verhalten sie sich mehr oder weniger als rein ökonomisch ausgerichtete Individuen, die im Streben nach Maximierung ihres Einkommens sehr stark auf Leistungsanreizsysteme ansprechen. Der strebsame Verkäufer und der hochproduktive Akkordbrecher sind Beispiele für diese Reaktion. (Nebenbei sei bemerkt, daß der »Optimismus« der Akkordbrecher mehr durch sein Selbstvertrauen bedingt ist als durch seinen Glauben an die Absichten anderer Menschen ihm gegenüber.) Das Geldmotiv nährt sich daher aus sich selbst, indem jeder zusätzliche Gewinn an Kaufkraft erneute Gewinne in greifbare Nähe rücken läßt und attraktiver macht ... doch geht dies nur bis zu einem bestimmten Punkt. Wenn diese Phase, in der die Kaufkraft des Geldes eine hohe Anziehungskraft ausübt, auch mehrere Generationen in einer auf der sozialen Rangskala aufsteigenden Familie überdauern oder viele Jahre für ein Individuum anhalten kann, bis es sich fest in der oberen Mittelschicht etabliert hat, so erreicht sie in der Regel doch einen Punkt abnehmender Grenzerträge. Mit zunehmender Befriedigung der materiellen Wünsche und mit wachsendem Zutrauen in seine Fähigkeit, das für seine Bedürfnisse Ausreichende zu verdienen, beginnt das Geldmotiv bei dem Individuum merklich nachzulassen. Bei den meisten Menschen vervielfachen sich materielle Wünsche nicht *ad infinitum*; ihr anfänglich übermäßiger Bedarf an materiellen Gütern wird allmählich immer mehr abklingen.

An diesem Punkt der Vermögensbildung wird Geld keineswegs unbedeutend, und die Menschen werden nicht plötzlich zu Altruisten. Das Geld verliert nur nach und nach seine *vorrangige* Bedeutung. Es hat gewissermaßen alles gekauft, was es kaufen konnte; die materiellen, von ihm symbolisierten Dinge sind Realität geworden. Bei den meisten, aber auch nicht allen Menschen werden andere, bisher zweitrangige Bedürfnisse stärker hervortreten. Dabei können alle möglichen Kombinationen der vorher besprochenen immateriellen Motivatoren vorkommen: Leistung, Prestige, Macht, Sicherheit und so fort. Das Geldmotiv übernimmt nicht nur eine Nebenrolle – allerdings bleibt es stark genug, um es mit einbeziehen zu müssen, aber es ist nicht mehr so heftig oder alles andere ausschließend –, sondern es erhält auch zunehmend nichtfinanzielle Bedeutung. Es ist jetzt weniger ein Kaufkraftinstrument, sondern wird zum Symbol des neuen, von nun an erstrangigen Motivs. Das bedeutet, daß bei ausreichender Vermögensakkumulation das Geld immer irrationaler und zugleich immer weniger zugkräftig als Motivator wird. Jede ernstliche Bedrohung der Verdienstmöglichkeit oder des angesammelten Kapitals kann das Geld sehr schnell wieder in seine ehemals vorrangige Rolle versetzen. Dagegen werden sich ohne das Auftreten einer finanziellen Krise die Zugkraft und die Bedeutung der Geldmotivation mit zunehmendem Wohlstand deutlich verändern.

Die symbolische Rolle des Geldmotivs läßt sich besonders gut an den höheren Einkommensteuerklassen illustrieren, bei denen ein beträchtlicher Teil der Einkünfte überhaupt nie in die Hände des Verdienenden gelangt und zusätzliche Einkünfte weitgehend konfisziert werden. Mit dem sehr hohen Gehalt eines leitenden Angestellten bezweckt man wohl hauptsächlich die Schaffung eines Spielraumes, innerhalb dessen die Gehälter von weniger hochgestellten Arbeitnehmern ja nach ihrem Status relativ genau bemessen werden können. Je höher die Bezahlung der Spitzenpositionen ist, desto größer ist die Bandbreite, innerhalb der die anderen Gehälter zueinander in richtige Beziehung gesetzt werden können[37)]. In dem hohen und großenteils nicht verfügbaren Einkommen eines Spitzenangestellten kommt somit seine Bedeutung für die Organisation im Vergleich zu anderen Angestellten zum Ausdruck, während die niedrigeren Gehälter der anderen Beschäftigten der Organisation nach der relativen Bedeutung abgestuft sind. Auf den konfiskatorischen Steuerniveaus verfolgt man also mit der finanziellen Vergütung eher die Anerkennung des Ausmaßes an individueller Verantwortung und seines Status, sieht in dem Gehalt aber weniger ein Mittel zum Bezahlen der Kaufmannsrechnungen. In Wirklichkeit ist es eine Dienstauszeichnung. Gerade weil es hoch im Preis stehende Werte verkörpert – Führungsqualitäten, Verantwortung, Autorität –, kann diese Auszeichnung als Motivator fast ebenso effektiv sein wie das Geld selbst, wenn es nicht weggesteuert würde. Vielleicht ist es für Männer, die schon lange an eine solide Vermögensposition gewöhnt sind, sogar in der Funktion der Dienstauszeichnung effizienter als in der des Rechnungsbegleichers.

Natürlich gibt es viele Wege zur Minimierung der effektiven Steuerlast bei höheren Einkommen. Doch läßt die Verwendung dieses verfügbaren Einkommens oft vermuten, daß dieses eher symbolischen als rein finanziellen Motiven dient. Somit erweist sich der Versuch der ganz bewußten Vermögensmaximierung als höchst subjektives »Spiel«, in dem das Ziel das Übertreffen einer vorgegebenen »Punktezahl« oder aber das Setzen eines eigenen unübertrefflichen Standards ist. Das Spiel bestätigt letztlich die eigene Tüchtigkeit und Überlegenheit. Desgleichen kann der Betreffende das Einkommen für Luxusgüter ausgeben und sich mit den beruhigenden Symbolen der Sicherheit umgeben, oder er kann das Geld zum Demonstrativkonsum für Güter oder Dienste verwenden, die den Wohlstand eines Menschen bezeugen, und dadurch sein Statusdenken enthüllen. Diese Einkommen können aber auch so investiert werden, daß sie gegen zukünftige Unsicherheit absichern – oder die Einflußnahme auf eine Organisation gestatten. Vielleicht gibt sogar die Beobachtung Aufschluß, daß der Verdiener eines hohen Einkommens oft gar keine eindeutige Zweckbestimmung für sein Geld weiß und auf Befragen keine genauen Angaben machen könnte. Selbstverständlich kann er sein Geld immer irgendeinem völlig rationalen, greifbaren und spezifischen Zweck zuführen. Doch ist heute noch strittig, ob der Zweck den Wunsch zum Geldverdienen erzeugte oder ob der Wunsch für den Zweck ausschlaggebend war. Die im Gegensatz zur zweckbestimmten auf Zwang beruhende Ersparnis ist keineswegs so selten; möglicherweise ist sie sogar die stärkere Triebkraft von beiden. Es steht außer Zweifel, daß Geld die Menschen zu wahren wirtschaftlichen Glanzleistungen oder Wundern inspirieren kann; doch ist andererseits ebenso eindeutig, daß Geld oft sehr eigenwillige Wege geht, um seine Wunder zu vollbringen.

Zu guter Letzt wollen wir das Einkommensverhalten von jemand betrachten, der zwar etwas Vermögen besitzt, aber hinsichtlich seiner Fähigkeit, die Zukunft zu beeinflussen, nicht allzu optimistisch ist. Dies mag für wohlhabende Familien gelten, deren Kinder weniger auf ein Leben mit Verantwortungsbewußtsein, sondern vielmehr mit Privilegien und Luxus vorbereitet wurden, und für Menschen mit Pensionen oder anderen festen Bezügen. Unter diesen Umständen wird das Geld wahrscheinlich überwiegend als ein Recht auf Schutz und nicht so sehr als Mittel zur persönlichen Besserstellung angesehen werden. Der *Status quo* wird ihnen als der von allen möglichen Konstellationen akzeptabelste und angenehmste erscheinen. Der einzelne sieht generell in seiner Umgebung einen sich selbsttätig regulierenden Mechanismus, der im wesentlichen außerhalb seines Einflußbereichs liegt; daher wird die Erhaltung des Vermögens und nicht der riskante Einsatz desselben zum Leitmotiv. Ein derartig veranlagter Mensch wird bei zu hohem Risiko eher auf die Erhöhung seines Einkommens verzichten. (Steuern werden hier unter »Risiko« subsumiert.) Zudem muß es sich schon um eine recht beträchtliche Einkommenserhöhung handeln, um sie überhaupt als Verbesserung anzuerkennen. So kann auch hier die Reaktion auf Einkommensanreize nach außen irrational erscheinen und sich erst dann als vernünftiges Handeln erweisen, wenn man die dem Individuum zugrundeliegende Lebenseinstellung versteht.

Wenn unsere Behauptung zutrifft, daß die Reaktion eines Individuums auf Einkommenschancen mit seiner Vermögenssituation und seinem grundlegenden Gefühl der Befähigung eher übereinstimmt als mit der Möglichkeit, sein wirtschaftliches Selbstinteresse durch das in Aussicht stehende Einkommen zu verbessern, dann folgt daraus, daß *das Geldmotiv von Mensch zu Mensch als Funktion seiner Lebensgeschichte variiert.* In gewisser Hinsicht charakterisiert das Verhalten eines Menschen gegenüber dem Geld seinen Lebensablauf bis zur Gegenwart: seine frühe Umgebung, seine Ausbildung, seine verschiedenen nichtmonetären Motive und seinen gegenwärtigen Vermögensstand. Seine Einstellung zum Geld enthüllt den Menschen – seine Hoffnungen und Sorgen, seine Torheiten und seine Größe – mindestens ebenso gut wie jeder andere Ausschnitt aus seinem Leben. Ähnlich den Tintenklecksen der Psychologen ist Geld ein im wesentlichen neutrales Objekt, das jeder nach seiner persönlichen gewohnten Anschauung über die Welt und sein Verhältnis zu dieser interpretiert.

Bis jetzt haben wir uns immer noch nicht mit dem befaßt, was man als das »reine« Geldmotiv bezeichnen könnte: Es handelt sich dabei um den fortwährenden Wunsch, gleichzeitig das Einkommen und das Vermögen zu maximieren, der unabhängig von der Größe des erreichten Vermögens nie an Intensität einbüßt. Es bedarf keiner Beweise, daß es solche Menschen gibt, wenn ihre Zahl auch nicht so groß ist, wie häufig angenommen wird. Ihre wahre Häufigkeit wird vielfach dadurch verschleiert, daß die meisten jüngeren Menschen, deren finanzielle Bedürfnisse noch nicht befriedigt sind, und manche Menschen, deren Verdienstmöglichkeiten zu gering sind, um ihre finanziellen Bedürfnisse je befriedigen zu können, eindeutig geldmotiviert sind. Sie konnten bisher weder die Stärke dieses Motivs an dem beruhigenden Gefühl des Wohlstandes ausprobieren, noch hatten ihre immateriellen Motive Gelegenheit, ihren Einfluß geltend zu machen. Die »Abnutzung« des Geldmotivs von erst- zu zweitrangiger Bedeutung kommt erst nach längerem Genuß eines recht beträchtlichen Einkommens zum Tragen – eine Tatsache, die bei der Entwicklung zu einer immer wohlhabenderen Gesellschaft mit einer breiten Mittelschicht berücksichtigt werden muß.

Der chronische »Homo oeconomicus« mit reinen Geldmotiven erweist sich durch seine Einstellung zum Geld keineswegs als minderwertiger als seine mehr immateriell ausgerichteten Brüder. Es sind dies oft Menschen, die von ihrer Umwelt keinerlei Gnade erwarten und die die Zuverlässigkeit oder Wohltätigkeit anderer ihnen gegenüber nicht besonders schätzen. Sie sind oft hartgesottene Zyniker, die zwangsläufig gelernt haben, außergewöhnlich stark auf sich selbst zu bauen.

Derartig veranlagte Männer sind oft in einer unfreundlichen Atmosphäre aufgewachsen, in der nur allzu deutlich hervortrat, daß sie unwillkommen und ungeliebt waren. Psychologen sind sich darüber im klaren, daß ein solcher Lebensbeginn sehr ungünstig ist und oft zu irgendeiner Form des emotionellen Ungleichgewichts führen kann; und dennoch gelingt es manchen Jungen, einen derart unglücklichen Start ohne allzu großen Schaden für ihr Ich zu überstehen. Irgendwie lernen sie, durch List und bloßen Mut der Verzweiflung ihrer Umwelt geistig und notfalls auch körperlich überlegen zu werden. Sie lernen aus bitterer Erfahrung, praktisch niemandem zu trauen. Sie werden schon in jungen Jahren kalt und berechnend und sind damit außerordentlich befähigt, sich in einer für sie durch harten Konkurrenzkampf gekennzeichneten, insgesamt wenig vertrauenerweckenden Welt durchzusetzen.

Ihr ausgeprägtes Interesse am Geld hat möglicherweise schon sehr früh begonnen. Während andere Jungen sich noch mit Sport oder Hobbys die Zeit vertrieben, waren sie teils schon mit kleinen unternehmerischen Wagnissen aller Art beschäftigt. Außerdem nahmen diese geldmotivierten Jungen ihre – wenn auch winzigen – »Geschäfte« überaus ernst: Sie investierten bei ihren Beschäftigungen beträchtlichen Energieaufwand und Scharfsinn. Mit zunehmendem Alter halten diese Menschen immer nach solchen Betätigungen Ausschau, die je nach Alter den größtmöglichen Ertrag garantieren: So betreiben sie in ihrer Jugendzeit häufig manuelle Arbeiten oder sind später als Reisende tätig. In einem Alter, in dem andere Jungen gerade erst den Wert des Geldes schätzen lernen, besitzen sie meistens schon recht beachtliche Sparkonten. Sie sind von Natur aus sparsam und nicht sehr ausgebefreudig; selbst in ihrem späteren Leben behalten sie ein im Verhältnis zu ihrem Einkommen und ihren Ressourcen recht bescheidenes Leben bei.

Sie fühlen sich zu Berufen und Betrieben hingezogen, die ihnen die höchsten Nettoeinkommen versprechen. Doch ist ihr Ziel nicht etwa, dies Einkommen für gute gesellschaftliche Unterhaltung oder für den Erwerb eines guten Bekanntheitsgrades auszugeben, sondern sie wollen vielmehr ihre Vermögensposition so schnell wie möglich verbessern. Hierfür ist ein ständiger Einkommensüberschuß über die Ausgaben Voraussetzung, und so beansprucht die Verwaltung dieses Überschusses durch Spekulation und Investition bald den größten Teil ihrer Freizeit. Wenn sie wirklich einmal lustig und gesellig sind wie andere, geschieht dies nicht ohne Absicht, da sie ständig unbarmherzig nach Absatz oder Gewinn streben. Ihr Mangel an Sentimentalität oder unberechtigtem Optimismus garantiert ihnen als Börsen- oder Immobilienmakler und in ähnlichen Berufssparten guten Erfolg. In ihrer erstaunlichen Selbständigkeit liegt zugleich der Schlüssel zu ihrer unablässigen Beschäftigung mit dem Geld.

Männer mit reinem Geldmotiv sind meistens selbständige Geschäftsleute oder mit großer Wahrscheinlichkeit im Begriff, solche zu werden. Während die Rolle des Arbeitgebers erhebliche Steuervorteile mit sich bringen kann, bereitet sie doch manches Mal Kopfzerbrechen und ist langfristig nicht unbedingt lukrativer als beispielsweise eine Beschäftigung in einer Aktiengesellschaft. Die eigentliche Anziehungskraft der selbständigen Erwerbstätigkeit besteht für diese Leute darin, daß ihr Unterhalt allein in ihren Händen liegt und daß sie nicht mehr der Macht eines Arbeitgebers in bezug auf die Bestimmung ihres Einkommens unterworfen sind. Diese von den meisten Menschen als unerläßlich hingenommene Macht ist für die Menschen mit reinem Geldmotiv eine fortwährende Quelle des Unmuts. Sie neigen dazu, die ihnen beim Geldverdienen möglicherweise auferlegten Beschränkungen als völlig real anzusehen, und selbst jede noch so ernst gemeinte Zusicherung könnte ihr Vertrauen in die Stabilität ihres Einkommens erhöhen. Wir müssen uns daran erinnern, daß sie aufgrund ihrer Veranlagung das Leben generell und besonders das Geschäftsleben nur unter dem Motto »Jeder ist sich selbst der Nächste« sehen. Daher ist es ihrer Ansicht nach das beste, so schnell wie möglich über die Reichweite anderer hinauszugelangen.

Demnach stellt das Geld zwar eine lebenswichtige Sache dar, die aber leicht durch die Möglichkeit anderer Menschen, es je nach Belieben auszugeben oder zurückzuhalten, gefährdet sein kann. Es stellt gleichzeitig ein Mittel des Schutzes vor Unglücksfällen dar. An diesem Punkt müssen wir an unsere Theorie anknüpfen, nach der der Mensch das Geld oft im Sinne seiner innersten Bedürfnisse interpretiert. Allem Anschein nach wurde bei dem rein geldmotivierten Menschen das Geld zum Symbol der Liebe und der Sicherheit: Es versinnbildlicht die entbehrten Erfahrungen der Kindheit, nach denen das Individuum immer noch hungert, obwohl es kaum noch Hoffnung hegt, diese von anderen Menschen zu erhalten. Gerade weil es keine Hoffnung mehr besitzt, findet diese Sehnsucht nie ein Ende, und so hört auch die Suche nach dem äußeren Symbol, dem Geld, nie auf. Geld ist im Gegensatz zum Menschen nicht wankelmütig; es enttäuscht nicht oder stößt nicht zurück, und sein Wert entspricht immer dem ihm übertragenen Wert. Neben der Zuverlässigkeit bietet es auch Schutz; es kann Menschen, die sonst gleichgültig oder feindselig wären, diszipliniert machen. Die symbolische Bedeutung des Geldes ist für den verbissenen, einzig vom Streben nach Geld getriebenen Menschen eine idealisierte Form der Mutter, die liebt, beschützt und vor allen Dingen beständig ist. Geld ist die Papierpuppe, die andere Kinder nicht wegnehmen können. – Die Ironie bleibt dem Leser überlassen.

Neben dieser ganz spezifischen Bedeutung des Geldes gibt es jedoch noch eine Reihe anderer Zweckbestimmungen. Wollte man sie alle erwähnen, wäre möglicherweise noch ein Buch erforderlich und eine Forschungsarbeit, die sich über mehr als ein Leben erstrecken würde. Wichtig ist für uns nur, daß das Geld seinen Zwangscharakter, mit dem es die meisten Menschen manchmal und viele Menschen fortwährend antreibt, aus der Tatsache ableitet, daß *es keine immanente eigene Bedeutung besitzt.* Daher kann es jeden beliebigen Sinn annehmen, den die Menschen in ihrem Leben finden wollen. Daß es daneben auch eine rationale ökonomische Funktion innehat, verschleiert nur seine tieferen Kraftquellen als Motivator. Dies läuft darauf hinaus, daß die Rolle des Geldes als öffentliches Zahlungsmittel eine ausgezeichnete Rechtfertigung für das Interesse an ihm liefert – und damit die Möglichkeit, tiefergehende Motive hinter einer unbestreitbaren Reihe von Tatsachen zu verbergen. Bis zu einem unbekannten Ausmaß mag der wirtschaftliche Fortschritt also aus einem Verhalten herrühren, das häufig diesen irrelevanten und unbewußten Gründen entspringt. Was uns zu der Frage veranlaßt, ob es nicht doch irgendwo einen unsichtbaren Engel gibt, der uns alle ständig bewacht.

Soweit nun unser Überblick über die Kenntnis der individuellen Motive. Es gab dabei einige offenkundige Lücken, die die Unvollkommenheit unseres Wissens widerspiegeln. So birgt das Machtmotiv, obwohl es eindeutig in seiner Bedeutung ist, noch immer viele Geheimnisse, und andere wichtige Motive, wie beispielsweise der Wunsch, der Menschheit zu dienen, oder der Wunsch, zu forschen und zu experimentieren, sind überhaupt noch nicht berührt worden. In Wirklichkeit hat die Motivationsforschung noch einen sehr langen Weg vor sich, und es ist an sich noch viel zu früh für ein endgültiges Buch über die Arbeitsmotivation. Nichtsdestoweniger werde ich im letzten Teil dieses Buches versuchen, die Hauptgedanken der gegenwärtigen Forschung in einer einigermaßen konsistenten Theorie zusammenzufassen und dann zu überprüfen, inwieweit diese Theorie herkömmliche Probleme des Managements und umfassendere, uns alle betreffende Fragen beantworten kann.

Teil III

Ausblick auf die Motivation

Einleitung zu Teil III

Der amerikanische Durchschnittsarbeitnehmer – wenn es diesen überhaupt gibt – verbringt etwa 25 v. H. seiner Zeit bei der Arbeit oder auf dem Weg zu seiner Arbeit, etwa 30 v. H. der Zeit schläft er, und weitere 15 v. H. verbringt er mit Essen und der Erfüllung seiner täglichen Bedürfnisse. Etwa 30 v. H. bleiben ihm für das, was er jeweils unter Freizeit versteht. Diese Zahlen sind genauso authentisch, wie geschätzte Zahlen eben sein können; doch ist es auch nicht wirklich wichtig, ob sie ganz genau stimmen oder nicht. Wichtig ist aber, daß die Industrie bei ihrem Versuch, die Arbeitnehmer dahingehend zu beeinflussen, daß sie produktiver und weniger schwierig sind, sich einfach zu sehr auf die Nichtarbeitszeit konzentriert und die Arbeitszeit vernachlässigt hat. Die Entlohnung stellt in erster Linie darauf ab, dem Arbeitnehmer gute Ernährung, Kleidung und Wohnung zu ermöglichen, und weniger darauf, ihm ein Gefühl der Wichtigkeit oder der Beherrschung seiner Arbeit zu vermitteln. Statt die Arbeit einladender zu gestalten, als sie in Wirklichkeit ist, legte man die Betonung auf die Annehmlichkeiten der Freizeit.

In Wahrheit ist jedoch die Arbeit für die meisten Menschen gar kein Vergnügen, so daß sie es darauf anlegen, die Langeweile durch Hereinlegen des Vorarbeiters oder durch Nichtstun und Albern aufzulockern, und bei ihren Hobbys sehr viel mehr Energie und Schöpfungskraft aufwenden als bei ihrer Berufstätigkeit. Es wird einfach vorausgesetzt oder zumindest selten in Frage gestellt, daß Arbeit zwangsläufig ein ziemlich langweiliger Zeitvertreib ist und daß die meisten Menschen sie sogar dann ungern machen würden, wenn dies nicht der Fall wäre; daher muß man den Arbeiter, um ihn zur Arbeit zu bringen, hinreichend entlohnen, damit er sich nach der Arbeit ablenken kann. Das einzige und letztliche Ziel, das man den Menschen unterstellt, ist das Hobby, der Urlaub und die reinste Form des Nichtarbeitens, das Faulenzen. Und dennoch entspringt ein guter Teil der Verluste und ungesunden Zustände auf dem Schauplatz der modernen Industrie der Tatsache, daß die meisten Menschen erheblich edler sind. So ist die gute Verrichtung einer Tätigkeit für unseren mythischen »Durchschnitts«arbeitnehmer eine sehr viel gewinnbringendere Erfahrung als ein Leben süßen Nichtstuns.

Das Paradoxe an der modernen industriellen Motivation ist, daß trotz der ausreichenden und gar übermäßigen Befriedigung materieller Bedürfnisse der Mangel an immateriellen Belohnungen das neueste und vielleicht sogar größte Hindernis für die Produktivitätssteigerung geworden ist. Die Kosten dieses paradoxen Zustandes sind kaum kalkulierbar, doch kann man zumindest sagen, daß ein beachtlicher Teil des von der Industrie bezahlten Talents sich nicht in der Produktion umsetzt. So wird eine Produktivitätssteigerung heute fast ausschließlich durch Investitionen in neue Anlagen herbeigeführt, was ziemlich teuer ist, und nicht durch größeren Einfallsreichtum und Einsatz, die zwar schwer faßbar sind, aber nicht unbedingt teuer sein müssen. So ist es aus Gründen einer vernünftigen Wirtschaftspolitik ebenso wichtig wie aus menschlichen Erwägungen, daß das Management die dauerhafteren Motive der Arbeitnehmer besser zu verwerten lernt, anstatt beständig an Motive zu appellieren, die sich sehr schnell abnutzen. Daher muß man den Einfluß verstehen, den die von der Betriebsleitung geschaffene Umgebung auf den einzelnen Arbeiter ausübt, und worauf dieser Einfluß beruht; darüber hinaus erfordert es die Bereitschaft, Motivationsüberlegungen mit technischen und Kostenerwägungen bedeutungsmäßig gleichzusetzen.

Wir können jetzt darangehen, in breiten Zügen eine Theorie zu entwerfen, die den größten Teil der bisherigen Forschungsergebnisse über die Arbeitsmotivation vereinigt. Anschließend werden wir die Konsequenzen dieser Theorie für die praktische Planung von Bereichen wie Personaleinstellung, Arbeitsmoral, technologischer Wandel und Arbeitnehmer-Arbeitgeber-Beziehungen aufzeigen. Es braucht wohl kaum mehr erwähnt zu werden, daß die Erforschung der Arbeitsmotivation noch längst nicht am Ziel angelangt ist und daß theoretische Gedankengänge zu diesem Zeitpunkt nur mehr ein Bericht über den gemachten Fortschritt und kein definitives Werk sein können. Doch haben diese theoretischen Überlegungen ihrem Zweck schon dann vollauf Genüge getan, wenn sie allein das Verständnis erweitern, Organisationen zum Erreichen effizienterer Motivationen befähigen und möglicherweise neue Forschungsarbeiten anregen können – wenn sie sich also mit anderen Worten als nützlich erweisen.

Kapitel 15
Die Dynamik der Motive

Grundsätzlich gilt zunächst einmal, daß jeder Mensch viele Motive besitzt und daß jede individuelle Motivationsstruktur andersgeartet ist. Demnach gibt es auch kein einziges Motiv, das allein die Reaktion aller Arbeiter auf ihre Arbeit determiniert, und keine eindeutige Strategie, die bei allen Arbeitnehmern in sämtlichen Betrieben eine gute Arbeitsmoral und Produktivität gewährleistet. So gibt es sehr viele Individuen, die hauptsächlich arbeiten, um Geld zu verdienen, und andere, denen es in erster Linie um die Sicherheit geht, während wiederum anders veranlagte vorwiegend aus Vergnügen an der Arbeit berufstätig sind. Daneben gibt es sogar noch den Typ, der vornehmlich deswegen arbeitet, weil er sonst nichts mit sich anzufangen wüßte. Hingegen läßt sich die leichtfertige Verallgemeinerung über jedes dieser Motive – daß sie »allgemeingültig« sind und daher die Reaktion jedes Menschen auf seine Arbeit grundlegend beeinflussen – bei näherer Betrachtung einfach nicht aufrechterhalten.

Wir können die menschliche Vielfältigkeit (oder, um es anders auszudrücken, die individuelle Einzigartigkeit) nicht einfach ignorieren unabhängig davon, ob wir sie verwaltungsmäßig handlich oder von der Konzeption her leicht begreifbar finden. Doch ist sie weder das eine noch das andere. Diese Mannigfaltigkeit beruht auf drei grundlegenden Merkmalen des menschlichen Daseins: daß nämlich der Mensch aufwächst und sogar in demselben Land unter völlig verschiedenartigen Umweltbedingungen lebt; daß ein hinreichend sensibler Mensch eine Einstellung gegenüber dem Leben und sich selbst besitzt, die in beträchtlichem Maße durch die Feinheiten seiner Umgebung geprägt wird, und daß seine Reaktion auf das Feine und auf das Auffallende in seiner Umwelt nicht notwendig rational sein muß. Jede annähernd vernünftige Analyse der Motivation muß den Menschen schließlich so begreifen, wie Gott ihn geschaffen hat, und nicht, wie er in dem Entwurf eines Ingenieurs aussehen würde.

Gewisse Verständnisschwierigkeiten bei den Motiven rühren einfach von der Art ihrer jeweils differierenden Anordnung her. Sowohl ihre Struktur als auch ihre Dynamik scheinen völlig eigenständigen Gesetzmäßigkeiten zu unterliegen. Die Struktur wurde manchmal als Hierarchie bezeichnet; d. h. daß normalerweise ein Motiv stärker hervortritt und daher das Verhalten des Individuums intensiver beeinflußt als die anderen. Danach kommen dann je nach Motivationsstärke in stufenmäßiger Rangfolge die anderen Motive. Diese Struktur ist allerdings nicht fixiert: Das heute bei einem Menschen dominierende Motiv braucht morgen schon nicht mehr erstrangig zu sein. Eine Umgruppierung erfolgt immer dann, wenn ein Motiv so weit befriedigt wurde, daß es in den Hintergrund tritt, und alle anderen eine Stufe nach oben rücken, um es zu ersetzen. Solange das »alte« Motiv hinreichend befriedigt wird, bleibt es verhältnismäßig wirkungslos und wird das Individuum sehr viel seltener zum Handeln anregen als die »neueren«, noch unbefriedigten Motive.

Als einfache Illustration dieses Prinzips mag uns der Eisbecher dienen, der uns einmal im Zustand der Erhitzung und des Hungers angeboten wird und ein andermal nach einem reichlichen Mahl. Außerdem ist typisch, wie sich das Interesse der Neureichen vom Geldverdienen auf seine Zurschaustellung verlagert. Die Umgruppierung funktioniert auch umgekehrt: Der gut genährte Mensch wird schließlich hungrig und sogar gierig, wenn er nicht weiterhin gut genährt wird, und der Ausgabefreudige wird schnell seine alte Sparsamkeit wiederentdecken, wenn er sich plötzlich ohne Einkommen findet. Das jeweilige vorrangige Motiv ist demnach bei jedem Individuum ein bewegliches Ziel, und zwar besonders in den wirtschaftlich weiterentwickelten Ländern, in denen weite Teile der Bevölkerung ihre grundlegenden Bedürfnisse befriedigen können.

Doch sind Motive nicht ganz so instabil, wie es den Anschein hat. Einige sind schwerer zu sättigen als andere. Ein Motiv kann fast unendlich lange bestehenbleiben, wenn es ein Bedürfnis darstellt, das in der Kindheit ernsthaft frustriert wurde, oder wenn jede weitere Befriedigung das Bedürfnis nur mehr verstärkt. So kann ein lieblos behandeltes Kind als Erwachsener ein »reines« Geldmotiv entwickeln und das Geld um des Geldes willen horten, nur weil er niemandem vertraut und nie genügend besitzt, um sich bei anderen willkommen zu fühlen. Ein positiveres Beispiel ist, wenn eine leistungsorientierte Person nach jeder Vollendung einer Aufgabe die leichteren als langweiliger und die schwierigeren als herausfordernder empfindet. Motive können somit fortbestehen, weil der einzelne entweder nicht über sie hinauswachsen kann oder weil seine Selbstentfaltung die Bindung an sie immer stärker werden läßt.

Allem Anschein nach fungieren die Motive, die sich durch ausreichende Belohnungen befriedigen lassen, als *Satisfier*, um Herzbergs Begriff zu übernehmen. Das heißt, sie drängen sich bei ungenügender Zufriedenstellung dem Individuum beharrlich auf, treten dagegen aber in den Hintergrund, wenn sie hinreichend befriedigt werden. Quälender Hunger, Schlaflosigkeit und sogar finanzielle Wünsche können gestillt bzw. gemildert werden und besitzen dann eine verhältnismäßig schwache Triebkraft; diese macht sich vor allem bemerkbar, wenn sie *nicht* befriedigt werden. Ein Satisfier beeinflußt das Individuum eher durch sein Fehlen als durch sein Vorhandensein.

Andererseits operieren die Motive, die sich einfach »stillen« lassen, nach Herzbergs Terminologie als *Motivatoren.* Sie können sehr lange eine fortgesetzt dominierende Rolle im Beruf eines Menschen spielen, selbst bei wiederholten Erfolgen. Und zwar werden sie gerade aufgrund dieser Erfolge am Leben erhalten, während ein beständiges Fehlen der Belohnung sie wahrscheinlich unterdrücken würde. Die Dynamik eines Motivators ist der des Satisfiers genau entgegengesetzt. Entbehrt ein Motivator zu lange irgendeiner befriedigenden Erfahrung, die ihn aufrechterhält, dann wird er gleich einem vollends befriedigten Satisfier seine vorrangige Stellung verlieren. Statt sich jedoch in den Hintergrund zu verlagern, wird er sich in anderer Erscheinungsform als irgendein materielles Bedürfnis niederschlagen und die Handlungen des Individuums indirekt weiter beeinflussen. Auf diese Weise wird ein Satisfier zum Symbol oder Substitut des Motivators und wird dann fast extrem begierig verfolgt. Dies läßt sich recht gut an den sogenannten »symptomatischen Lohnforderungen« ablesen, bei denen Lohnerhöhungen nicht aufgrund eines ernsthaften Geldmangels gefordert werden, sondern nur weil immaterielle Bedürfnisse wie Anerkennung und Prestige scheinbar hoffnungslos frustriert sind. So entsteht der Wunsch des einzelnen nach kompensatorischer materieller Entlohnung aus dem Mangel an psychologischen Belohnungsformen.

Motivatoren sind in der Regel höchst subjektive, personenbezogene Erfahrungen wie Selbstentfaltung, Leistung und persönliche Bedeutung. In gewissem Sinne beziehen sie sich alle auf die Beherrschung der Umwelt, und sie erschöpfen sich deswegen nie, weil die Umwelt (im weitesten Sinne) einfach zu groß ist, um je völlig beherrscht werden zu können. Daher zieht jeder Erfolg eine noch größere Herausforderung nach sich, und das Individuum wird von ihr in der Hoffnung auf erneute Hochgefühle und auf die durch weitere Siege erzeugte Erregung angezogen. Sich durch einen »Motivator motivieren zu lassen«, ist eindeutig ein Sport für psychologisch gesunde Menschen, die sich durch Ängste relativ wenig beeindrucken lassen und in den Strom der Ereignisse gern aktiv eingreifen. Die Motivation durch Satisfier ist dagegen eine sehr viel häufigere Lebensform, weil viele Menschen einfach nicht ausreichend Befriedigung finden, um diese Bedürfnisse zum Abklingen zu bringen, und weil manche Menschen nie das Entwicklungsstadium erreichen, in dem sie passiv die Geschehnisse abwarten können. Doch erscheint heute schon als ziemlich sicher, daß die Technologie und die expandierenden Volkswirtschaften aller Voraussicht nach zumindest das erste dieser Hindernisse beseitigen können, während das zweite durch einen allgemein erhöhten Wohlstand indirekt gemildert werden kann. Wir können uns daher begründete Hoffnungen machen, daß sich die »Motivation durch Motivatoren« unabhängig von der Planung des Managements immer stärker durchsetzen wird.

Im übrigen gibt es einige ausgesprochen achtbare Sozialwissenschaftler, die die Ansicht vertreten, daß das fortgesetzte Streben nach Beherrschung seines Berufs oder nach Selbstentfaltung, das wir als ausgesprochen gesund bezeichnet haben, keineswegs so gesund sei. Nach ihrer Auffassung handelt es sich hierbei um eine zwangsläufige Unfähigkeit, sich mit der Sterblichkeit des Menschen und seiner letztlichen Bedeutungslosigkeit in einem riesigen indifferenten Universum abzufinden. Sie schlagen daher als »gesündere« und friedlichere Daseinsform eine Art gutmütiger Demut vor, die den Menschen Satisfier dankbar genießen läßt und bei der Widerstand nur gegenüber fast unerträglichen Formen des Druckes von seiten der Umwelt auftritt. Der Konflikt zwischen diesem Standpunkt und dem in diesem Buch vertretenen ist im Grunde genommen rein philosophisch, und daher ist es kaum notwendig, das Für und Wider hier ausführlich zu diskutieren. Wir wollen es hier bei der Bemerkung belassen, daß der Leser, der sich intensiv mit bestimmten psychiatrischen oder existentialistischen Werken befaßt, eine Richtung finden wird, die den Haupttenor dieses Buches und die ihm zugrundeliegende Forschung zu widerlegen sucht.

Die dynamischen Kräfte der Motive äußern sich manchmal auf recht ungewöhnliche Weise, was ihr Verständnis nicht gerade erleichtert. In der Welt der Motivationen entsprechen die Dinge nur selten ihrer äußeren Erscheinung. Drei wichtige Gründe für diese trügerische Eigenschaft könnte man Tarnung, Substitution und Reifeprozeß nennen. Die *Tarnung* bewirkt, daß potentiell wichtige Motive so gut verborgen werden, daß man ihr Vorhandensein kaum vermutet. Dies ist dann der Fall, wenn ein anderes dringenderes Bedürfnis noch nicht befriedigt worden ist und daher die Handlungen eines Individuums weiterhin dominieren und manchmal sogar den Kern seiner Persönlichkeit und den Hauptzweck seines Lebens auszumachen scheint. Das Motiv, das die Tarnung herbeiführt, weil es noch immer unbefriedigt ist, wird in der Regel ein materielles oder ein Sicherheitsbedürfnis sein, während das verborgene Motiv wahrscheinlich ein immaterielles Bedürfnis wie Prestige oder Leistung ist.

Kann das überlagernde Bedürfnis auf irgendeine Weise beseitigt werden, dann wird das darunter befindliche immer mehr dessen Stelle einnehmen und im Individuum neue Interessen und Anschauungen entstehen lassen. Die betreffende Person kann ein völlig »neuer« Mensch werden, der ungeahnte Tiefen und Kräfte offenbart. Und dennoch ist er keineswegs ein neuer Mensch; er ist jetzt nur ein höherentwickeltes Abbild seiner selbst. Die Beseitigung des überlagernden Bedürfnisses kann auf zwei Arten geschehen: entweder durch ein Leben im Überfluß, das alle nur denkbaren Bequemlichkeiten und jede nur mögliche Sicherheit bietet, oder durch extremes Leiden, das zu Resignation und zum Verzicht auf alle materiellen Wünsche führt. Der schwerere Weg läßt sich bei vielen Künstlern und religiösen Menschen beobachten; der privilegierte Weg im Leben von aristokratischen Staatsmännern und in jüngerer Zeit an der wachsenden Nachfrage nach befriedigenderen Aufgabenbereichen technischer und akademischer Arbeitnehmer.

Da den meisten Menschen viel mehr an Brot und Butter gelegen ist als an den abstrakten Freuden vollbrachter Leistungen, müßte die Tarnung ziemlich verbreitet sein. Vielleicht ist es deswegen für den Laien manchmal so schwer, die Betonung der »höheren« Motive durch den Psychologen mit seiner eigenen Erfahrung über die Wesensart der Menschen in Einklang zu bringen. Höhere Motive wurden bei den meisten Menschen schon vor undenklichen Zeiten getarnt – die Armut hat allein schon dafür gesorgt. Überdies werden bei allmählicher Ausbreitung des Wohlstandes kaum massenweise Konversionen zum Altruismus stattfinden. Es wird immer mehr Menschen geben, die sich nicht mehr mit langweiligen oder bedeutungslosen Arbeiten zufriedengeben werden, da diese ihre Fähigkeiten nicht genügend beanspruchen. Die Symptome ungetarnter höherer Motive werden voraussichtlich in Unternehmen, die diese Entwicklung nicht verstehen, die Fluktuation und die symptomatischen Lohnforderungen erhöhen und in aufgeschlossenen Gesellschaften häufige Änderungen in der Organisation und den Arbeitsgebieten nach sich ziehen.

Das zweite komplizierende Merkmal der Motive ist ihre Fähigkeit, sich gegenseitig zu *substituieren.* Die bereits angeführten symptomatischen Lohnforderungen illustrieren diese Substitution recht gut und können sogar dazu beitragen, das Phänomen der »Lohnkosten«inflation zu erklären. Natürlich gibt es viele Gründe für das beständige Streben nach höheren Löhnen, selbst nachdem materielle Bedürfnisse weitgehend befriedigt sind und selbst wenn sie durch die induzierten Preissteigerungen wieder zunichte gemacht werden. Diese Gründe sind sowohl ökonomischer, politischer als auch psychologischer Natur, doch werden wir uns hier nur mit dem letzteren beschäftigen.

Bei vielen Erwerbstätigen scheint das Gefühl vorhanden zu sein, daß es in ihrem Leben eine grundlegende, schlecht zu definierende Ungerechtigkeit gibt, die durch keine der gewonnenen Verbesserungen beseitigt werden konnte, und darüber hinaus scheinen sie der Auffassung zu sein, daß die Fortsetzung dieses namenlosen Unrechts irgendwie dem Management zuzuschreiben sei. Das Ködern des Arbeitgebers durch die Forderung eines höheren Preises für die zur Verfügung gestellte Arbeitskraft ist keineswegs ein ausgesprochen ökonomisches Verfahren; es kann ebensogut ein Mittel zur Wiedergutmachung eines rein psychologischen Mißstandes sein. Argyris[38] vertritt bei seiner Analyse über die Auswirkungen, die bei der Verringerung des Spielraums für individuellen Stil und für Abwechslung in großen Organisationen auftreten, ähnliche Ansichten. Als Folge dieser fortgesetzten psychologischen Verarmung, die sich auch nicht durch materielle Besserstellung kompensieren läßt, haben die Arbeitnehmer seiner Meinung nach dem Lohn einen neuen Sinn verliehen!

»(In den Löhnen) wird weniger eine Entlohnung der Leistungskraft gesehen, sondern vielmehr eine Verpflichtung des Managements für die von ihm (nach Ansicht der Arbeiter) geschaffene Welt. Folglich gelten die typischen Lohnerhöhungen einfach als Erfüllung der Management-Pflichten und selten als Motivator oder Arbeitsentgelt.«

Daher bringt das zusätzlich erhaltene Geld völlig unabhängig von der Frage, ob es effektiv nötig war für den Kauf wichtiger Dinge, die grimmige Befriedigung mit sich, daß der Arbeitgeber einen Teil der Last des unerfüllten, unbelohnten Arbeitnehmerdaseins übernehmen muß. Der Trost erwächst nicht so sehr aus dem Geld selbst, sondern aus dem Vergnügen, es aus dem widerwilligen und wahrscheinlich verärgerten Management herauszupressen. Doch dient das Geld gleichzeitig als eine irgendwie nicht ganz angemessene Form der Kompensation für die Ungerechtigkeit, die es nicht beseitigen kann: für die Tatsache, daß der Arbeitnehmer weiterhin ein langweiliges Dasein ertragen muß.

Worauf beruht nun dieser anscheinend unheilbare Groll gegen das Management? Die Marxisten haben eine patente Antwort mit ihrem Klassenkampf und der kapitalistischen Ausbeutung der Arbeit; im Laufe der Geschichte hat jedoch eher der Mittelstand das Proletariat in sich absorbiert, ohne daß beide aneinandergeraten wären, und es bleibt strittig, wer wen ausgebeutet hat. Die klassischen Arbeitstheoretiker haben ihre eigene Antwort, die sich mit Samuel Gompers markantem Ausspruch charakterisieren läßt, daß die Arbeitskräfte einzig und allein »mehr« haben wollten. In ihrer modernen Version vertritt diese Philosophie den Standpunkt, daß man nicht bloß mehr Geld, sondern einen höheren Anteil am gesellschaftlichen Gesamtgewinn als Lohn ausgezahlt bekommen müsse. Es gibt sicherlich manchen Erwerbstätigen, der diese durch eine derartige Einkommensumverteilung hervorgerufene Nivellierung begrüßen würde, selbst wenn dies auf Kosten eines wirtschaftlichen Abschwungs ginge. Aber im großen und ganzen erscheint fraglich, ob Arbeiter eindeutig glücklicher wären oder sich das Gefühl der Ungerechtigkeit vermindern würde, wenn ihre Löhne die Gesellschaftserträge stärker beschneiden würden. Es stimmt natürlich, daß jeder »gern« mehr Geld hätte, doch wenn die Leute anfänglich gut bezahlt werden, folgt daraus nicht notwendig, daß sie noch mehr Geld verdienen wollen oder daß ein höheres Einkommen ihre Einstellung wesentlich verändert. Sieht man einmal von Gompers Auffassung ab, dann wollen die meisten Arbeitnehmer in der Regel nicht »immer mehr«, sondern »genügend« Geld verdienen.

Wovon sie wahrscheinlich »immer mehr« haben wollen werden, ist ein würdiges und befriedigendes Arbeitsleben: weniger langweilig, weniger Ausschluß von der Planung, weniger persönliche Geringschätzung. Statt eines größeren Anteils an den Gesellschaftsgewinnen ist ihnen die Verantwortlichkeit für einen größeren Ausschnitt aus dem Produktionsprozeß und der Entscheidungsspielraum für dessen Lenkung sehr viel wichtiger. Es spricht keinesfalls gegen diese Ansicht, daß sie derartige Wünsche wahrscheinlich nicht artikulieren können und sie sogar verwerfen würden, wenn man sie ihnen unterstellte. Arbeiter unterliegen – wie jeder andere auch – der Tarnung, so daß ihre tieferen Bedürfnisse verborgen bleiben, solange andere noch akut sind; ihre Motive offenbaren sich sehr viel deutlicher in ihrem Verhalten, als sie möglicherweise in Worten ausdrükken können. Zweifellos empfinden einige unter ihnen, daß ein langweiliges und unbefriedigendes Leben eine endlose Schmach ist; und andere wiederum fühlen diese Schmach, ohne sich deren Ursachen erklären zu können. Sie entstammt in erster Linie ihrer stumpfsinnigen Arbeit und sehr viel weniger einem Geldmangel, so daß sie sich die Zerstreuung nach der Arbeit versagen müßten.

Somit gelangen wir, wenn auch auf Umwegen, zu einer psychologischen Diagnose von übertriebenen Lohnforderungen und zu einer Illustration der Motivsubstitution. Das grundlegende Bedürfnis ist das Streben nach einer bedeutenderen Rolle am Arbeitsplatz, dessen Erfüllung zu größerer Selbstachtung führen würde. Doch kann man derart esoterischen Bedürfnissen nur schwer Ausdruck verleihen und sogar noch schwerer erkennen, welchen Sinn sie haben. Überdies ist ihre Erfüllung zumeist recht unwahrscheinlich. Im Bewußtsein, daß ihm etwas fehlt, vermutet der Arbeiter einfach, daß dieses fehlende Etwas nur von dem jeweiligen Kontrolleur seiner unergründlichen Umgebung zurückgehalten werden könne. Da nun das Management im Gegensatz zu ihm so weitreichende Kontrollbefugnis besitzt, traut er ihm Allmacht zu und verurteilt es als Urheber seiner vagen und störenden Unzufriedenheit. Er vermag aber nicht größere Bedeutung und Selbstachtung zu fordern; selbst wenn er in ihnen die Wurzeln seiner Probleme vermuten würde, wüßte er kaum, welche spezifischen Veränderungen er verlangen sollte. Wenn er jemals echte Würde erfahren oder gewagt hat, nach ihr zu streben, befindet er sich gar in der qualvollsten Lage, da er *weiß*, wie unerreichbar und unwahrscheinlich sein Ziel ist.

Wenn sich aber absolut keine Befriedigung erzielen läßt, gibt es ja noch die Rache. Das Management trennt sich nur ungern von seinem Geld, und der Arbeiter hat nichts gegen mehr Geld einzuwenden. Daher werden erhöhte Geldforderungen – oder genauer, das erfolgreiche Unter-Druck-Setzen des Managements – durch Substitution der unerreichbaren Leistung und Würde zu einem überaus wichtigen Motiv. Das Vorhandensein dieses Substituts erzeugt nicht aus sich heraus Forderungen am Verhandlungstisch, sondern es macht den Arbeiter höchst empfänglich für die Vorschläge des nach seiner Unterstützung heischenden Mittelsmannes, mehr Geld herauszuschlagen. In seinen Augen kann es sich der Betrieb ohne weiteres leisten, und überdies ist es immer noch eine ausgesprochen bescheidene Form der Kompensation für eine derart monotone Beschäftigung wie die seine. Natürlich sind nicht alle Lohnforderungen so irrational; doch wenn sie es sind, dann mag sehr wohl ein so komplizierter Substitutionsprozeß wie der eben beschriebene die letzte Ursache sein. Man muß sich daher nur fragen, in welchem Ausmaß die Inflation der von uns zu zahlende Preis für den Einsatz von Menschen auf Arbeitsplätzen ist, die eigentlich auf Roboter zugeschnitten sind.

Das dritte Charakteristikum der Motive, das sie so schwer verständlich macht, ist der Reifeprozeß, und zwar der individuell menschliche Reifeprozeß. Mit dem Heranwachsen des Individuums vollzieht sich ein normaler Prozeß des Auftauchens und Verschwindens von Motiven, und seine Probleme verlagern sich schwerpunktmäßig von denen des Jugendlichen zu denen der Erwachsenen, anschließend zu denen der Reife und zu guter Letzt des hohen Alters. Wenn er sich in der glücklichen Lage befindet, die Probleme des jeweiligen Stadiums gelöst zu haben, bevor er in das nächstfolgende eintritt, wird er sich reibungslos den neuen Bedürfnissen und Problemen zuwenden und anpassen. War er jedoch nicht so glücklich, wird er sich noch mit den Problemen von gestern herumschlagen, während die neuen ihm schon auf den Fingern brennen.

So wird der gerade erwachsene junge Mensch bei Eintritt in den Arbeitsmarkt typischerweise vor allen Dingen die vielversprechendste Laufbahn und den zahlungskräftigsten oder den für seine Ausbildung nützlichsten Arbeitgeber ausfindig machen wollen. Etwas später wird sein Hauptinteresse dem Vorankommen in dem von ihm gewählten Gebiet und in dem gewählten Betrieb gelten; die Auswahl des Fachgebietes und des Unternehmens wird dagegen normalerweise kaum noch von brennendem Interesse sein. Hat er sich demgegenüber nicht auf ein bestimmtes Fachgebiet festgelegt, in dem er durch erworbene Erfahrung allmählich den Preis für seine Leistungen am Arbeitsmarkt steigern kann, dann muß er sich möglicherweise noch weiterhin bemühen. In der Zwischenzeit haben sich seine Zeitgenossen bereits etabliert und interessieren sich nur noch für ihre neuen, jedoch nicht mehr für seine alten Probleme. Analoge Folgerungen gelten für jeden weiteren »Meilenstein« der Laufbahn: Jeder läßt sich sehr viel einfacher überwinden, wenn die vorhergehende Phase erfolgreich abgeschlossen wurde.

Die allmähliche Verlagerung der Motive aufgrund des individuellen Reifeprozesses ist eigentlich ein Spezialfall des bereits beschriebenen »Umgruppierungs«prinzips. Das heißt, daß eine Person mit der Zeit die Bedürfnisse jeder einzelnen Lebensphase zu befriedigen lernt und daß sie danach nicht mehr sehr stark durch diese motiviert wird. Der Betreffende wendet sich statt dessen neuen Bedürfnissen zu. Hierdurch ist auch der Trugschluß bedingt, die Arbeiter fortgesetzt durch die Befriedigung von bereits befriedigten Bedürfnissen für sich gewinnen zu wollen. Ein derartig konzipiertes Programm wird höchstens die inzwischen völlig abgestumpften oder die ganz jungen Arbeitnehmer anregen, die reiferen dagegen kalt lassen.

Demnach müssen die Motive eines Menschen keineswegs immer gleichbleibend sein, besonders wenn er noch jung ist und in einem Land lebt, dessen Wirtschaft ihm die Arbeit über dem Existenzminimum schon während seiner Jugend ermöglicht. Zu jedem beliebigen Zeitpunkt besitzt er wahrscheinlich ein Motivationspotential – d. h. die Fähigkeit, auf neue Anregungen und Belohnungen zu reagieren –, das man nach seinem bisherigen Verhalten gar nicht bei ihm vermuten würde. Dies Potential wird so lange getarnt bleiben, bis seine grundlegenden Bedürfnisse versorgt sind, und wird normalerweise nicht schon deswegen zutage treten, weil irgendein Anreiz geboten wurde. Tatsächlich kann das offenkundige Verfolgen eines bestimmten Ziels einen völlig falschen Eindruck von seiner Motivation vermitteln. Zu guter Letzt wird dann die Zeit seine Motive je nach ihrer Wichtigkeit in die richtige Rangfolge einordnen. Die Motivation ist demzufolge wahrhaftig ein nicht gerade eindeutiger und unkomplizierter Prozeß – weswegen auch so viele unkomplizierte Entwürfe zur Motivierung der Arbeitnehmer so wenige aufsehenerregende Ergebnisse zeitigen.

Kapitel 16

Das Persönlichkeitsbild

Trotz der offensichtlichen Inkonsistenz gibt es einen einheitlichen roten Faden, der sich durch die Motivationsgeschichte eines Individuums hindurchzieht. Und zwar ist dies die Gesamtheit der Vorstellungen, die es von sich selbst entwickelt hat. Einige sind ihm bewußt, manche nicht, und viele liegen relativ verschwommen und schlecht definierbar genau zwischen dem Bewußten und Unbewußten. Überdies sind die Vorstellungen der Menschen über sich selbst größtenteils fiktiv. Das Durchschnittsindividuum kennt sozusagen sein Ich nicht sehr gut, bleibt aber dennoch seinem leicht ungenauen bild von sich selbst ziemlich treu und gewinnt eine gewisse Konsistenz.

Das junge Kind kommt zu bestimmten Schlußfolgerungen über seine eigene Person oder, genauer gesagt, es entwickelt eine vage Vorstellung über das Verhalten anderer Menschen ihm gegenüber. Im Laufe der Zeit fügen sich diese verschwommenen Vorstellungen immer besser zusammen, da sich einige durch die Erfahrung immer wieder aufdrängen, während andere sich nicht wiederholen und ihm daher entfallen. Zeit seines Lebens wird das Individuum von dem Wunsch angetrieben – und zwar sehr stark –, sich entsprechend der symbolischen, von ihm als sein »wahres Ich« akzeptierten Rolle zu verhalten. Seine Kleidung, seine Gepflogenheiten, sein Geschmack und seine Ansichten werden sich immer an seiner subjektiven Vorstellung über seine persönliche Rolle ausrichten. Dabei werden seine Handlungen vielfach so eindeutig durch diese Rolle determiniert, daß andere Menschen, die ihn gut kennen, seine Reaktionen ziemlich genau vorhersagen können. In gewissem Sinne werden wir demnach Abbilder unserer Vorstellungen von uns selbst und unterliegen dem Zwang, uns diesen Vorstellungen gemäß zu verhalten.

Die Grundzüge dieses Persönlichkeitsbildes werden schon weitestgehend in der frühen Kindheit festgelegt; danach entfalten sie sich stärker und nehmen verschiedene Ausdrucksformen an, doch verändern sie sich normalerweise nicht mehr wesentlich. Aus diesem Grunde ist die biografische Forschung oft auch so aufschlußreich. Selbst mit Ablegen seiner kindlichen Eigenheiten und mit Erweiterung seines Erwachsenenhorizonts bleibt das Individuum seinem symbolischen Ich treu. Es bedient sich jetzt nur verfeinerter Ausdrucksformen. So mag der leistungsmotivierte Erwachsene schon immer die »Bestimmung« zu großen Dingen in sich gespürt haben; bei der Auswahl seiner Zielsetzungen und bei ihrer beharrlichen Verfolgung tut er letztlich nur das, was er für seine Persönlichkeit als angemessen erachtet. Desgleichen hat sich eine sicherheitsorientierte Person schon immer den ihr Schicksal bestimmenden Ereignissen mehr oder weniger ausgeliefert gefühlt; ihre Passivität und Abneigung gegenüber Veränderungen sind Wesenszüge, die eine Person dieser Kategorie besitzen »sollte«. In Wirklichkeit sind wir alle mehr oder weniger stark von unserer verkörperten Rolle gefangengenommen, und die zeit unseres Lebens stattfindende Enthüllung von Motiven ist in vieler Hinsicht eine beständige Erforschung dieser Rollen.

Somit gibt es trotz Tarnung, Substitution und den reifebedingten Veränderungen ein grundlegendes konsistentes Motivationsschema. Das Individuum weicht gewöhnlich nicht sehr stark oder sehr lange von seinen elementaren Vorstellungen über sich selbst ab. Da es ein besonderer Persönlichkeitstyp *sein* möchte, stimmt es seine Handlungen und teils sogar seine Gedanken auf die seiner Meinung nach für diese Persönlichkeit adäquate Form ab. In diesem Rollendasein herrschen natürlich beträchtliche Illusionen vor. Insbesondere wenn ein Mensch noch unreif oder sich seines Status nicht ganz sicher ist, interessiert ihn an sich weniger, was er wirklich ist, sondern wofür andere Leute ihn *halten*. Dies ist mit ein Grund, warum Höflichkeit und die Wahrung des Gesichts so wichtig sein können: Nur wenige Erfahrungen können so schwerwiegende Folgen haben wie die öffentliche Verspottung der bevorzugt gehegten Illusionen.

So kann ein Arbeiter, der sich gern in dem Bewußtsein wiegt, eine eigene Meinung und ein gewisses Urteilsvermögen zu besitzen, durch einen produktionsorientierten Vorgesetzten seines ganzen Stolzes beraubt werden. Dies ist für ihn eine unerträgliche Situation; um nun wenigstens einen Teil seiner Selbstachtung zu retten, mag sich der Arbeiter in Haß gegen den Vorgesetzten hineinsteigern und Mittel ersinnen, um ihm zu schaden. Jeder, der dem Persönlichkeitsbild eines anderen in die Quere kommt, wird – wenn überhaupt – mit ziemlicher Sicherheit nur widerwillige Kooperation finden. Doch kann der produktionsorientierte Vorgesetzte bei einem anderen Arbeitertypus, der von der Welt nur verwirrt ist und ungern eigene Entscheidungen fällt, sehr wohl willkommen sein. Dieser Typ wäre ohne starke, ihn anleitende Hand den überaus schädlichen Einflüssen der Unsicherheit und des Zweifels ausgesetzt. Somit kann die unterlassene Unterstützung eines Persönlichkeitsbildes ebenso verheerende Folgen haben wie die ihm zuwiderlaufende Behandlung.

Hierin liegt der Kern des Führungsproblems. Einem erwachsenen Persönlichkeitsbild wohnt ein hohes Maß an Trägheit inne; es läßt sich weder durch die vorgefaßte Meinung des Vorgesetzten noch durch die allgemeinen Ansichten der übrigen Gesellschaft wesentlich verändern. Es erhält sich selbst und zugleich die individuelle geistige Gesundheit, indem es die Welt völlig subjektiv begreift und notfalls unterstellt, daß die übrige Welt außergewöhnliche Wege geht. Der Mensch pocht auf sein Recht, sich selbst verwirklichen zu dürfen, und seine Leitung kann recht unangenehm werden, wenn seine Arbeit ihn daran hindert. Da die Persönlichkeitsbilder sehr stark differieren, gibt es keine einheitliche Bedürfniskombination, aufgrund derer alle Arbeiter die Befriedigung in ihrer Arbeit suchen würden. Daher kann kein einziger Führungsstil allein den optimalen Einsatz aus den Arbeitern herausholen.

Der Hauptfehler bei den Aufsichtsmethoden liegt nicht so sehr darin, daß die produktionsorientierte Methode zwangsläufig der anderen unterlegen ist, sondern daß sie so unterschiedslos angewendet wird. Ein Vorgesetzter sollte, da er ja schließlich ein Mensch ist, genau den Aufsichtsstil verfolgen, der seiner Natur entspricht. Doch ist es unter diesen Umständen nicht sinnvoll, wenn jeder Vorgesetzte jeden Arbeitnehmer beaufsichtigen darf. Wir werden gleich näher auf den Führungsstil eingehen; inzwischen soll nur darauf hingewiesen werden, daß die Vernachlässigung des Persönlichkeitsbildes bei dem einzelnen Arbeiter nur zum Schaden der Organisation ist.

Wie entstehen nun diese Persönlichkeitsbilder? In der Jugend richten sich die nach und nach entstehenden Vorstellungen über sich selbst an anderen Menschen aus. Bevor das Kind nicht weiß, welche Rolle es überzeugend genug spielen kann, damit die anderen sie ihm auch abnehmen, kann es noch niemand »sein«; seine Persönlichkeit wird gewissermaßen erst durch den Eindruck bestätigt, den sie auf andere macht. Dabei muß das Individuum nicht unbedingt genau der Person entsprechen, die andere in ihm sehen möchten, sondern es wird vielmehr die Persönlichkeit entfalten, in der es auf andere seiner Meinung nach am überzeugendsten wirkt. Mit zunehmendem Alter wird ihm seine Rolle selbstverständlich; der Betreffende *weiß* jetzt, welchen Personentyp er verkörpert, und handelt dementsprechend, indem er es als natürlich ansieht, daß die Welt seine subjektive Auffassung von sich selbst akzeptiert. Später wird er sich sogar teilweise von seiner Rolle lösen und lernen, wie er immer mit der richtigen Verhaltensweise die gewünschten Ergebnisse erzielen kann, selbst wenn dies impliziert, daß er zum Teil von seiner üblichen Einstellung abgehen muß.

Anfänglich und vielfach zeit des Lebens ist das Persönlichkeitsbild eigentlich ein gesellschaftsbedingtes Bild; denn andere Menschen sind der Standard, an dem das entstehende »Ich« gemessen und definiert wird. So ergeben sich beim Zusammentreffen des Kindes mit anderen Menschen und bei seiner Suche nach konsistenten Richtlinien, an denen es sich im Umgang mit anderen orientieren kann, Gefühle der Überlegenheit, Gleichheit und Unterlegenheit. Es entdeckt möglicherweise Beschäftigungen, in denen es eine hervorragende bzw. keine besondere Begabung besitzt. Befähigung erzeugt Zuversicht und umgekehrt; es bildet sich eine Art Kettenreaktion, die ein mehr oder weniger konsistentes Maß an Selbstsicherheit (oder Furchtsamkeit, je nachdem) entstehen läßt, die für den Rest des Lebens bestimmend sein kann.

Das Gefühl der Befähigung übt einen tiefgreifenden und dauerhaften Einfluß auf die individuellen, bereitwillig unternommenen Aktivitäten und auf die von ihm bewiesene Entschlossenheit aus. Es ist demnach ganz entscheidend für die endgültige Wahl seiner Laufbahn und sein mögliches Glück in dieser Laufbahn. Die Mehrzahl der Menschen besitzt bei ihrer Entscheidung, wie sie ihren Lebensunterhalt verdienen soll, zumindest irgendeine Wahlmöglichkeit, und von den gegebenen Alternativen wird sich jeder möglichst die Laufbahn aussuchen, die zu seiner seit der Kindheit verkörperten Rolle paßt.

Doch erwächst aus einer Begabung nicht automatisch ein angemessenes Kompetenzgefühl. Denn neben dem jeweiligen Empfinden dafür, wie gut jemand eine Sache machen kann, erwirbt er auch ein relatives Gefühl dafür, was er effektiv verdient. In der Kindheit erwächst das Gefühl des eigenen Wertes nicht aus dem Menschen selbst, sondern wird verliehen; erst durch die Haltung anderer Personen (besonders seiner Eltern) erfährt das Kind, welchen Anspruch es auf die Aufmerksamkeit und Nachsicht anderer besitzt. Je nachdem, inwieweit dem Kind das Gefühl des Willkommenseins oder Unwillkommenseins, der Wertschätzung oder Wertlosigkeit gegeben wird, entwickeln sich seine Erwartungen über den Anklang, den es bei anderen zu finden vermeint. Dies Gefühl bestimmt seine Bereitwilligkeit, unabhängig von seiner *Fähigkeit* wenigstens zu *versuchen*, eine Sache gut zu machen. So kann ein überaus befähigter Mensch nur sehr wenig Versuche wagen, da er sich der Belohnungen nicht wert fühlt, die mit der vollbrachten Leistung einhergehen, während eine Person mit viel bescheidenerer

Begabung mit Erfolg viel unternimmt, weil sie alle erreichbaren Belohnungen als völlig verdient ansieht.

Gewöhnlich werden jedoch das Gefühl der Kompetenz und des Eigenwertes miteinander harmonieren. Deswegen sind manche Menschen auch beständige Gewinner und andere fortgesetzt Verlierer, während die meisten Menschen gelegentliche Gewinner und Verlierer sind. Wichtig ist nur, daß ihre Erwartungen relativ stabil sind. Die meisten Erwachsenen haben durch Erfahrung gelernt, wie gut sie im Vergleich zu anderen verschiedenartige Aufgaben verrichten können, und sie wissen ziemlich genau, wieviel Beifall und Belohnung sie vergleichsweise erwarten können. Wenn auch viele Menschen von ihrem Verdienst oder dem von ihnen Erreichten enttäuscht sind, so sind doch nur wenige wirklich überrascht.

Das Persönlichkeitsbild, das der einzelne an seinen Arbeitsplatz mitbringt, ist demnach eine Mischung aus der Aufnahme, die er bei seinen Eltern fand, aus den Rollen, die er bei Gleichgestellten überzeugend zu spielen gelernt hat, aus seinen vergangenen Erfolgen und Mißerfolgen und aus seiner Auffassung über die von ihm verdienten Belohnungen. Dieses Persönlichkeitsbild wird sich in seiner Haltung bei seiner Arbeit widerspiegeln, und seine Arbeitsmoral – d. h. seine Einstellung zu seiner Arbeit – wird sehr davon abhängen, ob seine Arbeit den Spielraum gewährt, den er braucht, um sich selbst zu verwirklichen.

Die gesellschaftlichen Wurzeln dieses Persönlichkeitsbildes und seine Bedeutung im Industrieleben lassen sich nirgendwo besser ablesen als in dem Versuch eines Menschen, zu entscheiden, ob er gerecht entlohnt wird. Es gibt natürlich keinen routinemäßigen Prozeß, den jeder bis zur Urteilsbildung durchlaufen muß; er ist vielmehr zumeist unbewußt und vollzieht sich daher eher ohne feste Regelung. Und dennoch lassen sich trotz ihrer Kompliziertheit die Ursachen analysieren, die gemeinhin das Gefühl eines gerechten oder ungerechten Lohnes bestimmen, und die diesem Prozeß zugrundeliegenden Merkmale erkennen.

Zunächst ist das Einkommen ein Statusbarometer ersten Ranges. Vielleicht ist das nicht gerade gut, aber es ist dennoch so. Zweifellos gibt es sehr viele prächtige Menschen mit bescheidenen Einkommen und viele unwürdige mit hohen Gehältern. Die Höhe des Einkommens reflektiert mit Sicherheit nicht die Nettigkeit der Menschen oder auch nicht unbedingt, wie hart sie arbeiten und ob sie es verdienen. Das Einkommen spiegelt einfach das wider, was sie erhalten. Doch trotz dieser Unvollkommenheiten ist es der vorrangige Maßstab für die Beurteilung des eigenen Status und den anderer Menschen. Hierfür gibt es mindestens drei Gründe: Erstens erhält fast jeder Mensch irgendeine Art Einkommen, so daß dieses Standardmaß praktisch für jeden Gültigkeit hat; zweitens müssen die meisten anderen Statussymbole – und insbesondere die des Demonstrativkonsums – erst gekauft werden; und drittens besitzt das Geld einen ganz exakten Nennwert und läßt sich bis auf den Pfennig genau messen. Es ist zudem völlig unzweideutig, es kann keinen Zweifel darüber geben, was mehr oder was weniger ist, oder ob das Einkommen steigt oder sinkt. Daher spricht für das Einkommen, daß es genauestens meßbar ist – unabhängig davon, ob es effektiv ein relevanter Maßstab für essentielle Dinge sein kann.

Deshalb bedient sich das Persönlichkeitsbild häufig des Einkommens als des einzigen nützlichen Index, um zu erfahren, ob die Umwelt mit ihm übereinstimmt. Es gibt keinen Bewertungsmaßstab, der so universal, so leicht transformierbar oder so präzise wäre. Es stimmt natürlich, daß die Werte mancher Menschen weniger weltlich sind, doch können in einem gesellschaftlich so mobilen Land wie Amerika nur sehr wenige Menschen einem so universalen Statussymbol wie dem Einkommen gegenüber indifferent sein. Unsere nationale Beschäftigung mit dem Einkommen ist vielleicht weniger ein moralischer Fehler, sondern beruht eher auf der Faszination durch die Möglichkeit, daß es effektiv unseren eigenen Status und Lebensstandard beeinflussen könnte.

Auf jeden Fall besitzt das Einkommen psychologische Nebenbedeutungen, die weit über die bloße Kaufkraft hinausgehen. Es ist selbstverständlich, daß ein Einkommensniveau, das keine sichere und gesunde Existenz gewährleistet, als ungerecht empfunden wird, und es stimmt auch, daß es noch eine stattliche Anzahl von diesen Einkommen in der amerikanischen Wirtschaft gibt, wenn sie allmählich auch immer mehr zur Ausnahme werden. Die meisten Amerikaner werden ihre Einkommen aus dem Blickwinkel von jemand sehen, der sich alles Notwendige kaufen, sich aber keineswegs alle Wünsche erfüllen kann. Wie kann eine solche Person die gerechte Höhe ihres Einkommens abschätzen?

Sie vergleicht einfach mit dem von ihr bei bestimmten anderen Gruppen vermuteten Verdienst. Diese »Referenzgruppen« werden gewöhnlich so gewählt, daß ihre Einkommenszahlen leicht verfügbar sind (Nachbarn, Freunde oder Leute, deren Einkommen »veröffentlicht« werden, wie die von Gewerkschaftsmitgliedern oder Regierungsangestellten), oder aber sie repräsentieren ein Statusniveau, dem der Betreffende gleichgestellt oder übergeordnet sein will (Universitätskommilitonen oder Angestellte mit gleichem Dienstalter). Er wählt sich seine Referenzgruppen also entweder, weil sich der Vergleich mit ihnen geradezu anbietet oder weil sein Persönlichkeitsbild ihn praktisch dazu zwingt, sich mit ihnen zu vergleichen. In beiden Fällen sucht er einen Maßstab für die überaus wichtige Frage, ob die Umwelt mit seiner persönlichen Einschätzung seines Ichs konform geht.

In Wirklichkeit führt er eine Art informelle »Gehaltsumfrage« durch, doch unterscheidet sich diese von einer echten Umfrage in drei wesentlichen Punkten. Zuerst sind seine »Daten« häufig völlig irrelevant: So spiegeln sie beispielsweise nicht den laufenden Marktpreis für seine Dienstleistungen wider, sondern nur einen Preis, der sich an bessergestellten Arbeitern ausrichtet, mit denen er sich gern auf eine Stufe stellen würde. Zweitens sind seine Daten oft ungenau, da sie teils nur auf Gerüchten, indirekten Beweisen oder reinen Mutmaßungen beruhen – Faktoren, die in der Regel einen inflationierenden Effekt haben. Drittens werden seine Schlußfolgerungen (verständlicherweise) durch eine ziemlich großzügige Beurteilung seiner eigenen Bedeutung im Vergleich zu der anderer etwas verzerrt. Alles zusammengenommen führt dazu, daß zumindest ein gewisses Maß an Unzufriedenheit mit seinem Einkommen fast unvermeidlich ist, selbst bei jemand, der im Verhältnis zum Markt gerecht bezahlt wird.

Der Marktpreis für die Dienstleistungen eines Menschen hinkt demnach hinter dem »subjektiven« Preis her. Doch hat der subjektive Preis den Charakter des Marktpreises bereits entscheidend verändert; denn nur wenige Menschen befinden sich in einem effektiv freien Markt, in dem der Preis für ihre Dienstleistungen allein durch Angebot und Nachfrage determiniert wird. Ein freier Marktpreis für die Leistungen eines Menschen müßte den Minimalkosten entsprechen, die sein Ersatz verursachen würde, doch verhindern Bräuche, Verträge und selbst das Gesetz ein derart strenges Funktionieren des Marktes. Dies war nicht immer so. In der frühen industriellen Wirtschaft, so wie sie von Adam Smith beschrieben wurde, hielt die Konkurrenz unter den Arbeitern ihre Löhne sehr dicht über dem Existenzminimum. Viele Kräfte haben zu der Veränderung beigetragen und nicht zuletzt auch die unerträgliche Situation, in die ein Markt mit flexiblen Löhnen die Persönlichkeit des Arbeitnehmers versetzte – denn selbst Menschen, die sich nur mit trocken Brot aufrechterhalten, besitzen ein Ich. Die Erniedrigung, in einer Welt leben zu müssen, die im Widerspruch zu dem eigenen Persönlichkeitsbild steht, ist gewiß nicht weniger schmerzlich als ein fast leerer Magen – wahrscheinlich sogar noch unerträglicher. Nur sehr wenige Menschen werden jemals den vollen »subjektiven« Preis für ihre Arbeit erhalten, doch bekommen auch nur noch sehr wenige den freien Marktpreis. Der Lohn hat sich schließlich darauf einstellen müssen, wie die Persönlichkeitsbilder funktionieren, und nicht etwa umgekehrt.

Kapitel 17

Die Umwelt

Irgendwann in den ersten Monaten seines Lebens beginnt ein Kind zu ahnen, daß das Universum nicht völlig unter seiner Kontrolle steht und daß es da draußen eine ziemlich große Welt gibt, die nicht bloß eine Erweiterung seiner selbst darstellt. Diese Erkenntnis verstärkt sich im Laufe seines Lebens immer mehr, und im Zuge dieser Erkenntnis entwirft sich das Individuum im Geiste ein Bild davon, wie die »Welt da draußen« es wohl beeinflussen könnte. Da es effektiv keine andere Umgebung kennt, hält es seine Vorstellung für absolut real und verhält sich dementsprechend. Um das Individuum verstehen zu können, muß man seine »Umwelt« aus subjektiver Sicht definieren: Sie beinhaltet alles, was ihm bewußt ist oder von dem es meint, es sei ihm bewußt, und was irgendeinen Einfluß auf die betreffende Person ausüben kann.

Inwieweit diese Umgebung objektiv ein anderes Gesicht hat, ist hierbei unerheblich. Die Menschen verhalten sich immer so, als entspräche die Welt genau ihren Vorstellungen, doch da sie untereinander in ihren Mutmaßungen über das eigentliche Wesen der Welt erheblich divergieren, erscheinen ihnen ihre Handlungen untereinander oft unverständlich. Walter Lippmann charakterisierte dies Phänomen schon vor mehr als 40 Jahren recht treffend[39]:

»Das Tun eines jeden Menschen beruht nicht auf konkretem und feststehendem Wissen, sondern auf selbsterstellten und durch andere gewonnenen Bildern. Wenn sein Atlas ihm die Welt als flach hinstellt, dann wird er sich aus Angst, er könnte hinunterfallen, nicht bis an das mutmaßliche Ende des Planeten wagen. Wenn seine Landkarten einen ewigen Jungbrunnen aufzeigen, wird ein Ponce de Leon versuchen, ihn auszukundschaften. Wenn jemand goldähnlichen gelben Sand ausgräbt, wird er sich eine Zeitlang genauso verhalten, als habe er tatsächlich Gold gefunden. Allein die Vorstellung, die der Mensch von der Welt besitzt, bestimmt zu jedem beliebigen Zeitpunkt seine Handlungen. Sie bestimmt nicht das, was er erreichen kann, aber sie determiniert seine Anstrengungen, seine Hoffnungen, ohne jedoch seine vollbrachten Leistungen und Ergebnisse festzulegen.«

Beispiele lassen sich ebensogut in unserer unmittelbaren Umgebung finden. Man braucht nur die Leistungsanreizsysteme zu nehmen, die so oft als Motivations»patentlösung« für alle Arbeiter angepriesen werden, nur weil sie bei Managern und Verkäufern gut funktionieren. Doch sieht der Produktionsarbeiter, der sich darauf gefaßt macht, sein ganzes Arbeitsleben an der Werkbank zu verbringen, in ihnen möglicherweise nur ein Mittel, um ihm die Aufgabe seiner langfristigen Interessen zugunsten eines kurzfristigen Gewinns einzureden. Er wird nämlich annehmen, daß, wenn er mehr produziert, seine Leistungsnormen erhöht werden oder daß er von den anderen womöglich geächtet würde, so daß seine erhöhten Einnahmen einfach den beständigen durch sie erzeugten Verdruß nicht wert sind. Da seine persönliche Umgebung statisch und unnachgiebig ist, hält er sich an die Strategie, einem unfreundlichen Schicksal möglichst das Beste abzugewinnen und allen Illusionen, es irgendwie verändern zu können, gar nicht erst nachzugeben. Auf diesem Hintergrund ist das Leistungsanreizsystem nur ein schlechter

Tausch, bei dem er seine innere Ruhe zu einem lächerlich geringen Preis verkaufen würde. Die Betriebsleitung wird gewöhnlich entweder für ausgesprochen gerissen gehalten – weil sie nämlich versucht, den Arbeiter in eine Falle zu locken – oder aber für erstaunlich naiv. Das Management seinerseits ist zumeist der Meinung, daß der unansprechbare Arbeiter seine eigenen, für ihn besten Interessen nicht kennt, weil er entweder nicht richtig aufgeklärt worden ist oder weil er überhaupt keinen Ehrgeiz besitzt.

Wichtig ist jedoch, daß der Arbeiter sich so verhält, als sei *seine* Umwelt real und nicht die des Managements oder irgendeiner anderen Person. Und das Management wiederum stellt sein Verhalten auf die von ihm als real empfundene Umgebung ab, und so fort *ad infinitum.* Zum Teil entspringen die Arbeiter-Manager-Konflikte und häufig auch politische Konflikte einfach der mangelnden Erkenntnis, daß der Gegner in einer völlig andersartigen Welt leben könnte und daß daher seine grundsätzliche Auffassung über Gut oder Böse, Mögliches und Unmögliches wahrscheinlich ziemlich stark von der eigenen Einstellung abweichen kann.

Wenn es in diesem Sinne auch eine Vielzahl verschiedenartiger »Umwelten« innerhalb einer Organisation gibt, so gleichen sie sich im allgemeinen mindestens in einem Punkt: Das Individuum ist selten in seinen Augen ein Bösewicht. Seine Position ist aus der Sicht seiner Umwelt eindeutig vertretbar. Wenn es irgendeinen Bösewicht geben muß, der für eine Ungerechtigkeit herhalten soll, dann ist das immer ein anderer – der aus *seiner* Perspektive der Umwelt wahrscheinlich aus ebenso lauteren Beweggründen handelt.

Die bei allen Menschen vorhandenen unausgesprochenen Vorstellungen über das Wesen der Welt und über die in einer derartigen Welt angemessensten Handlungen werden aufgrund früher Erfahrung zu einem festen Bestandteil des Menschen. Vielleicht ist dabei die von allen wichtigste Erfahrung das von den Eltern und anderen Erwachsenen gegebene Vorbild. Wir haben bereits erwähnt, wie Kinder sich Einstellungen aneignen, die sie auf die von ihren Eltern verkörperte wirtschaftliche Rolle vorbereiten. Mit zunehmendem Alter kommen sie zwar immer mehr mit der umfassenderen Umgebung der Nachbarschaft zusammen, doch wird auch hier der gewonnene Eindruck nicht erheblich von der in naher Zukunft vor ihnen liegenden Arbeitswelt abweichen, da ihre Nachbarn mit großer Wahrscheinlichkeit in ihren Einkommensverhältnissen, ihrer Ausbildung und ihren Berufsaussichten ihren Eltern ziemlich ähnlich sein werden.

Folglich besitzt ein junger Mensch schon lange, bevor er sich zum ersten Mal in einem Personalbüro vorstellt – und sogar bevor er seinen Ausbildungsweg festgelegt hat, der entscheidend für sein zukünftiges Fortkommen ist –, festgefügte Vorstellungen über die Welt, über seine künftigen Möglichkeiten in ihr und über die für ihn aussichtsreichste Verhaltensweise. Manchmal werden die Realitäten der Arbeitswelt sich gegenüber diesen Vorstellungen durchsetzen und sie zumindest erweitern, doch in den meisten Fällen werden sie nie in Frage gestellt. Im Laufe der Zeit macht der Mensch dann die Erfahrung, daß die ihm vertrauten Gedanken viel beruhigender sind als neue, gleichgültig ob es sich bei seinen herkömmlichen Vorstellungen um Tatsachen oder Fiktionen handelt. Das Überwinden einer engstirnigen Einstellung ist ein überaus schwieriger Prozeß, der beträchtliche Charakterstärke erfordert, und zwar besonders, wenn dadurch die eigenen Handlungen der Vergangenheit in einem ungünstigen Licht erscheinen. Daß es dennoch immer wieder vorkommt, verdient die Hochachtung der menschlichen Geisteshaltung, andererseits ist aber auch bezeichnend, daß es nicht bei jedem Menschen vorkommt.

Die vorgefaßte Meinung eines Menschen über seine Umwelt hängt eng damit zusammen, ob er kühn oder ängstlich, optimistisch oder pessimistisch, lebhaft oder teilnahmslos ist. Dabei ist gleichgültig, in was für einer Welt er zu leben vermeint, er wird immer im Einklang mit seiner Vorstellung von ihr zu leben suchen. In vieler Hinsicht sind seine Vorstellungen von sich selbst sogar das genaue Gegenteil seiner Vorstellungen über seine Umgebung; sie reflektieren wie die beiden Seiten einer Münze die individuellen Erfahrungen und seinen Versuch, diese Erfahrungen in einer für sein Ich möglichst vorteilhaften Art und Weise zu interpretieren.

Gleich seinem Persönlichkeitsbild werden auch die individuellen subjektiven Vorstellungen über die spezifische Umwelt, in der er lebt, selten ausgesprochen oder sind ihm gar nicht bewußt. Daher ist ihre Analyse eine etwas willkürliche Angelegenheit. Soweit die »Bilder«, die sich der einzelne von seiner Umgebung macht, sein Arbeitsverhalten und seine Einstellung zur Arbeit beeinflussen, sind zwei wichtige Aspekte zu berücksichtigen: erstens der Machtaspekt – ob nämlich die Umwelt als allmächtig oder als in bestimmtem Umfang kontrollierbar angesehen wird; zweitens der Belohnungsaspekt – ob die Umgebung als wohlwollend oder als schroff empfunden wird.

Es gibt eine Vielzahl möglicher Kombinationen von Vorstellungen über seine Umwelt, doch werden wir uns hier zugunsten einer kurzen und klaren Analyse auf die Extreme beschränken. Wenn wir dadurch auch gewisse Prinzipien besser illustrieren können, so muß doch immer berücksichtigt werden, daß derartige Skizzen nur Karikaturen sein können. Der Mensch ist weitaus komplizierter und subtiler und weitaus weniger extrem als die im folgenden skizzierten »Typen«.

Hinsichtlich der *Macht* erwirbt das Individuum nach und nach irgendwelche Vorstellungen über die Ursachen der Ereignisse, die ihn unmittelbar berühren. Im weitesten Sinne lassen sich all diese Geschehnisse einordnen in solche, die er in bestimmtem Umfang beeinflussen zu können glaubt, und solche, die er für unumgänglich hält. Der Anteil der von ihm als bedingt kontrollierbar angesehenen Ereignisse ist wahrscheinlich ein direktes Spiegelbild seiner bisherigen Erfolge und seines Glücks bei seinen Bemühungen, das zu erreichen, was er wollte, und zugleich der Nachsicht, die ihm die Menschen seiner Umgebung entgegengebracht haben. Wenn er der Meinung ist, daß die Ereignisse sich größtenteils in die von ihm gewünschte Richtung lenken lassen, dann werden seine Umgebung und die darin befindlichen Menschen effektiv seine »Werkzeuge« und »Rohstoffe« sein, und die für ihn angebrachteste Rolle in einer derartigen Welt ist die des Planers, Organisators und Managers. Ihm wird das Managen geradezu zur *Gewohnheit* werden, und er wird überzeugt sein, jeder nur denkbaren Situation Herr sein zu können, und zwar weitgehend deshalb, weil die Welt in seinen Augen durch und durch manipulierbar ist.

Nehmen wir nun einmal ein umgekehrtes Verhältnis an; das Individuum lernt also – wie es häufig der Fall ist –, daß die Ereignisse immer ihren vorgeschriebenen Lauf nehmen, ob es sich mit ihnen zu messen sucht oder nicht. In diesem Fall wird die Umwelt sein Herr und Meister sein, und die für ihn angemessene Rolle ist das demütige Sichfügen in die jeweilige Situation. Statt besondere und für ihn günstige Gelegenheiten aufzuspüren, wird er Instruktionen einholen. Doch wird er andererseits aus demselben Grund nicht besonders enttäuscht sein, da er ja von vorneherein nicht viel erwartet hat. Gerade weil sein Schicksal nicht in seiner Hand liegt, wird er seinen Beruf oder sein Einkommen nicht allzu ernst nehmen. Wenn er sich auch allgemeinen Protestkundgebungen anschließt, so liegen seine Hauptinteressen letztlich bei seinen Zerstreuungen – besonders bei denen, die er nicht unter Kontrolle hat, wie sportliche Ereignisse, die ihn in die adäquate Rolle des passiven Zuschauers versetzen.

Der *Belohnungs*aspekt der Umwelt wird weitgehend durch die wirtschaftlichen Verhältnisse der Gesellschaft determiniert, in der der Mensch jeweils aufgewachsen ist, obgleich auch das Ausgabeverhalten seiner Familie Aufschluß bietet. In einer Gemeinschaft, in der sich nur einige wenige spärliche leibliche Genüsse leisten können, bleibt den Familien nicht viel Raum für Großzügigkeit, und die meisten Kinder wachsen daher in der Erwartung eines harten Arbeitslebens ohne große Gegenleistungen auf. In wohlhabenderen Gemeinschaften ist der Spielraum für Abwechslung in den Familien größer: Einige werden bedenkenlos ihr Geld ausgeben und es möglicherweise ebenso bedenkenlos ausleihen, um die angenehmen Seiten des Lebens zu genießen; andere könnten vielleicht genausoviel ausgeben, neigen aber eher zum Sparen. Daher erwarten die Kinder einer derartigen Gemeinschaft mehr von ihrer Umwelt als die ärmerer Gegenden; manche werden Überfluß und Komfort für mehr oder weniger selbstverständlich halten, während andere glauben, dies nur erreichen zu können, indem sie es sich erarbeiten oder taktisch klug vorgehen oder aber darum bitten, und wieder andere halten nur ganz bescheidene materielle Entgelte für realisierbar und finden ihre Hauptbefriedigung in ihrer Leistung.

Auf jeden Fall gewinnt der Mensch im Laufe der Zeit entweder aufgrund eigener Erfahrung oder indirekt durch das Wissen und Belohnungen, die andere erhalten haben, von seiner Umwelt den Eindruck, daß diese ihm in begrenztem Umfang seine möglicherweise einmal aufkeimenden Wünsche erfüllen kann. Er wird wahrscheinlich Versprechungen gegenüber, die seine erlernten Erwartungen übertreffen, skeptisch sein, und andererseits sehr verärgert sein, wenn empfangene Belohnungen nicht seinen Erwartungen entsprechen. Dies ist mit ein Grund, warum Unternehmen mit ursprünglich angespanntem Arbeitgeber-Arbeitnehmer-Verhältnis mit Human-Relations-Plänen oder Leistungsanreizsystemen vom Scanlon-Typ (zumindest am Anfang) nur schwer positive Ergebnisse erzielen: Ihre Beschäftigten haben gelernt, jede Handlung der Betriebsleitung zynisch zu interpretieren. Aus demselben Grund ist es manchmal auch klüger, überhaupt keine Lohnerhöhungen zu gewähren, als die Angestellten mit einem ganz geringfügigen Satz zu beleidigen.

Die Erwartungen über die verdienten Belohnungen erzeugen gemeinsam mit Machtbestrebungen eine grundlegende Anschauung über die Umwelt und ihre hervorstechendsten Merkmale, welche sich wiederum in der Motivations- und Verhaltensstruktur niederschlägt. Da das Wechselspiel zwischen diesen beiden Aspekten der psychologischen Umwelteinflüsse sich am einfachsten an ihren Extremen darlegen läßt, werden wir im folgenden die vier möglichen Kombinationen der Extreme aufzeigen. Auch hier muß wieder darauf hingewiesen werden, daß diese Faktoren in Wirklichkeit sehr viel subtiler funktionieren, als es in diesen Beispielen den Anschein haben mag; denn zumindest in wirtschaftlich fortgeschrittenen Ländern besitzt kaum ein Mensch eine ganz extreme Vorstellung von seiner Umwelt.

Zunächst betrachten wir jemanden, der sowohl hohe Erwartungen auf Belohnung seiner Leistungen als auch ein ausgeprägtes Gefühl der Macht über seine Umgebung besitzt. Er wird wahrscheinlich im Leben eine Fülle erregender Möglichkeiten sehen und der Meinung sein, daß er so ziemlich alles erreichen kann, was er anstrebt. Bei ihm dominiert mit ziemlicher Sicherheit das Leistungsmotiv. Der Gedanke, bei irgendeiner Sache zu versagen, ist ihm zweifellos fremd, und sollte er wirklich einmal erfolglos sein, wird er sich nach kurzer Zeit der Bestürzung bestimmt sehr schnell wieder erholen, um es aufs neue zu versuchen.

Er ist wahrscheinlich durch und durch Optimist, und dieser Optimismus ist für ihn so selbstverständlich, daß er seinen Erfolgen gegenüber eine ruhige, gelassene Haltung bewahrt. Wahrscheinlich empfindet er nur selten Unruhe, es sei denn in der kritischen Phase einer schwierigen Situation, und selbst dann wird er dies Gefühl eher als angenehmes Prickeln empfinden denn als unangenehme

Vorahnung. Vielleicht bringt er ängstlicheren und passiveren Menschen zuwenig Verständnis entgegen, doch beruht dies nicht auf Snobismus. Er kann sich einfach nicht so recht vorstellen, wie lähmend Angst sein kann. In der Regel ist er das »Produkt« einer glücklichen Kindheit in einer glücklichen Gesellschaft.

Zweitens betrachten wir einen Menschen mit ebenfalls hohen Belohnungserwartungen, der aber gleichzeitig in der Vorstellung lebt, daß er die Geschehnisse in seiner Umgebung nur sehr geringfügig beeinflussen kann. Er wird ein verhältnismäßig privilegiertes Leben führen, und ein erheblicher Teil seines Denkens wird sich um die Rechtfertigung und Erhaltung dieser Privilegien bewegen. Da eine Verbesserung seiner Situation relativ unwahrscheinlich ist oder zumindest nicht in seinen Händen liegt, konzentriert er sich völlig auf die Erhaltung des Bestehenden. Wenn er spielt, dann nur zu seiner Zerstreuung und nicht, um sein Vermögen zu vermehren; wirtschaftliche Risiken reizen ihn nicht, da deren Ausgang ihm zu unzuverlässig und ungewiß ist. Er befaßt sich viel stärker mit Mißerfolgen als mit Erfolgen, weil er einerseits keine Erfolge nötig hat und andererseits ständig mit Fehlschlägen rechnet und sich gegen sie abzusichern sucht.

Da seine Stellung im Leben gewöhnlich durch seine Vorfahren errungen wurde, ist er sich im allgemeinen seines Erbes voll bewußt und daher besorgt, daß er ihm womöglich nicht gewachsen ist. Doch neigt er weniger dazu, dem Erwerbssinn seiner Vorfahren nachzueifern, sondern er will beweisen, daß er das Geld sinnvoll auszugeben weiß. Er verkörpert gewissermaßen den von Thornstein Veblen als »Demonstrativkonsum« bezeichneten Lebensstil, indem er durch seinen Geschmack und seine Bildung seine Qualifikation für ein Leben im Wohlstand zu beweisen sucht. Er ist zumeist stolz, fröhlich und sorglos, wenn alles gutgeht, läßt sich hingegen durch unangenehme Ereignisse leicht aus der Fassung bringen.

In gewisser Beziehung ist er einem General vergleichbar, der ein Wohlstandsgebiet mit unausgebildeten Truppen gegen einen starken und findigen Feind verteidigen soll. Sein Leben ist angenehm, aber zugleich unsicher; er kennt sehr wohl das Gefühl der Angst, doch kann er es in der Regel gut unter Kontrolle halten. Er ist anderen gegenüber nicht gerade mitfühlend, und zwar weil er meistens viel zu sehr mit den eigenen Problemen beschäftigt ist, als daß ihm die anderer Menschen zum Bewußtsein kämen. Er ist in der Regel das verzärtelte Produkt eines wohlhabenden Elternhauses.

Als dritten Fall nehmen wir ein Individuum mit niedrigen Belohnungserwartungen und mit einem starken Gefühl der Macht über seine Umwelt. Dieser Mensch mag ohne weiteres zu dem Schluß kommen, daß seine Umgebung lohnender werden könnte, wenn er nur intensiv genug darauf hinarbeitet und genügend Geld akkumuliert. Folglich wird er in erster Linie geldmotiviert sein und unermüdlich nach Reichtum streben – manchmal vielleicht sogar mit gewisser Skrupellosigkeit. Erfolge liegen für ihn ebenso im Bereich des Möglichen wie Mißerfolge. Doch wird er den Einsatz in diesem Spiel immer für ausgesprochen lohnend halten und auch Fehlschläge akzeptieren, wenn die Erfolge nur groß genug sind. Entschlossenheit, Mut und hartnäckige Standhaftigkeit sind die Bausteine der Strategie, die sich meistens positiv auszahlt: Er wird nach einem Rückschlag seine Anstrengungen verdoppeln und sich nach einem Erfolg nie auf seinen Lorbeeren ausruhen. Er ist ein vorsichtiger Optimist, der sich seines Erfolges nie so sicher ist, um selbstzufrieden zu werden, aber nie wirklich daran zweifelt, daß er langfristig immer gewinnen kann.

Er ist im allgemeinen sozial mobil, ständig auf dem Weg nach oben – möglicherweise offenbart er die protzig anmaßende Haltung des *Parvenu*; genauso möglich ist jedoch, daß er eine zielbewußte Ernsthaftigkeit an den Tag legt, bei der allein seine Geschäfte vorrangig sind. Seine Mitarbeiter werden in ihm einen Emporkömmling, einen »Senkrechtstarter« sehen, den man im Auge behalten muß. Er lebt unter ständiger Anspannung, unfähig, sich auf dem bereits Erreichten auszuruhen, und im unklaren, ob er baldmöglichst noch mehr erreichen kann. Daher reibt er sich innerlich auf und bringt dies gelegentlich in Temperamentausbrüchen zum Ausdruck. Wenn er auch an sich selbst höhere Anforderungen stellt als an alle anderen, kann er sehr intolerant sein, wenn Leute, auf deren Mitarbeit er angewiesen ist, gröbere Fehler begehen. Da er andererseits aber weiß, was es heißt, untertan zu sein, kann er in ruhigeren Augenblicken seinen Untergebenen gegenüber sehr großzügig und entgegenkommend sein.

Er entstammt in der Regel einer armen Gesellschaft, die sich im Aufbruch zu größerem Wohlstand befindet. Männer seines Schlages waren zu Beginn der Industriellen Revolution die ersten Kapitalisten, und Männer wie er gehen heute als wirtschaftliche oder politische Führungskräfte aus wirtschaftlich aufwachenden Regionen hervor. Dies Verhaltensmuster ist besonders typisch für die Slumbewohner großer amerikanischer Städte. Das läßt den Schluß zu, daß wirtschaftliche Entbehrungen einen erstaunlichen Unternehmungsgeist auslösen können, wenn dem einzelnen nur genügend Chancen zur persönlichen Besserstellung gegeben sind, die ihm ein Gefühl der Macht über die Umwelt verschaffen.

Zu guter Letzt wollen wir eine Person betrachten, die geringe Belohnungserwartungen besitzt und sich gleichzeitig gegenüber ihrer Umwelt klein und bedeutungslos vorkommt, sich also keinerlei Einflußnahme auf die Geschehnisse zutraut. Für diesen Menschen wird das Leben ein Jammertal sein. Wenn er auch eine Art Bauernschläue erwerben und einfache Dinge schätzen und gelegentliches Lachen lernen kann, wird ihn der Gedanke an den drohenden Tod und die gleichgültige Welt nie ganz loslassen. Sein vorrangiges Motiv wird die zumindest minimale Absicherung der bloßen Existenz von sich und seiner Familie sein, und wenn er sich gar ein bescheidenes Einkommen sichern kann – beispielsweise in Form eines Gehalts oder einer Rente –, schätzt er sich womöglich schon überaus glücklich.

Er macht sich von vorneherein mehr oder weniger darauf gefaßt, daß aus eigener Initiative unternommene Projekte erfolglos bleiben; daher handelt er überwiegend gewohnheitsmäßig oder auf Anweisungen anderer. Er ist passiv und pessimistisch, doch stört ihn sein Schicksal nicht besonders. Für Leute seines Schlages wird die Möglichkeit der Besserstellung erst dann bedeutungsvoll, wenn sie etwas Sicherheit und einen gewissen Komfort zu genießen beginnen, und erst dann lassen sie sich durch günstige Berufschancen oder durch Demagogen aus ihrer Apathie herausreißen.

Normalerweise verbringt dieser Typ einen großen Teil seines Lebens wartend oder lustlos arbeitend oder die Gesellschaft gleichartig veranlagter Leute genießend. Er steht nur selten unter Anspannung. Das Leben besitzt für ihn keine Überraschungen, da er immer nur das erwartet, was er tatsächlich bekommen kann, und es besitzt andererseits keine Schrecken für ihn, da er keine Gnade von ihm erhofft. Er läßt sich relativ leicht zu Massenhysterien aufpeitschen, da er einem Führer, der für seine unverständliche Welt

Verständnis aufzubringen scheint, blindes Vertrauen entgegenbringt. Doch passiert es so gut wie nie, daß er von ganz allein über irgend etwas in Erregung gerät. Er ist zu tiefer und echter Sympathie für andere fähig – selbst für diejenigen, die ihn ausnutzen. In wirtschaftlicher Hinsicht ist er nahezu träge – er produziert wenig und lebt möglicherweise über seine Verhältnisse –, doch kann sich ein Geldverleiher kaum an seinen Schulden bereichern, da seine Zahlungskräftigkeit einfach zu begrenzt ist.

Derartig resignierte, ineffiziente Menschen haben bis vor einigen hundert Jahren noch die Mehrzahl der Menschheit ausgemacht und bilden in noch nicht industrialisierten Ländern immer noch die Mehrheit. Allerdings findet man sie auch noch in Industrienationen. Die von Mayo als Anomie bezeichnete Erscheinung ist genau die Reaktion von Menschen, die gegenüber einer verwirrenden, übermächtigen Umwelt hoffnungslos verloren sind.

Durch diese vier fiktiv skizzierten Typen und durch die Millionen von verschiedenartigen Darstellungen, die man von den wirklichen Menschen und ihrer Umgebung anfertigen könnte, zieht sich ein allen gemeinsamer Wesenszug: *Das Individuum verfolgt immer eine vernünftige Strategie, um in der Welt, in der es zu leben vermeint, einigermaßen leben zu können.* Es sucht immer seinen maximalen Vorteil zu erreichen. Doch ist inzwischen eindeutig geworden, daß »Vorteil« nicht so sehr aus ökonomischer, sondern vielmehr aus psychologischer Sicht interpretiert werden muß. Doch waren die diskreditierten Vorstellungen über das rein ökonomisch ausgerichtete Verhalten der Menschen gar nicht so falsch; sie hielten dem empirischen Test nur deswegen nicht stand, weil sie den Vorteil zu eng auslegten, indem sie ihm eine ausschließlich finanzielle Bedeutung gaben.

Doch ist der finanzielle Vorteil nur ein Aspekt von vielen Formen der Vorteilhaftigkeit, und er ist nur in manchen (keineswegs allen) subjektiven »Welten« der Menschen sinnvoll. Es gibt andere Formen des Vorteils, die vielen Menschen mindestens ebenso erstrebenswert erscheinen wie das Geld. Die monetären Motivationstheorien haben an Glaubwürdigkeit verloren, weil sie versuchten, die Vorstellungen des Unternehmers von seiner eigenen Welt auf die des Arbeitnehmers zu übertragen; sie erkannten nicht, daß im psychologischen Sinne auf diesem Planeten und sogar in einem einzigen Betrieb sehr viele verschiedenartige Welten existieren.

Kapitel 18

Der psychologische Vorteil

Dem menschlichen Verhalten am Arbeitsplatz liegt ein bestimmtes Prinzip zugrunde: Jeder Mensch versucht beständig, seine eigenen Interessen zu wahren. Da die Menschen jedoch keinen einheitlichen Glauben teilen über das, was ihnen möglich und was für sie in diesem Leben vorteilhaft ist, definiert jeder seine vorrangigen Interessen völlig anders. Unter diesem Gesichtspunkt ist die Theorie vom »homo oeconomicus« (also dem rein ökonomisch denkenden Menschen) bloß ein spezifisches Beispiel einer weitaus umfassenderen Theorie. Wie viele partielle Erklärungsversuche wurde auch dieser heftig angegriffen, als er sich Allgemeingültigkeit anmaßen wollte. Das Streben nach dem eigenen Vorteil ist zwar ziemlich universal, doch gilt dies mit ziemlicher Sicherheit nicht für das spezifische Streben nach dem finanziellen Vorteil.

Der psychologische Vorteil – d. h. die subjektive Vorstellung eines Individuums über seine persönlichen wichtigsten Interessen – bestimmt sich einmal nach der individuellen Art der Wahrnehmung seiner Umwelt und nach seiner Fähigkeit, diese Umwelt in irgendeiner Form zu beeinflussen. Er hängt in erster Linie davon ab, was überhaupt möglich erscheint – also davon, was die Umwelt nach vernünftigen Erwartungen dem einzelnen bieten wird –, und zweitens, welches dieser möglichen Ergebnisse wünschenswert ist. Wir können daher erwarten, daß die Vorstellungen eines Menschen über sein Selbstinteresse weitgehend davon abhängen, inwieweit er die ihn unmittelbar betreffenden Ereignisse lenken zu können glaubt, und welche finanziellen Leistungen er als lohnend ansieht.

Genau an diesem Phänomen sind schon so viele wohlgemeinte und sorgfältig geplante Leistungsanreizsysteme gescheitert. Das Management kann nicht einfach seine Auffassung von der Umwelt auf die von ihm geleiteten Menschen übertragen. Wir werden diesen Punkt später noch behandeln; für den Augenblick soll genügen, daß die effiziente Planung von Anreizsystemen eine erstklassige Kenntnis über die Einstellung der Arbeitnehmer zu ihrer Arbeitsumgebung erfordert.

Obgleich dies selbstverständlich erscheint, ist es doch in der Praxis noch längst nicht allgemein anerkannt. Das Management mit seiner Vogelperspektive, aus der es die Organisation überwacht, unterliegt nur zu leicht einem Irrtum über die Perspektive, aus der der einzelne Arbeitnehmer dieselbe Organisation beurteilt. Dies Problem wird vielfach als schlechte Kommunikation bezeichnet, d. h. als Versagen der Geschäftsleitung, da sie ihre Absichten und Vorhaben nicht hinreichend genau darlegt oder ihren Angestellten ihre Mitteilungen nicht überzeugend genug nahebringt. Doch liegt hier mehr im argen. Jeder einzelne Angehörige einer solchen Organisation – der Manager mit einbegriffen – betrachtet diese aus einem mehr oder weniger engen Blickwinkel. Die Auffassung eines jeden über die optimale Art der Unternehmensführung wird sowohl durch die jeweilige Stellung innerhalb der Machthierarchie als auch durch die funktionale Rolle determiniert. Es gibt demnach in einer Organisation viele miteinander konkurrierende Geistesschulen über ihre Aufgabe, ihre betriebliche Strategie und ihre wesentlichen Stärken und Schwächen.

Die Vorstellungen des Managements mögen zwar »offizieller« sein, sind aber deswegen nicht unbedingt plausibler oder leichter »verdaulich«. Daher muß die Unternehmenspolitik auch unter dem Aspekt der individuellen Wahrnehmung der Umwelt und unter Berücksichtigung dessen, was der einzelne als vorteilhaft empfindet, sinnvoll sein. Wenn diese spezifischen Wahrnehmungsformen verstanden werden, besteht die Möglichkeit, Mißverständnisse aufzuklären, divergierende Standpunkte aufeinander abzustimmen oder zumindest die Punkte, in denen Meinungsverschiedenheiten bestehen, offenzulegen. Sinnvolle Kommunikation erfordert eine Vorstellung davon, was die Betroffenen *gern* hören, da dies dafür ausschlaggebend ist, was sie hören *werden.* Deshalb muß die Betriebsleitung mit den Anschauungen ihrer Belegschaft und insbesondere mit den Umwelteinflüssen, die diese Anschauungen hervorbringen, genau vertraut sein, wenn sie die Betriebsziele erfolgreich ansteuern will. Dies gilt sowohl für einen aufgeschlossenen Wirtschaftsbetrieb, der die Kooperation durch Appelle an die Loyalität und das Selbstinteresse zu erreichen sucht, als auch für den Polizeistaat, der sich nur des Zwangs bedient. Der Mensch bemüht sich immer um das, was seiner Ansicht nach für ihn am vorteilhaftesten ist, unabhängig davon, ob andere Menschen – selbst diejenigen, die sein Arbeitsleben gestalten und kontrollieren – diese Ansicht teilen oder nicht.

Um diesen Punkt besser zu illustrieren, wollen wir uns zuerst dem inzwischen vertrauten Problem der Leitung von wissenschaftlich und schöpferisch tätigen Angestellten zuwenden. Als sich der Bedarf an derartigen Spezialkräften in den 50er Jahren vervielfachte, wurden sie aus ihrer bisherigen akademischen und freizügigen Umgebung in die sehr viel straffer organisierte Welt der Unternehmungen versetzt. Das Resultat war oft niederschmetternd. Der Akademiker hatte bisher durch sein Fachwissen auf seinem speziellen Gebiet die entsprechende Ehrerbietung genossen und Ergebnisse jeweils nach persönlichem Ermessen geliefert, ob diese nun den Vorstellungen des Laien entsprachen oder nicht. Er stellte sich seine Rolle *innerhalb* der Organisation nicht sehr viel anders vor als die, die ihm bis dahin traditionsgemäß als freier Berater vorbehalten gewesen war.

Wenn es zweifellos auch einige »Primadonnen« unter ihnen gab – besonders unter den Berufsneulingen, die sich in ihrem Status noch etwas unsicher fühlten –, versuchten doch nur sehr wenige, aus ihrer Knappheit möglichst viele Privilegien für sich herauszuschlagen. Es ging vielmehr um die Frage, welche Umgebung für ihre Arbeit am geeignetsten war. Da sie in erster Linie Geistesarbeit leisteten und keine konkreten materiellen Produkte erstellten, die gewogen oder abgezählt werden konnten, schienen die üblichen Arbeitsbewertungsmethoden unangemessen. Ebenso war es mit den herkömmlichen Methoden, die die tatsächliche Verrichtung der Arbeit gewährleisten sollten; denn der Geistesarbeiter muß, wenn er überhaupt etwas leisten soll, erhebliche Selbstdisziplin üben. Daher schienen die üblichen Vorrichtungen, mit denen die Industrie ihre Beschäftigten zur Disziplin anhielt, nicht nur unangemessen, sondern geradezu beleidigend.

Der Geistesarbeiter benötigte völlige Bewegungsfreiheit, um seinen Vorstellungen entsprechend in einer stark koordinierten und kontrollierten Umgebung arbeiten zu können. Er wollte die Ausnahme von der Regel sein in einem System, das an sich keine Ausnahmen zuließ. Er verlangte dies angeblich nur, um die Organisation in ihrer Arbeit zu unterstützen. Doch lagen seine Motive eigentlich tiefer und waren längst nicht so altruistisch. Er wollte nämlich zugleich in einer möglichst reibungslosen Atmosphäre sein und insbesondere alles vermeiden, was nach Kontrolle aussah und seinem häufig überaus typischen Persönlichkeitsbild eines intellektuell emanzipierten Mannes, der selbständig denkt, entgegenstand. Manchmal ging er noch einen Schritt weiter und trug die Symbole seiner Emanzipation als eine Art Abzeichen, das seine Verachtung für jede Form der Unterwerfung unter Kontrolle nach außen kundtat: Diese Symbole waren eine manchmal fast unelegante äußere Erscheinung oder Arbeitsgewohnheiten, die durch eine leichte Unpünktlichkeit oder Ungenauigkeit charakterisiert waren.

Somit spottete er nicht nur über die üblichen Restriktionen, die die Wirtschaft um der Ordnung und der Effizienz willen auferlegte, sondern er ignorierte sie auch ganz ungeniert. Die Betriebsleitung konnte dies vielfach nur schwer tolerieren oder begreifen. Doch verfolgte der ruhelose Akademiker letztlich nur seinen persönlichen psychologischen Vorteil: Er suchte Freiheit, weil er ohne sie nicht arbeiten konnte und weil die traditionellen Formen der Disziplin ihn im wirklichen Leben nicht der Mensch sein ließen, der er nach seiner inneren Überzeugung sein mußte. Er versuchte demnach, sich selbst zu verwirklichen und nach den Motiven zu leben, die ihn aller Wahrscheinlichkeit dazu bewogen hatten, die akademische Laufbahn einzuschlagen. Um seinen Vorteil wirklich wahren zu können, mußte er achtgeben, daß ihn niemand in seiner Freiheit des selbständigen Denkens beeinträchtigte.

Glücklicherweise haben inzwischen die meisten Unternehmen die Legitimität der Forderungen des Akademikers auf Befreiung von den gewöhnlichen Regelungen der Arbeitszeit, des Arbeitsstils und der Leistungsbeurteilung anerkannt – vorausgesetzt, seine Leistungen sind den Unternehmenszielen förderlich. Manche Organisationen gehen sogar noch einen Schritt weiter und bezweifeln schon die Notwendigkeit derartiger Kontrollen für alle anderen Betriebsangehörigen. Doch gibt es auf beiden Seiten noch ein beträchtliches Maß an Engstirnigkeit: Der Geschäftsmann sieht in dem Geistesarbeiter häufig einen leicht »seltsamen Typ«, während dieser die »Geschäftsleute im grauen Flanell« als ein großes Heer von Konformisten ansieht. Keiner von beiden weiß das, was der andere bei sich als größten Vorteil schätzt, richtig zu würdigen;

jeder wundert sich nur, warum der andere nicht auch die von ihm vertretene, so überaus vorteilhafte Daseinsform gewählt hat.

Fabrikarbeiter machen sich ebenso wie die Wissenschaftler ihre eigenen Vorstellungen über ihren psychologischen Vorteil und reagieren auf die vom Management als »logisch« konzipierten Anreize indifferent. W. F. Whyte hat bereits gezeigt, daß geldliche Anreize die Leistung der Arbeiter nicht wesentlich verbessern, wenn diese ihren Vorteil in der Aufrechterhaltung einer geistesverwandten Beziehung untereinander sehen und sich nichts aus kurzfristigen finanziellen Gewinnen machen. Der Einfluß materieller Anreize auf die Produktivität eines Arbeitnehmers hängt weitgehend von den nichtfinanziellen Verwendungszwecken ab, die der einzelne für dieses Geld sieht. Er hängt mit anderen Worten von dem Einfluß ab, den das Individuum auf seine Umwelt ausüben zu können glaubt. Ihm wird kaum an dem Arbeiten »für ein besseres Morgen« gelegen sein, wenn er nicht glaubt, daß die Zukunft ihm wirklich mehr bringen kann als die Gegenwart. Wenn das Leben ihn gelehrt hat, daß jedes Morgen nur eine noch eintönigere Wiederholung des Heute ist, werden ein paar ersparte Dollar kaum etwas ändern oder besonders vorteilhaft erscheinen. Er kann sich mit ihnen nicht viel kaufen, doch können sie ihn teuer zu stehen kommen, indem sie ihn zusätzliche Anstrengung, seine Seelenruhe und vor allem die Freundlichkeit seiner Arbeitskollegen kosten. Diese Freundlichkeit kann seine Existenz zumindest verträglicher machen, während Geld ihn nicht wirklich besserstellen kann.

Wenn die Mitglieder einer Organisation sich ihren Vorteil anders vorstellen, als ihre Leiter es von ihnen erwarten, entstehen Spannungen, die das Erreichen der von ihnen ausgewählten Ziele im günstigsten Fall nur erschweren, im schlimmsten Fall aber völlig unmöglich machen. Langfristig werden die meisten Organisationen zu Instrumenten mit dem Zweck, jedem ihrer Mitglieder seinen größten Nutzen zu verschaffen. Manchmal kann die Unternehmensleitung diesen Prozeß blockieren, doch können in dem hieraus entstehenden Konflikt die Arbeitnehmer auch die Betriebsleitung am Erreichen *ihrer* Ziele hindern. Somit wird der psychologische Vorteil der Arbeitnehmer – d. h. ihre subjektiven Vorstellungen über das, was ihnen am meisten Nutzen bringt – zu einem überaus wichtigen Element für das Schicksal der jeweiligen Organisation.

Aus diesem Grund fand Rensis Likert[40)] bei der Überprüfung von mehr als 80 Studien der Michigan-Gruppe in mehr als zwei Dutzend Industrieunternehmen, daß die Produktivität immer dort am höchsten war, wo die Berufstätigkeit gleichzeitig die finanziellen und psychologischen Bedürfnisse der Arbeitnehmer befriedigte. Niemand ist einzig und allein auf finanziellen Vorteil bedacht; daher kann die reine finanzielle Belohnung bestenfalls partielle Motivationen erzeugen. Doch ist es für die Organisation objektiv von Vorteil, soviel wie möglich über den psychologischen Vorteil ihrer Beschäftigten zu wissen, was sich am besten durch direkte Meinungsumfragen auf fortlaufender Basis erreichen läßt. Doch kann man den psychologischen Vorteil in gewisser Beziehung auch abstrakt auffassen: Dementsprechend werden wir im folgenden die Einflußmöglichkeiten untersuchen, die Alter, Sex und Beförderung besitzen.

Kapitel 19

Bestimmungsfaktoren des Vorteils

Unterstellt man einmal die Konstanz aller anderen Faktoren und Einflüsse, dann werden junge Menschen vornehmlich durch das motiviert, was die Zukunft für sie bereitzuhalten scheint. Dementsprechend werden sie die Gegenwart relativ bereitwillig akzeptieren, solange sie ihre Hoffnungen durch gelegentliche Beweise, daß sich das Warten auf die Zukunft lohnt, bestätigt sehen. Sie werden bereit sein, sich heute mit einem relativ niedrigeren Lebensstandard zufriedenzugeben, als sie für die Zukunft anstreben, sich mit einer anspruchsloseren Arbeit abzufinden, als ihnen Spaß macht, und auf ein ausgeprägtes Statusdenken zu verzichten – sie werden dies alles gutmütig und verhältnismäßig mühelos hinnehmen, vorausgesetzt, daß sie berechtigten Grund zum Optimismus haben. Für einen jungen Menschen ist es nur von Vorteil, sich allmählich emporzuarbeiten, indem er sich auf die Zukunft vorbereitet und zeitweilig unter nicht so befriedigenden Umständen lebt, um später um so befriedigendere Lebensbedingungen genießen zu können. Die

Moral junger Arbeiter kann trotz schwerer Arbeit und verhältnismäßig schlechter Entlohnung recht gut sein, wenn sie hohe Erwartungen auf eine persönliche Besserstellung hegen.

Nimmt man dem jungen Arbeiter dagegen seine Zukunft, dann erhält man einen demoralisierten Arbeitnehmer, der die Gegenwart unerträglich findet und sowohl mit den trivialen als auch mit den wesentlichen Aspekten seines täglichen Arbeitslebens unzufrieden ist. Wenn er zufällig noch ein aggressiver Typ ist, kann er sehr wohl seine Unzufriedenheit auf andere übertragen und zum Unruhestifter werden; selbst wenn er nicht ganz so viel Durchsetzungsvermögen hat, wird man nicht gerade leicht mit ihm fertig werden, und er wird gerade die minimalen Leistungsanforderungen erfüllen, um nicht entlassen zu werden. Er wird das Gefühl haben, daß er das Opfer eines ungerechten Systems ist, das ihn seines Rechts beraubt, als Jugendlicher von der Zukunft mehr zu erwarten als von der Gegenwart. Daher wird es ihm vorteilhaft erscheinen, dieser Ungerechtigkeit abzuhelfen, indem er die vermeintliche Wurzel dieses Übels zu treffen sucht. Wenn es für ihn schon keine Zukunft geben kann, dann möchte er zumindest die Befriedigung auskosten, keine zusätzlichen Energien für den Aufbau einer solchen zu verschwenden.

Die Einstellung eines jungen Menschen gegenüber seiner Zukunft hängt teilweise von seinem Optimismus ab, den er aufgrund früherer Erfahrungen erworben hat, und teilweise von den Fingerzeigen und Andeutungen, die er bei seiner Arbeit erhält. Aus diesem Grund sind auch zeitweilige Beratungszusammenkünfte, in deren Verlauf der Geschäftsführer die Arbeit der einzelnen Beschäftigten überprüft und spezifische verbesserungsbedürftige Bereiche angibt, so wichtig für den jungen Arbeiter. Diese Zusammenkünfte geben Aufschluß über die Beurteilung bisheriger Leistungen, liefern Hinweise auf mögliche Zukunftsaussichten und vermitteln Ratschläge, was getan werden muß, um die Zukunft befriedigender zu gestalten.

Es ist leider nur zu wahr, daß sich eine zugleich würdevolle und wirksame Beratung für den Manager als sehr schwierig erwiesen hat und daß bestimmte Kräfte das Interview häufig einfach in Nörgelei oder aber in einen Austausch von Allgemeinplätzen ausarten lassen[41]. Der Aufbau eines effizienten Bewertungs- und Beratungsprogramms wird zweifellos ein immerwährendes Problem bleiben. Wahrscheinlich wäre langfristig am besten, wenn man ein routinemäßiges tägliches Bewertungsverfahren schaffen würde, das unmittelbar auf spezifischen Ergebnissen aufbaut, wohingegen das jährliche Abhalten einer Bewertungssitzung ja nur auf allgemeine Eindrücke zurückgreifen kann.

Belegschaftsberatung spielt unabhängig von der Art der Durchführung für die Motivation der jungen Leute eine überaus wichtige Rolle. Sie hat in etwa die Funktion eines *Satisfiers* – um nochmals auf Herzbergs Begriff zurückzukommen –, das heißt, ein Beratungsprogramm muß zwar nicht unbedingt die Arbeitsmoral verbessern, doch wird das Fehlen irgendeines formalisierten Feedbacks sie mit Sicherheit beeinträchtigen. Einfach weil die Zukunft für den jungen Menschen so bedeutsam ist, wird er aus *mangelnden Anhaltspunkten* ebenso seine Schlüsse ziehen wie aus tatsächlich vorhandenen. Wenn die Arbeit keinerlei Aufschlüsse über die mögliche Zukunft liefert, wird der junge Mensch zu der Folgerung neigen, daß sie sich nicht erheblich von der Gegenwart unterscheiden wird; daß demnach für ihn schon die »Zukunft« begonnen hat und alle Hoffnungen umsonst sind.

Es gibt natürlich neben einer speziellen zukunftweisenden Konferenz mit dem Geschäftsführer noch eine Vielzahl von Anhaltspunkten, die auf die Zukunft hinweisen. So liefern beispielsweise die Häufigkeit der Beförderungen – gleich ob aufgrund besonderer Verdienste oder aufgrund des Dienstalters –, die Wachstumschancen des Betriebes und das Format der Neueinstellungen Aufschlüsse für die Spekulation über die eigene Zukunft. Doch sind in den meisten Organisationen die individuellen Zukunftsausssichten eines Arbeitnehmers weitgehend von der Meinung des mit seiner Arbeit am besten vertrauten Abteilungsleiters abhängig, so daß der junge Angestellte nach einer Gegenüberstellung mit dessen vorgefaßter Meinung im direkten Gespräch den vor ihm liegenden Weg am besten abschätzen kann.

Da viele befähigte und ehrgeizige junge Männer sehr stark auf zukünftige Verdienstmöglichkeiten ausgerichtet sind, kann es ein schwerwiegender Fehler sein, sie in Aufgabenbereichen einzusetzen, in denen sie nicht die für ihr Vorankommen erforderliche Erfahrung erwerben können. Sich ständig wiederholende Arbeiten, die wenig Urteilsvermögen oder Verläßlichkeit verlangen, können einem Menschen kaum zur Beförderung und zum Aufstieg verhelfen. Und dennoch ist es üblich, überaus begabte junge Menschen auf niedrige Posten einzusetzen, damit sie »ihr Handwerk von Grund auf lernen«, oder aus dem Glauben, daß sie die Arbeit besser verrichten als weniger begabte Leute.

Unglücklicherweise wird der Betreffende in einer routinemäßigen Stellung nicht nur gelangweilt sein und daher nachlässig arbeiten, sondern er kann auch verbittert werden, wenn er feststellt, daß seine Zukunft letztlich doch nicht so glorreich zu werden scheint. Er wird sich hintergangen und ausgebeutet fühlen und möglicherweise den Betrieb verlassen, wodurch er zusätzliche, durch seinen Ersatz bedingte Kosten verursacht. Vielleicht sieht er aber in einem Arbeitsplatzwechsel keinen Vorteil für sich, da er schon zu alt oder zu stark spezialisiert ist, um gegenüber seinen Konkurrenten auf dem Arbeitsmarkt bestehen zu können. In diesem Fall wird er dem Unternehmer wahrscheinlich die alleinige Schuld geben – womit er dann recht hat, wenn seine einstmals vorhandenen potentiellen Fähigkeiten nicht hinreichend gefördert wurden. Auf lange Sicht kann demnach der Einsatz von hochqualifizierten jungen Menschen in Aufgabenbereiche mit geringem Entfaltungsspielraum zu einer feindseligen, anspruchsvollen und nicht besonders effizienten Gruppe von Arbeitnehmern führen.

Ironischerweise beruht die Entscheidung für den Einsatz derartiger Männer in anspruchslosen Positionen oft auf dem Wunsch, eine hohe Beschäftigtenfluktuation zu »heilen« – wobei selbstverständlich die Annahme zugrunde liegt, daß Fluktuation immer ungesund ist. Ein hoher Verschleiß an Arbeitskräften wird in der Regel als »Symptom« für die Einstellung schlecht qualifizierter Leute angesehen; das Rezept dagegen ist gewöhnlich ein gründlicheres Auswahlverfahren bei der Einstellung. Dies läßt sich mit Hilfe der modernen Tests und anderer Auswahlverfahren zwar relativ einfach durchführen, doch trifft es nicht unbedingt den Kern des Problems. Daher wird dies oft nur aufgeschoben oder zum Teil sogar verschlimmert.

Der Arbeitsplatzwechsel der Arbeitnehmer verursacht regelmäßig wiederkehrende Kosten. Doch können diese Kosten noch das Glück im Unglück sein, wenn die Alternative darin besteht, begabte Menschen an Arbeitsplätze zu binden, die weder anregend sind noch Entfaltungsmöglichkeiten bieten. Nach einer gewissen Zeit werden hochbegabte Leute, die mit routinemäßigen simplen Arbeiten betraut werden, abgestumpft oder verbittert oder beides. Langfristig sind dann die regelmäßigen Fluktuationskosten ein geringeres Problem als eine demoralisierte Gruppe fähiger, aber unentwickelter Arbeitnehmer.

Vorwiegend aus diesem Grunde hat die Industrie so viele junge Frauen in Arbeitsgebiete eingesetzt, die zwar relativ wichtig sind, in der Regel jedoch keine gute Ausgangsbasis für höherrangige Positionen mit Entscheidungsbefugnis bilden. Diese Tätigkeiten können den Schwierigkeitsgrad von ungelernten Hilfskräften hinauf bis zu versierten technischen Kräften haben; ihre Gemeinsamkeit besteht nur in ihrer assistierenden oder beigeordneten Rolle ohne Entscheidungsbefugnis. Für sie ist typisch, daß sie Geduld, Feinfühligkeit und viel Wachsamkeit erfordern – also Eigenschaften, die der junge Mann wahrscheinlich im Laufe der Zeit beim Ausüben einer Tätigkeit verlieren würde, die ihm voraussichtlich nicht zu einer Rolle mit persönlicher Entscheidungsmacht verhelfen kann.

Der Hauptgrund, warum sehr viel mehr Frauen im Vergleich zu den Männern bei diesen Arbeiten dennoch ihre Leistungsfähigkeit aufrechterhalten, ist, daß ihre Zukunft größtenteils ohnehin nicht in der Organisation liegt. Sie streben in der Regel nach der Gründung eines eigenen Heims und einer Familie und nicht so sehr nach einer beruflichen Karriere. Daher stören sie die mangelnden Zukunftsaussichten bei ihrer Arbeit weniger. Ihre Berufstätigkeit ist im allgemeinen ein kurzes, angenehmes und mäßig gut bezahltes Zwischenspiel zwischen dem Abschluß der High School oder des College und dem Beginn ihrer eigentlichen »Laufbahn«. Deshalb spielen die jungen Frauen *eher wegen und nicht trotz* ihrer hohen Abwanderungsquote eine lebenswichtige Rolle in der Industrie, da sie Funktionen übernehmen, die für junge, befähigte Männer völlig ungeeignet wären.

Wenn man von der Annahme ausgehen kann, daß die Berufslaufbahn eines Mannes etwa 45 Jahre dauert – also von Anfang Zwanzig bis zum Alter von 65 –, dann fällt die Phase der überwiegenden Zukunftsorientierung ungefähr in die ersten fünfzehn

Jahre. Die nächsten fünfzehn Lebensjahre sind dagegen vornehmlich gegenwartsorientiert. Sie umfassen in etwa den Zeitabschnitt von Mitte Dreißig bis zum Alter von Fünfzig. Während dieser Zeit erreichen die meisten Männer ihren Leistungshöhepunkt, oder aber ihnen wird im Laufe dieser Zeit unerbittlich klar, daß die hochgeschraubten Hoffnungen der Jugend nicht verwirklicht werden. Die Grenzen des potentiell Erreichbaren treten immer deutlicher zutage, und es wird sinnlos, sich weiterhin an bisher noch nicht erfüllte Träume anzuklammern. Dies sind die Jahre der Offenbarung, in denen die Früchte der Arbeit geerntet werden oder aber abgeschrieben werden müssen.

Die Arbeitsmoral der Männer dieser Altersklasse wird häufig weniger durch das effektiv Erreichte bestimmt, sondern eher durch den Vergleich des Erreichten mit den früheren Erwartungen. Wenn die Gegenwart ihnen Belohnungen beschert, die denen in der Jugend entsprechen oder sie gar übertreffen, werden sie sich bestätigt fühlen und im allgemeinen optimistisch und großzügig eingestellt sein. Entspricht die Gegenwart dagegen nicht ihren gehegten Hoffnungen, werden sie enttäuscht sein – entweder über sich selbst oder über die Organisation, für die sie arbeiten, oder über beide.

Für die zufriedenen Männer wird es vorteilhaft sein, ihr Glück bis aufs äußerste durch Aufgeschlossenheit für neue Ideen auszunutzen, da diese wiederum weitere Erfolge für sie und für andere bedeuten können, und außerdem jungen Menschen gegenüber eine aufmunternde Haltung zu zeigen, da diese dadurch gewissermaßen an ihren reichlichen Belohnungen teilhaben können. Der enttäuschte Mann muß hingegen sein Ich mit seinem tatsächlichen Erfolg in Einklang bringen, wobei er häufig sein Ich in Schutz nimmt und den Fehler in seiner Umwelt sucht. Um diesen Schutz aufrechterhalten zu können, widersetzt er sich zugunsten seines psychologischen Vorteils neuen Ideen, da er kein weiteres Versagen riskieren möchte und wenig Hoffnung auf irgendeinen Erfolg hat. Zudem rät er jungen Männern von zu großem persönlichen Einsatz ab. Er gibt sich damit dem für ihn tröstlichen Glauben hin, daß die Schwierigkeiten auf dem Weg zum Erfolg ganz einfach zu groß und unüberwindlich sind.

Auf jeden Fall sind Männer in dieser mittleren Phase sehr viel stärker auf die Gegenwart ausgerichtet und ihren Mängeln gegenüber sehr viel intoleranter als junge Männer. Sie sind vielfach überaus empfänglich für Statussymbole wie Titel und Büroeinrichtungen, da diese offen zum Ausdruck bringen, wozu sie es gebracht haben. Außerdem sind sie sehr auf Anerkennung bedacht: Der erfolgreiche Mann braucht sie als Bestätigung seiner vollbrachten Leistungen und der weniger erfolgreiche als Beweis, daß seine Leistungen zumindest nicht völlig vergessen sind und gewürdigt werden.

Obgleich die Männer dieser Altersklasse weniger demonstrativ sind als jüngere Männer, reagieren sie doch überaus empfindlich auf das Vorhandensein oder Fehlen immaterieller Belohnungen. Sie werden häufiger als junge Männer als selbstverständlich hingenommen, und genau deswegen reagieren sie auf die – wenn auch unbeabsichtigten – Demütigungen durch ihre Vorgesetzten überaus empfindlich. Im Gegensatz zu den jungen Leuten haben sie zwar das Geduldigsein gelernt, doch haben sie weniger Zeit zum Warten. Ihre Zukunft hat gewissermaßen schon längst begonnen, und daher möchten sie ihre Bestrebungen *jetzt* erfüllt sehen (zumindest dem äußeren Schein nach).

Wenn auch die Mehrzahl der erwerbstätigen Frauen zu der jüngeren Altersklasse gehört, besteht berechtigter Grund zu der Annahme, daß immer mehr reifere Frauen einen ständig zunehmenden Anteil der Erwerbstätigen ausmachen werden[42]. In den stark divergierenden Vorstellungen über den jeweiligen persönlichen Vorteil kommen die verschiedenartigen Gründe für ihre Berufstätigkeit zum Ausdruck. Für diejenigen, die in das Berufsleben zurückgekehrt sind, um das Familieneinkommen zu erhöhen oder um ein durch Tod oder Scheidung vom Mann verlorenes Einkommen zu ersetzen, ist die Arbeit ein Mittel zum Zweck, und solange sie einigermaßen angenehm und erträglich ist, werden sie nicht allzuviel von ihr verlangen. In der Regel interessieren sie sich mehr für ein gesichertes Einkommen als für Maßnahmen, die ihr Einkommen erhöhen könnten. Dies vor allem deswegen, weil ihr Hauptinteresse immer noch ihren Familien und den anderen außerhalb des Betriebes liegenden Tätigkeiten gilt. Daher werden die Zeit, der Aufwand und das Risiko, die zur Erhöhung des Einkommens erforderlich sind, gewöhnlich als zu hoch angesehen.

Es kehren jedoch immer mehr Frauen auf den Arbeitsmarkt

zurück, bei denen nicht der Zwang zur Unterstützung des Familieneinkommens gegeben ist. Oft handelt es sich um gutausgebildete Frauen, deren Kinder alt genug sind, um nicht mehr viel Zeit in Anspruch zu nehmen, und die ihre Energiereserven weder bei der Hausarbeit noch bei ehrenamtlichen Tätigkeiten befriedigend einsetzen können. Sie langweilen sich einfach und gehen zur Arbeit, weil sie ebenfalls leistungsmotiviert sind. Daher spielt bei ihnen die Art der ausgeübten Tätigkeit eine wichtige Rolle; sie ist die eigentliche Belohnung ihrer Berufstätigkeit, während das Einkommen *als solches* keineswegs ausschlaggebend ist.

Vielfach verdienen die Ehemänner dieser Frauen sogar überdurchschnittliche Einkommen, so daß sie weniger durch finanzielle Restriktionen eingeschränkt sind als leistungsmotivierte Männer und sich folglich stärker dem Inhalt ihrer Arbeit widmen. Paradoxerweise werden diese Frauen häufig viel besser bezahlt als die meisten anderen berufstätigen Frauen – da sie einfach anspruchsvollere Tätigkeiten ausüben –, obgleich sowohl ihr subjektives als auch objektives Bedürfnis nach Geld gewöhnlich viel geringer ist. Natürlich kehren auch viele Frauen aus beiden Gründen, aus finanziellen und leistungsmotivierten, in den Beruf zurück; das relative Gewicht dieser Gründe bestimmt dann, ob sie ihren Vorteil vornehmlich in einem festen Einkommen oder in einer anspruchsvollen Beschäftigung sehen.

Natürlich besitzen diese Frauen das gleiche Bedürfnis nach Beurteilung ihrer Leistung wie Männer, und sie werden sich nicht mit Einkommen zufriedengeben, die nicht mit dem Wert ihrer geleisteten Arbeit übereinstimmen. Ebenso werden sie sich auch nicht mit einer geringeren Bezahlung im Vergleich zu der männlicher Kollegen mit gleichen Arbeitsgebieten zufriedengeben. Das Argument, daß sie ja in der Regel nicht so lange arbeiten, trifft hier längst nicht so zu wie bei jüngeren Frauen. Sie interessieren sich jedoch nicht so sehr für die absolute Höhe ihres Einkommens, sondern vielmehr für das Verhältnis, in dem es zu dem Einkommen von Männern in vergleichbaren Positionen steht. Ihr Vorteil liegt demnach in vollbrachten Leistungen, deren Wert ehrlich anerkannt wird. Sie sind emanzipierter, interessieren sich stärker für intellektuelle Herausforderungen, sie sind reifer und aus diesen Gründen auch wertvoller für einen Arbeitgeber als die meisten jungen Frauen.

Karrierefrauen, die seit ihrem Schulabschluß mehr oder weniger ununterbrochen gearbeitet haben, neigen, besonders wenn sie alleinstehend sind, dazu, ihre Arbeit als einen sehr viel wichtigeren Bestandteil ihres Lebens anzusehen als die meisten berufstätigen Frauen. Daher hat die Anerkennung ihres Wissens und ihrer Zuverlässigkeit teils für sie noch mehr Bedeutung als Geld, obgleich auch finanzielle Bedürfnisse ihre Verhaltensweisen relativ stark beeinflussen. Ihr Beruf wird oft zu ihrer Daseinsberechtigung; folglich gehen sie ihren Pflichten vielfach mit ungewöhnlich großem Eifer und Autoritätsbewußtsein nach. Sie messen ihrer Arbeit eine Bedeutung bei, ohne die sie sich selbst unbedeutend vorkommen würden; sie sehen ihren Vorteil einzig darin, sich bestes Sachwissen anzueignen, und versuchen manchmal sogar, von ihrer Arbeit, die ihnen die Möglichkeit zur Selbsterfüllung gibt, gewissermaßen Besitz zu ergreifen.

Die dritte und letzte Phase der meisten Berufslaufbahnen beginnt mit etwa Fünfzig und endet mit dem Ruhestand. Die Orientierung der Männer dieser Phase hängt weitgehend davon ab, wie sie in den vorhergehenden Phasen abgeschnitten haben. Der Erfolgreiche wird die Gegenwart als überaus angenehm empfinden, für ihn sind dies die krönenden Jahre, in denen er aufgrund der Reichweite und der Verschiedenartigkeit seiner Unternehmungen vielleicht mehr vollbringt als je zuvor. Der ausgereifte Mann, der alle Möglichkeiten zur Selbstentfaltung genutzt hat, wird gegen Ende seiner Karriere den absoluten Höhepunkt seiner Leistungskraft erleben; oftmals beschließt er deshalb, das Ende noch hinauszuzögern, indem er entweder seinen Ruhestand noch aufschiebt oder sich nach Beendigung seines regulären Berufs mit einer Vielzahl von freiwilligen oder beratenden Tätigkeiten belädt. Für derartig erfüllte Menschen ist die Gegenwart so lohnend, daß ihr Vorteil eindeutig in ihrer möglichst ausgiebigen Verlängerung liegt: Sie schwelgen weder in der Vergangenheit (weil diese einfach weniger interessant war als ihre gegenwärtigen Erfahrungen), noch projizieren sie persönliche Hoffnungen in die weite Zukunft (da sie nicht annehmen, diese noch zu erleben). Ihr Interesse an der Zukunft besteht nur im Zusammenhang mit jungen Menschen und nicht um ihrer selbst willen.

Nicht viele Männer haben das Glück, ihre Berufslaufbahn in

einer so günstigen und aktiven Gemütsverfassung zu beschließen. Weitaus häufiger endet eine Laufbahn mit den gemischten Gefühlen der Erleichterung und der Wehmut. Gegen Ende ihrer langen und besonders lohnenden Laufbahn fühlen sich manche Männer zunächst wie Gefangene, die der Freilassung entgegensehen. Haben sie bei ihrer Arbeit nicht viel erreicht, dann kommen sie schnell darüber hinweg, und für ihre seit langem vernachlässigten Persönlichkeiten ist es am besten, diesen Zeitabschnitt möglichst bald zu vergessen.

Doch wird letztlich jeder irgendeinen Teil seines Berufslebens vermissen, und wenn es nur die täglichen Routinearbeiten sind, die sich im Rückblick als der Hauptbestandteil eines Lebens erweisen. Der ältere Mensch wird im allgemeinen stärker in der Vergangenheit leben, da diese ihm seine hauptsächlichen Befriedigungen bescherte. Meistens fängt er auch während dieses Lebensabschnitts an, sich in irgendeiner Form mit den vollbrachten Leistungen seines Zeitalters zu identifizieren. Sagen zu können, daß er seinen – wenn auch geringen – Teil zu einem bedeutsamen Ereignis beigesteuert hat, das sich im Laufe seines Lebens abspielte, wird häufig zu einer zwingenden Notwendigkeit. Bewußt oder unbewußt wird er wahrscheinlich von dem Gedanken geleitet, den Justice Holm in hohem Alter einmal aussprach: »Meiner Meinung nach sollte ein Mann sich immer an den seiner Zeit gemäßen Handlungen und Leidenschaften beteiligen, da er sonst Gefahr läuft, daß man in ihm einen Mann sieht, der nicht gelebt hat.«

Aus diesem Grunde wird der ältere Arbeitnehmer in der Regel stark in Erinnerungen schwelgen, mit Stolz auf alles hinweisen, was in seinem Dasein des Stolzes wert ist, und oft die Schlußfolgerung ziehen, daß die »guten alten Tage« sehr viel besser waren, als die Gegenwart oder die Zukunft jemals sein werden. Sein Vorteil liegt im Wiedererleben und nicht im Antizipieren; er genießt Ehrfurchtsbezeigungen, Andenken und vor allem die Rolle eines Mentors, da alles zusammen ihn in seinem Gefühl der Bedeutsamkeit seiner eigenen Vergangenheit bestärkt. Doch ist der Respekt vor Älteren keineswegs eine typisch amerikanische Tugend, und nur zu oft werden ältere Arbeitnehmer ignoriert oder als selbstverständlich hingenommen. In diesem Alter besitzen geldliche Anreize und sogar die Aussicht auf Beförderung im allgemeinen weniger Anziehungskraft als Gesten der Wertschätzung und Dankbarkeit.

Nun noch eine letzte Bemerkung über den Einfluß des Alters auf die individuelle Wahrnehmung des eigenen Vorteils. Offensichtlich variiert dieser Einfluß je nach der spezifischen Persönlichkeit: Manche Männer sind schon mit Zwanzig »psychologisch alt«, und andere behalten immer ihre jugendlichen Anschauungen. Doch gibt es auch Ausnahmen; die jeweilige Geisteshaltung wird bei den Männern zumeist stark durch den jeweiligen Abschnitt ihrer Berufslaufbahn beeinflußt, den sie gerade durchlaufen. Darum achtet der kluge Manager auch auf die Altersverteilung seiner Angestellten und paßt seine Motivationsstrategie dementsprechend an.

Die Möglichkeit der Beförderung ist einer der wirksamsten Motivatoren überhaupt, da sie einerseits wie das Geld sehr viele unterschiedliche Bedürfnisse anspricht und da andererseits mehrere verschiedenartige Beförderungswege entwickelt wurden, die je nach den Umständen auf den individuellen Vorteil abgestimmt sind. Deshalb handelt es sich hierbei um ein ziemlich flexibles Instrument – möglicherweise das flexibelste überhaupt –, um die Belegschaft zu effizienterer Arbeit anzuregen. Doch werden wir noch sehen, daß es nicht für jeden Menschen gleich vorteilhaft ist.

Es gibt mindestens vier Hauptgruppen von Motiven, die durch Beförderung angesprochen werden. Dabei läßt sich nur schwer sagen, welche die wichtigste ist; denn das hängt letztlich von der Person ab. So liegt für das Individuum, das seine Arbeit gut beherrscht und dadurch ein verstärktes Gefühl der Befähigung besitzt, die Hauptanziehungskraft der Beförderung in der durch sie gebotenen Chance zu weiterer *Selbstentfaltung.* Tatsächlich ist die Umwelt für den Mann, der seine Arbeit fachkundig verrichtet, etwas gefügiger geworden – ein geringer Teil der einst von der Umwelt über ihn ausgeübten Kontrolle hat den »Besitzer« gewechselt. Diese Erfahrung kann ziemlich berauschend sein.

Deswegen beginnt auch die Unzufriedenheit mit dem jeweiligen betrauten Aufgabengebiet immer ziemlich bald nach dessen Beherrschung. Dies Gefühl der Beherrschung vermittelt hohe psychologische Belohnungen, indem es im Individuum das Gefühl der Macht und des persönlichen Wertes verstärkt und in ihm den Wunsch nach weiteren Entfaltungsmöglichkeiten erweckt. Die Aussicht auf das jahrelange Verrichten einer Arbeit, die man bereits vollständig beherrscht – was natürlich vom rein ökonomischen Standpunkt her durchaus sinnvoll ist und die Ausbildungsinvestitionen des Betriebes überhaupt erst rentabel macht –, ist für den einzelnen nicht gerade beglückend. Er wird diesen Abschnitt seines Arbeitslebens wahrscheinlich als langweilig, uninteressant und anspruchslos empfinden und ihn vor allem als vergeudete Zeit der Stagnation ansehen, in der er nichts für seine persönliche Fortentwicklung tun kann. Da er bereits eine bestimmte Selbstentfaltung an sich erfahren hat, wird er seinen Vorteil nur in solchen Sparten seines Berufes sehen, die ihm mehr Spielraum zur Weiterentwicklung bieten; folglich wird er sich schon sehr viel früher als seine Vorgesetzten für beförderungswürdig halten.

Ein verwandtes Motiv ist der Wunsch nach *Autonomie.* Wenn sich ein Mann zu Entscheidungen befähigt fühlt, die seinen Vorgesetzten vorbehalten sind, dann wird er effektiv daran gehindert, bei seiner Arbeit sich selbst zu verwirklichen. Denn er muß eine seiner Ansicht nach abhängigere und weniger kompetente Rolle spielen als nötig. In seinen Augen werden seine Begabungen unnütz verschwendet; darüber hinaus ist dies oft mit einem schmerzlichen Verzicht auf bestimmte Vorrechte verbunden, zu denen er sich eigentlich berechtigt fühlt. Daher sieht er in der Beförderung vielfach ein Mittel, um den lästigen Restriktionen zu entrinnen und unabhängiger arbeiten zu können. Das Gefühl, sein eigener Herr zu sein, ist für jemanden, der sehr wohl allein wichtige Entscheidungen zu treffen weiß und auch zu solchen bereit ist, von überaus großem Vorteil.

Die Beförderung besitzt überdies einen starken *Prestige*aspekt. Gewöhnlich sind der mit bestimmten Positionen verbundene »Pomp« und Aufwand eine Form der Anerkennung für die mit ihnen verbundene Verantwortlichkeit. Je mehr Vertrauen die restliche Belegschaft des Unternehmens einem Mann in einer gegebenen Position entgegenbringen muß, um so mehr hebt es die Bedeutung dieser Position durch Aufmerksamkeit, Respekt und sogenannte Statussymbole hervor. In gewisser Hinsicht ist Prestige eine Form der Identifikation von Personen mit bestimmten Schlüsselpositionen und ist daher eine Art informelles, aber lebenswichtiges Kommunikationsmittel.

Da die Beförderung im allgemeinen mehr Verantwortung mit

sich bringt, folgt das Prestige zumeist zwangsläufig. Manchmal werden Angestellte sogar rein aus Prestigegründen und ohne gleichzeitige Erweiterung ihres Aufgabenkreises befördert. Die Beförderung ist in solchen Fällen nur eine Art Danksagung für die Einsatzfreudigkeit oder eine Anerkennung, daß sich der Wert der Betreffenden für die Organisation aufgrund ihrer langjährigen Erfahrung erhöht hat. Auf jeden Fall lenkt die Beförderung die Aufmerksamkeit auf diese Arbeitnehmer und zeigt eindeutig an, daß die Organisation sie mit Wohlwollen betrachtet, sei es aufgrund seiner erwiesenen Tüchtigkeit oder aufgrund seines langen Ausharrens auf diesem Arbeitsplatz. Diese wohlwollende Aufmerksamkeit wird häufig sehr hoch eingeschätzt, und zwar entweder als Indikator einer überaus »rosigen« Zukunft oder aber dafür, daß die Vergangenheit gewürdigt und nicht einfach vergessen wird. Eine Erhöhung des Ansehens gereicht sowohl dem aufsteigenden jungen Mann zum Vorteil, der sich ab und zu in seinem fortgesetzten Aufstieg bestätigt sehen möchte, als auch dem relativ immobilen Mann, der den Beweis braucht, daß die von ihm aufgewendete Zeit und Energie von seinem Arbeitgeber honoriert werden.

Zu guter Letzt ist noch wichtig, daß die Beförderung fast immer von einer Gehalts- oder sonstigen Einkommenserhöhung begleitet ist. Wir haben bereits dargelegt, daß die Triebkraft des Geldes wegen eines Effekts »abnehmender Grenzerträge« zu verblassen scheint, d. h. daß mit zunehmendem Einkommen immer größere Einkommenszuwächse erforderlich sind, um als fühlbare Besserstellung empfunden zu werden, und daß derart hohe Zuwächse immer seltener werden. Jedoch vermag die Beförderung diesem Effekt auf zweifache Weise entgegenzuwirken. Einmal schafft sie durch die Kombination eines finanziellen und psychologischen Gewinns insgesamt einen Motivationseffekt, der erheblich größer ist als der, den ein gleichwertiger Geldbetrag allein hätte zustande bringen können. Zweitens erreicht das Individuum durch die Beförderung vielfach eine höhere Gehaltsstufe und erhöht dadurch die obere potentielle Einkommensgrenze, oder aber es gelangt in den Bereich neuer Einkommensformen wie z. B. den Aktienbezugsrechten. Folglich kann die mit der Beförderung einhergehende Einkommenserhöhung sehr viel mehr bedeuten als eine normale Aufstockung des ursprünglichen Gehalts um einen relativ geringen Prozentsatz.

Sie kann sehr wohl einen sprunghaft höheren Lebensstandard zur Folge haben.

Wegen dieser Aussicht auf radikale Einkommensverbesserung sind ehrgeizige Männer häufig bereit, bei der Beförderung einen (vorübergehenden) bescheidenen finanziellen Verlust hinzunehmen. Dies kann beispielsweise beim Übergang vom Selbständigenstatus mit größeren Abschreibungsmöglichkeiten zum Angestelltenverhältnis mit geringerer Steuerersparnis oder beim Wechsel von Provisionsbasis zu festem Gehalt der Fall sein. So bringt die Beförderung beträchtlich höhere Einkommen in den Bereich des Möglichen. Daher kann sie die Gleichgültigkeit vertreiben, die manche Männer den Einkommenshöhen gegenüber an den Tag legen, die ihnen nach realistischen Maßstäben völlig illusorisch erscheinen. Dies ist auch mit ein Grund, warum Männer in Organisationen, in denen die Beförderung sehr lange dauert oder in denen manche Männer größere Beförderungsaussichten haben als andere, die einzige Möglichkeit zu einer nennenswerten Einkommensverbesserung nur in einem Wechsel des Arbeitgebers sehen, bei dem sie schon auf einer höheren Gehaltsstufe anfangen.

Es gibt im wesentlichen drei Personengruppen, für die die Beförderung mit ziemlicher Wahrscheinlichkeit aus psychologischer Sicht nachteilig ist. Erstens gibt es die Gruppe, die sich eine mäßige Verbesserung ihres Einkommens und Status hart erkämpfen mußte und es von einem bestimmten Zeitpunkt an für günstiger hält, sich mit dem Erreichten zufriedenzugeben, als weiterhin zu kämpfen. Die Ungewißheit des Kampfausgangs und die zusätzliche Last der Verantwortung im Falle des Erfolges bedeuten einen zu hohen Zoll für jemand, der schon einen großen Teil seiner Energie für einen verhältnismäßig geringen Gewinn verausgabt hat.

Der alteingesessene Angestellte, der schließlich den Sprung in die Betriebsleitung schafft, wird beispielsweise häufig das Gefühl haben, der erreichte Status sei völlig ausreichend für ihn, und die Aussicht auf weiteren Aufstieg wird ihm eher unangenehm sein. Da seine Beförderung ihn sehr viel gekostet hat, ist es für ihn das beste, seine restliche Kraft zu bewahren und seine gegenwärtige Rolle voll auszukosten, anstatt seine Seelenruhe für unnötige Belohnungen aufs Spiel zu setzen. Derartige Vorbehalte lassen es oft ausgesprochen unklug erscheinen, wenn man einem verdienstvollen, aber widerstrebenden älteren Angestellten eine Beförderung dennoch aufdrängen will; er wäre im wahrsten Sinne des Wortes kaum »er selbst« in einer solchen Position, da er wissentlich einen schlechten Tausch gemacht hat.

Zweitens gibt es den Personentyp, der die mit der Beförderung einhergehende Entfremdung mit ehemaligen Kollegen, die jetzt plötzlich seine Untergebenen sind, nicht erträgt. Die Bindungen langjähriger Treueverhältnisse sind häufig zu stark und die Aussicht auf das Eingehen neuer Bekanntschaften ist zu wenig einladend, als daß die Beförderung lohnend erscheint. Die Versetzung eines gerade beförderten Mannes an einen anderen Ort löst keineswegs das Problem. Einerseits verläßt er vielleicht nur ungern die vertraute Umgebung, und andererseits ist er in einem bestimmten Status derart heimisch, daß er in jeder *beliebigen* Gemeinschaft die Verbindung zu diesem Status benötigen würde. Folglich kann die Beförderung für Menschen, die nur schwer mit der Einsamkeit fertig werden können, ziemlich nachteilig sein. Doch brauchen auch sie irgendeine Form der Anerkennung, so daß für sie ein Beförderungssubstitut erdacht werden muß. So wäre es vielleicht ratsam, daß man ihre Rolle (oder ihren Titel) in eine Kombination aus Berater, Lehrer und Friedensstifter umwandelt.

Drittens gibt es den Typ, der an sich die Beförderung herbeisehnt, allerdings nur, wenn sie zu den gleichen Bedingungen wie bei allen anderen Arbeitnehmern möglich ist. Zugleich hält er das Eintreten der Beförderung aber für ziemlich illusorisch, oder er sieht für den Fall, daß sie doch eintreten sollte, so große Schwierigkeiten auf sich zukommen, daß die Hoffnung darauf sich einfach nicht lohnt. Dieser Typ befindet sich gesellschaftlich häufig im Nachteil, wie z. B. bei Zugehörigkeit zu einer Minderheit – einbegriffen die größte Minderheit der Welt, die Frauen. Bei denjenigen, die die Beförderung für sich als völlig illusorisch ansehen, kommt ihre Rolle als Motivator kaum zum Tragen, und sollte sie dennoch einmal in Wirklichkeitsnähe rücken, dann wird das Handikap, eine Vorgesetztenrolle gegenüber Untergebenen spielen zu müssen, die gewöhnt sind, ihre eigenen »Vorgesetzten« zu sein, dem Betreffenden wahrscheinlich geradezu immens erscheinen. Es bedarf also ungewöhnlichen Mutes, sich die Beförderung zu wünschen, wenn allein schon der Erwerb des Rechts auf die Anwärterschaft einer Position einen fortwährenden Kampf mit sich bringt.

Doch gibt es in den oberen Rängen der amerikanischen Industrie viele Männer, deren Eltern und Großeltern den nicht sehr willkommenen Minoritäten von gestern angehörten. Tatsächlich ist wohl ein beachtlicher Teil der Dynamik und des Wachstums der amerikanischen Wirtschaft einerseits ihrer Bereitschaft zuzuschreiben, um die Beförderung zu wetteifern, und andererseits der Bereitschaft der Geschäftswelt, ihren Wettbewerb zuzulassen. Die Lektion ist eindeutig: Es ist nicht gerade zum Vorteil einer Nation, wenn sie irgendwelchen Bürgern das Gefühl gibt, der Wettbewerb um Prestige und Verantwortung sei für sie von Nachteil. Die Diskriminierung rassischer, religiöser oder sonstiger Gruppen dergestalt, daß sie jeglichen Anreiz zum Wettbewerb verlieren, führt letztlich zu nichts und kostet sehr viel an ungenütztem Talent, zurückgehaltenen Ideen und unterdrückten Fähigkeiten. Unter den drei Fällen, in denen die Beförderung mehr oder weniger nachteilig ist, scheint der letztere der bei weitem üblichste und zugleich am wenigsten gerechtfertigte.

Kapitel 20

Die betriebliche Führung

In der Motivationstheorie, soweit wir sie dargestellt haben, wurden drei grundsätzliche Konzepte betont. Erstens besitzt jeder Mensch irgendwelche relativ nachhaltige Vorstellungen – in der Regel allerdings zu vage, um in Worte gefaßt werden zu können – über seine Person. Dies ist das Persönlichkeitsbild. *Soweit seine Umwelt es zuläßt, verhält sich der Mensch immer diesem Persönlichkeitsbild entsprechend.* Beeinträchtigt seine Umgebung ihn in Handlungen, die er für sich selbst als angemessen erachtet, fühlt er sich frustriert und wird nur in dem gerade erforderlichen Mindestmaß kooperieren. Sein innerer Trieb wird, unabhängig davon, wie weit die Umwelt ihn zu unterdrücken versucht, immer wieder nach Selbstverwirklichung streben.

Zweitens stimmt die Auffassung eines Individuums über seine

unmittelbare Umwelt nicht notwendig mit den Vorstellungen anderer Menschen überein, die in derselben »objektiven« Umwelt leben. Die überwiegende Zahl aller Folgerungen über seine kleine Welt, in der sich sein Dasein abspielt, steht bei ihm schon fest, bevor er überhaupt alle »Daten« zur Verfügung hat oder das Urteilsvermögen besitzt, um diese Daten gewichten zu können. Im übrigen überprüft oder stellt er diese Annahmen über seine Welt nur sehr selten in Frage. *Speziell für ihn besitzt die Welt gewisse Beschränkungen und Chancen, und er wird diese selbstauferlegten Grenzen kaum zu durchbrechen suchen, gleichgültig ob andere sie ebenfalls als existent betrachten oder nicht.*

Drittens *wird sich jedes Individuum zu jedem Zeitpunkt möglichst immer so verhalten, daß es die Wahrscheinlichkeit erhöht, sich in seiner Umwelt selbst zu verwirklichen.* Diese Strategie wurde von uns als ein psychologischer Vorteil bezeichnet. Es mag die verschiedensten Formen annehmen: vom überschwenglichen Ergreifen jeder Chance bis zum passiven Sichabfinden mit dem Fehlen jeglicher Chance, doch stellt es immer den nach Auffassung des einzelnen optimalen Kompromiß zwischen dem dar, was es gern sein möchte, und dem, was die Welt ihm zu sein erlaubt.

Der psychologische Vorteil ist umfassender als der rein finanzielle Vorteil. Letzterer wird – wie wir gesehen haben – nur unter ganz bestimmten Bedingungen vorrangig. In Wirklichkeit ist der psychologische Vorteil vor allem der Versuch, ein bestimmter Persönlichkeitstyp zu *sein* – d. h. im wirklichen Leben eine Rolle zu spielen, die den bevorzugten Vorstellungen über sich selbst entspricht –, und es ist weniger das Bemühen um den *Besitz* bestimmter materieller Dinge. Geld und die mit ihm käuflichen Dinge sind gewöhnlich als Zubehör für eine gewünschte Rolle wichtiger denn als Selbstzweck.

Was ist nun aber die Rolle der Betriebsführung? Wenn der Mensch in erster Linie von dem Wunsch getrieben wird, sich mehr und mehr seinem Persönlichkeitsbild anzugleichen, folgt daraus nicht, daß das Gewährenlassen letztlich zum Chaos führt und die Führung im Interesse von Ordnung und Effizienz nicht ohne Restriktionen auskommt? Selbst wenn es möglich wäre, eine Organisation durch Anpassung ihrer Methoden an den psychologischen Vorteil aller Betriebsangehörigen zu führen, würde dies nicht bloß die Faulen zur Faulheit und die Unfähigen zum Verharren in ihrer Unfähigkeit verleiten? Ist eine Organisation bei gegebenen ökonomischen Anforderungen nicht in gewissem Umfang gezwungen, den psychologischen Vorteil vieler ihrer Mitglieder zu ignorieren oder gar zu unterdrücken?

Mancher überaus fortschrittliche Vertreter der industriellen Sozialwissenschaft würde diese Fragen mit einem sorgfältig abgegrenzten »Ja« beantworten. So führt z. B. Harold J. Leavitt vom Carnegie Institute of Technology[43] an, daß die meisten Organisationen immer noch ziemlich gut damit fahren, daß sie ihren Beschäftigten alles genau vorschreiben und die meisten von ihnen daran hindern, sich selbst zu verwirklichen. Natürlich sind Leute, die nur zwangsweise die von anderen für sie getroffenen Entscheidungen ausführen, nicht gerade sehr glücklich bei ihrer Arbeit, und natürlich kann ihr Widerstand gegenüber ihrer Arbeit in einem derartigen System die Effizienz der Organisation erheblich beeinträchtigen. Doch war diese Beeinträchtigung in der Regel nicht übermäßig, und es gibt immer genügend Möglichkeiten, um die Spannungen zu mildern und den Widerstand nicht unerträglich werden zu lassen.

Der begeisterte Anhänger der Human Relations muß seine Theorie irgendwie mit der Tatsache in Einklang bringen, daß die gesamte Industrie nicht nur fortwährend nach autoritären Methoden geführt wird, sondern daß sie auf dieser Basis auch erfolgreich zu sein scheint. Der Endkampf fand allerdings noch nicht statt. In Wirklichkeit wird immer offenkundiger, daß das Bedürfnis nach Anleitung, nach einer Richtschnur und nach einer Daseinsform, an die man sich anpassen kann, mindestens ebenso normal ist wie das Bedürfnis nach selbständiger Bestimmung seines Schicksals. Darüber hinaus gibt es in der Industrie viele Funktionen, die effizienter ausgeführt werden können, wenn eine leitende Persönlichkeit einen genau festgelegten Ablauf vorschreibt, als wenn die Arbeiter sich eigene Maßstäbe setzen und selbst das Arbeitstempo bestimmen dürfen.

Dies entkräftet keineswegs die Human-Relations-Theorie; es setzt sie nur – wenn auch verspätet – in das richtige Licht. Leavitt weist darauf hin, daß die Vertreter der Human Relations dieses Gebiet so gründlich durchforstet haben, daß sie fast selbst in die gleiche Falle – nämlich der übermäßigen Verallgemeinerung – gegangen wären, in der sie die »wissenschaftlichen Manager« zu sehen glaubten. Das Bedürfnis nach einer Tätigkeit, die Gelegenheit zur Selbstentfaltung bietet, ist nicht universal, und der Erfolg der Industrie wäre nicht mehr gewährleistet, wenn jede Abteilung bewußt auf jedes in ihr befindliche Ich Rücksicht nähme.

Ohne sich auf die Lehrsätze irgendwelcher hochgeistiger Theorien zu stützen, hat die Industrie mehr oder weniger durch »trial and error« einen praktikablen Weg der Machtverteilung gefunden, so daß sowohl die Persönlichkeiten der Belegschaftsmitglieder als auch die Organisation ihren Anteil erhalten. Erfordert eine Tätigkeit ein bestimmtes Maß an Originalität und Urteilsvermögen, so wird dem einzelnen größerer Spielraum gewährt, damit er sich selbst mit dem Grundproblem auseinandersetzen und eine eigene Lösung erarbeiten kann. Die Betriebsleitung besteht allerdings auf strikter Befolgung der gegebenen Anweisungen, wenn ein Aufgabenbereich bereits so weit analysiert und durchdacht ist, daß er sich am besten nach einem vorgeschriebenen Programm bearbeiten läßt. Somit erlaubt die aufgeschlossene Firma im Bereich der Forschung und Weiterentwicklung, dem Außendienst, in manchen technischen Gebieten und anderen schöpferischen oder geistigen Funktionen ein beträchtliches Maß an Selbstverwaltung. Demgegenüber werden routinemäßige Produktions- und Verwaltungsfunktionen im allgemeinen von einem Manager straff geleitet, indem er eine Reihe von Anweisungen erläßt. Wenn er möglicherweise auch die leichte Hand des angestelltenorientierten Vorgesetzten besitzt, so ist er dennoch die eigentliche entscheidende Instanz im Hinblick auf das, was auf Kosten der Gesellschaft getan oder nicht getan werden darf.

Leavitt berücksichtigt nicht die Nachsicht, die das Management im Umgang mit dem Forscher gelernt hat, der eine Art Keil war, mit dem die progressive »Demokratisierung« ganzer Organisationen bewerkstelligt wurde. Denn wenn das Management seine Kontrolle in manchen Bereichen auch lockert, so verstärkt es diese wiederum in anderen. So ist Leavitt beispielsweise der Ansicht, daß diese verstärkte Kontrolle besonders in solchen Abteilungen zum Tragen kommt, die Daten für den Computer erstellen oder auf der Grundlage ihrer Outputzahlen operieren. In jedem der beiden Fälle ist essentiell, daß die menschlichen Arbeitskräfte in ihrer

Arbeit mit den vom Computer vollzogenen Programmen übereinstimmen. Folglich ergibt sich als Gesamtbild das gleichmäßig verteilter Kontrollen oder nach Leavitt die »Leitung je nach Aufgabenbereich«. Das Maß an Spielraum oder Kontrolle, das bei einer bestimmten Funktion realisiert wird, hängt immer mehr davon ab, inwieweit eine spezifische Funktion besonders gefördert werden soll. Leavitt vertritt die Auffassung, daß große Organisationen einfach nicht als »eine Gesamtheit« mit einer einzigen Strategie geleitet werden können, welche gleichzeitig auch für alle Unterabteilungen gültig sein soll:

»Wenn diese Interpretation zutrifft, müßte in Zukunft die Einförmigkeit der Management-Praktiken eindeutig nachlassen: Es müßte vielmehr ein Klassensystem – wenn auch mit fließenden Grenzen – entstehen, in dem sämtliche Regelungen, angefangen von der Arbeitszeit über Bewertungsverfahren bis zu Lohnsystemen, innerhalb derselben Organisation von Gruppe zu Gruppe differieren können. Und überdies werden die vielen Varianten dann in etwa verständlich werden, wenn man die Aufgaben berücksichtigt, die jede einzelne Gruppe zu erfüllen versucht, und außerdem sowohl die psychologischen als auch die technischen Instrumente in Betracht zieht, die gegenwärtig für die Bearbeitung ihrer Aufgabenbereiche zur Verfügung stehen.«

Wenn die jeweilige Aufgabe nicht in einem verbindlichen Programm zusammengefaßt werden kann – oder wenn die Aufstellung eines solchen Programms sich einfach nicht machen läßt –, ist es für die Organisation unbedingt von Vorteil, sich auf das freie Urteil des einzelnen Arbeiters zu verlassen. Des weiteren besitzen Leute mit starkem Drang nach Selbstverwirklichung wahrscheinlich einen natürlichen Hang zu Berufen, in denen die Arbeit überwiegend »unprogrammiert« ist. Doch können wir hieraus nicht einfach schließen, daß Menschen in »programmierten« Beschäftigungen keine besonders ausgeprägten Bedürfnisse nach Befriedigung ihres Ichs haben und daß diese deswegen einfach von der Organisation ignoriert werden können. Selbst bei Gültigkeit von Leavitts Hauptthese – daß nämlich die Tätigkeitsbereiche und die Menschen unterschiedliche Spielräume bei ihrer Arbeit benötigen – bleibt immer noch die Frage, welches effektiv die optimale Verteilung der Kontrollbefugnis innerhalb einer Organisation ist. Diese

Frage wird noch durch die Tatsache verkompliziert, daß die Struktur vieler Arbeitsplätze sich aufgrund der Technologie wandelt und daß sich außerdem die Bevölkerung, aus der sich die Erwerbstätigen rekrutieren, aufgrund der Ausbildung und sozialen Mobilität ebenfalls verändert.

Es ist immer noch umstritten, ob die zunehmende Automation die Beschäftigungen routinemäßiger werden läßt, indem sie den Menschen an das Tempo und die Logik der Maschine bindet, oder ob die Aufgabenbereiche durch die Automation effektiv umfassender und abwechslungsreicher werden. Floyd C. Mann und L. Richard Hoffmann von der University of Michigan haben die Auswirkungen der Automation auf die Arbeitnehmer von Kraftwerken untersucht[44)] und festgestellt, daß die Betriebsleitung neu geschaffene Arbeitsgebiete ganz beliebig gestalten kann. Sie schließen daraus, daß es sowohl vom wirtschaftlichen als auch vom menschlichen Standpunkt aus gewinnbringender ist, neue Arbeitsplätze so zu gestalten, daß das Urteilsvermögen und das Verständnis des einzelnen zum Tragen kommen.

Die Automation hat bisher die Zahl der Arbeiter in vergleichsweise routinemäßigen Funktionen reduziert und statt dessen eine kleinere Anzahl von Arbeitskräften in Positionen eingesetzt, die erhebliche Fertigkeiten und Wachsamkeit erfordern. Dieser Trend läßt vermuten, daß wir in den kommenden Jahren eine hohe Nachfrage nach selbständig denkenden Leuten erleben werden, welche auch kompliziertere Probleme lösen können, und daß andererseits der Bedarf an Leuten, die nur nach genauesten Vorschriften oder auf Anweisung ihrer Vorgesetzten arbeiten können, immer mehr abnehmen wird. Demnach scheint der Anteil der intellektuell anspruchsvolleren Berufe in der gesamten Beschäftigungsstruktur zuzunehmen; daher wird sich das optimale Kontrollmaß in den meisten Organisationen wahrscheinlich auf verstärkte Mitsprache und auf die Betriebsführung anhand von konkreten Leistungsergebnissen verlagern, während die engherzigen Kontrollmethoden an Bedeutung verlieren werden.

Eine bessere Ausbildung wird nicht mehr die Ausnahme, sondern die Regel sein. Ein Grund hierfür ist, daß der College-Abschluß immer mehr zum »Passierschein« für die hochbezahlte und reich mit Prestige ausgestattete Welt des unprogrammierten Arbeitsplatzes wird. In vielen technischen Gebieten ist das Diplom bereits ziemlich üblich und der Doktorgrad keine Seltenheit mehr. Der Trend eines steigenden Anteils gutausgebildeter Leute an der Gesamtbevölkerung wird sich zweifelsohne fortsetzen, teils weil die Nachfrage nach diesen Leuten in der Industrie voraussichtlich nicht nachlassen wird, teils weil die Ausbildung ein unerläßlicher Bestandteil der sozialen Mobilität ist, die für viele Amerikaner ein starkes Motiv darstellt.

Eine höhere Ausbildung vermittelt dem einzelnen nicht bloß das kritische Durchdenken und Analysieren von Problemen, sondern sie läßt ihn auch auf Einschränkungen dieses Rechts empfindlicher reagieren. Daher sind die ersten Berufsjahre nach dem College oft auch so enttäuschend: Der junge Mensch muß vielfach die Rolle des denkenden Menschen aus der College-Zeit wieder ablegen, um sich in eine Hierarchie einzufügen, die ihren jungen Mitgliedern nur wenig Gelegenheit zu analytischem Denken bietet. Doch gelangen viele von ihnen über kurz oder lang in Aufgabenbereiche der Aufsichtführung, Planung, Forschung oder Analyse – also in die nach Leavitt unprogrammierten Bereiche. Diejenigen, denen dieser Aufstieg nicht gelingt, werden mit ihrer Arbeit bald unzufrieden werden und entweder bei ihrem Abteilungsleiter auf interessantere Aufgabenkreise dringen oder diese woanders suchen. Folglich muß im Nettoeffekt das wachsende Angebot gutausgebildeter Stellenbewerber zu einem steigenden Druck auf das Management führen, gleichzeitig den Zuschnitt der Arbeitsplätze zu verändern und den dem einzelnen zur Verfügung stehenden Spielraum zu erweitern.

Der langfristige Trend scheint demnach dahin zu gehen, daß sich in immer mehr Unternehmen ein einsichtiges und weniger autoritäres Management durchsetzt und die Funktionen umverteilt werden, um die höheren Qualifikationen einer intellektuelleren Arbeiterschaft besser auszunutzen. Allerdings werden hierarchische Kontrollen kaum abgeschafft werden und auch weiterhin in der gesamten Industrie eins der hauptsächlichen Leitungsinstrumente bleiben. Doch ist ihr »Monopol« im Bereich der Organisationsstrategien bereits gebrochen, und es besteht guter Grund zu der Annahme, daß ihr Einfluß zumindest in absehbarer Zukunft ständig nachlassen wird. Leavitt hat recht: Die angestelltenorientierte Unternehmensführung ist kein Patentmittel, und jede Organisation muß sich dennoch ihr eigenes Optimum von Freiheitsspielraum und Kontrolle suchen. Doch hat auch Likert recht: Die Zukunft wird in zunehmendem Maße Managern gehören, die ihren Untergebenen selbständiges Arbeiten und Entscheiden beibringen können.

Die Michigan-Studien sind inzwischen auf die verschiedensten Organisationsformen ausgedehnt worden, und Likert[45)] hält es aufgrund der weitgehend übereinstimmenden Ergebnisse dieser Untersuchungen für gerechtfertigt anzunehmen, daß die Leitung in so ziemlich jedem Rahmen, in dem Arbeit geleistet wird, die gleichen grundlegenden Merkmale aufweist. Will man die Produktivität auf ein dauerhaft hohes Niveau bringen, muß der dafür Verantwortliche Wege finden, um mit seinen üblichen Aufsichtsmethoden den psychologischen Vorteil der unter ihm arbeitenden Männer nicht etwa zu blockieren, sondern ihn zu fördern und zu unterstützen.

Dies ist zwar nicht ganz einfach, doch wiederum auch nicht so schwer, wie es den Anschein haben mag. Wenn die Männer nicht schon zu lange übermäßig unterdrückt worden sind, wird die Mehrzahl von ihnen ihre Arbeit natürlicherweise mit einer Bühne vergleichen, auf der jeder seine Lieblingsrolle darstellen kann: Der Egoist wird sich die Zuhörerschaft suchen, auf die er Eindruck machen kann, der Übervorsichtige wird extrem gründlich nach eventuellen Fehlern im Erzeugnis suchen, der Erfinder wird mit seiner Arbeit herumexperimentieren usf. Der leitende Angestellte braucht die Männer keineswegs zu diesen Rollen anzuregen, er braucht sie nur gewähren zu lassen. Er darf ihnen demnach im Rahmen des gesunden Menschenverstandes und unter Berücksichtigung einer bestimmten Ordnung nicht seine eigenen Präferenzen oder irgendwelche vorgeschriebenen Methoden aufzwingen wollen und den natürlichen Arbeitsstil der Männer nicht verletzen. Der erfolgreichste Vorgesetzte ist der hinreichend Selbstdisziplinierte, der die Männer völlig selbständig arbeiten läßt (vorausgesetzt natürlich, daß sie tatsächlich arbeiten) und sie nicht zwingt, seine eigenen Arbeitsmethoden nachzuahmen.

Es muß noch einmal hervorgehoben werden, daß Likert nicht über irgendeinen idealen Typ des Vorgesetzten philosophiert, sondern daß er den tatsächlichen Führungsstil von Männern beschreibt, die in den leistungsstärksten Abteilungen der vielen Unternehmen saßen, die der Michigan-Gruppe als Untersuchungsgegenstand dienten. Die Kontrollen hielten sich in Grenzen, Leistungsnormen wurden relativ allgemein gehalten, und es galt nicht als übermäßig wichtig, daß die einzelnen Arbeiter bei ihrer Arbeit völlig einheitlich vorgingen. Was verhinderte das Chaos? Die Arbeiter selbst waren es, und zwar weitgehend deswegen, weil die Betriebsleitung die Produktionsziele der Gruppe derart gestaltet hatte, daß die Männer zugleich ihren psychologischen Vorteil wahren konnten:

»Die übliche Annahme, daß nichtleitende Angestellte bei größerem Freiheitsspielraum nur bummeln und nicht arbeiten, scheint sich durch das Beweismaterial nicht zu bestätigen. Ihr Verhalten hängt nämlich von den die Freiheit begleitenden Umständen ab. Manager, die hohe Leistungen in ihren Einheiten erzielten, welche gleichzeitig ein gewisses Freiheitsempfinden besaßen, tun ihrer Aufsichtspflicht dadurch Genüge, daß sie allgemeine Ziele und Normen setzen und weniger spezifizierte Anweisungen geben als die Manager der weniger leistungsstarken Einheiten ... Sie gewähren mehr Mitspracherechte und erreichen höhere Anteilnahme, größeres Interesse an der Arbeit und mehr Verantwortlichkeit für sie als Manager mit niedrigeren Ergebnissen.

Die Manager mit niedriger Produktivität halten an der herkömmlichen Praxis fest und versuchen, das Verhalten durch Autorität zu kontrollieren und zu dirigieren. Sie organisieren die Arbeitsplätze bis in das letzte Detail, schreiben die Methoden vor, setzen Normen, richten Leistungskennziffern und Budgets ein. Das Befolgen dieser Vorschriften wird durch Anwendung hierarchischer und wirtschaftlicher Druckmittel zu erreichen gesucht.«

Die Manager mit guten Leistungsergebnissen überlassen die Kontrolle keineswegs völlig ihren Männern; sie bedienen sich auch der Leistungsnormen und üblichen Messungsverfahren, um die Erfüllung dieser Normen zu überprüfen. Der Unterschied liegt nur in der Einstellung zu diesen betrieblichen Instrumenten. Der effiziente Manager sieht in ihnen nur ein Mittel zum Zweck und nicht den eigentlichen Zweck. Er *setzt voraus*, daß die Männer ihre Arbeit gut ausführen und verwendet Messungsverfahren vorwiegend, um herauszufinden, wo er helfend eingreifen muß. Ein Geheimnis seines Erfolges mag in der Erkenntnis liegen, daß der

Glaube an einen Menschen meistens dem Beweis seiner Rechtfertigung vorangehen muß – daß man also dann das Beste aus einem Menschen herausholen kann, wenn man es von ihm erwartet. Der weniger effiziente Manager wird dagegen in erster Linie den Leistungsbericht als die Existenzgrundlage der Gruppe betrachten, während das erzeugte Produkt zweitrangig ist, und er wird davon überzeugt sein, daß die Messungsergebnisse nie ganz richtig sein können, wenn er nicht persönlich darauf achtet, daß niemand von seiner vorgeschriebenen Rolle abweicht. In gewisser Hinsicht bekommen beide Typen, was sie selbst verlangt haben: Der angestelltenorientierte Leiter erzielt hohe Leistungen, die überwiegend der Kontrolle seiner Untergebenen unterliegen, während der produktionsorientierte Manager nur eine niedrige Produktivität vorzuweisen hat, die er immer unter seiner persönlichen Kontrolle hat.

Der effiziente Leiter versucht die Diskrepanz zwischen den Zielen des Individuums und der Organisation unter anderem dadurch zu überwinden, daß er bei seinen Männern ein Treueverhältnis zu sich aufbaut. Dies erreicht er durch die erfolgreiche Fürsprache beim oberen Management. Da die Männer ihm gegenüber positiv eingestellt sind, fällt es ihm nicht allzu schwer, seine »ansteckende Begeisterung« für gute Arbeit auf sie zu übertragen; seine Leute sind schon deswegen für seine Worte empfänglich, weil er ihr Fürsprecher ist.

Doch profitiert der effiziente Führer selbst auch von der Gruppenloyalität. Diese wirkt nämlich in erster Linie produktivitätssteigernd, da seine Männer ihre Leistungen aus eigener Initiative vollbringen und sich persönlich engagieren. Hinsichtlich des psychologischen Vorteils können Welten zwischen den Männern liegen, die in der Produktivität die Früchte ihres eigenen Einfallsreichtums sehen, und denen, die an der Produktion keinen anderen Anteil haben als die bloße Ausführung von Anordnungen. Eine gute Produktionsleistung ist eine sehr schmeichelhafte Form des Feedbacks für Männer, die ihre Persönlichkeit durch gute Zusammenarbeit entfalten können; daher wird die Gruppe Leuten gegenüber, die diesen Feedback herabsetzen, ganz erhebliche Druckmittel einsetzen. Dies Phänomen entspricht ziemlich genau der Verachtung, die restriktiv arbeitende Gruppenmitglieder Akkordbrechern entgegenbringen. Der einzige Unterschied ist der, daß in diesem Falle die Gruppenmitglieder die gleichen Ziele verfolgen wie das Management.

Wenn die Leitung einer Gruppe oder Abteilung deren Produktivität positiv beeinflußt, beruht das zumindest auf einer günstigen Atmosphäre, die mit dem psychologischen Vorteil der Arbeitnehmer kompatibel ist. Aus diesem Grunde nehmen sie ihre Arbeit häufig sehr viel ernster. Der Arbeitnehmer besitzt nur selten genaue Vorstellungen über die Motive, die ihn zu so intensivem Arbeitseinsatz veranlassen; gewöhnlich kann er nur angeben, daß sein Vorgesetzter – ebenso wie seine Kollegen – ein ziemlich netter Kerl ist und daß die Arbeit an sich recht erfreulich ist. Er weiß meistens nicht mehr dazu zu sagen, weil er keine greifbaren Anhaltspunkte besitzt. Denn *er reagiert nur auf die generell vorherrschende Atmosphäre, die durch einen Führungsstil geschaffen wurde, der durch eine entgegenkommende Haltung charakterisiert ist.*

Der Arbeitsstil des effizienten Managers drückt seine Bereitschaft aus, seinen Angestellten selbst die Entscheidung über ihren persönlichen Arbeitsstil zu überlassen. Er bringt eindeutig zum Ausdruck, daß er dem Arbeitnehmer vertraut und in gewissen Grenzen auch seine persönlichen Eigenarten toleriert. Deshalb ist vor allem der effiziente Leiter für eine Atmosphäre verantwortlich, die den jeweiligen psychologischen Vorteil unterstützt; im übrigen schafft er diese Atmosphäre in der Regel, ohne sich darüber im klaren zu sein, was sein Mienenspiel, seine Stimulationen und andere unwillkürliche Ausdrucksformen über seine grundlegende Einstellung verraten.

Natürlich schafft auch der ineffiziente Leiter durch diese unwillkürlichen Ausdrucksformen eine bestimmte Atmosphäre. Der Unterschied liegt darin, wie sich diese spezifische Atmosphäre auf das Persönlichkeitsbild des Arbeitnehmers auswirkt. Der ineffiziente Leiter bringt es irgendwie fertig, den Eindruck zu vermitteln, daß der Beruf grundsätzlich ein endloses Wiederholen bestimmter »Ritualien« ist, die, um richtig ausgeführt zu werden, das völlige »Abschalten« bis zum Feierabend verlangen, damit nur nicht der individuelle Einfallsreichtum bei der Arbeit eingesetzt wird. Dieser trübsinnige Eindruck entsteht bei ihm unbeabsichtigt oder unbewußt; seine Männer entnehmen ihn einfach seinem Verhalten.

Manche Gruppen sind produktiv, obwohl sie nicht dem psychologischen Vorteil ihrer Mitglieder entgegenkommen. Gewöhnlich handelt es sich hier um stark routinemäßige Arbeiten, die nicht durch fehlende oder vorhandene Begeisterung beeinflußt werden, oder aber die Arbeiter befinden sich in einer Zwangslage (wie z. B. im Fall eines Arbeitskräfteüberangebots, bei dem jeder das Streben nach dem persönlichen Vorteil aus Angst um den Arbeitsplatz unterdrückt). Auf jeden Fall kann man die Produktivität dieser Gruppen kaum ihrer Leitung zuschreiben, sondern vielmehr dem Fließbandsystem oder dem Druck äußerer Umstände.

Es ist überaus wichtig zu wissen, daß jede Gruppe immer auf das *Gesamtbild* des Vorgesetztenverhaltens reagiert und nicht nur auf manche Eigenschaften, die der Vorgesetzte selbst für nachahmenswert hält. Die eigentliche Kommunikation zwischen einem Leiter und seinen Männern umfaßt sehr viel mehr als die bloßen Worte ihrer Gespräche und ihres Schriftverkehrs. Sie umfaßt vor allem das, was *nicht* ausgesprochen wird; daneben schließt sie bestimmte Bedeutungen und Betonungen und sogar doppelsinnige Aussagen mit ein, die die Männer so auslegen können, daß sie ihren vorgefaßten Meinungen entsprechen. Diese subtilere Kommunikationsform zwischen dem Leiter und den Geleiteten ist deswegen sehr eindringlich, weil sie weitgehend unbewußt vor sich geht und daher von keiner Seite redigiert oder analysiert ist. In Wirklichkeit wird der Leiter so mehr mitteilen, als er beabsichtigt. Folglich kann nur der außergewöhnliche Leiter einer Gruppe oder Abteilung realistischerweise erwarten, daß seine Männer auf ihn hören, bevor er ihnen nicht bewiesen hat, daß man ihn beim Wort nehmen kann.

Um die Auswirkungen des Führungsstils besser zu verstehen, muß man die Bestimmungsfaktoren dieser Einstellungen kennen, die ein leitender Angestellter unwillkürlich auf seine Männer überträgt. Seine Haltung ihnen gegenüber wird durch seine persönliche Auffassung determiniert, wie er seiner Position am besten gerecht wird, durch das von seinen Vorgesetzten geschaffene »Management-Klima« und durch seinen eigenen psychologischen Vorteil. Wenn auch alle drei Faktoren interdependent sind, werden wir sie dennoch zugunsten einer klaren Analyse einzeln betrachten.

Die subjektiven Vorstellungen eines Managers über seine eigentlichen Aufgaben müssen nicht notwendig mit seiner formalen Stellenbeschreibung übereinstimmen, und zwar vor allem deshalb nicht, weil Stellenbeschreibungen die Motive des Stelleninhabers unberücksichtigt lassen. Die meisten Manager entwickeln ihre eigenen Ansichten über die Anforderungen ihrer Tätigkeit, wodurch sich die erheblich divergierenden Arten des Vorgehens erklären. Dies ist oder kann zumindest ganz wünschenswert sein, da die Organisation dann jedem leitenden Angestellten genau den Aufgabenkreis übertragen kann, der seinem Stil am ehesten entspricht. Unabhängig davon, ob sein Verantwortungsbereich ihm aufgrund seiner spezifischen Auffassung über das Management zugewiesen wurde oder nicht, wird der Eindruck auf seine Männer eindeutig von seinen Vorstellungen über den für sie »optimalen« Führungsstil geprägt.

Um dies näher zu erläutern, wollen wir verschiedene herkömmliche Annahmen über betriebliche Leitungspraktiken überprüfen: So gilt beispielsweise, daß die Arbeit der Gruppe immer von dem jeweils qualifiziertesten verfügbaren Mann und notfalls eben vom Leiter selbst ausgeführt werden sollte; daß Männer sich wie Marionetten manipulieren lassen, wenn man bestimmte stereotype Konzessionen an ihre Persönlichkeit macht, und daß die Arbeiter dann ihre Arbeit gut und selbständig verrichten werden, wenn der Leiter ihnen genügend Begeisterung vermitteln und diese auch aufrechterhalten kann.

Wenn die Männer eine Arbeit verrichten, die der Vorgesetzte früher auch gemacht hat, und insbesondere wenn er aufgrund seiner Erfahrung in dieser Arbeit befördert wurde, beschließt er möglicherweise, daß er sich viele Korrekturen und Nacharbeit am ehesten dadurch ersparen kann, indem er die schwierigeren Aufgaben selbst übernimmt und die übrigen Arbeitsverrichtungen sehr genau überwacht. So ist er allmählich nur noch dem äußeren Schein nach Manager, er wird unvermeidlich immer mehr in die Detailarbeit hineingezogen und kann sich kaum noch um die Gesamtleitung seiner Abteilung kümmern. Er arbeitet mehr als seine Männer – und mehr als viele andere Manager –, da er sich jedoch in die Arbeit seiner Männer einmischt, werden diese sich nach und nach ihrer Verantwortung dafür entledigen, so daß er immer tiefer in diese selbst errichtete Falle gerät. So unterminiert seine geringe Bereitschaft, anderen ihre Arbeit zu überlassen, weil er es besser kann, die Bereitwilligkeit seiner Männer zur Kooperation und zugleich seine Nützlichkeit als Leiter. Die sich hieraus ergebende Moral ist, daß man eine Gruppe nicht erfolgreich leiten kann, wenn man ihr kein Vertrauen schenkt.

Manche leitenden Angestellten verhalten sich, als ob ihre Männer zur Arbeit überlistet werden müßten. Für sie ist die Betriebsführung ein Intelligenztest, in dem die Seite mit dem größten Einfallsreichtum den Sieg erringt. Sie gehen davon aus, daß kaum ein Mensch wirklich gern arbeitet und daß der typische Arbeiter, überläßt man ihn sich selbst, immer versuchen wird, den Anschein intensiver Arbeit zu erwecken, während er in Wirklichkeit so wenig wie möglich tut. Doch greifen sie nicht zu so rohen Mitteln wie dem Zwang, um die Männer zur Arbeit anzuhalten; sie versuchen statt dessen, sie mit einem subjektiven »Human-Relations-Konzept« geneigt zu machen.

Auf diese Weise wurde der Weg bereitet für die Flut von Kursen, Büchern und Handbüchern, die die Human Relations zu einer bloßen Form der Etikette werden lassen. Manager, die nach einer einfachen Formel suchten, um Antagonismus in Harmonie zu verwandeln, haben einen anscheinend unbegrenzten Markt von Leitsätzen geschaffen, die mit einigen wenigen gewählten Worten angeben, wie man die Zufriedenheit der Arbeiter gewährleisten kann. Es ist keineswegs falsch, wenn man seinen Untergebenen gegenüber freundlich ist, doch löst das nicht die fundamentalen Probleme, die für Konflikte und Arbeitsbeschränkungen ursächlich sind. Die stilisierte Höflichkeit, die als Human Relations bezeichnet wird, kann bestenfalls einige extrem sensible Angestellte beeindrucken, schlimmstenfalls kann sie als reine Manipulation verbittert abgelehnt werden.

Manche Manager halten Arbeit für außerordentlich langweilig und führen langsames Arbeiten und Verschwendung in erster Linie auf die arbeitsbedingte Langeweile zurück. Sie versuchen dem entgegenzuwirken, indem sie die Arbeit wie ein Spiel aufziehen und häufig irgendeine Form des Wettbewerbs mit einer anderen Gruppe oder mit einem alten Leistungsrekord organisieren. Wenn die »Hygiene« der Gruppe (um auf Herzbergs Konzept zurückzukommen) relativ gut ist – d. h. wenn die Männer sich gerecht entlohnt fühlen und mit ihren Vorgesetzten gut auskommen –, können diese Mittel die Arbeit etwas anregender gestalten und einen mehr oder weniger großen Extra-Aufwand hervorbringen. Der Manager bedient sich so einfach einer bereits vorhandenen Arbeitsgruppe, die dem Management gegenüber positiv eingestellt ist, und setzt ihr ein kurzfristig anzustrebendes Ziel.

Auch die Aussetzung eines Preises als zusätzlicher Anreiz kann dem Produktionsziel einen etwas attraktiveren Anstrich geben; denn der Preis symbolisiert durch die Demonstration der überragenden Tüchtigkeit der Gruppe eine relativ große psychologische Belohnung. Doch können Preise zugleich sekundäre Motive mit ins Spiel bringen, so daß sie sorgfältig geplant werden müssen. Sonst besteht die Gefahr, daß sie das Grundmotiv der Gruppe – also ihren Wunsch, auf ihre Tüchtigkeit stolz sein zu können – eher untergraben als unterstützen. Im Hinblick auf die Auswirkungen des Preises ist vor allem die Wahrscheinlichkeit des Gewinns wichtig, überdies die Frage, ob er unter die ganze Gruppe aufgeteilt oder nur einigen symbolisch verliehen werden soll, und der Wert des Preises. Wenn das Produktionsziel unerreichbar erscheint, dann wird der Preis wahrscheinlich als ein grausamer Schwindel angesehen, und der Arbeitseinsatz kann aufgrund der Enttäuschung sogar nachlassen. Desgleichen wird der Preis, wenn er zu leicht zu erreichen ist, dahingehend ausgelegt werden, daß sich die Betriebsleitung entweder der Fähigkeiten der Gruppe nicht bewußt ist oder aber keine besonders hochgesteckten Ziele anstrebt. Beide Interpretationen werden die Begeisterung (und damit möglicherweise die Leistung) dämpfen. Ein Preis, der der gesamten Gruppe zugute kommt, ist in der Regel positiver zu bewerten als ein nur einigen Mitgliedern zugedachter Preis, es sei denn, diese sind so beliebt, daß sie berechtigt als Bevollmächtigte der Gesamtheit auftreten können und die Belohnung im Namen der Gruppe annehmen. Schließlich wird ein zu gewöhnlicher oder zu billiger Preis leicht als Beleidigung empfunden, da er eine billige Bestechlichkeit der Gruppe impliziert, während ein zu hochwertiger dagegen zu internen Streitereien und Spannungen führen kann, die wiederum die Leistungsfähigkeit beeinträchtigen, besonders wenn die Gruppe das gesteckte Ziel nicht erreicht. Es verdient erwähnt zu werden, daß der höchste aller Preise – nämlich die Erhaltung des Unternehmens als verläßlicher Quelle des Lebensunterhalts – für die Scanlon-Anreizsysteme die günstigsten Voraussetzungen geschaffen hat.

Unabhängig von den Mitteln, mit denen der Leiter die Begeisterung seiner Leute zu wecken versucht, wird dennoch kaum einer der Männer darauf ansprechen, solange die »Hygiene« der Gruppe nicht einwandfrei ist. Mißtrauische oder demoralisierte Arbeiter werden sich nicht so einfach aus ihrer Reserve locken lassen; jedoch nicht etwa, weil ihnen der Preis gleichgültig ist oder der Wettbewerbsgeist fehlt, sondern vielmehr das Gefühl, einigermaßen gerecht behandelt zu werden. Wettkämpfe und Appelle an den Teamgeist setzen voraus, daß die Preise als zusätzliche Vergünstigungen angesehen werden; werden sie statt dessen als Substitute für an sich bereits verdiente Belohnungen aufgefaßt, bewirken sie kaum mehr als die noch mehr vertiefte Überzeugung, daß die Geschäftsleitung ungeschickt und wenig wohlwollend ist.

Zu guter Letzt gibt es noch den Managertyp, der offensichtlich davon überzeugt ist, daß der Mensch nur unter dem Druck der Angst um die Sicherheit seines Einkommens wirklich hart arbeitet, und der daher ständig mit Entlassung oder Zurückstufung droht. Diese Methode funktioniert zwar, aber sie trügt. In dem Moment, wo die Arbeit beobachtet wird, entsteht eine eifrige Geschäftigkeit und manchmal sogar eine »inszenierte« Aktivität, die den Beobachter täuschen soll. Doch wird diese Aktivität überkompensiert durch einen sofort bei Unbeobachtetsein einsetzenden Schlendrian. Desgleichen werden bei Anwendung von Meßkontrollen anstelle von routinemäßigen Beobachtungen verschiedene ungemessene Tätigkeiten leiden, weil sich die Arbeiter stärker auf die gemessenen Arbeitsverrichtungen konzentrieren. Hieraus ergibt sich, daß die auf Angst aufbauende Leitung für den Arbeiter kränkend ist und das Bedürfnis nach einer möglichst sicheren Vergeltung erweckt, die dann durch das Täuschen des Leiters zu erreichen versucht wird.

Auf jeden Fall bestimmt sich die Reaktion der Gruppe nicht nach den Versuchen des Leiters, ein Produktionsziel zu verherrlichen, oder nach seinen Beteuerungen, daß er sie ja zu verstehen versuche, oder nach seinem spezifischen Aufsichtsstil. Sie richtet sich vielmehr nach ihrem Eindruck von seiner wahren Einstellung zu ihnen: Wenn er sich versehentlich verrät und bei seinem Verhalten gegenüber »versuchsweisen« Zwischenfällen, wird sein Charakter heimlich getestet. Aus diesem Grunde sind Human-Relations-Taktiken – wenn sie tatsächlich als Taktiken angewendet werden – oft so wirkungslos: Ihr Ziel ist zu eindeutig. Ein Arbeiter braucht nicht übermäßig intelligent zu sein, um zwischen einem Vorgesetzten unterscheiden zu können, der ein »Schwindler« oder ein »ordentlicher Kerl« ist; er braucht sich nur auf seine Intuition zu verlassen, die die Feinheiten seines Stils registriert. Folglich ist die einzige Führungskraft, die überhaupt von der Human-Relations-Ausbildung profitiert, die sich auf offene Taktiken beschränkt und keine grundlegenden Einsichten in die effektiven Anforderungen einer leitenden Position vermittelt, derjenige, der zufällig ein vollendeter Schauspieler ist.

Ein leitender Angestellter verfolgt seinen eigenen psychologischen Vorteil in einer Umgebung, die überwiegend durch das informelle Management-Klima geprägt wird. Dies »Klima« wird ihm von seinen Vorgesetzten in etwa auf gleiche Weise vermittelt, wie seine eigene Einstellung seinen Untergebenen vermittelt wird; d. h. er reagiert ebenso auf den Stil der Betriebsleiter in übergeordneten Positionen wie auf formelle Direktiven und Stellenbeschreibungen. Diese Atmosphäre wird durch verschiedene Faktoren geprägt, so z. B. durch die Unternehmensgeschichte, seine gegenwärtige wirtschaftliche Stellung und vor allem durch die spezifische Interpretation der Unternehmensziele von seiten der führenden Persönlichkeiten in der Gesellschaftshierarchie[46]. Besonders bei vorheriger »Schulung«, die bei älteren Managern vor der Übernahme ihrer laufenden Pflichten üblich war, wird der Leiter einige ganz eindeutige Vorstellungen entwickeln über das, was getan werden muß und was nicht, damit sein eigener Vorteil gewahrt bleiben soll. Aus diesem Grunde ist es auch überaus schwierig für ein Unternehmen, sich völlig neu umzugestalten; die Auswirkungen vergangener unternehmenspolitischer Maßnahmen sind sehr nachhaltig, und die Liste vergangener Handlungen ist oft ein überzeugenderes Informationsmittel als die gegenwärtig verfolgten Ziele.

Das Management-Klima ist in Wirklichkeit ein informelles, aber höchst effizientes Kommunikationssystem, das den einzelnen Manager auf bestimmte Führungsstile festlegt. So mag er beispielsweise allein durch den simplen Tatbestand der Überlastung mit zuviel Papierkram zu unpersönlichen Kontrollen seiner Männer gezwungen sein. Er hat dann kaum noch Zeit für seine Männer und wird dadurch zu einer verhältnismäßig verschlossenen und distanzierten Erscheinung für sie. Weiterhin wird er versuchen, seine Männer verstärkt anzutreiben, damit die Leistungsberichte der Abteilung gut ausfallen, da diese die hauptsächliche Form der Kommunikation mit seinen Vorgesetzten sind. Demgemäß induziert eine Organisation, die zu viele Berichte von ihren Leuten verlangt, welche eigentlich ihrer Aufsichtspflicht nachgehen sollten, anstatt Schreibarbeiten zu verrichten, ihre leitenden Angestellten zu einer zwangsläufig autoritären Führung ihrer Abteilungen. Das Klima im Managementbereich macht es für diese Manager vorteilhaft, den Vorteil ihrer Männer zu vernachlässigen.

Weiterhin beeinflußt die Atmosphäre im Management den Führungsstil durch eine unverhältnismäßige Betonung der verschiedenen Gesellschaftsziele. Die meisten Unternehmen erstreben sowohl hohe Produktivität als auch gute Arbeitgeber-Arbeitnehmer-Beziehungen, indem sie mit Recht darauf bestehen, daß beides nicht von vornherein inkompatibel ist, doch bedarf es nur ein oder zwei dramatisch übertriebener Reaktionen auf eine Schwierigkeit in einem der Bereiche, um den Abteilungsleiter davon zu überzeugen, daß man zugunsten des einen Ziels auf das andere verzichten könne. Zumeist werden sie darauf hingewiesen, daß die Nichterfüllung des ersten Ziels zwar unerwünscht ist, daß aber das Verfehlen des zweiten geradezu verheerend sei, oder umgekehrt. Als ihr eigener Vorteil wird ihnen das unbedingte Erreichen des jeweils höher eingeschätzten Ziels hingestellt, selbst wenn dies nur auf Kosten des weniger dominierenden Ziels möglich sein sollte. So werden sie dazu verleitet, sich ihren Männern gegenüber entweder übermäßig besorgt oder aber herzlich zu zeigen, je nachdem, welche Form des Versagens – d. h. des Verfehlens eines der beiden Ziele – ihre eigenen Vorgesetzten für folgenschwerer halten.

Wahrscheinlich prägt die jeweilige Form der Machtdelegierung durch das obere Management den individuellen Führungsstil noch am stärksten. Wenn die meisten Hauptentscheidungen bereits auf höchster Ebene getroffen werden, dann bleibt den Leitern der einzelnen Abteilungen statt der effektiven Teilnahme an der Entscheidungsfindung nur noch deren Ausführung. Selbst wenn sie manches an den von ihnen ausgeführten Maßnahmen zu bemängeln haben, werden sie dies nur dann offen zum Ausdruck bringen, wenn ihre Meinung offensichtlich geschätzt und wohlwollend gehört wird. Sie werden Regelungen und Anweisungen leicht wörtlich nehmen und Möglichkeiten der flexiblen Handhabung vermeiden aus Angst, sie könnten ihre Machtbefugnis überschreiten. Ihr Führungsstil wird relativ starr sein: wahrscheinlich sehr strikt bei Angelegenheiten mit genauesten Instruktionen, aber möglicherweise recht großzügig bei Dingen, die nicht den Direktiven unterliegen.

Dagegen wird eine Organisation, deren Top-Manager ihren Untergebenen breitgesteckte Ziele setzen und ihnen erhebliche Machtbefugnis zur Realisierung dieser Ziele delegieren, eine Reihe differierender Führungsstile hervorbringen. Ohne jede Beschränkung des eigenen Vorteils wird jeder Leiter seinen natürlichen Stil entfalten. Was sie auch immer tun, sie werden immer die Möglichkeit zur Selbstverwirklichung bei ihrer Arbeit haben. Die daraus resultierende Unterschiedlichkeit des Vorgehens kann vorteilhaft ausgenutzt werden, wenn der Stil mit den Aufgaben der Gruppe und den individuellen Motiven der Arbeitnehmer abgestimmt wird. Wenn die Übertragung von Leitungsfunktionen dagegen ohne Rücksicht auf die vorhandenen Grenzen des natürlichen Stils erfolgt, kann es so viele Mißstimmigkeiten geben, daß die Unternehmensspitze schließlich einen einheitlichen Stil bevorzugt und einen großen Teil der zuvor delegierten Macht wieder übernimmt. Faktisch erschwert gerade diese Gefahr – daß nämlich die Delegierung von Macht nur von kurzer Dauer ist – die Einführung der Dezentralisierung in Unternehmen, die seit undenklichen Zeiten von der Spitze aus straff gelenkt und kontrolliert wurden.

Gleichgültig wie stark (oder schwach) sich das Management-Klima auf die persönlichen Neigungen des leitenden Angestellten auswirkt, letztere bleiben immer latent vorhanden. Er ist schließlich genauso menschlich wie seine Untergebenen oder seine Vorgesetzten und verfolgt daher seinen psychologischen Vorteil in der von beiden Gruppen geschaffenen Umgebung so gut wie möglich. Obgleich dies letztlich jeder Manager auf ganz individuelle Weise versucht, so gibt es doch gewisse Gemeinsamkeiten, die im folgenden untersucht werden sollen. Am fundamentalsten ist die Tatsache, daß jeder Machtausübende ein Instrument besitzt, mit dessen Hilfe er seine Umwelt mehr oder weniger stark verändern kann. Folglich werden die Gelegenheiten, leitende Posten zu übernehmen – sei es in Organisationen oder durch Selbständigkeit –, besonders eifrig von den Leuten ergriffen, die in ihrem Leben die Erfahrung gemacht haben, daß sie ihre Umgebung beherrschen können.

Die Aufgabe des Leiters besteht darin, zu veranlassen, daß die jeweiligen betrieblichen Aufgaben erfüllt werden, und zwar auf einem Niveau, das kein gewöhnlicher Mensch ganz allein erreichen könnte. Indem er sich der Gruppe als Instrument bedient, versucht der leitende Angestellte, seine Umwelt entscheidend zu verändern. So führt er in Form eines erfüllten Produktionsziels ein gewolltes Ereignis herbei, das in starkem Kontrast zu den ungewollten, unvorhergesehenen und häufig unerwünschten Ereignissen steht, die das Leben der meisten Menschen ausmachen. Daher kann eine Leitungsposition ein angenehmes Gefühl der Beherrschung seiner Umwelt vermitteln – der Möglichkeit, die Ereignisse zu steuern und nicht von ihnen passiv gesteuert zu werden.

Doch ist nicht jeder Inhaber einer Führungsposition fähig oder bestrebt, die Ereignisse in seiner Abteilung völlig nach seinen Wünschen zu lenken. Schließlich ist effiziente Führung vielfach ein überaus subtiler und indirekter Prozeß, der vom Leiter verlangt, daß er seine Persönlichkeit nicht denen seiner Männer aufzwingt. Viele äußerliche Privilegien, die leitenden Positionen traditionsgemäß anhaften – wie die Annahmen, daß der Leiter es am besten wissen muß, die unkritische Akzeptierung seiner Entscheidungen, die Ehrerbietung und offensichtliche ihm entgegengebrachte Schmeichelei –, müssen zum Teil aufgegeben werden, wenn die Arbeitnehmer zu Spitzenleistungen gebracht werden sollen. Für manche Männer in leitenden Positionen sind diese Äußerlichkeiten wichtiger als die von ihrer Gruppe erzielten Leistungsergebnisse, so daß sie sogar mit Überzeugung behaupten würden, daß es keineswegs Äußerlichkeiten, sondern unerläßliche Instrumente der Führungskraft seien.

Wir müssen also zwischen dem Leiter unterscheiden, der seinen Vorteil durch die Kontrolle der von seiner Gruppe erzielten *Ergebnisse* zu wahren sucht, und dem, der seinen Vorteil in der Kontrolle der *Haltung* seiner Abteilung sieht. Der eine findet seine Tüchtigkeit in den vollbrachten Leistungen seiner Gruppe bestätigt und der andere in dem Anstand seiner Gruppe. Diese Unterscheidung ist natürlich etwas künstlich, da nur sehr wenige Manager den jeweiligen Typ in reiner Form verkörpern. Doch ist der springende Punkt bei dieser Trennung der Führungskräfte in zwei Typen die unterschiedliche *Anwendung der Macht, die sie aufgrund ihrer Stellung über die Leben anderer Männer innehaben.*

Wahrscheinlich ist dies überhaupt das wichtigste und gleichzeitig am wenigsten erforschte Problem in den Beziehungen zwischen Arbeitgeber und Arbeitnehmer. Um seine Bedeutung beurteilen zu können, ist ganz aufschlußreich, daß es auch McGregors Unterscheidung zwischen der Theorie X und Theorie Y zugrunde liegt – welche an sich keine richtigen Theorien sind, sondern eher Rechtfertigungen für den Versuch, in einer leitenden Funktion verschiedenartige Motive zu befriedigen. Was nun unser derzeitiges Verständnis dieses Problems angeht, so müssen wir uns daran erinnern, daß wir zwar die Psychologie der geleiteten Arbeitnehmer recht gut erforscht haben, daß aber die des Leiters bisher erst wenig systematischen Untersuchungen unterlag. Die meisten Studien in dieser Richtung befaßten sich mit den einzelnen beobachteten Formen der sozialen Wechselwirkungen zwischen einem leitenden Angestellten und seinen Untergebenen; sie ähnelten also etwa einer Beschreibung der Züge in einem Schachspiel, ohne daß der Beschreibende wüßte, warum die Spieler ihre jeweils charakteristische Strategie bevorzugen. In diesem spezifischen »Schachspiel« wissen die Spieler selten genug, warum sie gerade so und nicht anders »spielen«; oft machen sie sich auch gar keine Gedanken darüber. Doch tun dies statt dessen die Industriepsychologen, und solange sie nicht mit irgendwelchen eindeutigen Antworten aufwarten können, kann es für uns in der Kunst der erfolgreichen Lenkung der Menschen kaum einen nennenswerten Fortschritt geben.

An diesem Punkt erscheint die Formulierung von sieben Hypothesen über das Verhältnis von Macht und Führungsstil angebracht. Inwieweit diese Hypothesen durch die Forschung erhärtet werden können, bleibt abzuwarten; in der Zwischenzeit haben sie wenigstens das – wenn auch geringe – Verdienst, mit dem, was bisher über die Motivation bekannt ist oder angenommen wird, konsistent zu sein.

Erstens: *Jeder Inhaber von Macht neigt dazu, diese zur Befriedi-*

gung seiner persönlichen Motive zu verwenden. Das heißt, daß die Macht für den psychologischen Vorteil des Managers Instrumentalcharakter erhält.

So mag sich beispielsweise eine Person, die sich der Gnade ihrer Umwelt ausgeliefert fühlt, mit anderen Menschen oder Institutionen zusammentun, die stark genug erscheinen, um ihr Schutz bieten zu können. Daher wird ihr Hauptvorteil in der Erhaltung des Wohlwollens ihrer Vorgesetzten liegen. Gerade weil dieser Personentyp in der Regel treu und zuverlässig ist, wird man ihm eine leitende Stellung mit der Macht der Kontrollbefugnis über das Verhalten anderer Menschen anvertrauen. Denn aller Wahrscheinlichkeit nach wird er auch weiterhin die Achtung seiner Vorgesetzten erringen wollen, indem er ihre Anweisungen ziemlich wörtlich ausführt und nicht so anmaßend ist, diese Instruktionen je nach den spezifischen Umständen in seiner Gruppe zu interpretieren. Sein Vorteil liegt also darin, die von oben erhaltenen Anweisungen getreulich durchzusetzen und die von unten an ihn herangetragenen Anliegen zu ignorieren. Auf diese Weise wird ein Mann, der die Macht zur Erhaltung seiner eigenen Sicherheit einsetzt, zum Bürokraten.

Demgegenüber wird ein Mensch, der in seiner Umwelt Aufgeschlossenheit für Verbesserungen feststellt, beständig ehrgeizige Projekte in Angriff nehmen. Der in einem Bereich erlebte Erfolg bestärkt ihn in der Gewißheit, daß er auch auf anderen Gebieten erfolgreich sein kann. Er wird zuversichtlich, unternehmungslustig und geübt im Umgehen von Hindernissen, die zurückhaltendere Männer als unüberwindlich betrachten. Wegen seines Rufes als Aktivist wird man ihm ebenfalls eine Machtposition anvertrauen. Doch wird sein Vorteil auch fortan im Vollbringen von Leistungen liegen, und er wird sich auch jetzt nicht von der Haltung beeinflussen lassen, die entweder seine Vorgesetzten oder seine Untergebenen ihm gegenüber einnehmen. Vollbrachte Leistungen lassen seine Umwelt angenehmer werden, und die Menschen über oder unter ihm sind für ihn nur insofern bedeutsam, als sie ihm bei seinen Bemühungen, die Ereignisse unter Kontrolle zu halten, behilflich sind oder ihn behindern.

Er kann freundlich, unfreundlich oder indifferent sein, doch wird ihn seine pragmatische Ader sicher veranlassen, sich der dauerhaften Kooperation derjenigen zu versichern, die seine von ihm angestrebten Ergebnisse beinflussen können. So wird er sich wohl im großen und ganzen an den Sinn der Richtlinien halten, sich aber ansonsten frei fühlen, sie nach eigenem Ermessen anzuwenden und seine Gruppe mit leichter Hand anzuleiten, ohne daß er eine schlechte Arbeit zu befürchten hätte. Ein Leiter, der selbst für die eigene Sicherheit zu sorgen vermag, wird weder seinen Vorgesetzten gegenüber unterwürfig sein noch seine Männer unterdrücken. Er wird wahrscheinlich trotz der Tatsache, daß er im engen Sinne weder produktions- noch angestelltenorientiert, sondern vielmehr leistungsorientiert ist, von seinen Männern sowohl gute Arbeitsmoral als auch hohe Produktivität ernten.

Zweitens: *Der Besitz von Macht erzeugt Schuldgefühle.* Für dieses Faktum gibt es mindestens zwei Gründe. Jeder hat während seiner Kindheit die Erfahrung einer längeren Zeit der Unterwürfigkeit unter den Willen anderer gemacht. Dies hinterläßt in der Regel einige unauslöschliche Eindrücke von dem Wesen der Macht und besonders von den Schäden, die sie der Persönlichkeit zufügen kann, und den verschiedenen verbitterten Wünschen, die sie erwecken kann. Gewöhnlich bleibt in dem Erwachsenen für immer eine Identifikation mit dem Unterlegenen erhalten – vor allem deswegen, weil wir alle selbst lange Zeit die Unterlegenen waren. Dieses gefühlsmäßige Bindeglied zwischen dem Leiter und seinen eigenen Erinnerungen an die Zeit des Geleitetwerdens kann unterschiedliche Effekte auslösen. In manchen Menschen erregt es Mitgefühl; andere wiederum weigern sich, die Legitimität der Ablehnung ihrer Macht durch irgend jemand anzuerkennen. In reifen Führungskräften führt sie dagegen zu der Erkenntnis, daß *die Feindseligkeit der Geführten für die Leitung eine natürliche Bürde ist, die allein durch verantwortliche Machtanwendung beseitigt werden kann.* Demnach erzeugt die bloße Existenz einer leitenden Instanz Antagonismus, da sie die einstmalige Beziehung der Eltern zum Kind wiederauferstehen läßt, wobei die ersteren die Entscheidungen trafen, und diese Beziehung verträgt sich nur höchst selten mit dem erwachsenen Persönlichkeitsbild. Somit muß der leitende Angestellte mit einer ziemlich lästigen Verbindung zwischen seiner eigenen Vergangenheit und der unangenehmen Lage fertig werden, in die er die von ihm geleiteten Leute bringt. Die Führungsrolle bringt also zum Teil Verdruß mit sich, den die wirklich guten Leiter nie ignorieren.

Ein zweiter Grund für das beim Manager aufgrund seiner Macht möglicherweise auftretende Schuldgefühl beruht auf der ständig vorhandenen Versuchung, diese Macht unverantwortlich einzusetzen. Sein Beruf ist vielleicht sogar frustrierender als der eines Mannes, der nur nach Vorschriften handelt. Verzögerungen, Hindernisse, Verwirrung und manchmal die bloße Widerborstigkeit der Leute hindern ihn fortwährend daran, die angestrebten Resultate zu erreichen. Im Gegensatz zum Untergebenen, der außer bewußten Arbeitsverzögerungen nichts gegen seine Frustration tun kann, hat der Leiter die Möglichkeit, viele seiner Hindernisse durch Drohungen oder direkte Befehle zu beseitigen. Derartige »Lösungen« sind gewöhnlich nur von kurzer Dauer und können beim Leiter langfristig Frustrationen hervorrufen, die gravierender sind als die vorher beseitigten, doch wird er selbst unter diesen Umständen immer stark versucht sein, dies Risiko einzugehen. Hinzu kommt, daß der Manager, der ja auch nur ein Mensch ist, gewisse Ressentiments und Abneigungen gegen seinen Beruf entwickeln kann und daß diese ihn ebenfalls versucht sein lassen, seine Macht zu ihrer Abschwächung einzusetzen.

Der Leiter befindet sich demnach in folgender nicht gerade beneidenswerter Lage: Er ist die natürliche Zielscheibe aller Unzufriedenheit, die ihn am Erreichen seiner Ziele hindert, doch kann er keine direkten Maßnahmen zu ihrer Beseitigung treffen, ohne diese Ziele langfristig zu gefährden. Wenn er seiner Position würdig ist, bleibt ihm keine andere Alternative, als seine Frustration zu ertragen und die für sie ursächlichen Unzufriedenheiten allmählich zu beseitigen. Doch ist dies nicht ganz einfach, und die fortwährende Versuchung, auf kurzfristige Lösungen zurückzugreifen, erzeugt dann Schuldgefühle. Es ist eine der Besonderheiten des menschlichen Gewissens, daß wir uns für eine Handlung, die wir begehen *möchten*, ebenso schuldig fühlen wie für eine effektiv begangene Tat; daher ist der effiziente Leiter in der Regel gut vertraut mit Schuldregungen für Dinge, die er *nicht* tut, da er weiß, daß er sie nicht tun sollte.

Drittens: *Angesichts der im Zusammenhang mit einer leitenden Position normalen Schuldgefühle bedient sich der Leiter gebräuch-*

licher Mittel zu ihrer Milderung, und die von ihm zum Schutz gegen solche Schuldgefühle verwendeten Mittel prägen seinen charakteristischen Führungsstil.

So mag er beispielsweise seine Schuld dadurch abzugelten versuchen, daß er seine Macht mit großer Sorgfalt und Fairneß handhabt und sich dadurch das moralische Recht auf den Besitz dieser Macht erwirbt. Glücklicherweise ist dieser Lösungsweg für die durch hohe Machtpositionen bedingten emotionalen Probleme relativ üblich, wie sich anhand der vielen öffentlichen Beamten belegen läßt, die trotz anfänglich recht durchschnittlichen Formats in ihrer Amtszeit fraglos über sich selbst hinausgewachsen sind. Das gleiche Phänomen war bei Tausenden junger Offiziere zu beobachten, die die bittere Erfahrung machen mußten, daß das Recht auf das Tragen ihrer Rangabzeichen nicht in der Offiziersschule, sondern erst danach erworben wird.

Eine andere, weniger glückliche Verhaltensweise gegenüber Schuldkomplexen besteht darin, sie einfach beiseite zu schieben, indem man ihre Existenz und sogar alle möglichen Gründe für ihre Existenz leugnet. Dies ist normalerweise für einen Leiter ein ineffizientes Verfahren, da die Schuld sich nicht einfach unterdrücken läßt. Sie kann höchstens verborgen werden; doch wird sie ihren »Verleumder« in irgendeiner neuen Erscheinungsform wieder heimsuchen, wie z. B. als Gefühle dunkler Vorahnung oder tiefer Depression. Zweitens ist es ineffizient, weil ein leitender Angestellter, der sich nicht der Disziplin der eigenen Schuldgefühle unterziehen kann, kaum ein Gefühl dafür haben wird, wie hochfahrend und willkürlich seine Handlungen auf seine Untergebenen wirken. Somit kann der gewohnheitsmäßige Leugner lästiger Gefühle ihnen weder entrinnen noch ihre Folgen vermeiden. Er wird sich einzig und allein den Weg zu seinen Männern versperren, und seine Intuition wird keine zuverlässige Richtschnur mehr für ihn sein, so daß er zu guter Letzt der typische Wichtigtuer wird.

Viertens: *Der Besitz von Macht erzeugt das Bedürfnis nach mehr Macht.*

Dies rührt vor allem daher, daß die Macht den psychologischen Vorteil des jeweiligen Inhabers so überaus nützlich erhöht. Daher ist sie ein hochgeschätztes Mittel für die Erfüllung seiner bevorzugten Einbildungen über sich selbst. Dies kann manchmal für die untergebenen Arbeitnehmer von Vorteil sein, wie im Fall des Vorgesetzten, der ein ausgeprägtes Leistungs- oder soziales Denken besitzt und seine Macht zur Anregung oder Inspiration seiner Männer gebraucht. Manchmal kann der Wunsch eines leitenden Angestellten nach mehr Macht für seine Männer jedoch schädlich sein. Man denke beispielsweise an den Typ, der zu seiner Bestätigung, daß er nicht ganz so unfähig ist, wie er befürchtet, ständig seine Autorität zur Schau stellen muß, oder aber an den Egoisten, der in der Macht wunderbare Möglichkeiten zur Selbstverherrlichung entdeckt.

Fünftens: *Der Wunsch nach Macht ist häufig ursächlich für an sich rationale Meinungsunterschiede über die optimale Allokation der Macht innerhalb einer Organisation.*

Normalerweise besteht zwischen den einzelnen Ebenen des Managements ein fortwährender Wettbewerb um die Macht. Dieser wird oft durch Theorien über die relativen Vorzüge der Zentralisation, Dezentralisation und ähnliche Fragen der Machtverteilung untermauert. Es läßt sich nicht leugnen, daß bei diesem Wettbewerb die legitime Frage nach der richtigen Management-Philosophie auch eine Rolle spielt, doch geht es in dem beständigen Tauziehen zwischen den machthabenden Männern einer Organisation um mehr als um die bloße Philosophie. Wahrscheinlich ist der einzige überaus lästige Aspekt des Managerberufs die jeweilige Anzahl von geschriebenen oder ungeschriebenen Restriktionen, mit denen seine unmittelbaren Vorgesetzten sein Recht auf subjektiven Leitungsstil einschränken. Der psychologische (im Gegensatz zum organisatorischen) Effekt dieser Restriktionen auf die Macht des Managers besteht in der zwangsläufigen Unterdrückung bestimmter, von ihm intuitiv als richtig empfundener Handlungen oder Entscheidungen – d. h. seine Persönlichkeit kommt bei seinem Beruf zu kurz. Er muß daher manche der großartigeren Aspekte seines psychologischen Vorteils zurückstellen, um den überaus großen Vorteil zu bewahren, den er allein durch den Managerposten gewonnen hat. Er ist etwa in der Lage eines Mannes auf einem Bankett, der kein Dessert bekommt, da es gewissermaßen der »Preis« für das Essen ist, und der natürlich darüber verstimmt ist. Doch geben seine Vorgesetzten möglicherweise nur widerwillig – und genauso »natürlich« – einen zu großen Teil ihres »Dessert«

ab. Daraus resultiert dann die altbekannte Diskussion über die optimale Delegierung von Entscheidungsbefugnis. Diese Diskussion ist zwar wertvoll und notwendig, doch lassen sich die psychologischen Aspekte kaum übersehen.

Sechstens: *Der effizienteste Leiter ist der, dessen Bedürfnis nach Macht nicht dem Schutz und der Erhöhung seines Ichs dient, sondern statt dessen als Instrument für das Vollbringen von Leistungen, die sonst nicht effizient vollbracht werden können.*

Der effiziente Leiter weiß einerseits das ganze Gewicht seiner Autorität einzusetzen, um seine Ziele zu erreichen, und andererseits versteht er immer den richtigen *Zeitpunkt* für ihren Einsatz zu wählen. Diese Fähigkeit, zwischen Gelegenheiten zu differenzieren, die die Zurschaustellung von Macht verlangen, und solchen, in denen dies unangebracht ist, unterscheidet den Leiter, der unter allen Umständen das Beste aus seinen Männern herausholen kann, ganz wesentlich von dem, der nur unter ganz bestimmten günstigen Bedingungen erfolgreich ist. Darüber hinaus ist dieses Gespür für die Erfordernisse der Leitung ebenso wie die verschiedenen Führungsstile, die der leitende Angestellte für die jeweilige Situation parat hat, in erster Linie auf seine Grundmotive zurückzuführen und nicht so sehr auf seine Intelligenz oder auf seine Ausbildung. Der effiziente Leiter weiß seine Macht gezielt einzusetzen und von ihr verantwortlichen Gebrauch zu machen, da *er sie nicht benötigt*, um sich selbst zu erhöhen, um seine persönliche Sicherheit zu festigen oder um seine geheimen Minderwertigkeitsgefühle zu kompensieren.

Siebentens: Da der Führungsstil in erster Linie die Reaktion eines festgefügten Persönlichkeitsmusters auf die Machterfahrung ist, *werden die Führungsstile in einer gegebenen Organisation eindeutig durch die Auswahl der Management-Mitglieder determiniert.*

Wenn auch die Managerausbildung – mit oder ohne spezielle Unterweisung in Human Relations – wichtige Funktionen erfüllt – besonders die inoffizielle Funktion der Einführung junger Manager in das Management-Klima der Organisation –, so kann sie doch kaum nennenswerte Veränderungen in dem natürlichen Führungsstil hervorrufen. Wenn es zutrifft, daß Führungskräfte nicht natürlich begabt sind, sondern erst zum Leiter gemacht werden, dann ist dieser Lernprozeß aber schon weitgehend abgeschlossen, bevor sie offiziell diese Funktion erhalten, und die Vollendung erfolgt, wenn die Anforderungen des Berufes das Beste aus ihnen herausholen – oder das Schlechteste, je nachdem. Kein Leiter ist von vorneherein auf einen endgültigen Führungsstil festgelegt, doch wird er durch seinen psychologischen Vorteil auf eine begrenzte Variationsbreite seiner Führungsstile ausgerichtet, in deren Rahmen er dann seinen persönlichen Stil findet.

In Wirklichkeit besitzt jeder einen latenten spezifischen Führungsstil, der zum Zeitpunkt des Erwachsenwerdens relativ gut ausgebildet ist, sich jedoch nur durch die Machterfahrung manifestiert. Folglich ist die Entscheidung, einen Mann in das Management zu berufen und ihm eine gewisse Macht über das Verhalten anderer Menschen zu verleihen, an sich schon eine ganz wesentliche Determinante der Machtanwendung in der betreffenden Organisation. Des weiteren bestimmt schon die Entscheidung über die Einstellung eines Mannes zugleich den Charakter der zukünftigen Leiter und die Haltung der von diesen geleiteten Männer. Da weder die Einstellung noch die Beförderung das grundlegende Wesen eines Menschen entscheidend verändern, ergibt sich, daß die Einstellungsverfahren der Organisationen die Motivation und Produktivität stärker beeinflussen, als irgendeine andere personalpolitische Maßnahme es jemals später kann. Es scheint daher nur folgerichtig, daß wir unsere Betrachtung der praktischen Konsequenzen der Motivation mit einer Untersuchung über die Einstellungsverfahren beginnen.

Kapitel 21

Die Personaleinstellung

Trotz ihrer großen Bedeutung ist die Einstellung von Personal zumeist ein zufallsbedingtes Verfahren, bei dem die meisten wesentlichen Entscheidungen oft ganz ziellos und ohne große Überlegung getroffen werden; den Personalsachbearbeitern fehlt zumeist das richtige Bewußtsein, und sie begnügen sich häufig mit einem Minimum an zuverlässiger Information. Schließlich ist das Eingehen eines Beschäftigungsverhältnisses eine zweiseitige Angelegenheit, bei der das Individuum zuerst entscheiden muß, ob es die Beschäftigung in einer bestimmten Organisation überhaupt aufnehmen will, bevor die Gesellschaft darüber bestimmt, ob sie die betreffende Person bei sich einstellen möchte. Keine Organisation (mit Ausnahme der Wehrmacht bei allgemeiner Wehrpflicht) hat je Zugang zum gesamten Reservoir an Arbeitnehmern, um sich daraus die benötigten Kräfte auszusuchen. Insbesondere, wenn sie die knappen Arbeitnehmer mit besonderen Fähigkeiten und Fertigkeiten sucht, ist sie weitgehend von den Mythen, Halbwahrheiten und Wahrheiten abhängig, die über sie kursieren und von den angesprochenen Leuten als Tatsachen hingenommen werden.

Hat die Organisation das Glück, viele fähige Männer anzuziehen, wird die Mehrzahl dieser Männer sich wahrscheinlich befriedigend entwickeln, ungeachtet dessen, ob die bei ihrer Auswahl verwendeten Methoden plump oder einwandfrei waren. Kann dagegen ein Unternehmen nur einen kleinen Teil der überhaupt in Frage kommenden Kandidaten für sich interessieren (und dies ist der Normalfall), dann spielen die Methoden der Aussonderung und Klassifizierung ihrer Bewerber eine extrem wichtige Rolle. In der Vergangenheit sahen sich die Unternehmen meistens deswegen zur starken Betonung von Tests – besonders psychologischer Tests – gezwungen, weil sie überwiegend Bewerber hatten, die langfristig nicht ihren Anforderungen entsprachen. Tests können eine nützliche Selektionsfunktion ausüben und die Wahrscheinlichkeit unglücklicher Stellenbesetzungen vermindern (aber nicht ausschließen). Doch ist die *Anwendung* der Tests nur selten so klug und durchdacht wie ihr *Entwurf*, und daher haben sie einen nicht allzu guten Ruf. Dieser Vorwurf trifft jedoch nur auf die Personalabteilungen zu, die Tests nicht als Hilfsmittel, sondern als Substitut für ihre Beurteilung ansehen, obwohl ihr eigentlicher Zweck immer die Hilfestellung war.

Es bleibt zweifelhaft, ob Tests jemals sehr viel nützlicher bei der Vorhersage von Leistungen sein werden als bisher, selbst wenn die Angewohnheit, sich ausschließlich auf sie zu verlassen, irgendwie beseitigt werden könnte. Denn die berufliche Leistung des einzelnen wird großenteils durch Umweltfaktoren bestimmt, die sich kaum testen lassen (wie z. B. die Maßstäbe, nach denen ihn seine verschiedenen Vorgesetzten beurteilen), und von Faktoren, die sich in wenigen Stunden nur schwer objektiv messen lassen (wie sein Persönlichkeitsbild und die individuelle Art der Wahrnehmung seiner Umwelt). Demnach kann das Testen kaum als Patentmittel angesehen werden und hat vielleicht schon seine Grenzen erreicht. Der Schwerpunkt bei der Einstellung verlagert sich daher von den Auswahlverfahren zu Erwägungen über die Gründe, die Leute in einem bestimmten Unternehmen Beschäftigung suchen lassen, und darüber, was man tun könnte, um den Prozentsatz an vielversprechenden Bewerbern zu erhöhen.

Generell wird ein Stellenbewerber die Beschäftigung in einer bestimmten Organisation aus einem der drei folgenden Gründe anstreben: Er trifft seine Wahl wohlüberlegt, weil er meint, daß diese seinem Vorteil am ehesten gerecht wird; er trifft diese Entscheidung, weil er keine genauen Vorstellungen über seinen Vorteil besitzt und diese Organisation mindestens ebenso attraktiv findet wie irgendeine andere; oder er besitzt wegen seiner begrenzten Marktfähigkeit keine andere Alternative. Die wohlüberlegte Entscheidung kommt wahrscheinlich am häufigsten bei relativ gut ausgebildeten Leuten der mittleren und oberen Schichten vor, die für eine der vielen spezialisierten Tätigkeiten der großen Organisationen optieren können und um deren Dienste sich die Organisationen reißen. Indifferente Entscheidungen finden sich auf allen sozialen Ebenen und resultieren in erster Linie aus einer passiven Einstellung zur Umwelt. Die unechten »Entscheidungen«, die aus einer ökonomischen Zwangslage heraus entstehen, gibt es am häufigsten bei schlechtausgebildeten Menschen, die in einer technologisch fortschrittlichen Wirtschaft immer weniger Verwendungsmöglichkeiten finden werden.

Wenn ein Stellensucher die freie Wahl hat, ist seine Suche zumeist eine notdürftig verkleidete Form des Strebens nach Wahrung seines psychologischen Vorteils. Er sucht sich eine Beschäftigung in einem Unternehmen und einem Industriezweig, welche nach seinem Empfinden die am ehesten mit seinem psychologischen Vorteil übereinstimmende Umgebung bieten. So wird der sicherheitsbestrebte Mensch sich zu der soliden Firma mit paternalistischem Ruf hingezogen fühlen, während der gesellschaftlich ehrgeizige Mann einen Betrieb wählen wird, der ihm relativ schnell eine Prestigestellung vermitteln oder zumindest einen kleinen Abglanz seines Gesellschaftsruhmes auf ihn übertragen kann. Derjenige, der sich für hinreichend befähigt (oder für einen Glücksvogel) hält, um das Durchschnittsniveau zu überschreiten, wird einen Beruf mit Akkordlohn oder auf Provisionsbasis attraktiv finden. Demgegenüber wird die Person, die die Auswirkungen von unvorhergesehenen Einkommenssenkungen fürchtet, ein festes Gehalt bevorzugen. Der Mann, der die Aufregung sucht und das Gefühl des Einbezogenseins in das Zeitgeschehen auskosten möchte, wird sich einer Firma zuwenden, die für Experimente und Neuerungen aufgeschlossen ist; derjenige, der sich gern mit vertrauten Problemen und mit vertrauten Lösungen beschäftigt (und der in seinem Beruf oft höchste Fertigkeit erlangt), wird eine Stelle in einer relativ statischen Industrie annehmen.

Doch ist der individuelle Eindruck von den mit einem bestimmten Arbeitsplatz oder einem Betrieb verbundenen Umweltbedingungen nur selten zutreffend, insbesondere wenn der Betreffende noch nicht sehr viel Erfahrung gesammelt hat. Es gibt nur wenige Menschen, die ihr Urteil über eine Berufslaufbahn oder ein Unternehmen wegen mangelnder Information bis auf weiteres zurückzustellen vermögen. In allzu menschlicher Neigung akzeptiert man die jeweiligen umlaufenden Mythen oder konstruiert sich selbst eine Stereotype nach sehr begrenzten Anhaltspunkten. Auf diese Weise werden »Images« geboren – also populäre, nicht näher überprüfte und in der Regel stark verallgemeinerte Vorstellungen von Außenstehenden über das »wahre Wesen« von Dingen (oder Personen), die sie nicht näher kennen.

Die Reihe von ungenauen, aber dennoch akzeptierten Stereotypen, die voraussichtlichen künftigen Angestellten manche offenen Stellen attraktiv und andere weniger attraktiv erscheinen lassen, ist erstaunlich lang. In den meisten Fällen ist der Wahrheitsgehalt immer noch groß genug, um dem zufälligen Beobachter das Übersehen bestimmter Beweisstücke zu erleichtern, die seiner vorgefaßten Meinung nicht völlig entsprechen. Zu den recht langlebigen Mythen gehört beispielsweise, daß erfolgreiche Verkäufer notwendigerweise zungenfertig, gerissen und habgierig sein müssen; daß ein guter Werbefachmann ein kommerzialisierter Demagoge mit

Halbbildung ist; daß jeder einigermaßen gute Wissenschaftler zerstreut und verinnerlicht und daß der Rechnungsprüfer kleinlich, mißtrauisch und wörtlich genau sein muß. Ganze Industrien erhalten oft einen Anstrich, der, wenn überhaupt, nur für einen Teil von ihnen zutrifft. So wird im Staatsdienst (einer natürlichen Zielscheibe für Lästerer, da fast jeder zu irgendeinem Zeitpunkt seines Daseins seinen Regelungen unterliegt) häufig ein Himmel für die übereifrigen und phantasielosen Menschen gesehen, während die Öl-, Film- und Luftfahrtindustrie (um nur einige zu nennen) ein Image erworben haben, das an die tollsten Abenteuer erinnert.

Inzwischen ist es allgemein üblich, daß Unternehmen ein mehr oder weniger genaues Image erwerben, was sogar so weit geht, daß die Public-Relations-Industrie entstand, um die Vorstellungen über Unternehmen zu ändern, aufzupolieren und, wenn möglich, zu fabrizieren und so die Öffentlichkeit in eine empfänglichere Gemütsverfassung zu versetzen. Doch läßt sich ein festgefügtes Image nur schwer durch Public Relations manipulieren, weil sich einerseits Gewohnheiten bei ihren Besitzern, die keinerlei Grund zu ihrer Aufgabe sehen, nur schlecht beseitigen lassen und weil andererseits viele Menschen ihre Vorstellungen von manchen Organisationen als Hintergrund für die Hervorhebung und Erhöhung eines Aspekts ihres Persönlichkeitsbildes sorgfältig hegen. So mag beispielsweise jemand, der sich gern für wagemutig hält, beträchtliche Befriedigung empfinden, wenn er irgendeinen Betrieb als Beispiel schwerfälliger Konformität hinstellen kann. Zuzugeben, daß die Tatsachen dagegen sprechen, hieße das Aufgeben einer überaus angenehmen Rolle von einer Person, die man selbst gern sein möchte.

Der Ruf einer Organisation als voraussichtlicher Arbeitgeber entsteht durch die mehr oder weniger zufällige Sammlung von vier Informationsarten, die das Individuum mit einer Reihe von Mutmaßungen zu einem locker verbundenen Komplex von Eindrücken verknüpft. Die Hauptquellen sind die vorherrschende volkstümliche Ansicht über das betreffende Unternehmen, das suggestive Bild, der direkte Kontakt mit dem Personal oder den Erzeugnissen des Unternehmens und das Durchlaufen des formalen Einstellungsprozesses. Von diesen Faktoren ist der »Volksmund« mit Abstand am wichtigsten, da er viele Leute von vorneherein davon abhält, diesen Betrieb überhaupt als potentiellen Arbeitgeber ernsthaft in Erwägung zu ziehen.

Demnach ist die vorherrschende Mythologie über ein Unternehmen ein überaus wirksamer Filter, der einen großen Teil des verfügbaren Arbeitskräftereservoirs davon abhält, sich dem Bewertungsprozeß zu unterziehen, und das Unternehmen zwingt, seine Auswahl unter einem viel geringeren Bevölkerungsteil zu treffen. Dies wäre gar nicht einmal so nachteilig, wenn die volkstümliche Ansicht auf wirklichen Tatsachen aufbaute, so daß sie diejenigen, denen das Arbeitsklima des Betriebes nicht zusagte, abschreckt, und die anzieht, denen es gefällt. Doch sind die über eine Organisation in Umlauf befindlichen Gerüchte und das Geschwätz selten richtig oder vorteilhaft, und daher kann der Betrieb oft nur Leute einstellen, die den Volksmund nicht kennen oder ihm nicht glauben oder aber bereit sind, ihn zu tolerieren. Gerade weil der Volksmund die Leute aussondert, die diesen Mythos als unangenehm empfinden, gleicht sich das jeweilige Unternehmen schließlich immer mehr seinem Image an, selbst wenn dies anfangs völlig fiktiv war.

Das suggestive Bild ergibt sich aus jeder Begegnung mit dem Betrieb, die – wenn auch nur ganz entfernt – impliziert, daß er besondere Wesenszüge oder Eigenschaften besitzt. Zeitungsgeschichten, Anzeigen, Ausstellungen – sogar die Handelsmarken und der Briefkopf der Gesllschaft – können als externe Symbole zur Beurteilung des internen Gesellschaftscharakters gelten. Desgleichen die Architektur der Gebäude, die äußere Aufmachung der Produkte und das persönliche »Image« der bekanntesten betrieblichen Persönlichkeiten. Selbst zufällig erworbene Informationen, die für die jeweilige Beschäftigungspolitik gar nicht relevant sind, können die Anschauung über eine Firma prägen.

Das unmittelbare Zusammentreffen mit einem Betriebsangehörigen ist eine besonders überzeugende Form des Imageaufbaus. Dabei haben nicht nur die offenen Auskünfte des Angestellten über seinen Betrieb großes Gewicht als Informationen aus erster Hand, sondern wichtiger ist noch, daß seine offenkundige Arbeitsmoral und sein Betragen häufig als für den gesamten Betrieb repräsentativ aufgefaßt werden. Derart ist jedes Firmenmitglied wohl oder übel ein Aushängeschild für Stellensuchende, und der jeweils bei Außenseitern erzeugte Eindruck pflanzt sich durch die Weitergabe der gemachten Beobachtungen *ad infinitum* fort.

Schließlich werden Leute, die sich dem Einstellungsverfahren unterziehen, im allgemeinen einen starken ersten Eindruck von der gesamten Gesellschaft gewinnen, der auf ihrer Begegnung mit der Personalabteilung aufbaut. Dieser Eindruck ist besonders nachhaltig bei Personen, die nicht eingestellt wurden und ihren ersten Eindruck durch spätere Erfahrungen nicht korrigieren können. Sie fühlen sich jedoch von nun an in der Lage, ihre Beobachtungen anderen Außenstehenden mitzuteilen, und tragen dadurch ihren Teil zu der vorherrschenden volkstümlichen Meinung über die Gesellschaft bei.

Man muß beachten, daß nicht jedes Image für eine Organisation schädlich sein muß. Manchmal vermag ein Image eher als die raffiniertesten Auswahlmethoden die dringend benötigten Leuten in die Organisation zu bringen. Das Marine-Corps der Vereinigten Staaten ist ein erstklassiges Beispiel dafür, wie sich ein Image tatsächlich in einer Gemeinschaft fortpflanzen und den spezifischen gewünschten Menschentyp anziehen kann. Andererseits kann es aber auch veralten. Dies hat der Luftwaffe manche Schwierigkeiten bereitet, die ihr leicht romantisches Image von riskanten Heldentaten in dem »wilden blauen Jenseits« modifizieren mußte, um wissenschaftlich interessierte Männer für sich zu gewinnen, die mit ihren hochkomplizierten technologischen Aufgabengebieten fertig werden konnten.

Trotz dieser Unvollkommenheiten ist das Image eins der Hauptmittel, das einen freien Arbeitsmarkt funktionsfähig erhält. Dementsprechend sollte jede Organisation ständig darauf bedacht sein, ihr Image so zu gestalten, daß ihr Personalbedarf hinreichend gedeckt werden kann. Das Image sollte sich also dahingehend auswirken, daß sich möglichst viele qualifizierte Kräfte des Arbeitsmarktes jeweils der Gesellschaft zur Verfügung stellen, die sie am nötigsten braucht. Zu ungenaue Images führen häufig dazu, daß viele Leute sich nicht bei Organisationen bewerben, in denen an sich ein Beschäftigungsverhältnis sowohl für sie als auch für die Organisation von Vorteil wäre.

Für ein Unternehmen ist es ziemlich einfach, sich ein neues äußeres Erscheinungsbild zu schaffen, indem es seine Briefbögen neu gestaltet oder einen neuen Werbungsstil einführt, doch ist letzten Endes für ihren Eindruck auf die Gemeinschaft nicht so sehr das

Äußere einer Organisation ausschlaggebend, sondern immer ihr interner Charakter. Demnach werden die von der Organisation eingestellten Leute und die vergangenen Beziehungen zu ihnen nach und nach die fiktiven und spekulativen Aspekte in ihrem Image überkompensieren. Somit üben die in ihr Beschäftigten einen nicht unerheblichen realen Einfluß auf die zukünftig in die Organisation eintretenden Menschen aus. Daher bindet jede Personalauswahl die Organisation nicht nur an den betreffenden Menschen, sondern sie beschränkt auch die Gruppe potentieller Bewerber, aus der sie in Zukunft ihre Auswahl treffen kann.

Personen, die bei der Auswahl ihrer Arbeitgeber völlig indifferent sind, da sie keine persönlichen Präferenzen besitzen, gehören vielfach zu den Haupt»kunden« der kostspieligen Einstellungskampagnen, die von vielen Gesellschaften jedes Jahr bei den College-Absolventen unternommen werden. Das jährliche Erscheinen von Gesellschaftsanwerbern in amerikanischen Universitäten verleiht vielen jungen Menschen das beruhigende Gefühl, daß sie einerseits nach dem College-Abschluß finanziell attraktive Beschäftigungen zu erwarten haben und andererseits eine freie »Berufsberatung« in Form von betrieblichen Ausbildungsprogrammen, durch die sie vermutlich genau in die Stellen gelangen, die ihnen am besten liegen. Der passive Jugendliche sieht sich dadurch der Notwendigkeit enthoben, seine eigene Berufsentscheidung zu treffen: Seine Umwelt ist voll von Arbeitgebern, die um das Privileg wetteifern, sie ihm abzunehmen. Statt der Berufswahl kann er die zusätzlichen Sozialleistungen und das Anfangsgehalt bestimmen und die berufliche Laufbahn sich selbst überlassen. Es ließe sich darüber streiten, ob derartig veranlagte junge Menschen gegebenenfalls in Laufbahnen hineingeraten, die mit ihren Grundmotiven übereinstimmen, oder aber Laufbahnen einschlagen, die zur Zeit ihres Eintritts gerade den Bedürfnissen der Gesellschaft entsprechen. Doch muß dies nicht unbedingt etwas ausmachen; sie können ihren Vorteil auch ganz beiläufig in einer wenig anspruchsvollen Umgebung erreichen, die ihnen nicht mehr Verantwortung aufbürdet, als sie zur Bestimmung ihres Schicksals zu übernehmen bereit sind.

Dies soll jedoch nicht heißen, daß Personalbeschaffungsprogramme an Colleges und industrielle Ausbildungsprogramme hauptsächlich passive Leute ansprechen, die ihre Berufsentscheidung in erster Linie anderen überlassen. Es ist eher so, daß passive Menschen, die sich für diese Programme qualifizieren können, sie überaus attraktiv finden, da sie den Eindruck erhalten, daß das Unternehmen und nicht das Individuum alle Risiken trägt und alle Entscheidungen übernimmt.

Es gibt eine weitere Bedingungskonstellation, bei der die berufliche Laufbahn weitgehend durch das soziale Milieu des Individuums determiniert wird. Diesmal gehen allerdings die Restriktionen von der Umgebung aus, und die individuelle Berufswahl wird überwiegend durch Tradition diktiert und nicht einem angeblich wohlwollenden Arbeitgeber überlassen. Dies ist der Fall bei einer Gruppe, die in einer Gemeinschaft ein »Monopol« über die Beitrittsmöglichkeiten zu einer bestimmten Organisation innehat. Man bedient sich einfach diskriminierender Einstellungspraktiken, beschränkt die Gewerkschaftsmitgliedschaft oder bietet keine Alternativen (wie im Falle unterprivilegierter Gruppen) und beläßt so die Stellen »in der Familie« oder in einer kleinen Zahl von Familien.

Wenn eine Berufsentscheidung effektiv durch die soziale Herkunft und nicht durch die persönlichen Wünsche oder Fähigkeiten determiniert ist, ähnelt das Ergebnis stark dem eines Kastenwesens. Die Initiative erlöscht gewöhnlich sehr früh, da sie wenig Gelegenheiten zur Entfaltung hat, und das Interesse verlagert sich von der Arbeit mit ihren geringen Befriedigungsmöglichkeiten auf die Freizeitgestaltung oder auf soziale Tätigkeiten. Dies geringe Interesse führt häufig zu niedriger Produktivität, Problemen der Disziplin und bei manchen Managern zu der Überzeugung, daß eine angeborene Abneigung gegen die Arbeit die Wurzel des Übels sein müsse. So führt der Ausschluß von Beschäftigungsmöglichkeiten schließlich zu einer enormen sozialen und ökonomischen Verschwendung. Da die Leute gezwungen werden, ihren psychologischen Vorteil außerhalb des Arbeitsplatzes zu suchen, wird die Arbeit notgedrungen zu einem Übel, dem man mit möglichst geringem Aufwand nachgeht.

Die Familienbetriebe sind Sonderfälle. Einerseits ist die Wahl des einzelnen nicht notwendig vorherbestimmt: Er hat immer noch die Alternative, nicht in das Geschäft einzutreten, oder er kann es als

Mittel zum Zweck für das Vollbringen von Leistungen verwenden, die die seiner Vorgänger bei weitem übersteigen (wenn seine Motivation zufällig in diese Richtung geht). Andererseits kann ein passiver Jugendlicher, der mit einem unerschütterten Glauben in die Güte seiner Umwelt aufgewachsen ist, in einen Familienbetrieb eintreten aus dem Gefühl heraus, daß alle möglicherweise auftretenden Probleme sich irgendwie von selbst lösen werden. Ob ein Familienunternehmen sich letzten Endes als leistungsstimulierend oder als Auffangplatz der Unfähigen erweist, hängt letztlich mehr von der Erziehung in der Familie ab als von der spezifischen Betriebsführung.

Aller Wahrscheinlichkeit nach sind völlig uneingeschränkte Berufsentscheidungen selbst in einem wirtschaftlich so fortgeschrittenen Land wie den Vereinigten Staaten eher die Ausnahme denn die Regel. Viele Menschen können nur eine begrenzte Auswahl treffen, vielen fehlt die Information zu einer realistischen Wahl, oder sie hegen gar nicht den Wunsch, eine solche Entscheidung zu fällen. Zusammen mit den noch grundlegenderen Beschränkungen durch die jeweiligen Fähigkeiten und die Ausbildung bewirken diese Restriktionen, daß Menschen Berufe und Arbeitgeber nach geografischen oder wirtschaftlichen Gesichtspunkten wählen, die geringen oder gar keinen Bezug zu der Befriedigung oder Herausforderung haben, die sie bei ihrer Arbeit finden werden.

Aus diesem Grund haben die bei den meisten Unternehmen auftretenden Stellenbewerber oft Qualifikationen, die nur eine zufällige Beziehung zu dem Arbeitskräftebedarf des Unternehmens aufweisen. Langfristig ergeben sich hieraus zwei bedeutsame Effekte: Für viele Arbeitnehmer wird die Arbeit zu einer langweiligen und zumeist frustrierenden Falle, und die Arbeitgeber sehen sich andererseits veranlaßt, starkes Gewicht auf ihre Verfahren zur Auswertung prospektiver Arbeitnehmer zu legen. Die Anomie entspringt sowohl diesen begrenzten Möglichkeiten der Berufswahl als auch der untergeordneten Rolle, die die Arbeitsplatzgestaltung gegenüber der Gestaltung des Maschinenparks spielt. Personaltests – also der hilfreiche, aber inexakte Versuch, das Verfahren der Zuweisung einer Tätigkeit zu rationalisieren – erhalten ihre vorrangige Bedeutung vor allem durch die derart chaotischen Zustände beim Stellensuchen.

Bekanntermaßen läßt sich die Motivation nur schwer anhand von Papier- und Bleistift-Tests messen, und aus diesem Grunde bleiben häufig die besten Testprogramme auf eine rein statistische und geringe individuelle Gültigkeit beschränkt. Demnach kann eine an sich einwandfreie Testreihe zwar für die Mehrzahl der Fälle die Berufsleistung ziemlich genau vorhersagen, doch weiß man nie im voraus, ob ihre Vorhersage auch für jedes beliebige Individuum gilt. Die meisten Testprogramme bauen auf individuellen Maßstäben auf wie Befähigungs- oder Intelligenztests, da die Mehrzahl der Tätigkeiten zumindest ein Minimum an Eignung erfordert, wenn sie einigermaßen gut verrichtet werden sollen. Es gibt somit bei den meisten Berufen eine bestimmte intellektuelle »Schwelle«, die die untere Grenze für die angemessene Ausführung einer Arbeit ist.

Doch ist überaus wichtig, daß *oberhalb* dieser Schwelle nur selten eine merkliche Steigerung der Wahrscheinlichkeit effizienter Berufsleistung zu beobachten ist. In der Regel sind bei den meisten darüberliegenden Menschen die Aussichten auf Erfolg (oder auf Mißerfolg, um die entgegengesetzte Seite derselben Tatsache zu betrachten) etwa ebenso groß. Wenn auch bei einem über dieser Schwelle liegenden Mann die Chance besteht, daß er, wenn er will, seine Arbeit gut macht, sagen die Eignungstests jedoch nichts darüber aus, ob er auch *wollen* wird. Der Grund für den guten Berufserfolg mancher Leute mit hohen Testergebnissen im Gegensatz zu dem geringen Erfolg von anderen mit gleich guten Resultaten liegt einfach darin, daß Eignungstests nicht die Energie und Beharrlichkeit messen, mit denen jemand seinem Charakter entsprechend seine Fähigkeiten ausnutzt. Sie messen allein seine Fähigkeiten und geben an, ob er überhaupt den Anforderungen der Arbeit gewachsen ist.

Natürlich gibt es eine Vielzahl von Testverfahren, die die Interessen, Einstellungen, Wertvorstellungen, Persönlichkeitsmerkmale und andere mehr oder weniger stabilen Produkte der zugrundeliegenden Motivation eines Menschen zu messen versuchen. Viele von ihnen sind speziell für klinische Zwecke gedacht, d. h. zur Offenlegung von psychologischen Störungen. Andere stellen auf die Berufsberatung ab, und manche von diesen (insbesondere Berufsinteressentests) haben hierfür schon eine beachtliche Anzahl statistischer Daten geliefert. Der projektive Typ der Testverfahren versucht, die unbewußten Kräfte zu analysieren, die sich manchmal auf Umwegen in der Phantasie niederschlagen. Abgesehen von der Schwierigkeit, die Gefühlstiefen eines Menschen während einer vergleichsweise kurzen Zeit auszuloten, gilt für alle Testverfahren gleichermaßen das Handikap einer gewissen Künstlichkeit, d. h. sie können kaum die sozialen Umweltbedingungen wiedergeben, die die Testperson bei der Arbeit vorfindet, und daher können sie seinen jeweiligen umweltbedingten psychologischen Vorteil nur unzureichend reflektieren. Tatsächlich vermitteln sie nur ein partielles Abbild vom Individuum, das, selbst wenn es zutrifft, oft irrelevant ist.

Dies soll nicht heißen, daß die verschiedenen Persönlichkeitstests bei den Einstellungstests völlig überflüssig wären. Bei richtiger Anwendung – unter Berücksichtigung ihrer Grenzen, der Vielschichtigkeit des betreffenden Individuums und der jeweiligen voraussichtlichen Arbeitsbedingungen – können sie die statistische Gültigkeit einer Testreihe sehr wohl aufwerten. Wie viele Vorrichtungen, die zwar hilfreiche, aber nicht unfehlbare Anleitung vermitteln, sind Personaltests sehr viel nützlicher, als ihre Gegner glauben, doch längst nicht so zuverlässig, wie ihre Anhänger behaupten.

Tests sind keineswegs die einzig verfügbaren Auswahlmethoden und zudem nur selten die wichtigsten. Der Schlüsselfaktor bei der Einstellungsentscheidung ist im allgemeinen die »Intuition«. Genauer gesagt hängt die Entscheidung davon ab, ob jemand einen subjektiven Eindruck entstehen lassen kann, der mit den vorgefaßten Vorstellungen einer anderen Person über die wünschenswerten Eigenschaften eines Angestellten übereinstimmt. Es ist deshalb nützlich, den Ursprung dieser vorgefaßten Vorstellungen näher zu untersuchen, um feststellen zu können, wie sie sich auf den Arbeitskrafteinsatz einer Organisation auswirken.

Zuallererst muß festgestellt werden, daß vorgefaßte Meinungen nicht immer irreführend sein müssen. Sie beruhen häufig auf eingehender (wenn auch nicht immer genau analysierter) Erfahrung und können eine beachtliche (wenn auch selten kalkulierte) statistische Berechtigung erwerben. Ihr Hauptfehler, der keineswegs leichtzunehmen ist, rührt von der Neigung vieler mit der Personaleinstellung betrauter Manager her, sich für die Richtigkeit ihrer vorgefaßten Meinung persönlich zu engagieren. Daraus resultiert dann die verbreitete Angewohnheit, seine eigenen Irrtümer zu übersehen und das Verdienst für Erfolge, die ebensogut durch Glück bedingt sein konnten, für sich zu buchen. Folglich ist der Personalchef ausgesprochen selten, der weiß, ob seine »Intuition« zuverlässig ist oder nicht – oder der sie überhaupt in Frage stellt.

Die meisten vorgefaßten Meinungen über die Stellenbesetzung beruhen auf einem unkritischen Akzeptieren von Stereotypen: also von volkstümlichen Vorstellungen, die die Mehrzahl der Berufe mit bestimmten, angeblich für den Erfolg unerläßlichen Eigenschaften versehen. Ein belustigender Nebeneffekt der weitverbreiteten Hinnahme von Stereotypen ist der ebenso verbreitete Versuch des Bewerbers, bei Interviews und Tests vorzutäuschen, daß der Bewerber für diesen spezifischen Beruf überaus geeignet sei. Wenn Entscheidungen aufgrund von Stereotypen getroffen werden oder wenn Bewerber *meinen*, sie würden nach Stereotypen beurteilt, wird es für den Stellenbewerber vorteilhaft, etwas vorzutäuschen, was er in Wirklichkeit nicht ist. Außerdem ist es günstig, diese Täuschung später bei Treffen und Versammlungen und anderen Gelegenheiten beizubehalten, wenn der Betreffende das Gefühl hat, beobachtet und begutachtet zu werden.

Verläßt man sich auf schematisierte Einstellungsnormen, dann muß man sowohl mit vorhersehbaren als auch unvorhergesehenen Auswirkungen auf die Organisation rechnen. Die vorhersehbaren Konsequenzen umfassen die Verminderung persönlicher Mißstimmigkeiten – zumindest der ganz offen zutage tretenden –, da Bewerber, die dem Personalleiter von vorneherein unsympathisch sind, sogleich ausgesondert werden. Obwohl man versucht ist, derartige Entscheidungen als völlig irrational und nachteilig zu bezeichnen, sollte man ihnen wenigstens das Verdienst zusprechen, daß sie so manche unnötige Spannung und Disharmonie vermeiden helfen. Ein weiterer vorhersehbarer Effekt ist die allmähliche »Homogenisierung« einer Organisation, wenn die Mehrzahl der Personalsachbearbeiter die gleichen vorgefaßten Ansichten über die einzustellenden Personen besitzt. Mit zunehmender Angleichung aller Belegschaftsmitglieder an diese vorgefaßten Meinungen verhärtet sich auch das Image der Organisation und hält die Bewerber ab, die diesem Image nicht entsprechen. Doch sind die meisten Images höchst vereinfachte Versionen der eigentlichen Belegschaften und des Betriebsklimas. Hierfür gibt es zwei wichtige Gründe: Personalleiter haben gewöhnlich divergierende Ansichten, und zudem können viele Bewerber, die nicht dem zugrunde gelegten Stereotyp entsprechen, dadurch Erfolg haben, daß sie dem Personalleiter die erwünschten Eigenschaften vortäuschen. Somit sind die in große Firmen eintretenden Arbeitnehmer letztlich doch sehr unterschiedlich.

Die unvorhergesehenen Konsequenzen der vorgefaßten Meinungen über die einzustellenden Arbeitskräfte treten auf, wenn die Vorstellungen des Einstellenden nur teilweise oder überhaupt nicht richtig sind und wenn der Bewerber den Personalleiter erfolgreich glauben machen kann, daß er die geforderten Eigenschaften besitzt, oder wenn beides zusammenfällt. Die Einstellung ist dann im Grunde genommen eine rein zufällige Wahl, selbst wenn dies beiden Seiten gar nicht bewußt ist. Welche Ergebnisse der Arbeitnehmer letztlich erzielen wird, läßt sich nur schwer vorhersagen. Dies hat viele Personalsachbearbeiter, deren »Intuition« weitgehend auf irgendwelchen unbegründeten Vorurteilen beruht, zu der Folgerung veranlaßt, daß die menschliche Motivation im wesentlichen unergründlich ist und daß der Versuch der Vorhersage, was jemand in seinem Beruf leisten wird, reine Spekulation sei.

Kapitel 22
Die Arbeitsmoral

Die Arbeitsmoral, die die Empfindungen des einzelnen über seine Arbeit widerspiegelt, ist rein subjektiv und läßt sich daher schlecht messen, andererseits aber leicht ignorieren. Normalerweise nehmen wir nur die Extreme der Arbeitsmoral wahr, die sich in ganz eindeutiger Weise äußern. So sagen wir von begeisterten Menschen, daß ihre Moral gut ist, und von bedrückten Menschen, daß es um ihre Moral schlecht bestellt ist. Wenn das äußere Benehmen jedoch keinen Aufschluß über die jeweiligen Gefühle gibt – was der häufigere Fall ist –, sprechen wir kaum von Moral, obwohl sie immer in irgendeiner Form vorhanden ist. Darüber hinaus kann sie sich nach längerer Zeit augenscheinlicher Verborgenheit ziemlich deutlich offenbaren. Die Fluktuationen der Arbeitsmoral sind nicht wirklich abrupt oder geheimnisvoll; sie erwecken nur diesen Anschein, weil wir uns selten mit der Moral eines Menschen befassen, solange er uns nicht irgendwelchen Ärger verursacht.

Herzberg[47]) hat die Ergebnisse von etwa zwei Dutzend veröffentlichten Studien über die Auswirkungen der Arbeitsmoral auf die Produktivität folgendermaßen zusammengefaßt:

»Bei 54 v.H. der erwähnten Untersuchungen fiel hohe Arbeitsmoral mit *hoher* Produktivität zusammen; bei 35 v.H. fand man keine direkte Beziehung zwischen Moral und Produktivität, und bei 11 v. H. war eine gute Arbeitsmoral mit *niedriger* Produktivität verbunden ...

Diese Beziehung ist keineswegs absolut, doch gibt es hinreichend Daten, die die Einstellung (zum Arbeitsplatz) als einen wesentlichen Faktor zur Verbesserung des Outputs erscheinen lassen ... (Niedrige) Korrelationen bedeuten, daß neben der Einstellung zum Arbeitsplatz noch eine Reihe anderer Faktoren die Produktivität beeinflussen.«

Natürlich beziehen sich diese Zahlen nur auf die durchgeführten Untersuchungen und nicht auf die absolute Zahl der Arbeiter oder Arbeitsplätze. Bisher hat noch niemand die Auswirkungen der Arbeitsmoral in allen Berufen zu erfassen versucht, doch scheint eindeutig festzustehen, daß diese Auswirkungen auf die Produktivität keineswegs so einfach und eindeutig sind. Unter bestimmten Bedingungen erhöht die Arbeitsmoral die Produktivität, insbesondere wenn das Produkt Fachtüchtigkeit oder Schöpfungsgeist erfordert. Daneben gibt es andere Bedingungskonstellationen, bei denen die Moral die Produktivität in keinerlei Richtung beeinflußt. Dies gilt vorwiegend für die Arbeiten, deren Geschwindigkeit durch die Maschinen vorgeschrieben werden, oder für Beschäftigungen, bei denen der Mensch einem Programm folgt und nicht viel eigenes Urteilsvermögen braucht. In den Fällen, in denen die gute Arbeitsmoral wirklich mit niedriger Produktivität verbunden ist, liegt die Ursache häufig bei einer erstarrten Gruppe, die die Produktivität als Preis für die Mitgliedschaft einschränkt. Die ordentlichen Mitglieder, die das sichere Gefühl der Zugehörigkeit zu einer Gruppe genießen, werden relativ zufrieden sein und bei vielen Verhaltensskalen hohe Arbeitsmoral aufweisen, doch werden sie gleichzeitig einheitlich niedrige Produktivitätsergebnisse erzielen. Die wenigen Akkordbrecher werden in der Regel ihre Isolierung bitter bereuen, und dies wird sich auf der Verhaltensskala als niedrige Arbeitsmoral niederschlagen, doch wird ihre Leistung gleichzeitig extrem gut sein. Das Ergebnis ist eine negative Korrelation.

Trotz dieser komplizierten Zusammenhänge sollte das Management in der Erhaltung einer guten Arbeitsmoral eine vorrangige Aufgabe sehen. Im schlimmsten Fall kann schlechte Moral zu Streiks, zu bewußten Arbeitsverzögerungen, Simulieren und anderen Reaktionen führen, die die Produktivität jeder Arbeit mindern können. Der langfristige Trend bei zunehmender Technisierung und Spezialisierung der Wirtschaft wird ein steigender Prozentsatz von Berufen sein, die eindeutig durch die Arbeitsmoral beeinflußt werden. (Die Automation bewirkt, daß routinemäßige Arbeiten durch neu geschaffene Berufe ersetzt werden, die Urteilsvermögen und analytisches Denken erfordern.) Des weiteren kann eine niedrige Arbeitsmoral Auswirkungen zeitigen, die langfristig im Vergleich zu kurzfristigen Produktivitätsverlusten viel gravierender sind. Unternehmerische und fachkundige Begabung wird sich viel eher bei einem fortgesetzt hohen Niveau der Arbeitsmoral entfalten, und das Image, das ein Unternehmen in den Augen von voraussichtlichen künftigen Angestellten besitzt, wird ziemlich stark durch die vorherrschenden internen Bedingungen der Arbeitsmoral geprägt. Daher müssen die Kräfte, die die Moral beeinflussen, unbedingt einer ständigen Analyse unterzogen und zu ihrer Erhaltung entsprechende Maßnahmen getroffen werden. Das bloße Reagieren auf plötzlich eintretende Dringlichkeitsfälle reicht einfach nicht aus.

In der Regel vollziehen sich Veränderungen der Arbeitsmoral nur sehr langsam. Die ihr innewohnende Trägheit reflektiert die Geschichte der Arbeitgeber-Arbeitnehmer-Beziehungen innerhalb eines Betriebes und gleichermaßen die Geschwindigkeit und die Richtung der Reaktion der Angestellten auf die verschiedenen Ereignisse. Ist die Arbeitsmoral beispielsweise für längere Zeit gut gewesen, werden dem entgegenwirkende Tendenzen sie nur allmählich absinken lassen und keineswegs einen plötzlichen Tiefpunkt herbeiführen. Es gibt sozusagen eine Goodwill-Reserve, die die Moral noch aufrechterhält, obwohl die Arbeiter einem bestimmten Druck ausgesetzt sind. Sie werden diesen Druck vorerst nur als vorübergehend ansehen oder irgendeinem rein örtlich bedingten Versagen zuschreiben. Erst wenn der Druck auch nach längerer Zeit nicht nachgelassen hat, wird der Optimismus der Arbeitnehmer langsam schwinden, doch werden manche extrem Geduldigen auch dann noch die Wiederherstellung der guten Zeiten für kurz bevorstehend halten. Wenn die Arbeitsmoral dann wirklich zusammenbricht – was etwa in einem Streik oder irgendeiner Form des Nichterscheinens zum Ausdruck kommt –, mag sie zwar den Anschein eines plötzlichen Zusammenbruchs erwecken, doch in Wirklichkeit wurde dieser schon lange vorbereitet und wurde nur durch die angenehme Vergangenheit zurückgehalten.

Demgegenüber kann bei länger anhaltender schlechter Arbeitsmoral selbst eine geringfügige Belastung schon einen schnellen und enormen Abfall der Moral herbeiführen. Nichtssagende Vorkommnisse oder sogar Gerüchte können als Anzeichen ausgelegt werden, daß die Betriebsleitung nichts Gutes im Sinn hat und daß die Arbeiter sich entweder auf einen Kampf gefaßt machen oder aber sich mit einer langen Zeit der Entsagung abfinden müssen. Die Reaktion mag einem Beobachter, der den Standpunkt nicht kennt, von dem aus der Arbeiter das auslösende Ereignis beurteilt, irrational erscheinen; doch war die Möglichkeit, jeden beliebigen Anlaß im denkbar ungünstigsten Sinne zu interpretieren und als Vorwand zu benutzen, schon lange potentiell vorhanden.

Die Trägheit verlangsamt auch den Prozeß der Moralverbesserung; allerdings wirkt sie sich bei den Gruppen, die zumeist eine gute Arbeitsmoral besaßen, nur relativ schwach aus. Unverzüglich unternommene Schritte zur Beseitigung einer unerwünschten Situation werden das Vertrauen schnell wiederherstellen; dagegen läßt das Hinauszögern dieser Maßnahmen die Arbeiter leicht argwöhnisch werden und bleiben, selbst wenn die Quelle des Übels beseitigt worden ist. War die Arbeitsmoral in der Vergangenheit generell schlecht, dann können selbst extreme Versuche des Managements, einem unbefriedigenden Zustand abzuhelfen, monatelang nur ganz geringfügige Reaktionen hervorrufen. Dieses langsame Reagieren der Arbeiter hat viele Manager zu der Frage veranlaßt, ob der Versuch, die Arbeitsmoral zu bessern, überhaupt sinnvoll war. Wenn die Moral einmal stark abgesunken ist, bedarf es ziemlich langer Anlaufzeit, um sie wieder aufzubessern: Das Gedächtnis der Arbeitnehmer ist gut. Langfristig ist das kontinuierliche Bemühen um eine gute Arbeitsmoral viel einfacher und weniger kostspielig als der Versuch, sie nach dem effektiven Zusammenbruch wiederaufzurichten.

Außer dem traditionellen Verhältnis zwischen Management und Arbeitnehmer spielt für die Arbeitsmoral auch die Fähigkeit der einzelnen Arbeitnehmer, Belastungen zu verkraften, eine wesentliche Rolle. Betrachten sie ihre Umgebung als verhältnismäßig wohlwollend oder zumindest nicht als besonders bedrohlich, werden sie in beruflichen Anspannungen eher ein notwendiges Übel, aber kaum eine Katastrophe sehen. Haben sie ihre Umwelt dagegen als vertrauensunwürdig, tyrannisch und ausbeuterisch kennengelernt, befinden sie sich wahrscheinlich fortgesetzt in der Defensive und legen jede Art der Anspannung oder Belastung als beginnendes Unheil aus. Nur sehr wenige Belegschaften bestehen ausnahmslos aus einem der beiden Extreme, doch wenn schon einer der beiden Typen relativ stark vertreten ist und eine Minorität bildet, muß mit Auswirkungen auf die Arbeitsmoral in einer Organisation gerechnet werden. So wird z. B. eine Gruppe junger Manager, die in der Hierarchie einer Gesellschaft bereits im Aufsteigen begriffen ist, über Schwierigkeiten leicht hinweggehen, während ältere und weniger erfolgreiche Männer durch dieselben Schwierigkeiten entmutigt würden.

Drei grundlegende Begriffe können zur Erklärung der Schwankungen in der Arbeitsmoral beitragen. Erstens wird ein Arbeitnehmer wohl mehr oder weniger kontinuierlich seine Arbeitswelt auf Merkmale hin untersuchen, die seinen *psychologischen Vorteil* betreffen können. So mag seine Arbeit ihm beispielsweise die Verkörperung einer Rolle ermöglichen, die seinen bevorzugten Vorstellungen über seine Person weitgehend entsprechen; oder umgekehrt kann ihn seine Beschäftigung an der Selbstverwirklichung hindern oder diese zum Teil beeinträchtigen. Selbst in einer relativ statischen Umgebung ist der psychologische Vorteil beständig eine

Lebensfrage – zwar nicht in intellektueller Hinsicht, sondern eher auf dem alltäglichen Niveau der Wahrung seiner Würde bei der Arbeit und des möglichen Hoffens auf mehr Würde.

Wenn die Arbeitsumgebung den psychologischen Vorteil einer Person in etwa unterstützt oder fördert, steigt seine Arbeitsmoral; sie sinkt hingegen, wenn die Umgebung ihm einen Teil seiner fürsorglich gehegten Rolle verweigert. So wird sich zum Beispiel eine sicherheitsorientierte Person, wenn sie feststellt, daß es keine Entlassungen oder Arbeitsunterbrechungen geben wird, ausgesprochen erleichtert und vielleicht sogar in gehobener Stimmung fühlen. Und ein auf Prestige bedachter Mensch wird bei dem Gedanken, daß die bisher genossenen Vorrechte ihm entzogen werden könnten – z. B. durch den Aufstieg einer neuen »Elite«, die der vorherigen den Rang abläuft –, wahrscheinlich zuerst ärgerlich und dann niedergeschlagen sein.

Zweitens wird das Individuum die verschiedenartigen Informationen (oder Gerüchte) über seinen Arbeitsplatz entweder als *Unterstützung oder Unterdrückung* der Arbeitsmoral oder aber (seltener) als neutral empfinden. Informationen, die in keiner unmittelbaren Beziehung zum psychologischen Vorteil stehen, bleiben in der Regel völlig wirkungslos. Da jedoch bei der Arbeit – in Form von Geschwätz, Spekulationen und gelegentlichen Tatsachen – sehr viele Anhaltspunkte über Faktoren gesammelt werden können, die die individuellen Rollen und Bestrebungen berühren, befindet sich die Arbeitsmoral in einem relativ gleichbleibenden Zustand der Fluktuation. Die Mehrzahl der Veränderungen ist nur vorübergehend und bedeutungslos, doch wenn bei einer beachtlichen Gruppe von Arbeitnehmern der Eindruck entsteht, daß ihre Arbeitswelt beständigem Druck oder aber positiven Einflüssen ausgesetzt ist, wird sich aller Voraussicht nach ein bestimmter Trend der Arbeitsmoral entwickeln. Und zwar ist dieser dann sehr viel dauerhafter als Veränderungen, die plötzlich als Reaktion auf ein spektakuläres Ereignis eintreten. Ist die Arbeitsmoral im Steigen begriffen, kann ein geringfügiger Mißstand zwar kurze Demonstrationen der Verärgerung heraufbeschwören, doch werden diese schnell wieder aufhören. Geht der Trend dagegen nach unten, kann selbst eine wesentliche Konzession von seiten des Managements allerhöchstens eine vorübergehende Erhöhung der

Arbeitsmoral herbeiführen. Folglich sind die Haupttrends weitaus wichtiger als kurzfristige Reaktionen, und eine kluge Arbeitsmoralpolitik wird auf langfristige Wirkungen abstellen und sich nicht auf schnelles Reagieren in dringenden Fällen verlassen.

Drittens hängt die Arbeitsmoral sehr davon ab, ob Arbeitnehmer sich zutrauen, gerade die sie betreffenden Entscheidungen des Managements zu beeinflussen und weniger irgendwelche anderen Entscheidungen. So wird eine zugebilligte Lohnerhöhung höchstens einen mildernden Einfluß haben, wenn die Arbeiter befürchten müssen, daß künftige Beschwerden ohne längeren Kampf von der Unternehmensleitung nicht ernst genommen werden. Demgegenüber wird die prompte Reaktion auf Unzufriedenheitsmanifestationen von seiten der Arbeitnehmer die Arbeitsmoral günstig beeinflussen, selbst wenn das Management aufgrund von Nachforschungen beschließt, zu guter Letzt doch keine Änderungen vorzunehmen. Die Moral hängt mit anderen Worten von dem Vorhandensein passender *Beschwerdewege* ab.

Dabei ist gleichgültig, ob diese Beschwerdemöglichkeiten von einer militanten Vereinigung erstellt werden, die die Unternehmensleitung zur Reaktion auf Beschwerden zwingt, oder durch die unmittelbare Beziehung zum Manager, die auf gegenseitigem Vertrauen und Respekt aufbaut – allein ihre Existenz erzeugt Optimismus und unterstützt so die Arbeitsmoral. Fühlen sich die Arbeitnehmer dagegen von der Betriebsleitung ausgeschlossen – sehen sie sich also außerstande, an den Entscheidungsprozessen teilzuhaben, die ihre Arbeitsumgebung betreffen –, dann gibt es für sie keinen Mittelweg zwischen erniedrigender Unterwerfung oder offener Opposition. Je nach den Persönlichkeitstypen unter ihnen ergibt sich entweder eine nur marginal produktiv erstarrte Gruppe oder Widerspenstigkeit und Neigung zum Streik.

Ermöglicht das Management seinen Arbeitnehmern nicht die Wahrung ihres psychologischen Vorteils mittels adäquater Beschwerdewege, dann werden ihm diese Wege entweder aufgezwungen, oder die Belegschaft wird ihren psychologischen Vorteil außerhalb der Arbeit zu wahren suchen, was in den meisten Fällen zu einer drastischen Produktivitätssenkung führt. Natürlich kann man Beschwerden auch unterdrücken, wie beispielsweise in totalitären Staaten oder in abgeschwächter Form, aber mit demselben

Ergebnis, in Zeiten hoher Arbeitslosigkeit, wenn der Besitz einer Arbeitsstelle so kostbar ist, daß andere Vorteile zugunsten der Erhaltung des Arbeitsplatzes bereitwillig geopfert werden. Doch kann diese Unterdrückung die Forderung nach Mitsprache bei Angelegenheiten der eigenen Arbeitsumgebung höchstens aufschieben: Sie fördert Verschwörungen zur Überlistung und notfalls sogar zum Umsturz der Autorität. Langfristig baut eine dauerhaft hohe Produktivität auf Beschwerdewegen auf, die dem Arbeitnehmer ermöglichen, gehört zu werden und sich gegen unerträgliche Bedingungen zu schützen.

Folglich ist für die Arbeitsmoral in erster Linie das Verhältnis des einzelnen Arbeitnehmers zu seinem unmittelbaren Vorgesetzten von Bedeutung. Ist dieser entgegenkommend, bereit, ein Problem abstrakt zu beurteilen und die Sache des Arbeitnehmers zu vertreten, wenn er von dessen Recht überzeugt ist, wird die Arbeitsmoral in der Regel hoch sein. Ist der Vorgesetzte dagegen unnahbar oder vielbeschäftigt, hält er die Anliegen der Arbeitnehmer meistens für unvernünftig oder unbegründet oder möchte er zugunsten seiner Männer nicht den Zorn seines Vorgesetzten erregen, wird die Arbeitsmoral sich eindeutig auf niedrigem Niveau bewegen.

Doch ist die Gestaltung und Wirksamkeit dieses Verhältnisses letztlich eine Frage der Auffassung. Traditionsgemäß betrachtete man den Arbeitnehmer bisher als jemand, der dem Unternehmer seine Dienstleistungen zur Verfügung stellte: Seine Verpflichtung bestand darin, seine Arbeit in der von der Geschäftsleitung erwünschten Weise zu verrichten; mehr verlangte man nicht. Die Verpflichtung der Unternehmensleitung lag in der Bezahlung seiner Dienste; zu weiteren Leistungen sah man keinen Anlaß. Die Vorstellung, daß der Arbeitnehmer durch die Verrichtung seiner Arbeit von ihr gewissermaßen Besitz ergreift – und zwar nicht, weil er den Arbeitsplatz oder dessen Organisation finanziert, sondern weil die Arbeit ihm psychologisch etwas bedeutet –, gilt noch heute als ziemlich revolutionär.

Doch sieht man einmal davon ab, ob sich diese »Inbesitznahme« mit der klassischen Nationalökonomie oder juristisch begründen läßt, bleibt dennoch die Tatsache bestehen, daß sich inzwischen viele Arbeitnehmer dazu berechtigt fühlen und daß dies Gefühl des Besitzergreifens in Zukunft noch weiter um sich greifen wird. Denn der Arbeitnehmer verkauft der Organisation nicht nur seine Arbeitskraft, sondern auch seine Karriere und seine Persönlichkeit. Beide lassen sich einfach nicht von seinen Dienstleistungen trennen und werden in den Tausch mit einbezogen, ob die Betriebsleitung dies nun wünscht oder nicht. Aus diesem Grunde kann im Arbeitnehmer das Gefühl entstehen, daß er das Recht auf Einflußnahme auf seine Arbeitsumgebung hat oder zumindest haben sollte, und dementsprechend kann auch die Kontrolle des Managements über das Unternehmen nicht absolut sein, wenn sie auch seiner eigenen Kontrollbefugnis gegenüber Vorrang hat.

Unter Arbeitern besteht demnach ein Trend, einen Anspruch auf einen effizienten Beschwerdeweg zu erheben. Dieser allerdings noch nicht legitimierte Anspruch wurde von keinem geringeren Juristen als Adolf A. Berle jr. von der Columbia-Universität erkannt[48]:

»Allmählich zeichnet sich immer mehr ... eine Gegenkraft ab, die ... nach einiger Zeit in bestimmten Bereichen die absolute unternehmerische Entscheidungsgewalt antasten wird. In unserem System wird sie mit der Zeit als Gesetz hervorgehen, und gute Juristen werden ihr zu ihrem Recht verhelfen.

Nach amerikanischer Auffassung ist ein Wirtschaftssystem ebenso wie das politische System für die Menschen bestimmt. Wenn es nun Rechte der Menschen verwehrt, wie die auf ein Leben nach den eigenen Vorstellungen oder auf die persönliche Freiheit oder auf Eigentum – was auch immer nach moderner Auffassung darunter verstanden werden mag –, dann wird sich die Gemeinschaft zum Widerstand erheben, dessen Ausgang unvorhersehbar ist. Glücklicherweise bieten die langjährige Tradition des Gewohnheitsrechts und der amerikanischen Verfassung ... eine Reihe von Institutionen, die den Schutz und die Entfaltung (dieser Rechte) ermöglichen.«

So wird vielleicht eines Tages ein gesetzlicher Beschwerdeweg geschaffen, der der Belegschaftsmeinung zumindest im Hinblick auf die unmittelbar ihre Arbeit betreffenden Angelegenheiten eine bedeutsame Rolle bei der unternehmerischen Planung einräumt, vielleicht als eine Erweiterung der »Verfahrens«bestimmungen des Fünften Gebotes. Doch wird sich lange vor diesem Ereignis – wenn es überhaupt eintritt – die Erkenntnis durchsetzen, daß angemessene Beschwerdewege die Moral unterstützen und die Produktivität erhöhen. Des weiteren führt allein die Existenz derartiger Beschwerdemöglichkeiten häufig nach gewisser Zeit zu einer Reduktion der Zahl und der Heftigkeit der angeführten Beschwerden. Das Management wird nicht nur umsichtiger, sondern darüber hinaus werden die Arbeitnehmer unempfindlicher gegenüber nebensächlichen Tendenzen, die sie früher womöglich als bedrohlich empfunden hätten.

In großen Organisationen mag dies Verhältnis zwischen Arbeitnehmer und unmittelbarem Vorgesetzten allein nicht ausreichend sein; es bedarf möglicherweise noch periodischer Meinungsumfragen. Je größer und dezentralisierter die Organisation ist, desto schwerer ist es für die Geschäftsleitung, einen zeitgemäßen umfassenden Eindruck von der Arbeitsmoral zu gewinnen. Es ist keineswegs ungewöhnlich, daß die Vorstellungen über die Moral im Felde, in einem fernab gelegenen Hauptquartier auf einer Situation aufbauen, die längst verändert ist oder schon seit Monaten nicht mehr besteht. Auf den einzelnen Ebenen hat man die moralischen Verhältnisse wahrscheinlich recht gut im Griff, doch läßt sich die Existenz von Trends, die viele örtliche Ereignisse einschließen, welche wiederum für sie richtungweisend sind, nur schwer ausmachen. Vielleicht liegt der Hauptgrund für die Notwendigkeit von Umfragen, um die örtlichen Beobachtungen und Angaben abzustützen, in dem Widerwillen und dem Unvermögen vieler Arbeitnehmer, sich gegenüber dem Manager, der sie beurteilt und für ihre Zukunft in der Organisation eine entscheidende Rolle spielt, völlig unbefangen zu geben. Der Vorteil des Arbeitnehmers besteht darin, seine unmittelbaren Vorgesetzten davon zu überzeugen, daß er weder ein Störenfried noch untreu ist; er wird daher erst im Falle äußerster Verzweiflung seiner Unzufriedenheit Ausdruck geben. Deshalb erkennen sogar die scharfsichtigsten Manager nicht die Tiefen der möglichen Unzufriedenheit der Arbeitnehmer oder ihre Ursachen – es sei denn, diese haben einen kritischen Punkt erreicht.

Umfragen können die Arbeitsmoral auf zweifache Weise positiv beeinflussen. Die offensichtlichste ist das Bloßlegen heranreifender Probleme, bevor sie größere Ausmaße annehmen, so daß man noch vorbeugende Maßnahmen ergreifen kann. Desgleichen können bereits bestehende ernstere Probleme diagnostiziert werden, damit man mit korrigierenden Maßnahmen vor allem auf die zugrundeliegenden Ursachen Einfluß nehmen kann und sich nicht nur auf die offen zutage tretenden Schwierigkeiten beschränkt. (Da letztere sich häufig in Form von symptomatischen Lohnforderungen manifestieren, kann eine Fehldiagnose zu einer rein temporären und daher sehr kostspieligen »Lösung« führen.) Überdies stellt sich aufgrund von Umfragen oftmals heraus, daß als existent angenommene Probleme der Arbeitsmoral gar nicht vorhanden sind oder daß sie nicht schwerwiegend genug sind, um kostspielige Programme zu rechtfertigen, die sonst zu ihrer Korrektur unternommen worden wären.

Die zweite Form der Unterstützung der Arbeitsmoral durch Umfragen ist subtiler. Die Arbeitnehmer empfinden diese häufig als angenehm. Sie sehen in den Umfragen eine Art »Ventil«, durch das sie ihren Gefühlen Luft machen können, was sie normalerweise ruhiger werden läßt und ihnen erlaubt, von den als störend empfundenen Umständen etwas Abstand zu gewinnen. Ist ein Umfragenprogramm einmal eingerichtet, dann macht das Wissen um das Interesse der Unternehmensleitung an den Ansichten der Arbeitnehmer und um die beabsichtigte periodische Beratung auf vertraulicher Basis die Leute im allgemeinen bei Beschwerden aufgeschlossener und offener, da sie nun nicht mehr das Risiko der persönlichen Beleidigung zu fürchten haben. Das Um-seine-Meinung-gefragt-Werden ist schließlich eine ausgesprochen schmeichelnde Erfahrung, besonders für Leute, die unter Umständen leben mußten, in denen ihre Meinung fast gar nichts zu bedeuten schien.

Manchmal werden Befürchtungen laut, daß Meinungsumfragen die Arbeitsmoral dadurch verschlechtern können, daß die Aufmerksamkeit der Arbeitnehmer auf unbefriedigende Zustände gelenkt werden könne, die andernfalls im Hintergrund geblieben wären, oder daß die Arbeitnehmer den Eindruck erhielten, die internen Probleme des Betriebes würden fortan durch mehrheitliche Abstimmung gelöst.

Zu dem »Herumstöbern« im sprichwörtlichen »Hornissennest« läßt sich sagen, daß bedeutende Probleme der Arbeitsmoral nur selten – wenn überhaupt – latent im Hintergrund ruhen, bis jemand an sie rührt. Wenn sie echte Unzufriedenheit erzeugen, dann stehen sie im Mittelpunkt der Empfindungen und Diskussionen der Arbeitnehmer, ob die Betriebsleitung sich dessen bewußt ist oder nicht. Weiterhin können wirklich triviale Probleme nicht durch offene Diskussionen aufgebauscht werden; ihre Trivialität wird im Gespräch höchstens um so offenkundiger.

Der Trugschluß bei der Entscheidung, Meinungsumfragen nicht zu veranstalten, um »schlafende Hunde schlafen zu lassen«, besteht darin, daß die »Hunde« nie richtig schlafen, sondern daß vielmehr die Unternehmensleitung schläft, wenn sie annimmt, daß sich unergründete Probleme, wenn man sie nur lange genug ignoriert, in Luft auflösen. Es stimmt zwar, daß eine Meinungsumfrage zur Zeit einer ernsthaften Störung der Arbeitsmoral unangebracht ist, doch gilt dies vor allem, weil die Ergebnisse wahrscheinlich nicht zuverlässig sind, und nicht, weil die Umfrage die Arbeitsmoral negativ beeinflussen könnte. Die Trends der Moral steigen oder sinken aufgrund von Kräften, die sehr viel elementarer sind als der mögliche Einfluß einer Meinungsumfrage; daher ist der Entschluß, keine Umfragen durchzuführen, um nur ja nicht moralische Probleme heraufzubeschwören, gleichbedeutend mit dem Blindflug eines Piloten in der Hoffnung, dadurch das Heraufziehen eines Sturmes zu vermeiden.

Was die Auffassung mancher Erwerbstätigen angeht, daß Umfragen die Funktion eines Referendums haben, anhand dessen die Gesellschaft geführt wird, so kommt dies selten genug vor, da die meisten Arbeitnehmer die Machtstruktur in ihrem Unternehmen in der Regel hinreichend kennen und viel zu realistisch sind, um eine völlige Abkehr von den bisherigen Praktiken zu vermuten. Meinungsumfragen sind in Amerika heute ein vertrauter Begriff. Auch wenn ein Arbeitnehmer an seinem Arbeitsplatz nie direkt an einer solchen beteiligt war, kennt er sie gewöhnlich durch Meinungsumfragen vor Wahlen, durch Schätzungen der Fernsehteilnehmer und andere Umfragen, die zeitweise die öffentlichen Empfindungen festhalten sollen, ohne die jeweiligen Fragen selbst zu entscheiden. Der Arbeitnehmer wird also recht gut mit der Arbeitsweise der Umfragen vertraut sein, um zumindest zu wissen, daß sie nur zur Anleitung dienen und nicht wie im Falle richtiger Wahlen zur Entscheidung. Meinungsumfragen werden daher nur selten die Illusion erzeugen, daß das Management seine Vorrechte aufgibt.

Der Inhalt des Begriffs Arbeitsmoral – darunter versteht man alle spezifischen Faktoren, die unterdrückend oder unterstützend wirken – variiert überaus stark, doch in der Regel läßt er sich in drei große Gruppen aufgliedern. Die erste beinhaltet die mittelbar berufsbedingten Befriedigungen, die bei der Arbeit erwartet werden, wie Einkommen, Sicherheit und ein Rang innerhalb der Gemeinschaft. Die zweite betrifft die unmittelbar berufsbedingten Befriedigungen – z. B. das Berufsinteresse, die Aufstiegsmöglichkeiten und das Ansehen innerhalb der Organisation. Die dritte bezieht sich auf höchst subjektive, aus dem Beruf abgeleitete Befriedigungen: Selbstentfaltung, Leistung, Macht, Beherrschung des Berufs und dergleichen. Diese Faktoren sind in einer Hierarchie angeordnet, d. h. wenn im Bereich der ersten Erfahrungsgruppe Unzufriedenheit herrscht, dann fallen die anderen beiden Gruppen kaum ins Gewicht, und Unzufriedenheit in der zweiten Gruppe kann die dritte völlig in den Hintergrund treten lassen. Die in der dritten Gruppe auftretenden Unzufriedenheiten sind in der Regel unbedeutend, solange die ersten beiden Gruppen nicht völlig befriedigt sind. Diese Art der Unzufriedenheit beruht in erster Linie auf Störungen durch Hindernisse (wie unzureichende Budgets und Ausrüstung), die das Individuum an der freien Entfaltung in seinem Beruf hindern. Daher wird das »Meckern«, das sich vor allem um Werkzeuge oder betriebliche Methoden dreht und Löhne, Sicherheit und andere grundlegende Faktoren außer acht läßt, manchmal als »gesundes« moralisches Problem betrachtet – was natürlich nicht heißen soll, daß es nicht geheilt werden sollte.

Letzten Endes hängt die Arbeitsmoral von der Beziehung zwischen den Erwartungen und der Realität ab. Je mehr die Umwelt den erwarteten Belohnungen des einzelnen entspricht oder zumindest das Eintreffen dieser Belohnungen zu versprechen scheint, um so besser wird die Arbeitsmoral sein. Und vice versa. Folglich muß jede gründlichere Untersuchung der Arbeitsmoral zuallererst einmal herausfinden, was die Arbeitnehmer von ihrer Arbeit erwarten und woher diese Erwartungen stammen. Die diesbezügliche Befragung enthüllt manchmal, daß das Management unabsichtlich durch die übertriebene Betonung bestimmter Belohnungen auf Kosten anderer Formen selbst ein Problem der Arbeitsmoral ausgelöst hat.

In der Regel entstammen die Erwartungen eines Arbeitnehmers über die aus seiner Arbeit möglicherweise hervorgehenden Befriedigungen drei Quellen. Die erste und wahrscheinlich bedeutendste bildet die Motivation des Arbeitnehmers selbst. Er offenbart bei seiner Arbeit denselben Hang zum Verfolgen bestimmter Ziele, den er auch bei allen anderen Aspekten seines Daseins an den Tag legt.

Die zweite Quelle der Erwartungen sind die offiziellen Richtlinien des Arbeitgebers, die gewöhnlich aus Slogans oder Mottos bestehen, welche in vager, aber leicht erinnerlicher Form jene Wertvorstellungen zum Ausdruck bringen, durch die sich die Betriebsleitung im Umgang mit ihrer Belegschaft möglichst immer leiten läßt. Diese Richtlinien sind jeweils so effizient, wie das Management sie durch seine täglichen Handlungen macht: Manche gelten als unantastbare Prinzipien und andere als belustigende kleine Mythen. (Die Handlungen des Managements, die Präzedenzfälle schaffen, haben denselben psychologischen Effekt wie die bloße Verkündigung von Richtlinien, ob sie die nun bezwecken oder nicht. Deshalb gehen Präzedenzfälle ebenfalls in die Erwartungen der Arbeitnehmer ein.)

Die dritte Quelle der Arbeitnehmererwartungen ist subtiler. Und zwar handelt es sich hierbei um Andeutungen, die die Arbeitnehmer als Versprechungen auslegen, oder um ungenaue Vorstellungen, die aus Angst, einen Angestellten zu kränken, nie richtiggestellt werden. Die herkömmlichste Form der unberichtigten Illusionen findet sich im Zusammenhang mit Beförderung und Gehaltserhöhungen. Man macht einem Arbeitnehmer gegenüber vage Hoffnungen, die leicht als Versprechen interpretiert werden können und werden, daß er in »nicht unabsehbarer« Zeit eine Beförderung erwarten kann, und nachdem er diese Schlußfolgerung einmal ziehen durfte, versäumt man es, seine persönliche Interpretation zu korrigieren. Folglich wird er immer verbitterter, wenn die Zeit verstreicht und das »Versprechen« nicht eingehalten wird. An sich hat es nie ein solches Versprechen gegeben, doch hat die Betriebsleitung eine Situation entstehen lassen, in der eine derartige Folgerung möglich war, und hat sich dadurch nach Ansicht des Angestellten verpflichtet, entweder die doppelsinnigen Andeutungen klarzustellen oder ihre Folgen zu tragen.

Eine übertriebene Betonung bestimmter Belohnungsformen von

seiten des Managements kann so starke Erwartungen entfachen, daß bei Nichterfüllung dieser Erwartungen ernsthafte Probleme der Arbeitsmoral auftreten. Stellt beispielsweise eine Firma spezialisierte Fachkräfte ein und betont dabei die Aussichten auf künftige erweiterte Berufsmöglichkeiten innerhalb des Betriebes, so wird sie erfahren, daß die Entlassung von nur einigen dieser Männer bei den restlichen dieser Kräfte das bewußte »Verlängern« ihrer Arbeit verursachen wird, während sie insgeheim nach einer sichereren Beschäftigung suchen. Wird eine stark gehegte Erwartung einmal zerstört, werden auch alle anderen Erwartungen in Frage gestellt. Es ließe sich zu diesem Problem der Arbeitnehmererwartungen noch viel sagen; grundsätzlich sollte man aber vermeiden, sie durch übermäßig begeistertes »Kommunizieren« oder durch unterlassenes Korrigieren von Illusionen bis ins Extrem zu übersteigern.

Die Arbeitsmoral läßt sich nicht auf einem fortgesetzt hohen Niveau fixieren, und zwar vor allem, weil normalerweise neue Unzufriedenheiten auftreten, sobald alte beseitigt, vergessen oder ersetzt sind. Es ist weder möglich noch wünschenswert, die Bedürfnisse der Arbeitnehmer so vollkommen zu befriedigen, daß sie nichts mehr haben, über das sie unglücklich sein könnten. Das Streben nach »mehr« ist ein normaler, gesunder menschlicher Wesenszug, der überhaupt erst den Fortschritt ermöglicht – wenn er manchmal auch störend für das Management ist.

Allerdings ist wichtig zu erkennen, daß die vom Arbeitnehmer angestrebten Dinge sich langsam, aber unaufhörlich aufgrund der wirtschaftlichen und technologischen Triebkräfte wandeln. Finanzielle Bedürfnisse und die verwandten Bedürfnisse nach zusätzlichen Sozialleistungen werden immer weniger dringlich, nicht weil die Menschen zwangsläufig befriedigt sind, sondern weil sie sich in zunehmendem Maße imstande fühlen, ihren gerechten Anteil an den Einkünften ihrer Arbeitgeber zu erlangen. Selbst in Industrien mit niedrigem Lohnniveau steht außer Zweifel, daß deren Beschäftigte genügend Macht besitzen, um erfolgreich den höchsten Preis für ihre Leistungen auszuhandeln. Abgesehen von einer größeren Depression, die diese Erwartungen zerstören würde, wird sich der Trend der Arbeitnehmerwünsche wahrscheinlich auch weiterhin von den Löhnen auf weniger materielle Entlohnungsformen wie Würde, Anreiz und Selbstentfaltung verlagern. Dieser Trend ist nicht universal und wird möglicherweise nach einiger Zeit von anderen Trends gefolgt, die bisher noch nicht prognostizierbar sind. Doch werden in absehbarer Zukunft eine weitverbreitete Kaufkraft und der Optimismus hinsichtlich der Lohnverhandlungen darauf hinwirken, daß Geld für die Aufrechterhaltung der Arbeitsmoral eine geringere Rolle spielt als bisher.

Eine weitere Kraft, die die Bedürfnisse der Arbeitnehmer verändert und dadurch auch ihre Arbeitsmoral beinflußt, ist der technologische Wandel, der sich in der Industrie vollzieht. Dieser wird vorwiegend durch organisatorisches Wachstum induziert, durch das Entstehen neuer Produkte und Dienstleistungen und das Verschwinden alter Erzeugnisse und überdies durch die Gruppe von maschinenkontrollierten Prozessen, die man unter dem Oberbegriff der Automation zusammenfaßt. Der technologische Wandel ist ein so wesentlicher Bestandteil des Industrielebens geworden und ist so eindeutig dazu bestimmt, noch mehr an Bedeutung zu gewinnen, daß für uns eine Analyse des wechselseitigen Einflusses von technologischem Wandel und Motivation unerläßlich wird.

Kapitel 23

Der technologische Wandel

Im allgemeinen gilt es als unumstößlich, daß die Arbeiter sich Versuchen widersetzen, die ihre gewohnten Arbeitsweisen oder die Organisationsstruktur, in deren Rahmen sie arbeiten, verändern. Dieser Widerstand beruht angeblich auf einer natürlichen Präferenz für das Vertraute, auf der Schwierigkeit, eingefleischte Gewohnheiten »abzulegen«, und auf einer gewissen Trägheit, die die meisten Menschen veranlaßt, sich vor allzu großen Anstrengungen möglichst zu drücken. Man findet in der Geschichte sehr viele Beispiele für die manchmal sogar sehr heftige Konfrontation der Arbeiter mit dem technologischen Wandel, doch wäre es wirklich eine zu starke Vereinfachung der Wahrheit, wollte man behaupten, daß die Arbeiterschaft sich immer diesem Wandel widersetzt hätte. Arbeiter willigen häufig ohne besondere Anreize in Umstellungen ein, und unter bestimmten Umständen können sie sich sogar sehr intensiv dafür einsetzen.

Die Einstellung zum technologischen Wandel hängt davon ab, ob der einzelne das neue System für sich als vorteilhaft oder als nachteilig beurteilt. Hat er in der Vergangenheit bereits ähnliche Veränderungen mitgemacht, wird er annehmen, daß der Einfluß der neuen Umstellungen in etwa dem der vorhergehenden entspricht. Sind ihm Veränderungen relativ unbekannt, wird seine Haltung vom Grad seiner Zufriedenheit mit seiner Stellung im gegenwärtigen System abhängen. Vielleicht besitzt er auch bestimmte Vorstellungen über den technologischen Wandel, die auf Gerüchten, seinen eigenen Hoffnungen und Befürchtungen und teils sogar auf Tatsachen aufbauen. Zu guter Letzt können auch seine Grundmotivationen eine positive oder negative Einstellung zum Wandel veranlassen.

Bei der Analyse der Kräfte, die die Einstellung zum technologischen Wandel beeinflussen, erweist sich sehr schnell, daß die Aussicht auf Änderung einer Gewohnheit einen komplizierten Motivationseffekt auslöst, der sich zumeist eher nachträglich begreifen als vorher prognostizieren läßt. Zuerst werden wir die bisher gemachten Erfahrungen einer Organisation mit technologisch bedingten Umstellungen betrachten, da diese sich auf das Denken aller zu ihr gehörigen Individuen auswirken, und dann eine Analyse der persönlichen Einstellung zum technologischen Wandel anschließen.

Die meisten methodischen Veränderungen von beliebiger Größenordnung verlangen die Mitarbeit der Leute, die »wohlerworbene Rechte« an den zu ersetzenden Methoden zu besitzen vermeinen. Von diesen Menschen kann man jedoch kaum eine aktive Form der Kooperation erwarten, wenn sie vermuten, daß dies ihrem eigenen Interesse widerspricht. Die erfolgreiche Einführung neuer Methoden erfordert demnach sorgfältige Aufklärung der Belegschaft über das, was sie zu erwarten haben, und um sie zu vergewissern, daß sie nicht durch die Aufgabe von gegenwärtig genossenen Privilegien für den Wandel »zahlen« müssen. Normalerweise ist es üblich, die Arbeitnehmer schon vor der Installation arbeitssparender Anlagen davon zu unterrichten, daß diejenigen, deren Arbeitsplatz wegfällt, nicht entlassen, sondern anderswo in der Organisation eingesetzt werden. Ohne derartige Zusagen können selbst die »rationalsten« Veränderungen ziemlich »irrationale« Verzögerungen und einen deutlichen Leistungsabfall herbeiführen.

Ob eine Organisation den Übergang zu neuen Verfahren reibungslos oder mit Schwierigkeiten vollzieht, wird in beträchtlichem Ausmaße von den Erfahrungen mit vergangenen Umstellungen determiniert. Dieser interessante Aspekt geht aus einer Arbeit von Floyd C. Mann und Franklin Neff[49)] von der Michigan-Universität hervor, die die Erfahrungen von vier Unternehmen aufzeigt, in denen wesentliche organisatorische Veränderungen vorgenommen worden waren. Sie fanden zum Beispiel, daß die Arbeitnehmer einer Gesellschaft, die in der Vergangenheit mehrfach Umstellungen durchführen mußte, weitere Modifikationen mehr oder weniger problemlos hinnehmen. Demgegenüber kann sich der Übergang zu wesentlich veränderten Methoden in einem bisher unveränderlichen Unternehmen als verwirrend erweisen oder gar chaotische Konsequenzen haben.

In Firmen mit häufigeren Veränderungen wird man sich meistens sogleich an die zuvor durchgeführten Umstellungen erinnern, und diese Erinnerungen werden die Bereitschaft der Arbeitnehmer, bei künftigem technologischem Wandel zu kooperieren, entscheidend beeinflussen. Wenn in der Vergangenheit die Gründe für die neuen Methoden eingehend erklärt und Zusicherungen im Hinblick auf die direkten Auswirkungen von Arbeitsplatzveränderungen gegeben wurden, wird die Belegschaft den technologischen Wandel wahrscheinlich als eine relativ positive Erscheinung ansehen, die ihre eigenen Interessen nicht bedroht. Wenn im Gegensatz hierzu vergangene Umstellungen nur Unsicherheit und Verwirrung stifteten und insbesondere die Entlassung oder den Ersatz von manchen Arbeitern aufgrund der neuen Verfahren nach sich zogen, werden die bleibenden Arbeitnehmer jede Veränderung als List auslegen, mit der die Unternehmensleitung ihre Sicherheit noch weiter untergraben will.

Neben den Erfahrungen, die die Organisation als Gesamteinheit mit dem technologischen Wandel gemacht hat, spielt auch die Motivation ihrer einzelnen Mitglieder eine bedeutende Rolle für die Reaktion auf diesen Wandel. Es gibt vier Hauptgründe für die Reaktion eines Arbeitnehmers auf prospektive Veränderungen in seiner Arbeitsumgebung. Der erste ist wirtschaftlich bedingt. Die Veränderungen, die bisher in der Industrie in großem Maßstab stattgefunden haben – wie beispielsweise der wachsende Anteil an Büroangestellten, der Ersatz vieler herkömmlicher Tätigkeiten durch automatische Anlagen und das Entstehen völlig neuer Industrien –, sind für manche Arbeiter eindeutig von Vorteil, für andere dagegen nachteilig. In der Regel sind wahrscheinlich die jungen und besser ausgebildeten Leute, die sich nicht von einer alten Fertigkeit umstellen müssen, die Nutznießer des technologischen Wandels, während der ältere Arbeitnehmer mit einer lebenslänglichen Investition in veraltete Fertigkeiten aller Voraussicht nach der Verlierer ist.

Der zweite Einflußfaktor der individuellen Einstellung gegenüber dem Wandel ist gewissermaßen »politisch«. Das heißt, er hängt von der Stellung des einzelnen in der Machthierarchie des Betriebes von den anstehenden Veränderungen ab. Neue Betriebsmethoden können die Machtverhältnisse innerhalb eines Unternehmens verschieben oder zumindest die Möglichkeit schaffen, daß die alte Machtverteilung in Frage gestellt wird. Wenn ein Arbeitnehmer eine Fertigkeit besitzt, die für den Arbeitgeber essentiell ist, wenn er einer Gruppe angehört, die traditionsgemäß einen starken Einfluß auf die Unternehmenspolitik ausübt, oder wenn er sonst irgendeine Form der Einflußnahme auf die Einkommen und die Macht im bestehenden System genießt, wird er daran interessiert sein, seine Sonderstellung zu erhalten. Inwiefern er sich dem Wandel widersetzt oder ihm nachgibt, hängt weitgehend davon ab, ob er unter dem neuen System dieselben Vorrechte für möglich hält wie unter dem alten. Andererseits wird ein Arbeitnehmer ohne irgendeinen besonderen Einflußbereich im bestehenden System im neuen kaum etwas zu verlieren haben. Dementsprechend wird er eine Veränderung unterstützen, wenn sie ihm eine stärkere Position zu bieten verspricht, und sich neutral verhalten, wenn sie ihn nicht unmittelbar zu berühren scheint.

Der dritte wesentliche Einfluß auf die Einstellung zum technologischen Wandel ist die Motivation des einzelnen oder genauer gesagt das Ausmaß an Unterstützung seines psychologischen Vorteils, das die Arbeitsumgebung des alten Systems bot. Die Auswirkungen der Motivation auf die Einstellung zum Wandel können am Sicherheits- und am Machtmotiv deutlich gemacht werden. Doch darf man bei den folgenden Beispielen nicht vergessen, daß hier nicht so sehr das bei dem einzelnen dominierende Motiv als solches interessiert, sondern nur, inwieweit dies Motiv sein Interesse an der Erhaltung des *Status quo* determiniert.

Führen wir uns zunächst die sicherheitsorientierte Person vor Augen, die unter den herkömmlichen Betriebsmethoden ein ihrer Meinung nach relativ hohes Maß an Bedeutung genoß. Das Einkommen des Betreffenden war gesichert, und seine Aussichten auf Gehaltserhöhung waren ebenfalls günstig; bei irgendwelchen Wettbewerben mit anderen Gruppen der Firma um die verschiedensten Vorrechte war er sich eines nicht allzu erniedrigenden Abschneidens bewußt. Doch beruhte die Sicherheit mehr auf seiner Position als auf seiner Tüchtigkeit. Er war aus der Sicht der Organisation zur rechten Zeit am rechten Platz eingesetzt; seine günstige Position war – zumindest nach seiner Ansicht – wahrscheinlich großenteils auf Glück zurückzuführen. Daher besitzt er ein außerordentliches Interesse an der Erhaltung der Umstände, denen er so viel verdankt. Dabei wird er gar nicht einmal so sehr den Verlust von Prestige oder unternehmenspolitischer Einflußnahme und auch nicht das Sinken seiner Verdienstaussichten fürchten, sondern vielmehr die Tatsache, daß mit dem technologischen Wandel die Zukunft unvorhersehbar wird. Da er seinen Fähigkeiten zur Kontrolle der Ereignisse mißtraut, wenn diese einmal eine neue Richtung eingeschlagen haben, befürchtet er das Schlimmste. Er wird selbst die Aussicht auf Veränderungen kaum ertragen können und diese so lange wie möglich zu ignorieren suchen. Sein »Widerstand« – wenn es zu einem solchen kommt – wird eher aus passiver Obstruktion und aus einer entschieden unenthusiastischen Haltung bestehen als aus einer aggressiveren Form der Opposition.

Als nächstes wollen wir einen Menschen betrachten, der ebenfalls sicherheitsmotiviert ist, aber im alten System keine besonderen Privilegien genoß. Für ihn hatte das alte System hauptsächlich den Vorteil, daß er es gut kannte; es war zumindest vorhersehbar, und das stellte für ihn keineswegs einen geringen Vorteil dar. Er wird eine Veränderung nicht gerade begrüßen, sich ihr aber auch nicht besonders widersetzen. Er hält Widerstand für sinnlos und erwartet überdies, daß für ihn langfristig alle Systeme auf dasselbe hinauslaufen. Insgesamt bleibt dieser Typ Veränderungen gegenüber also indifferent oder hält sie vielleicht für lästig, da sie bequeme alte Gewohnheiten ohne kompensierende Vorteile stören. Das Beste, was er noch über eine Methodenänderung sagen kann, ist, daß sich seine Arbeitsweise gegenüber der derzeitigen nicht verschlechtert.

Drittens befassen wir uns mit einem Mann mit ausgeprägten Machtmotiven – also mit jemand, der seinen Einfluß gern zur Kontrolle anderer Menschen, Ressourcen und Ereignisse ausübt – und der genau diese Möglichkeit im alten System besaß. Er hat diese Machtposition bestimmt zielbewußt angestrebt und ist nicht rein zufällig an sie geraten. Ein derartiger Menschentyp bekommt gewöhnlich ein Gespür für Trends, die ihre Position berühren können. Er wird wahrscheinlich schon lange vor dem effektiven Eintreten von allen möglichen schwebenden Veränderungen methodischer oder organisatorischer Art davon gewußt und bereits entschieden haben, ob die neue Methode seine Macht beeinträchtigen kann oder nicht. Doch wird er sich nicht notwendig einer Umstellung widersetzen, solange er überzeugt ist, daß er auch die neue Methode unter Kontrolle bekommen kann. Sein Instinkt veranlaßt ihn demnach, von einer Machtposition zur anderen zu wechseln und sich nicht zu eng an eine spezifische Arbeitsweise zu binden. Daher versucht er wahrscheinlich, sich oder seine Abteilung in eine Kontrollposition über ein neues Verfahren zu bringen, und wenn er hierin erfolgreich ist – was keineswegs ausgeschlossen ist –, wird er sich offen für die Umstellung einsetzen. Wenn es jedoch einer anderen Gruppe des Betriebes gelingt, die Kontrollbefugnis über die neue Methode zu übernehmen, wird er anders vorgehen. Er wird sich der Umstellung widersetzen, solange er sie noch aufhalten zu können glaubt; wenn nicht, wird er das Top-Management auch weiterhin davon zu überzeugen suchen, daß das neue Verfahren besser funktionieren würde, wenn man es seiner Abteilung anvertraute.

Viertens stellen wir uns einen Mann mit starkem Machtmotiv vor, der im alten System kaum über Macht verfügt. Er wird wahrscheinlich ständig auf Ausschau nach potentiellen Möglichkeiten zur Umkehrung der bestehenden Machtstruktur sein und jede Sache fördern, die eine solche herbeiführen könnte. Er ist mit anderen Worten ein Rebell auf der Suche nach einem Anlaß. Manchmal fördert er vielleicht sogar Veränderungen, die keinen unmittelbaren Bezug zu einer Verbesserung seiner Position erkennen lassen; ihm geht es jedoch darum, daß sie den *Status quo* durcheinanderbringen und ihn gegenüber späteren Veränderungen anfälliger machen, was ihm dann unmittelbar zugute kommen würde. Wenn eine Umstellung in Aussicht steht, die einer »unterprivilegierten« Gruppe in seiner Firma den Aufstieg aus der Bedeutungslosigkeit ermöglicht und vielleicht die älteren »Elite«gruppen ersetzt, wird er sich sicherlich mit dieser Gruppe zusammentun, welche die Aufstiegschancen besitzt. Darüber hinaus wird er vielleicht sogar versuchen, sich zu ihrem Sprecher zu machen.

Der vierte Faktor, der sich auf die Einstellung zum technologischen Wandel auswirkt, ist die Information. Die Auffassung eines Individuums, inwiefern eine Veränderung subjektiv günstig erscheint, ist nicht immer realistisch; besonders wenn die Umstellung weitreichende Konsequenzen hat, wird sich der Betreffende kaum über alle entscheidenden Punkte im klaren sein. Außerdem ist es für den Betreffenden nicht ungewöhnlich, aufgrund vorheriger Erfahrung, von Gerüchten oder einer emotionalen Neigung für oder gegen die Umstellung zu stimmen. Manchmal beruht also der Widerstand gegen Veränderungen auf mißverständlichen Annahmen über deren Folgen. Aus diesem Grund ist eine klare und überzeugende Erklärung über die Konsequenzen des Wandels für die Belegschaft eine Voraussetzung effizienter Unternehmensführung. Desgleichen ist mangelnde Information vielfach ursächlich für den Versuch mancher Arbeiter, die Einführung neuer Methoden zu verzögern. Sie kennen einfach nicht deren genaue Auswirkungen und versuchen Zeit zu gewinnen in der Hoffnung, daß die Konsequenzen der Umstellung deutlich werden. Diese Haltung wurde manchmal als »Widerstand« gegen den technologischen Wandel ausgelegt, doch in Wirklichkeit will der Arbeiter nicht etwa den Wandel blockieren, sondern ihn vielmehr näher ergründen und seine Implikationen ausfindig machen.

Organisatorische und technologische Veränderungen können die bei der Arbeit erzielte Befriedigung sehr nachhaltig beeinflussen. So kann der Status erhöht oder erniedrigt werden, die Anforderungen an die individuellen Fertigkeiten können steigen oder sinken, und die berufliche Sicherheit kann ebenfalls in Mitleidenschaft gezogen werden. Demzufolge können sämtliche Veränderungen zumindest potentiell auf stark ausgeprägte Motive einwirken. Deswegen werden Entscheidungen über Umstellungen auch selten ausschließlich nach ihren jeweiligen Vorzügen getroffen, und die vor ihrer Verwirklichung stattfindenden Diskussionen befassen sich nur selten allein mit Gesichtspunkten der Zweckmäßigkeit. Das Wetteifern zwischen den Parteien, die zu gewinnen oder zu verlieren glauben, setzt in der Regel ein, sobald die potentiellen Auswirkungen deutlich zu werden beginnen. Dieser Streit um Positionen, mit denen man die Wohltaten der Umstellung zu ernten und ihre Nachteile zu vermeiden hofft, kann unterschwellig bis zu dem Zeitpunkt weitergehen, an dem er allmählich in einen offenen Streit ausartet, ob der letzten Änderung noch eine weitere folgen soll.

Dies soll nicht heißen, daß Fürsprecher und Gegner des technologischen Wandels innerhalb einer Organisation ausschließlich durch das Eigeninteresse motiviert werden oder daß die Entscheidungen über anstehende Veränderungen nicht in erster Linie auf den Interessen der gesamten Organisation aufbauen. Nur hat einfach jeder einzelne Betriebsangehörige ein unleugbares Interesse daran, daß der Betrieb seinen persönlichen psychologischen Vorteil soweit wie möglich unterstützt, und dementsprechend richtet sich seine Einstellung gegenüber spezifischen Änderungen zwangsläufig auch nach den Auswirkungen, die er von ihnen erwarten zu müssen glaubt.

Hat sich erst einmal herumgesprochen, daß irgendeine Umstellung bevorsteht, werden die verschiedenen Betriebsangehörigen wahrscheinlich sofort abzuschätzen versuchen, welche Konsequenzen dies für sie haben kann. Genau an diesem Punkt ist eine Erläuterung der Tatsachen unbedingt angebracht; denn je länger die Leute mangels hinreichender Information spekulieren, desto glaubwürdiger werden ihre Spekulationen, bis die Tatsachen zu guter Letzt als Fiktionen erscheinen, weil sie nicht mit den inzwischen erworbenen Vorstellungen übereinstimmen. Doch sind Erklärungen kein Allheilmittel – selbst wenn sie die Veränderungen sorgfältig *begründen* und den möglichen Einfluß auf den einzelnen Arbeitnehmer verdeutlichen, können sie höchstens den Widerstand verringern. Dasselbe gilt für die verschiedenen Mittel, die den Arbeitnehmern eine Gelegenheit zur »Mitsprache« bei den Fragen geben sollen, die die Einführung der Umstellung betreffen.

Wenn eine Veränderung einem individuellen psychologischen Vorteil zuwiderläuft oder selbst wenn dies nur so scheint, wird der Betreffende jeden Versuch, ihn an etwas zu beteiligen, was ihm in seinen Augen nur schaden kann, höchst unwillig ablehnen. Die Human-Relations-Methode zur Verminderung des Widerstandes gegen den technologischen Wandel funktioniert nur, wenn die nachher realisierte Umwelt eindeutig im Sinne des psychologischen Vorteils der davon betroffenen Individuen ist. Daher ist die Planung der neuen Arbeitsumgebung in Wirklichkeit ein sehr viel potenteres Mittel zur Beseitigung von Widerstand als Gruppendiskussionen oder irgendeine andere Methode zur »Manipulation des Einverständnisses«.

Versetzen wir uns einmal in die unangenehme Lage eines Menschen, der aufgrund einer Umstellung einen hochbewerteten Vorteil zu verlieren droht. Charakteristische Beispiele sind die Arbeitnehmer, deren Arbeit von automatischen Anlagen übernommen, durch eine andere Gruppe absorbiert oder einfach eingestellt wird, weil das Produkt nicht mehr absatzfähig ist. Falls man ihm nicht zur Milderung des Schlages irgendeine Alternative bieten kann – wie die Garantie, ihn für ein anderes Aufgabengebiet umzuschulen, oder die Ausarbeitung eines gerechten Ausgleichs zwischen ihm und rivalisierenden Bewerbern um verfügbare Arbeitsplätze –, wird man bei der Durchführung der Umstellung kaum Kooperation von ihm erwarten können. Je nach seinem Machteinfluß, den er zur Verhinderung des Wandels geltend machen zu können glaubt, wird er versuchen, ihn zu blockieren, die Fortdauer der alten Methoden zu erzwingen, bei den neuen Methoden möglichst viele Defekte zu entdecken (und möglicherweise solche zu erfinden) oder der neuen Methode nur ganz langsam nachzugehen. »Lösungs«versuche dieses durch einen derartigen Widerstand erzeugten Problems mit Hilfe von Leistungsanreizsystemen sind von vorneherein zum Scheitern verurteilt; der Widerstand bezweckt ja nicht das Erzwingen höherer Löhne, sondern ist ein Versuch, eine unerträgliche Wendung der Ereignisse abzuwehren.

Befassen wir uns nun mit den Männern, deren Mißtrauen gegenüber der Betriebsleitung sich zu einer mehr oder weniger tiefen und dauerhaften Feindseligkeit verhärtet hat, und zwar schon bevor die Umstellung selbst stattgefunden hat. Diese Haltung ist zumeist schon vor dem ersten direkten Kontakt mit einer spezifischen Unternehmensleitung vorhanden und entspringt einer Indoktrination von Ideologien oder »Klassen«gefühlen, die in manchen Gruppen von Generation zu Generation fortgepflanzt werden. In anderen Fällen resultiert ein verhärtetes Mißtrauen aus der Unfähigkeit des Managements, seinen Angestellten hinreichende Würde und Selbstachtung bei ihrer Arbeit zu vermitteln. Wenn derartige Zustände für längere Zeit andauern, wird die Meinung der Arbeitnehmer sich mit oder ohne Hilfe von Agitatoren gegen die Geschäftsleitung auflehnen. Arbeitnehmergruppen, die gegen ihre Arbeitgeber einen langgehegten Groll entwickelt haben, sind ganz besonders anfällig für leichte und wirksame Agitation durch Außenseiter. In solchen Fällen nimmt das Management manchmal fälschlich an, daß die Agitatoren den vordem »glücklichen« Arbeitnehmern ihre Probleme »eingeredet« haben.

Gibt das Management in einer solchen Situation Begründungen für die Umstellung an, werden diese mit Sicherheit als Täuschung ausgelegt. Möglicherweise können diese Erläuterungen das Mißtrauen noch erhöhen, da die Arbeiter annehmen werden, die Unternehmensleitung verschleiere ihre wahren Ansichten, und deshalb vor allem versuchen werden, diese (vermeintlich unfreundlichen) Absichten zu ergründen. Unglücklicherweise wird der Widerstand gegen Änderungen fast unumgänglich, wenn sich das Verhältnis zwischen Management und Arbeitnehmern erst einmal bis zu diesem Punkt verschlechtern konnte. Dabei ist unerheblich, ob die Umstellung irgendeinen wesentlichen Vor- oder Nachteil für die Belegschaft mit sich bringt. Unter diesem Gesichtspunkt sind die Kosten des Managements für das Zulassen einer derart schlechten Arbeitsmoral wahrhaftig sehr hoch; eine schlechte Arbeitnehmermoral nimmt der Geschäftsleitung viel von ihrer Flexibilität angesichts von marktmäßigen oder technologischen Bedingungen, die methodische Änderungen erfordern.

Und dennoch werden trotz potentiellen Widerstandes die meisten Umstellungen schließlich durchgeführt, und es bleibt allen Arbeitnehmern nichts anderes übrig, als sich in die neue Rolle hineinzufinden. Problematisch ist allerdings, daß die neuen Verfahren die Fähigkeiten des einzelnen und seine Toleranz gegenüber der neuen sozialen Rolle, die seine Gesellschaft von ihm verlangt, übermäßig strapazieren. Stellt er fest, daß seine Arbeit schwieriger geworden ist (was bei Männern, die mit technologisch verbesserten Anlagen arbeiten müssen, nicht ungewöhnlich ist), wird er sich wahrscheinlich weniger leistungsfähig fühlen. Selbst wenn er es fertigbringt, seine Produktivitätsprobleme zu ignorieren, werden andere diese dennoch bemerken; sein fachlicher Ruf wird wahrscheinlich leiden. Er wird auch tatsächlich nicht mehr ganz so gut für seine Arbeit geeignet sein wie zuvor, und daher wird er zum Teil auf bestimmte Befriedigungen verzichten müssen, die er vorher aus der Beherrschung seiner Tätigkeit zog.

Andererseits wird er sich im Hinblick auf seine Energien und Interessen unausgelastet fühlen, wenn die technologische Veränderung seine Arbeit anspruchsloser gemacht hat (wenn also beispielsweise Tätigkeiten, die an sich Urteilsvermögen und Fertigkeit erfordern, zugunsten der Massenproduktion in kleinere, sich ständig wiederholende Arbeitsverrichtungen zergliedert werden). Er wird versucht sein, zu träumen und mit seinen nächsten Mitarbeitern Gespräche anzuknüpfen. Möglicherweise sieht er hierin eine recht willkommene Entlastung von der bisherigen fortgesetzten Anspannung bei seiner Arbeit, oder aber er fühlt sich überflüssig und befürchtet, seine Abteilung verlassen zu müssen.

Der Hauptfaktor, der über die jeweilige positive oder negative Aufnahme einer vereinfachten Tätigkeit entscheidet, ist der Vergleich mit den Befriedigungen, die die zuvor ausgeübte Tätigkeit mit sich brachte. Das heißt, daß Betriebsingenieure häufig die aus einer Arbeit gezogene Befriedigung *erhöhen* können, indem sie langweilige und anspruchslose Arbeitsplätze neu gestalten, und daß sie sich die Veränderungen in Tätigkeitsbereichen, die den betreffenden Arbeitnehmern erheblichen Nutzen bringen, sehr gründlich überlegen und planen sollten. Unglücklicherweise werden die Kosten, die durch eine schlechte Arbeitsmoral entstehen, nur selten geschätzt, und auch der positive Einfluß, den der aus einer Arbeit gezogene Nutzen auf die Moral ausübt, wurde bisher kaum berücksichtigt.

Was nun die Veränderung der sozialen Rollen angeht, so kann

ein Arbeitnehmer nach der Umstellung feststellen, daß die Arbeitsumgebung jetzt eher oder aber weniger mit seinem psychologischen Vorteil übereinstimmt oder daß kein merklicher Unterschied besteht. Im letzteren Fall bedarf es für ihn überhaupt keiner sozialen Anpassung, obwohl er natürlich immer noch das lästige Ablegen alter und das Erlernen neuer Gewohnheiten durchmachen muß. Doch wird die mit der Änderung von Gewohnheiten verbundene Unbequemlichkeit immer noch relativ leicht zu ertragen sein, wenn sie nicht gleichzeitig auch von einem essentiellen sozialen Anpassungsprozeß begleitet ist. Wenn die Umstellung ein Individuum in eine Rolle versetzt, die befriedigender als die vorhergehende ist, wird es sich wahrscheinlich zunächst in recht gehobener Stimmung fühlen, doch kann sich seine Reaktion ändern, wenn es die Grenzen seiner neuen Vorrechte entdeckt. Wenn es Glück hat und die Position bietet ihm den vollen von ihm benötigten Freiheitsspielraum, aber auch nicht mehr, als es verkraften könnte, dann wird es vor Sicherheit und Energie voll zur Entfaltung gelangen; es wird sich dann mehr nach seinen Instinkten richten können und sich weniger um die Meinung anderer kümmern müssen. Vielleicht wird es aber von seinen neuen Verantwortlichkeiten zu sehr in Anspruch genommen und ist zu beschäftigt, als daß es sich seiner verbesserten Gemütsverfassung bewußt würde; doch würde dies wahrscheinlich seinen Bekannten auffallen, und sei es nur, weil es weniger gelangweilt erscheint und sich weniger beklagt als früher.

Schließlich gibt es noch die Fälle, in denen die Veränderung des Berufsstatus einen Mann effektiv zu weit über die Befriedigung seiner Bedürfnisse hinausschießen läßt. So sieht er sich plötzlich mit mehr Entscheidungsfreiheit ausgestattet, als er überhaupt zu überblicken vermag, oder er genießt mehr Ansehen, als ihm für ein angenehmes Leben lieb ist. Das Problem übermäßiger Autorität kommt meistens bei vielversprechenden jungen Männern vor, deren auf niedrigeren Unternehmensebenen gezeigte Leistungen bei den Vorgesetzten eine derartige Begeisterung hervorrufen, daß sie zu schnell befördert werden und schließlich selbst vor ihrer Arbeit zurückschrecken. Manchmal stellen auch ihre Vorgesetzten enttäuscht fest, daß sie noch längst nicht so reif sind, wie sie schienen. Weiterhin kann eine organisatorische Veränderung einem Mann die günstige Gelegenheit geben, seinen psychologischen Vorteil auf

Kosten irgendeines anderen Menschen zu verfolgen. Dies verursacht bei einem machtmotivierten Menschen überhaupt keine Probleme. Trotz seiner Zufriedenheit mit der durch die Änderung geschaffenen Umgebung wird sich die Organisation möglicherweise eines Besseren besinnen und die Maßnahme wieder rückgängig machen.

Zu viel Prestige – oder zu viel Macht – bereitet häufig solchen Männern Schwierigkeiten, die ihre vorhergehende Position nach langem und schwierigem Aufstieg erreichten und diese vielfach als persönlichen Höhepunkt betrachten. Die über diesen Höhepunkt hinausgehende Beförderung ist für ihn nicht nur eine unnötige Anerkennung, sondern erfordert gleichzeitig von ihm, daß er seine bisherigen Vorgesetzten jetzt wie Gleichrangige behandeln soll. Er muß zugunsten einer für ihn unerwünschten Belohnung einen schwierigen Anpassungsprozeß durchmachen.

Ist die Arbeitsumgebung für ein bestimmtes Individuum nach einer Veränderung weniger zufriedenstellend als vorher, dann versucht es zunächst vielleicht, sich zu widersetzen, doch gibt es wahrscheinlich nur wenig sichere Wege des Widerstandes, und wenn der Betreffende nicht bereit ist, alles zu riskieren, dann wird ihn der Gedanke an den endgültigen Verlust seiner alten Vorrechte wohl eine Zeitlang ziemlich bedrücken. In seiner Situation muß er sich entscheiden: Entweder er wertet sein Persönlichkeitsbild etwas ab und bescheidet sich mit weniger Befriedigungen, als er früher für gerechtfertigt hielt, oder er bewahrt sein Persönlichkeitsbild und lebt mit der ständigen Unzufriedenheit mit seiner Umwelt. Letzteres ist bei weitem der einfachere Weg. Demgemäß wird er ein Nörgler werden oder vielleicht in einer Ideologie Trost suchen, die das bestehende Gesellschaftssystem als ungerecht verurteilt. Vielleicht schwärmt er aber auch immerzu von den »guten alten Zeiten« und hat an allen möglichen »neumodischen« Methoden etwas auszusetzen. Er kann sogar einen persönlichen Streik gegen die örtlich ansässige Wirtschaft anzetteln, indem er die Beschäftigung auf einem niedrigeren als dem gewohnten Einkommensniveau oder mit einem geringerwertigen Status verweigert. Dies war anscheinend der Fall bei früheren Produktionsarbeitern, deren Arbeitsplätze durch die Automation ersetzt wurden und die offensichtlich eine langfristige Arbeitslosigkeit den in Dienstleistungsbetrieben vorhandenen Stellen vorziehen, weil diese nicht so einträglich sind wie die vorigen Fabriktätigkeiten. Dieser Erscheinung wird natürlich durch die Arbeitslosenunterstützung in gewissem Maße Vorschub geleistet.

Die wahren Opfer des technologischen Wandels sind die Leute, die keinen rechten lebensfähigen Kompromiß mit ihm finden können und noch genug von ihrem ursprünglichen Persönlichkeitsbild zurückbehalten, um sich innerlich völlig unversehrt zu fühlen. Vom rein psychologischen Standpunkt aus ist es für das Individuum wahrscheinlich besser, sich verbittert zurückzuziehen und die wirtschaftlichen Realitäten so lange zu ignorieren, wie der Betrieb das zuläßt, als sich für immer einer in seinen Augen erdrückenden Demütigung zu unterwerfen. Doch liegt eine derart wirklichkeitsfremde Haltung wahrlich nicht in seinem langfristigen psychologischen Interesse, und es ist keinesfalls eine kluge öffentliche Politik, wenn man die Menschen vor den Realitäten des Wirtschaftslebens abschirmen wollte. Demnach muß die Lösung der durch die Notwendigkeit des technologischen Wandels erzeugten menschlichen Probleme in einem lebensfähigen Kompromiß liegen – und zwar muß dieser für immer mehr Menschen geschaffen werden. Die ihnen zur Verfügung gestellten Alternativen dürfen nicht zu genau festgelegt sein. Somit bedarf also der menschliche Aspekt des technologischen Wandels sorgfältiger Planung, und zwar muß diese Hand in Hand mit seinen organisatorischen, technischen und finanziellen Aspekten geschehen. Darüber hinaus kann diese Planung sich nicht auf eine spezifische Veränderung beschränken. Sie muß in die fortlaufende Organisationspolitik so integriert werden, daß sie die menschlichen Probleme minimiert, sobald eine Umstellung notwendig wird – was fast immer unvermeidlich eintreten wird.

So ist es zum Beispiel angebracht, bei Verfahren, die bei steigender Produktivität oder sinkender Nachfrage weniger Arbeitskräfte erfordern, das unvermeidliche Schrumpfen des Personalbestands soweit wie möglich durch den normalen Verschleiß aufzufangen. Dementsprechend sollten derartige Abteilungen nicht unnötig mit Leuten besetzt werden, die langfristigere Beschäftigungsverhältnisse anstreben wie jüngere Männer, oder mit Leuten, die nur schwer in andere Aufgabenbereiche eingesetzt werden können, wie ungelernte Arbeiter. Es wäre günstiger, junge Frauen zu nehmen, die gewöhnlich relativ kurzfristige Beschäftigungsverhältnisse anstreben, oder ältere Männer, die zum Zeitpunkt der Umstellung dicht vor dem Ruhestand stehen. Solange diese Alternative offen ist, sollten solche Männer aus »veränderungsanfälligen« Abteilungen versetzt werden, die auch anderswo eingesetzt werden können und nicht eine gleichermaßen befähigte Ersatzperson benötigen. Dies würde die Wahrscheinlichkeit verringern, daß das Angebot an adäquaten Alternativen nicht dem Bedarf entspricht, wenn jeder sofort einer neuen Verwendung zugeführt werden muß.

Die normale Personalpolitik sollte demnach die Konsequenzen des technologischen Wandels antizipieren und dadurch die ihn begleitenden Schwierigkeiten minimieren. Dies ist gerade deswegen wichtig, weil die Probleme, denen nicht vorbeugend begegnet werden kann, häufig für längere Zeit besondere Aufmerksamkeit erfordern und weil für diese Aufmerksamkeit eine nachlässige Handhabung besonders schädlich ist. Das Management muß sich darauf gefaßt machen, daß es mit der Beseitigung kleinerer umstellungsbedingter Anpassungsprobleme eine Zeitlang zu tun haben wird; folglich erfordern sowohl die normale geschäftsmäßige Vorsicht als auch humanitäre Überlegungen, daß die Konsequenzen des technologischen Wandels für die einzelnen Belegschaftsangehörigen antizipiert und daß so früh wie möglich und wie praktikabel die angemessenen Maßnahmen getroffen werden.

Kapitel 24

Die Gewerkschaften

Die amerikanischen Gewerkschaften, die etwa ein Drittel aller Erwerbstätigen der Vereinigten Staaten umfassen, haben in ihrer Geschichte drei Hauptphasen durchlaufen. Während der ersten Phase, vor dem Wagnergesetz von 1935, besaßen die Gewerkschaften einen relativ *defensiven* Charakter. Das heißt, sie sollten gegenüber dem damals übermächtigen Management den Interessen der Arbeitnehmer wenigstens ein Minimum an Schutz bieten.

Während der zweiten Phase, die nach dem Wagnerschen Gesetz begann und etwa 20 Jahre dauerte, verlagerte sich die Rolle der Gewerkschaften von der Defensive auf die *Offensive.* Sie expandierten zusehends, und zwar sowohl größen- als auch machtmäßig, und machten sich zum aggressiven Fürsprecher des sozialen Wandels, der den Interessen der Arbeitnehmer zugute kam. Sie führten entweder durch Verhandlungen oder durch verschiedenartige Druckmittel die umfassende Umverteilung der Macht herbei, die einst ausschließlich in den Händen des Managements lag. In jüngerer Zeit sind die Gewerkschaften in eine dritte Phase eingetreten, in der ihnen eine konservativere Rolle zugedacht zu sein scheint. Das heißt, daß sie sich statt auf die Erweiterung der Gewerkschaftsmacht immer mehr auf die Erhaltung des bisher Gewonnenen konzentrieren müssen. Dies bedeutet allerdings nicht, daß sie kein Interesse an weiterer Expansion besäßen, sondern vielmehr, daß sie – zumindest augenblicklich – alle überhaupt ansprechbaren Gruppen bereits organisiert haben. Versuche weiterer Organisierung treffen bei unorganisierten Arbeitern immer mehr auf Desinteresse und offenen Widerstand als früher, vor allem weil die unorganisiert gebliebenen Industrien solche Arbeitnehmer anziehen, die Gewerkschaften entweder für überflüssig oder für erniedrigend halten. Überdies wird die Macht der bestehenden Gewerkschaften durch verschiedene politische und ökonomische Strömungen und durch eine klügere Personalpolitik des Managements zersetzt. Nun, da sie sich in einer Situation befinden, in der ihre Vorstöße zurückgewiesen werden und ihr eigenes Territorium einem ständig steigenden Druck ausgesetzt ist, machen sich die amerikanischen Gewerkschaften erstmals in ihrer Geschichte zum Fürsprecher des *Status quo*: Sie sehen gegenwärtig ihren Vorteil in dem Versuch, den technologischen Wandel zu kontrollieren und ihn teilweise sogar zu verhindern.

In diesem Kapitel werde ich einige der Gründe für diese Entwicklung untersuchen, wobei die Betonung natürlich auf den offenkundigen Motivationsfaktoren liegt. Darüber hinaus werde ich versuchen, aufgrund von bereits vorhandenen beweiskräftigen Faktoren einige künftige Trends in dem Verhältnis zwischen Gewerkschaften und Management zu prognostizieren. Doch ist die Gewerkschafsbewegung derart komplex, daß jeder Versuch, sie nur unter einem einzigen Aspekt zu analysieren, nur in zu große Vereinfachung ausarten kann. Sogar die Motivationsfaktoren werden in gewissem Umfang vereinfacht werden müssen, da eine gründliche Abhandlung dieses Themenkreises leicht ein ganzes Buch abgeben würde. Und dennoch leisten das Konzept des psychologischen Vorteils und der Erwartungen von der Umwelt bei der Erklärung verschiedener wichtiger Merkmale der Gewerkschaftsbewegung gute Dienste. Zunächst wollen wir die Frage beleuchten, warum manche Arbeiter sich zu Gewerkschaften hingezogen fühlen und andere nicht; desgleichen, warum manche Betriebsleitungen Gewerkschaften ablehnen und andere sie akzeptieren. Danach werden wir uns mit dem Phänomen des Streiks befassen und einige Überlegungen über die mögliche künftige Rolle der amerikanischen Gewerkschaften anschließen.

Zugunsten der Klarheit und Einfachheit werden nur »freiwillige« Gewerkschaften berücksichtigt, in die der einzelne Arbeitnehmer aus freien Stücken eintritt. Wir werden unsere Betrachtung zudem auf die Beziehung zwischen Gewerkschaft und Management beschränken und alle rechtlichen, zwischen rivalisierenden Gewerkschaften auftretenden Probleme außer acht lassen. Es versteht sich von selbst, daß ein Betrieb, der ausschließlich Gewerkschaftsmitglieder beschäftigt, und eine Gewerkschaft mit Zwangscharakter sich über die Wünsche vieler Individuen hinwegsetzen und der Motivation nur wenig Raum zur Beeinflussung der individuellen Handlungen lassen.

Derjenige, der sich zum Beitritt zu einer freiwilligen Gewerkschaft entschließt, kann dafür viele naheliegende und praktische Gründe haben, wie z. B. den Selbstschutz vor willkürlicher Entlassung oder die Verbesserung seiner Einkommenschancen, doch werden all diese spezifischen Gründe letztlich von dem umfassenderen Wunsch determiniert, die eigene Verhandlungsposition gegenüber dem Arbeitgeber zu stärken. Das ursächliche Motiv, das die Bildung einer freiwilligen Gewerkschaft begünstigt, ist demnach das der Macht: Der Arbeitnehmer hat den Wunsch, seine künftige Rolle in dem Betrieb und die künftigen Entgelte für diese Rolle mitzubestimmen oder zumindest mit zu beeinflussen.

Das grundlegende Recht der Gewerkschaften zur Ausübung einer derartigen Macht im Namen ihrer Mitglieder ist mittlerweile unbestritten, doch sind bisher nie die Grenzen dieser Macht abgesteckt worden. Keine spezifische Streitfrage um Löhne oder zusätzliche Sozialleistungen war je so heiß umkämpft wie die Reichweite der gewerkschaftlichen Verhandlungsmacht; erinnern wir uns an die Reaktionen auf die Forderungen der Gewerkschaften nach einer Stimme bei der Finanzverwaltung organisierter Betriebe und auf die Versuche des Managements, die lokalen Arbeitsregelungen wieder unter seine Kontrolle zu bekommen. Tatsächlich ist die Reichweite der gewerkschaftlichen Macht selbst ein Verhandlungsthema und bei jeder Verhandlungsrunde erneut ein potentieller Streitpunkt. Folglich sind die effektiven Grenzen, innerhalb derer jede Gewerkschaft für ihre Mitglieder verhandelt, weitgehend eine Funktion der Macht gegenüber dem Arbeitgeber und ihres Interesses an der Ausdehnung dieser Macht. Dasselbe gilt auch umgekehrt: Befindet sich das Management in einer starken Verhandlungsposition, wird sich die Zahl der Verhandlungsthemen kaum vergrößern, sondern höchstens vermindern.

Der Wunsch eines Arbeitnehmers nach größerer Einflußnahme auf die seine Arbeit betreffenden Entscheidungen läßt sich sowohl aus ökonomischer als auch psychologischer Sicht verstehen. Das wirtschaftliche Argument für Gewerkschaften wurzelt in der Tatsache, daß keine Wirtschaft je ein hinreichend großes Sozialprodukt erstellt hat, um die Bedürfnisse aller Gruppen zu befriedigen. (Obgleich die hochentwickelten Volkswirtschaften der Vereinigten Staaten und Westeuropas an sich diese Kapazität besitzen, bleibt dennoch das Problem der richtigen Verteilung des Sozialprodukts, um die stellenweise anzutreffende Armut und Unterernährung zu beseitigen.) Das System, mit dessen Hilfe ein ungenügender Gesamt»kuchen« aufgeteilt werden soll, ist ein Problem, das jeden unmittelbar berührt.

Bisher hat noch keine Industriegesellschaft – auch nicht die kommunistische – das gesamte Sozialprodukt auf völlig egalitärer Basis verteilt; aus verschiedenen Gründen wurde immer irgendeine Form der Ungleichheit für notwendig erachtet. Der Kernpunkt der sogenannten freien Marktwirtschaft ist, daß jedes beliebige Individuum im allgemeinen ein sehr viel größeres »Stück« vom Kuchen erhält, wenn dieser selbst vergrößert wird, als wenn ein kleinerer Kuchen ganz gleichmäßig aufgeteilt wird. Das ökonomische

Hauptproblem ist demnach nicht die Verteilung des bestehenden Vermögens, sondern die Entfaltung dynamischer Kräfte zur Erhöhung des Gesamtvermögens. Dies läßt sich dadurch erreichen, daß man den Individuen, die eine derartige Expansion erfolgreich organisieren können, ein überproportional großes Stück als Anreiz zukommen läßt.

Doch sind die Grenzen dieses »überproportionalen Stückes« auch nie so recht abgesteckt worden. Es läßt sich nur schwer sagen, von welchem Punkt an der Erhöhung des Unternehmerlohns eine geringere Produktionszuwachsrate gegenübersteht. Vermutlich weiß niemand, der nicht Unternehmer ist, ganz genau, ob er von der Zustimmung zu einem noch größeren als bisher tolerierten Anreiz für den Unternehmer profitieren würde oder ob er lediglich der Bezahlung einer Dienstleistung zustimmt, die er gar nicht wirklich benötigt. Selbst der Unternehmer weiß es nicht genau; es geht eigentlich um die Frage, ob weitere gewinnbringende Alternativen vorhanden sind, und wenn nicht, ob eine beliebige Unternehmung inzwischen nicht mehr »hinreichend« profitabel ist. Wenngleich nur sehr wenige Amerikaner (mit einbegriffen die gewerkschaftlich organisierten) unmittelbaren Anlaß zur Klage über das freie Marktsystem als solches haben, wird wahrscheinlich immer ein gewisses Mißtrauen bestehenbleiben, daß der andere womöglich ein größeres Stück vom Kuchen erhält, als er überhaupt braucht, und dadurch jemand anders zwingt, sich mit einem kleineren Stück zu bescheiden, als er sonst erhalten hätte. Gerade weil man einen »gerechten Anteil« für jeden einfach nicht genau bestimmen kann, besteht in einer Marktwirtschaft eine ständige Spannung zwischen Arbeitgeber und Arbeitnehmer und natürlich auch zwischen allen Anbietern und Nachfragern.

Natürlich gibt es eine Reihe von miteinander konkurrierenden Forderungen nach den Einnahmen eines Unternehmens. Die Angestellten wollen ihre Löhne und Sozialleistungen, die Betriebsleitung verlangt ihre Gehälter und andere Nebenleistungen, Aktienbesitzer fordern ihre Dividende, Kunden wollen niedrige Preise und bessere Qualität, die Regierung zieht ihre Steuern ein, und das Unternehmen selbst bedarf ständiger Investitionen. Die Forderungen all dieser Anspruchsberechtigten werden eifersüchtig von allen anderen überwacht. Doch bleibt die fundamentale Aufgabe der Verteilung von Geldmitteln für diese verschiedenen Zwecke beim Management, selbst wenn es nur innerhalb der durch die Parteien gesetzten Beschränkungen seine Entscheidungen treffen kann. Unter Berücksichtung dieses Wettbewerbs liegt es im Interesse jedes Anspruchsberechtigten, derartige Restriktionen zu schaffen, um sich selbst vor den Ansprüchen der anderen zu schützen. Ein Instrument, mit dessen Hilfe die Arbeitnehmer dem Management bei der Allokation des Geldes gewisse Beschränkungen auferlegen können, ist die Organisierung in einer Gewerkschaft, die die Unternehmensleitung zwingt, die Arbeitskräfte von einer einzigen Quelle zu beziehen. Oft ist es sogar noch wirksamer, sich überhaupt nicht zu organisieren, sondern nur damit zu drohen und so den vermeintlichen Freiheitsspielraum des Managements bei der Verhandlung aufs Spiel zu setzen.

Nicht alle Arbeiter kalkulieren ihren ökonomischen Vorteil so kaltblütig, und natürlich muß der wirtschaftliche Vorteil nicht zwangsläufig ihre Einstellung zur gewerkschaftlichen Organisierung bestimmen. Vom psychologischen Standpunkt aus gibt es eine Reihe von Bedingungen, unter denen die Mitgliedschaft keineswegs attraktiv erscheint, selbst wenn die ökonomischen Faktoren dafür sprechen. Die Einstellung der Arbeitnehmer zu den Gewerkschaften wird durch zwei psychologische Hauptfaktoren determiniert: Der erste sind die Erwartungen über den Arbeitgeber, und der zweite ist die relative Machtposition der beiden Parteien, so wie sie der Arbeitnehmer sieht. Die Konsequenzen, die sich aus den verschiedenen Kombinationen dieser subjektiven Auffassungen für die Beurteilung der Gewerkschaften ergeben, lassen sich recht gut aufzeigen. Doch muß man sich immer dabei vergegenwärtigen, daß nicht die »objektive« Situation ausschlaggebend ist, sondern die spezifische Sicht des Arbeitnehmers. Dementsprechend kann es in jeder beliebigen Gruppe von Arbeitnehmern derselben Firma Beispiele für alle der im folgenden aufgezeigten Möglichkeiten geben.

Betrachten wir zunächst den Mann, der seinen Arbeitgeber sowohl für wohlwollend als auch mächtig hält. Nach seinen Maßstäben hat er keinen wirklichen Grund, um sich über seine Bezahlung oder seine verschiedenen Sozialleistungen zu beklagen. Wenn er zufällig noch recht bescheiden in seinen Ansprüchen ist, wird ihm fast jedes »Extra«entgelt als unverdientes Geschenk vorkommen, für das er dankbar sein muß. Selbst mit relativ hochgeschraubten Erwartungen mag er in einem Betrieb, der ihm verschiedenartige gesundheitliche und freizeitliche Leistungen zu mäßigem Preis zur Verfügung stellt, überwältigt sein von dem »guten Leben«, das ihm seine Beschäftigung ermöglicht. Andererseits hält er seinen Arbeitgeber auch für willensstark genug und fähig, seine unternehmerische Freiheit gegen jede von außen kommende Restriktion zu verteidigen. Ein Arbeitnehmer, der seinen Arbeitgeber in diesem Licht sieht, wird sich kaum dagegen auflehnen, daß die seinen Lebensunterhalt betreffenden Entscheidungen diesem vorbehalten sind; er akzeptiert das System, in dem er arbeitet, als rechtmäßig, da es sich als verläßlicher »Verwalter« seiner Interessen erwiesen hat.

Die Tatsache, daß viele Leute in einem derart »paternalistischen« System zufrieden und ohne Gefühle der Schmach arbeiten können, hat so manchen Gesellschaftskritiker zu ungläubigem oder bestürztem Staunen Anlaß gegeben. Dabei mangelt es ihm einfach an Einsicht, daß die Anerkennung unternehmerischer Kontrollen als Gegenleistung für materiellen Wohlstand nur für das Individuum erniedrigend ist, das davon überzeugt ist, auch ohne derartige Kontrollen gut zurechtzukommen, oder dem die Unabhängigkeit – bzw. die Illusion, eine solche zu besitzen – sehr viel mehr bedeutet als Sicherheit und Komfort. Für einen Mann dagegen, der Bequemlichkeit schätzt und überzeugt ist, daß eine mächtige Körperschaft seine Interessen sehr viel besser wahrnehmen kann als er selbst, ist Paternalismus keineswegs erniedrigend; er ist sogar eine recht gute Lösung für ihn. Sie ist immerhin so gut, daß er alles vermeiden wird, was sie gefährden könnte. Er wird daher die Gewerkschaften nicht nur als unnötig betrachten, sondern sogar als gefährlich für das Fortbestehen seines Glücks.

Eine Gewerkschaft kann einem derartig veranlagten Menschen nur sehr wenig bieten. Er bekommt bereits eine in seinen Augen gerechte Entlohnung – manchmal sogar mehr als gerecht –, und wir können berechtigt annehmen, daß er bei allen möglicherweise auftretenden Mißständen eine schnelle und gerechte Beseitigung erwartet. Sein Glauben an das Wohlwollen seines Arbeitgebers beinhaltet wahrscheinlich auch die feste Annahme, daß er nicht ohne Grund entlassen oder nur im Falle dringendster Notwendigkeit vorübergehend unbeschäftigt sein wird. Die gewerkschaftliche

Organisierung würde ihm nur neue Kosten (Beiträge) entstehen lassen für Vergütungen, die er jetzt umsonst erhält; er würde einen indirekten Kommunikationskanal gegen einen derzeit direkten eintauschen, obwohl er sich über den letzteren nicht beklagen kann. Überdies würde er ein zu hohes Risiko eingehen, da die gewerkschaftliche Organisierung das Management feindselig stimmen und es veranlassen könnte, weniger großzügig als bisher zu sein. Kurzum, der Gewerkschaftsagent, der an einen Arbeiter herantreten würde, welcher seinen Arbeitgeber zugleich für wohlwollend und mächtig hält, wird aller Wahrscheinlichkeit nach als unwillkommener Eindringling betrachtet werden. Es gibt eben Umstände, unter denen der Arbeitnehmer nicht die Vertretung seiner Interessen wünscht oder die Beschneidung des unternehmerischen Freiheitsspielraums in der Regelung seines Arbeitslebens nicht für notwendig hält.

Zweitens halten wir uns den Mann vor Augen, der zwar mit dem Wohlwollen seines Arbeitgebers zufrieden ist, ihn aber nicht für besonders mächtig hält. (So ist z. B. die finanzielle oder wettbewerbsmäßige Situation des Arbeitgebers als prekär bekannt, die Unternehmensleitung hat vielleicht eine im wesentlichen versöhnliche oder ausgleichende Haltung im Umgang mit Arbeitnehmern eingenommen, oder möglicherweise befindet sich in der Belegschaft eine Gruppe von willensstarken Individuen, denen die Geschäftsleitung im Gegensatz zu ihnen relativ schwach vorkommt.) Wie auch immer sich diese Vorstellung durchgesetzt hat, Arbeitnehmer, die der Ansicht sind, daß ihre Manager im Grunde recht freundlich, doch zugleich schlecht gewappnet sind, werden ein ziemlich einzigartiges, auf den *Schutz der Betriebsleitung* gerichtetes Interesse entwickeln. Ihr Vorteil besteht also in der Erhaltung von Bedingungen, die dem Management auch weiterhin die in der Vergangenheit bewiesene großzügige und gerechte Behandlung der Belegschaft ermöglichen.

Dieser »Paternalismus« mit umgekehrten Vorzeichen ist häufiger, als üblicherweise angenommen wird, und äußert sich in zwei Grundformen: Einmal versucht die Arbeiterschaft das Management vor äußerem Wettbewerb durch steigende Produktivität und sinkende Kosten zu beschützen (inklusive der Lohnforderungen). Diese Form läßt sich beobachten, wenn Angestellte einer Firma –

besonders einer noch jungen, im Aufbau begriffenen –, die finanzielle Engpässe durchmachen muß, auf Lohnerhöhungen verzichten oder sogar Einkommensminderungen in Kauf nehmen, um dem Betrieb über seine Schwierigkeiten hinwegzuhelfen. (Manchmal kommt diese Form der Unterstützung sogar in gewerkschaftlich organisierten Gesellschaften vor.) Eine ähnliche Reaktion findet man in Scanlon-Plan-Betrieben, in denen die Arbeitnehmer effektiv keine Lohnerhöhungen fordern, die nicht von Produktivitätssteigerungen begleitet sind. Hierzu muß erwähnt werden, daß Abkommen vom Scanlon-Typ am besten in Betrieben anzuschlagen scheinen, die mit gewissen Schwierigkeiten zu kämpfen haben und deren Belegschaftsmitglieder in der Regel ein starkes Interesse an der Erhaltung der Firma entwickeln.

Die zweite Art des Management-»Schutzes« durch die Arbeitnehmer ist viel subtiler, da sie in der Bildung einer Gewerkschaft kulminiert; doch handelt es sich hier nicht um eine Tochtergewerkschaft, da sie der Beherrschung durch die großen internationalen Gewerkschaften widersteht, und ihre Mitglieder beschränken sich gewöhnlich auf die Arbeitnehmer einer einzigen Firma. Die Hauptgefahr sehen die Arbeitnehmer in diesem Beispiel in der internationalen Gewerkschaft, die den Betrieb zu Aufwendungen zwingen könnte, die er ebensowenig verkraften kann wie die größeren Konkurrenten. Überdies könnte eine aggressive internationale Gewerkschaft die bestehende enge und angenehme Beziehung zwischen Arbeitnehmern und Management zerstören. Arbeitnehmer in einer derartigen Lage sehen in internationalen Gewerkschaften wahrscheinlich nur Erpresser und Korrupte, was sie veranlaßt, sowohl sich selbst vor der Ausbeutung als auch das Management vor einer vermeintlichen Form der Erpressung zu schützen.

Doch liegt sowohl für die Arbeitnehmer als auch für die Unternehmensleitung ein Vorteil in der Bildung einer auf das Unternehmen beschränkten alleinstehenden Gewerkschaft, die dem Unternehmen gegenüber im wesentlichen wohlwollend eingestellt ist. Arthur B. Shostak, ein Soziologe der Universität von Pennsylvania, der etwa vierzig solcher Gewerkschaften untersucht hat, bemerkt hierzu folgendes[50)]:

»Vorsitzende (von Einzelfirmengewerkschaften) haben häufig damit geprahlt, daß freundschaftliche Gewerkschafts-Management-Beziehungen der grundlegenden Struktur und den »Persönlichkeits«merkmalen der Gewerkschaft zuzuschreiben sind: teils ihrer Zurückhaltung gegenüber anderen Gewerkschaften, teils ihrer Konzentration auf die Firma und den Arbeitgeber und teils ihrer offenen Verpflichtung zu einem harmonischen Verhältnis mit der Industrie. Diese Gewerkschaftsleiter waren der Ansicht, (daß dem Verband angeschlossene) Gewerkschaften verpflichtet sind, Streitigkeiten zu honorieren, die in irgendwelchen anderen Ortsgruppen der Muttergewerkschaft ihren Ursprung hatten. Sie vertraten den Standpunkt, daß die Vertreter der internationalen Gewerkschaften nur zur Rechtfertigung ihrer Gehälter oder zur Förderung ihrer eigenen politischen Ambitionen Ärger verursachten. Und die meisten von ihnen hatten das Gefühl, daß Arbeitgeber Einzelfirmengewerkschaften bevorzugen und ihre Aufrechterhaltung im Gegensatz zu den (Tochter-)Gewerkschaften befürworten würden.«

Dieser Gewerkschaftstyp ist keineswegs so selten. Zur Zeit von Shostaks Untersuchung gab es etwa 1400 davon mit einer Gesamtmitgliederzahl von ungefähr 400 000 in den ganzen Vereinigten Staaten. Wenn sie auch aus den verschiedenartigsten Gründen errichtet wurden, scheint es nach Shostaks Stichproben gerechtfertigt zu folgern, daß viele von ihnen darauf abzielen, dem Arbeitgeber bei der Erhaltung eines gegenseitig befriedigenden *Status quo* zu helfen.

Als drittes fragen wir uns nun, wie es um den Arbeitnehmer steht, der zwar das Gefühl hat, daß sein Betrieb wesentlich großzügiger und gerechter sein könnte, der den Arbeitgeber jedoch auch in einer sehr starken Verhandlungsposition weiß. Tatsächlich erweckt der Arbeitgeber den Anschein, als könne er auch weiterhin ganz nach seinem Belieben engherzig und/oder ungerecht sein, da der Arbeitnehmer ihn durch nichts davon zu überzeugen vermag, sich anders zu verhalten. Dies Gefühl der absoluten Überlegenheit des Arbeitgebers findet sich häufig bei Wanderarbeitern, bei Immigranten mit Sprachschwierigkeiten und ohne besondere Fertigkeiten, bei stark verschuldeten Personen oder letztlich bei jedem, der in wirtschaftlicher Hinsicht der Gnade seiner Umgebung ausgeliefert ist.

Ob ein Arbeiter seine Situation erniedrigend empfindet oder nicht, hängt in erster Linie von den Erwartungen ab, die er an das

Leben stellt. So erzeugt beispielsweise eine lebenslängliche Armut – besonders wenn vorhergehende Generationen auch arm waren – häufig eine stoische Anerkennung selbst der kärgsten Lebensbedingungen. Demgegenüber wird ein Mann, der einst ein besseres Leben gekannt hat oder es einfach für denkbar und realisierbar hält, dieselbe Situation fast unerträglich finden. Nichtsdestoweniger ist Auflehnung unwahrscheinlich, solange er die Situation des Arbeitgebers für zu gefestigt hält, als daß Widerstand erfolgreich sein könnte. Daher hat der unglückselige Mann, der sich mit seinem Schicksal nicht abzufinden vermag, keine andere Wahl, als sich innerlich zu zerfressen.

Obgleich diese Leute an sich dringend einer Gewerkschaft zu bedürfen scheinen, werden sie kaum eine bilden oder deren Vertreter willkommen heißen. Sie werden vollauf damit beschäftigt sein, ein einigermaßen sicheres Beschäftigungsverhältnis aufzubauen, und jede Aktivität, mit der man eine Beleidigung des Arbeitgebers riskiert, der ja eine Weiterbeschäftigung leicht ablehnen kann, wird ihnen als reine Dummheit erscheinen. Der Umgang mit einem Gewerkschaftsorganisator wird ihnen nicht nur sinnlos, sondern auch gefährlich erscheinen, da dies leicht als Versuch, mehr Ärger zu verursachen, als er selbst dem Arbeitgeber wert ist, ausgelegt werden kann. Doch wichtiger ist noch, daß der Gewerkschaftsorganisator sich selbst nicht zu diesem Arbeitertyp hingezogen fühlt, da diese sich schon die Finanzierung ihres eigenen Organisationsdrangs nicht leisten können und noch weniger einen Streik zur Durchsetzung ihrer Verhandlungsrechte und da sie überdies nicht kämpferisch genug sind, um einer Kraftprobe standzuhalten. Hier offenbart sich ein ziemlich grausames paradoxes Phänomen: Die am leichtesten auszubeutenden Arbeiter fühlen sich wahrscheinlich am wenigsten zu einer Interessenvertretung durch Gewerkschaften hingezogen, und diese wird ihnen auch nur selten angetragen.

Zu guter Letzt betrachten wir noch den Fall des Arbeitnehmers, der nicht mit der Behandlung durch die Geschäftsleitung zufrieden ist und sich zugleich stark genug fühlt, um entweder zu verhandeln oder die eigenen Verbesserungsvorschläge zu erzwingen. In diesem Fall interessiert nicht so sehr die Größe des Unternehmens und seine Ressourcen, die es zur Entmutigung der gewerkschaftlichen Organisierung in die Waagschale werfen kann, sondern seine augenscheinliche Verwundbarkeit, wenn sein Arbeitskräftebedarf bei konzertierter Aktion der Belegschaft unbefriedigt bleibt. Die Arbeiter müssen also, bevor sie sich eine Herausforderung des Managements zutrauen, erst einmal die Überzeugung gewinnen, daß sie den Zugang des Managements zum Arbeitsmarkt verhindern und dadurch das Unternehmen auf die Knie zwingen können.

Viele große und einflußreiche Unternehmen haben sich gewerkschaftlich organisiert, weil ihre Belegschaftsmitglieder nicht bloß unzufrieden, sondern sich bewußt waren, daß sie bei Organisierung ihre Forderungen durchsetzen konnten. Es bedarf beider Elemente – also des Gefühls beim Arbeitnehmer, daß ihm keine Gerechtigkeit widerfährt, und des Glaubens an die Fähigkeit, bei einer direkten Konfrontation seiner Macht mit der des Managements der Stärkere zu sein –, um die gewerkschaftliche Organisierung zustande zu bringen. Ohne beides wäre die Mitgliedschaft sinnlos und eventuell sogar gefährlich; sind beide Elemente vorhanden, ist sie für den Arbeitnehmer eine logische und attraktive Möglichkeit.

Die gleichen Bedingungen, die die Organisierung begünstigen, fördern unter extremen Verhältnissen den unverantwortlichen Gebrauch der Gewerkschaftsmacht. Es gibt Beweise[51)] dafür, daß in organisierten Betrieben, die in ihren Gewerkschaftsbeziehungen zu nachgiebig sind, mehr wilde Streiks und andere Arbeitsmißstände vorkommen als in Firmen, die weniger nachsichtig und gegenüber derartigen Taktiken intoleranter sind. Ein schwaches Management – wobei schwach hier im Vergleich zu den Taktiken und der Haltung der Gewerkschaften zu verstehen ist – ermuntert diese geradezu, ihre Macht bei relativ geringfügigen Anlässen hervorzukehren. Eine stärkere Unternehmensleitung zwingt ihre Gewerkschaft dagegen, ihre Stärke für wichtigere Streitfragen aufzuheben.

Somit beeinflußt die *augenscheinliche* Machtposition des Unternehmens – seine Fähigkeit und Entschlußkraft in den Augen der Arbeitnehmer, ihrem Druck standzuhalten und direkten Gegendruck auszuüben – nicht allein die gewerkschaftliche Organisierung, sondern auch die späteren Beziehungen zwischen Gewerkschaft und Management. So werden diese Beziehungen wahrscheinlich kurz nach der Organisierung ziemlich feindselig sein, da jede Seite die Macht der Gegenseite in einer Atmosphäre bitterer Erinnerungen, des Mißtrauens und der gegenseitigen Abneigung einzuschränken versucht. Dieser Streit wird häufig fortgesetzt, bis bzw. falls die Unternehmensleitung die Belegschaft davon überzeugen kann, daß sie wohlwollend oder mächtig oder beides geworden ist.

Demnach gibt es bestimmte Bedingungen, unter denen die Arbeiter eine freiwillige Gewerkschaft attraktiv finden, und andere, unter denen sie sich gar nicht dafür interessieren. Obgleich bei diesen Bedingungen ökonomische Faktoren eine sehr wichtige Rolle spielen, sind sie doch nicht ausschließlich wirtschaftlicher Natur. So kann Unzufriedenheit z. B. auf Besorgnis um die berufliche Sicherheit beruhen, wobei die Angst vor dem Ungewissen und Unbekannten ebenso mitspielt wie die Furcht vor Einkommensverlusten; außerdem kann sie auf mangelnder Würde beruhen, auf der Unfähigkeit, ein offenes Ohr für Beschwerden zu finden, oder auf einer echten ideologischen Abneigung gegen »Chefs« – dies alles sind psychologische Faktoren, die selbst dann vorhanden sein können, wenn wirtschaftliche Bedürfnisse hinreichend befriedigt sind. Desgleichen hängt der Glaube des Arbeitnehmers an seine Fähigkeit, von einer starken Ausgangsbasis aus zu verhandeln, nicht allein von der Abhängigkeit seines Arbeitgebers von ihm als Quelle der Arbeitskraft ab oder von seiner Fähigkeit, einem Streik standzuhalten. Er hängt vielmehr davon ab, ob die Arbeitnehmer zum Kampf angestachelt werden können und ob der Arbeitgeber furchtsam, versöhnlich oder sich seiner eigenen Stärke nicht bewußt zu sein scheint.

Die Haltung der Arbeitgeber gegenüber Gewerkschaften wird wahrscheinlich sowohl von ökonomischen als auch von psychologischen Erwägungen beeinflußt. Aus ökonomischer Sicht erwartet die Unternehmensleitung meistens, daß die Existenz von Gewerkschaften ständig steigende Kosten und geringere Freiheit zur Kontrolle der Kosten nach sich zieht. Demnach sieht sie in den Gewerkschaften eine Gefahr für die Produktivität und widersetzt sich ihnen aus denselben Gründen, aus denen sie sich allen anderen steigende Kosten auslösenden Faktoren widersetzen würde. Doch ist die Einstellung des Managements zu den Gewerkschaften noch tiefgründiger. Manche Arbeitgeber sehen in den Auswirkungen der gewerkschaftlichen Aktivitäten trotz der entstehenden Kosten einen Nettogewinn, während andere die Organisierung nicht nur für kostspielig, sondern auch für moralisch nicht vertretbar halten. Um die divergierenden Unternehmerreaktionen auf die Gewerkschaften zu verstehen, muß man sich darüber im klaren sein, wie die Manager den Machtaspekt ihrer eigenen Arbeitsumgebung beurteilen; d. h. inwieweit sie sich von ihrer Umwelt kontrolliert fühlen oder inwieweit sie zu kontrollieren vermeinen.

Betrachten wir zunächst das eine Extrem, den Arbeitgeber, dessen Wahrnehmung seiner Umwelt ihm jeden Versuch der persönlichen Einflußnahme als sinnlos erscheinen läßt. Das Leben wird ihm als unvorhersagbares, unergründliches Geheimnis vorkommen, in dem die Menschen und Ereignisse nach einem offensichtlich zufallsbedingten Schema in Bewegung gehalten werden. Ein Mensch mit dieser Lebensanschauung wird alle Ereignisse in seinem Dasein im wesentlichen für das Machwerk einer unsichtbaren, aber unwiderstehlichen Macht halten, die außerhalb jeglicher Kontrolle liegt. Wenn diese Vorstellung mit dem typischen »Image« des Unternehmers und Managers inkonsistent erscheint, sollten wir uns daran erinnern, daß nicht alle Manager heroische Auffassungen von ihrer Rolle im Geschäftsleben haben und daß vielen von ihnen die Verantwortung des leitenden Postens einfach übertragen wurde, ohne daß sie diese selbst aktiv angestrebt hätten.

Auf jeden Fall besteht die charakteristische Strategie, mit der diese Männer die mit der Betriebsführung verbundene Verantwortung zu handhaben suchten, im weitestmöglichen Begrenzen der Risiken, im Vermeiden zu tiefgründiger Analysen oder zu langfristiger Planung und im unkritischen Akzeptieren jeder Maßnahme, die unerwartete Schwierigkeiten ausschließen konnte. Gleich allen Strategien zur Wahrnehmung des psychologischen Vorteils ist diese absolut sinnvoll, wenn die Prämissen über die spezifische Umgebung gewährleistet sind.

Aus dieser Perspektive sind die im Verhältnis zwischen Management und Arbeitnehmern auftretenden Probleme fast unlösbar. Die Forderungen der Arbeitnehmer erscheinen geradezu unerklärlich, es sei denn, man interpretiert sie unter dem Aspekt des bei allen Menschen vorhandenen »unbegrenzten« Bedürfnisses nach einem größeren Anteil am verfügbaren Vermögen, als ihnen zusteht. Die Leitung eines Betriebes läßt sich daher gut mit einer Gruppe Reisender vergleichen, die einen Wald voller Räuber durchquert und fast bei jedem Schritt einen neuen »Tribut« entrichten muß, ohne daß sie eine andere Alternative als die des Fortsetzens ihrer beschwerlichen Reise hätte. Von Arbeitgeber-Arbeitnehmer-Beziehungen *erwartet* man direkt, daß sie problematisch und schwierig sind, und das Management begrüßt jede Gelegenheit zu ihrer Kontrolle – selbst wenn diese in der Einführung einer kostspieligen dritten Partei besteht.

Doch sind die Beziehungen mit einem derartigen Management auch für die Arbeitnehmer nicht einfach. Von ihnen als legitim erachtete Bedürfnisse werden vom Management nicht antizipiert, und das Verlangen nach deren Befriedigung wird möglicherweise mit offenkundigem Staunen oder Bestürzung aufgenommen. Sie erhalten den Eindruck, als wolle die Betriebsleitung sie nicht verstehen oder ernst nehmen, und weitere ähnliche Erfahrungen werden sie davon »überzeugen«, daß bei einer derartigen Verstocktheit der Zwang der einzige Ausweg zu sein scheint. So wird sich ein aggressives Verhaltensmuster unter den Arbeitnehmern entwickeln, und jedes Vorkommnis wird sie in ihrem Glauben bestärken, daß das Management einzig und allein auf Zwang reagiert – während das Management sich gleichzeitig in seiner Auffassung bestätigt sieht, daß die Arbeitnehmer ihre Macht unverantwortlich einsetzen.

Die gewerkschaftliche Organisierung wird unter diesen Umständen geradezu zwingend sein, und die Gewerkschaft wird in den Verhandlungen mit der Unternehmensleitung einen ausgesprochen harten und fordernden Kurs verfolgen. Wenn ihre Führer klug sind, werden sie mit der Zeit vielleicht entdecken, daß ihr stärkstes Druckmittel in der Aufrechterhaltung der Disziplin unter ihren Mitgliedern liegt, da sie dafür Lohnzugeständnisse, Fringe Benefits und andere finanzielle Vergünstigungen eintauschen können. Später wird die Gewerkschaft versuchen, die Durchführung der Arbeitsnormen und der Anwesenheits- und Pünktlichkeitsregelungen zu übernehmen und vor allem Arbeitsverzögerungen und Arbeitsniederlegungen zu verhindern – was ihr sehr viel eher gelingt als der Betriebsleitung. Aus diesem Grunde wird das Management die Gewerkschaft wahrscheinlich trotz ihrer Aggressivität allmählich schätzenlernen. Jede Seite hat von ihrem Standpunkt aus einen recht guten Tausch gemacht. Und so wird paradoxerweise wohl ein stabiles Verhältnis entstehen, in dem die Unternehmensleitung die Gewerkschaft als nützliche Stütze bei ihrem Bemühen um die ordnungsgemäße Führung des Unternehmens ansieht, während die Gewerkschaft das Management als recht umgänglichen Verhandlungspartner betrachtet, vorausgesetzt, es wird beständig unter einem bestimmten Druck gehalten.

Nun wollen wir einen Management-Typ mit diametral entgegengesetzter psychologischer Einstellung betrachten, nämlich den Typ, der die Umwelt für grundsätzlich kontrollierbar hält, obwohl es viele Kräfte in ihr gibt, die diese Kontrolle gleichfalls ausüben wollen. Die von ihm angewandte Strategie wird vor allem darin bestehen, sein unternehmerisches Urteilsvermögen und seine Ressourcen bei jedem möglicherweise auftretenden Problem voll zum Einsatz zu bringen. Für solche Manager gibt es kaum ein unlösbares Problem, solange sie in ihren Bemühungen um eine Lösung nicht allzu stark eingeengt werden. In Wirklichkeit bilden nicht die klassischen Vorstellungen von Angebot und Nachfrage, von Wettbewerb und Gewinn die Hauptbarrieren für den Erfolg des Unternehmers und der gesamten Wirtschaft, sondern es sind vor allem die intervenierenden nichtunternehmerischen Interessengruppen, die das Management in seinen Bemühungen um eine adäquate Betriebsführung behindern. Letzteres wird daher eine Laissez-faire-Philosophie entwickeln und die Forderungen von Gewerkschaften (und von der Regierung und den Aktienbesitzern) nach Begrenzung seiner Machtbefugnis als grundsätzlich unvereinbar mit dem Gemeinwohl – und daher als unrecht betrachten.

Ein solches Management wird die Gewerkschaften immer nur unter dem Aspekt der Herausforderung seiner unternehmerischen Fähigkeiten sehen. Denn seiner Meinung nach verdient das Management sehr wohl seine Autorität, da nur es selbst das Unternehmen im besten Interesse aller Parteien effizient und weitaus besser leiten kann, als jede andere Partei oder jede Kombination verschiedener Gruppen es je könnte. Demzufolge kann jeder Versuch der Einschränkung dieser Autorität nur als Vorwurf gegen die unternehmerischen Fähigkeiten des Managements gewertet werden und als ein Versuch, Machtbefugnisse zu usurpieren, die rechtmäßig dem Management zustehen. Daher findet man in Management-Kreisen häufig die Ansicht, daß die Gewerkschaften nicht nur für die Arbeitnehmerrechte eintreten, sondern gleichzeitig versuchen, auf die Vorrechte der Unternehmensleitungen überzugreifen. Es geht also nicht allein um die Verteilung der Gesellschaftserträge in Form von Löhnen und Gewinnen, sondern zugleich um die Verteilung der Macht zur Unternehmensführung.

Eine Gewerkschaft, die bei allen Kampfstreiks die Selbstachtung eines solchen Managements antastet, wird zusammen mit den anstehenden Streitfragen vornehmlich nach moralischen Gesichtspunkten mit starken politischen und sozialen Beiklängen beurteilt. Die Gewerkschaft scheint sich demnach in lebenswichtige wirtschaftliche Fragen einmischen zu wollen, die bereits in höchst kompetenten Händen ruhen. Doch hinter dem Unmut gegenüber dieser Einmischung verbirgt sich eine viel fundamentalere Quelle der Management-Antipathie: Allein die Existenz der Gewerkschaften impliziert, daß die Unternehmensleitung unfähig ist, das Unternehmen selbständig ordentlich zu lenken. Manager, die diese Meinung vertreten, sehen in den Gewerkschaften eine lebende Anklage für das Versagen des Unternehmers. Man nimmt es als selbstverständlich an, daß in einem gutgeführten Unternehmen keine Klagen oder Proteste laut genug werden dürfen, um sich eine besondere Einrichtung zu ihrer Durchsetzung zu schaffen, und daß die Gewerkschaften die Arbeitnehmer nur deshalb für sich gewinnen können, weil deren Organisator irgendeinen Makel in der Leitungsfunktion des Arbeitgebers finden und diesen weidlich ausschlachten konnte. Daß es überhaupt einen solchen Makel gibt, ist schon unangenehm genug, aber daß er noch von einem unwillkommenen Kritiker aufgestöbert wird, ist doppelt bitter. Daher steht nicht nur der Freiheitsspielraum des Managements auf dem Spiel, sondern gleichzeitig seine Berufsehre. So kann es nicht weiter verwundern, daß Manager und Arbeitgeber gemeinsam nicht gerade freundlich auf die Gewerkschaften hinabblicken.

Die Fähigkeit einer Gewerkschaft, die Funktionsfähigkeit eines Unternehmens mit einem Streik zu unterbrechen, ist ihre letzte Waffe und die Hauptquelle ihrer Verhandlungsmacht. Wahrscheinlich besäße sie überhaupt keine Machtposition, wenn sie nicht zumindest die potentielle Möglichkeit hätte, zu einem Streik aufzurufen. Doch ist dies Mittel insofern einzigartig, als es mindestens ebenso gefährlich für die Streikenden ist wie für die Bestreikten. Denn das Wesen des Streiks ist derart, daß jede Seite mit ihm die Gefahr der eigenen Vernichtung eingeht in der Annahme, daß sie größeres Durchhaltevermögen besitzt als der Gegner. Daraus resultiert dann eine dem Wettkampf zwischen zwei Wasserballspielern sehr ähnliche Situation, bei der jeder ausprobiert, wer den Kopf des anderen am längsten unter Wasser halten kann. Ein Streik ist grundsätzlich für beide Seiten selbstmörderisch. Wie der Selbstmord kann auch ein Streik recht nützlich sein, wenn die bloße Drohung mit ihm schon andere Leute zu einer veränderten Haltung bringt. So wie viele Selbstmordversuche künstlich inszeniert sind, so daß eine »Rettung« fast unvermeidlich ist, werden häufig auch Streiks in der Hoffnung unternommen, daß sie schon nach kurzer Zeit ihre Wirkung getan haben. Und genauso wie erfolgreiche Selbstmordversuche oft aus einer schrecklichen Fehlkalkulation resultieren und nicht einem echten Wunsch nach Selbstzerstörung entspringen, so entsteht ein längerer Streik vielfach aus einer falschen Einschätzung der Bereitschaft der gegnerischen Seite, einen Streik durchzuhalten.

Demnach ist der Streik eine grundsätzlich irrationale Waffe, es sei denn, ein kurzer Streik oder nur die Drohung mit ihm könne die Gegenseite schon hinreichend abschrecken. Sein Hauptzweck ist, den anderen einzuschüchtern: Man malt ihn als Schreckensbild an die Wand, stimmt dadurch (mutmaßlich) die Opposition milder und erhöht ihre Kompromißbereitschaft bei den Verhandlungen. Versuche, die Gegenseite für die Verhandlungen in eine psychologisch nachteilige Position zu lavieren, sind in manchen Industriezweigen geradezu feste Bestandteile des Verhandlungsprozesses. Aus diesem Grund verhandelt man über viele Streitfragen zwischen Arbeitnehmern und Management häufig erst dann, wenn ein Stichtag für einen Streik herannaht. Und deswegen kommen viele Streiks für zumindest eine Seite so überraschend, wenn sie wirklich stattfinden: Die eine Seite hat die Bereitschaft der anderen, so weit zu gehen, einfach unterschätzt.

Trotz ihrer grundsätzlich selbstmörderischen Natur können die Streiks nicht als völlig irrational abgelehnt werden. Einerseits sind sie manchmal zweckdienlich für das Erreichen der Gewerkschaftsziele, besonders wenn die Unternehmensleitung schnell kapituliert, so daß die Kosten in Form von verlorengegangenem Einkommen für die Arbeitnehmer nicht allzu groß werden. Und sie sind sogar noch nützlicher, wenn dasselbe Ergebnis mit der bloßen Drohung erreicht wird, ohne diese in die Tat umsetzen zu müssen. Doch kann ein leichtes Nachgeben bei relativ geringfügigen Angelegenheiten, die kaum einen Streik wert sind, die Gewerkschaft veranlassen, in Zukunft selbst bei einer noch weniger gravierenden Frage taktisch ähnlich vorzugehen. Um nicht wegen geringfügiger Probleme ständig bis kurz vor eine Arbeitsniederlegung gehen zu müssen, entschließt sich die Betriebsleitung möglicherweise, einmal hart zu bleiben und nötigenfalls einen Streik hinzunehmen, um damit kundzutun, daß sie sich nicht weiterhin einschüchtern lassen will. Die Gewerkschaft mag sich dann plötzlich mitten in einem Streik befinden, den sie eigentlich gar nicht wollte, da er möglicherweise um Streitpunkte geht, die sich nur schwer vor den Mitgliedern rechtfertigen lassen. Auf diese Weise kann sich also ein Streik nur zu leicht als Bumerang erweisen, selbst wenn es so aussieht, als ob die Ziele der einen Seite durch eine solche Kontroverse erreicht wären.

Manchmal kann der Streik auch eine wertvolle Begegnung zur Kontaktaufnahme sein, bei der die Absichten der anderen Seite getestet, erklärt und glaubwürdiger gemacht werden. So kann er z. B. einem anfangs skeptischen Management die Ernsthaftigkeit der Gewerkschaftsforderung und die gewerkschaftliche Standhaftigkeit und Disziplin klarmachen. Aus der Sicht der Gewerkschaft ist ein Streik dann lohnend, wenn es ihr gelingt, dem Management etwas mehr Respekt vor ihrer Fähigkeit, die Arbeitnehmerbedürfnisse richtig zu interpretieren, und vor ihrer Kampfstärke abzunötigen. Faktisch können weitere Streiks dadurch überflüssig werden, weil ihre Forderungen glaubwürdiger und ihre Drohungen überzeugender erscheinen. Desgleichen kann ein anfänglich nachgiebiges Management manchmal den einzigen Ausweg, um die Gewerkschaft von einer künftig härteren Haltung zu überzeugen, darin sehen, einem Streik standzuhalten und die Gewerkschaft ebenfalls zum Ertragen seiner Nachteile zu zwingen. Wenn der Streik schließlich die Arbeitnehmerseite überzeugt, daß sie in Zukunft gemäßigtere Taktiken gebrauchen muß, dann waren die entstandenen Kosten für das Management keineswegs sinnlos vertanes Geld.

Selbstverständlich kann der Streik für beide Seiten zweckdienlich sein. Doch nur zu oft ist er unbeabsichtigt oder wird aus irrationalen Gründen angezettelt, die die Parteien, da sie auch nur Menschen sind, nicht einfach eingestehen können, so daß sie für jeden dieser beiden Fälle die mißliche Lage, in der sie sich plötzlich befinden, durch das Erfinden möglichst »plausibler« Gründe zu rechtfertigen suchen. In einer Lage gefangen zu sein, in der man nur die Wahl hat zwischen dem eigenen Untergang oder der Demütigung durch andere, ist an sich schon eine demütigende Erfahrung. Die Entscheidung wird in den meisten Fällen zugunsten des Streiks ausfallen, da die Aufgabe der Verhandlungsposition, nur um einen Streik zu vermeiden, in der Abwehr der betreffenden Seite eine fatale Schwäche bloßlegen und der Preisgabe an den Gegner gleichkommen würde. Doch ist es sicher ziemlich bitter und ärgerlich, wenn man nach dem Versuch, irgendein positives Ziel zu erkämpfen, feststellen muß, daß man in Wirklichkeit zwischen zwei höchst unangenehmen Alternativen gefangen gewesen ist.

Die Verhandlungen können natürlich einfach stümperhaft geführt worden sein. Schließlich gibt es in dieser Welt genügend schlechte Strategen, und selbst wenn nur wenige unter ihnen bewußt selbstmörderisch handeln, kann man immer noch leicht genug in eine extrem gefährliche Situation hineingeraten, sobald in einem Streit der Stolz beider Seiten auf dem Spiele steht. Aller Wahrscheinlichkeit nach ist nur eine geringe Zahl der Streiks bewußt geplant und auch dann gewöhnlich in der Hoffnung, daß die gegnerische Seite nicht allzulange aushalten kann. Die meisten Streiks finden statt, weil mindestens eine Seite der Gegenpartei nicht die Alternativen bietet, die diese unter Wahrung ihres Gesichts akzeptieren könnte. Doch sind die Würfel erst einmal gefallen, dann ist es völlig unerheblich, wie es geschah und welche Seite am ungeschicktesten war. Gleichgültig wie sehr jede Seite diese Entwicklung bedauern mag, wichtig ist jetzt, die Glaubwürdigkeit seiner Verhandlungsmacht zu wahren. Die Gegenseite darf keinerlei Anzeichen erhalten, die sie hoffen machen, die andere Seite einschüchtern zu können. So wird der Streik dann selbst zu einer grundlegenden Streitfrage: Eine gegenseitige Demonstration der Unbezwingbarkeit verdrängt die ursprünglichen Streitpunkte.

Jede Seite versucht nun, dem anderen den Schwarzen Peter

zuzuschieben, und zwar nicht nur für Propagandazwecke, sondern auch als Ansporn für ihre Mitglieder im Hinblick auf den bevorstehenden Kampf. Die »Sünden« vergangener Perioden im Verhältnis zwischen Management und Arbeitnehmern werden erneut hervorgekramt und mit der erforderlichen Bitterkeit in Erinnerung gerufen. Nötigenfalls werden neue Streitpunkte in die Diskussion gebracht, die vorher in den tatsächlichen Verhandlungen kaum eine Rolle gespielt haben mögen. Es wird mit anderen Worten alles getan, um den Tatbestand des Streiks »schmackhafter« zu machen.

Das Aufputschen von Emotionen, das jeden Streik anfangs begleitet, hat drei wesentliche Konsequenzen. Zunächst macht es beide Seiten zumindest vorübergehend blind gegenüber den eigentlichen zwischen ihnen bestehenden Streitfragen. Sie sehen statt dessen nur die Herausforderung ihres Mutes und ihrer Würde, die die Bereitschaft der anderen Seite, den Streik zu akzeptieren, für sie darstellt. Zweitens läßt es die von jeder Seite vorgetragenen Argumente als gröbliche Verdrehung der Tatsachen erscheinen. Dies vor allem deswegen, weil keiner der beiden Gegner die Schuld an der Katastrophe tragen will und dem nur entrinnen kann, indem er den anderen beschuldigt. Ungeachtet der Tatsachen wird man mit größtmöglicher Geschicklichkeit die unangenehme Bürde der Schuld abzuwälzen versuchen. Drittens neigen beide Seiten dazu, die bei der Verhandlung möglicherweise gemachten Fehler zu ignorieren, so daß die Lehren, die man an sich daraus ziehen könnte, zumeist unbeachtet bleiben. Das Nettoergebnis dieser Defensivreaktionen gegenüber der Schuld, die durch einen für beide Teile gleichermaßen strafenden Streik geschaffen wurde, ist dann, daß jede Seite in ihrer Möglichkeit zu realistischer Verhandlungsführung geschwächt wird. Demzufolge läßt sich ein Streik sehr viel schwerer heilen als vermeiden.

Hat der Streik einmal begonnen, steht sehr viel mehr auf dem Spiel als nur die ungelösten Fragen des Verhandlungsprozesses. Daneben spielen die immateriellen Werte wie Stolz, Feindschaft und ein verletztes Gerechtigkeitsgefühl eine Rolle, welche sich jedoch schlecht als Verhandlungsobjekt eignen. Gerade weil man diese psychologischen Schranken verhindern will, werden Perioden der »Abkühlung« eingeschoben, und aus demselben Grunde versuchen Mittler, die zwei Parteien ständig im Gespräch zu halten, damit sie nicht vor sich hin brüten und allein Ränke schmieden. Wenn ein Streik nicht schnell genug beigelegt wird, nährt er sich schließlich aus sich selbst, indem er Haß erzeugt, bis sich seine Fortsetzung kaum noch durch die ursprünglichen Streitobjekte, sondern nur mehr mit der Boshaftigkeit der anderen Seite rechtfertigen läßt.

Trotz der herkömmlichen Antipathie der Gewerkschaften und der Unternehmensleitung gegenüber der Schlichtung werden beide sie im Falle eines schon länger anhaltenden Streiks wahrscheinlich als eine Möglichkeit ansehen, mit der man sich, ohne sein Gesicht zu verlieren, aus dem Dilemma befreien kann, das keiner mit der Kompromittierung der eigenen Position zu beenden wagt. Die Wahrung des Gesichts – in diesem Fall die Aufrechterhaltung zumindest der formalen Glaubwürdigkeit seiner Verhandlungsmacht – ist der eigentliche Grund vieler Streiks, und es ist sehr viel einfacher, sein Gesicht zu wahren, indem man den Vorschlägen einer neutralen Partei zustimmt, als wenn man dieselben Bedingungen akzeptiert, weil die Gegenseite seit Streikbeginn auf ihnen beharrt und sie zu guter Letzt durchgesetzt hat. Wenn man der zwangsweisen Schlichtung wirklich einmal den Vorrang gibt vor freien Kollektivverhandlungen, dann liegt das meistens nicht daran, daß die Interessen der Gewerkschaften und des Managements unvereinbar sind, sondern weil zu viele Verhandlungsführer unrealistisch und unfähig waren.

Streiks werden voraussichtlich mit der Zeit unüblich werden, doch nicht, ohne im Zusammenhang mit dem vereinbarten Arbeitskräftebedarf in bestimmten Industriezweigen ein letztes ruhmvolles Aufleben zu erfahren. Dies Problem ist schon jahrelang aufgeschoben worden, indem in die Gewerkschaftsverträge Vorschriften für die Beschäftigung an sich nicht benötigter Arbeitskräfte aufgenommen wurden. Doch wird sich das Management aufgrund zunehmenden Wettbewerbs und sinkender Gewinne derartigen Vereinbarungen immer heftiger widersetzen. Dagegen werden die von Entlassung bedrohten Arbeitnehmer diese Aussicht wahrscheinlich als einen Kampf auf Leben oder Tod auffassen, in dem es für sie keine rechte Alternative zum *Status quo* gibt. Sie werden deshalb darauf bestehen, daß die Gewinne und Konkurrenzprobleme sie nicht interessieren und daß der Versuch, sie für den technischen

Fortschritt durch das Aufopfern ihrer Sicherheit zahlen zu lassen, eine Ungerechtigkeit ist, gegen die man sich bis zum letzten Atemzug wehren muß. Solange man ihnen keine attraktiven und überzeugenden Alternativen bieten kann, werden wir in absehbarer Zukunft wahrscheinlich Zeuge einer langen und erbitterten Streikserie in vielen Industriezweigen werden.

Selbst wenn diese düstere Prognose für die nächste Zeit zutreffen sollte, werden Streiks dennoch auf lange Sicht seltener und weniger wichtig sein, vor allem weil der Streik als Instrument für das Erreichen gewerkschaftlicher oder unternehmerischer Ziele nicht effizient genug ist. Natürlich kann man einwenden, daß er schon immer ineffizient war und daß dies dennoch die Menschen in der Vergangenheit nicht davon abgehalten hat, auf ihn zurückzugreifen. Dies stimmt zwar, doch beruht das Beharren auf einer gewinnlosen Verhaltensweise gewöhnlich auf einer gewissen Blindheit gegenüber der Tatsache, daß dies Verhalten *effektiv* sinnlos ist. Dieser leidenschaftliche Einsatz für eine Sache wird nach und nach verschwinden, und zwar wird er entweder durch die gemäßigteren Vorstellungen jüngerer Männer ersetzt werden, die nie die Entbehrungen mitgemacht haben, die diese Blindheit zuallererst hervorriefen, oder aber die Erfahrung als solche wird für sein Abklingen sorgen. Nach einem Ausspruch der Engländer wird der Wilddieb langfristig zum Wildhüter.

Die Männer, die Streiks am eigenen Leibe erfahren haben, mußten größtenteils einsehen, daß die Wochen oder gar Monate dauernden Streiks die Gewerkschaftsmitglieder mindestens genauso viel kosten, wie sie ihnen einbringen, selbst wenn ihre Forderungen letztlich erfüllt werden, und daß sie wahrscheinlich sehr viel kostspieliger sind als einträglich, wenn sie – wie in den meisten Fällen – durch einen Kompromiß beigelegt werden. Der »Gewinn« eines langen Streiks – wenn es einen solchen überhaupt gibt – ist rein psychologisch, indem man den als armselig betrachteten Arbeitgeber bestraft und mit seinem Widerstand gegen das Ausgenutztwerden prahlt. Derartige Rachemotive können nicht als Streikursachen völlig außer acht gelassen werden, besonders nicht in Unternehmen, die Erfahrung mit vielen langen Streiks besitzen. Dennoch sind sie kein üblicher Bestimmungsgrund und werden wohl nach und nach verschwinden, wenn das Management bei der Beseitigung der Ursachen der Feindseligkeit in Zukunft klüger vorgeht.

Insgesamt läßt sich also als eine mögliche Änderung in der kommenden Phase der Gewerkschaftsgeschichte der verminderte Einsatz des Streiks absehen. Eine weitere voraussichtliche Veränderung ist eine noch langsamere Gewerkschaftsexpansion, möglicherweise sogar eine leichte absolute Abnahme der Mitgliederzahl, bis sich diese auf einem niedrigeren Niveau stabilisiert. Dieses Schrumpfen bedeutet allerdings nicht das allmähliche Aussterben der Gewerkschaften. Sie werden in den Augen vieler Arbeiter immer noch sinnvoll sein, wenn auch mehr in Form von schützenden Einrichtungen, die mehr im Hintergrund tätig werden, und nicht als »Gladiatoren«, die jederzeit zum Kampf mit widerspenstigen Arbeitgebern bereit sind. Da die Nützlichkeit kämpferischer Auseinandersetzungen nachläßt, werden sich die organisierten Arbeitnehmer voraussichtlich eher wegen bestimmter Dienstleistungen als zum Zweck der Vertretung am Verhandlungstisch an ihre Gewerkschaften wenden. Das erfolgreiche Aushandeln von Vertragsbedingungen, besonders hinsichtlich individueller Beschwerden, und die effektive Verteilung der verschiedenen gewerkschaftsbegünstigten Sozialleistungen werden wahrscheinlich die Hauptanliegen sein, mit denen die Arbeiter an ihre Gewerkschaften herantreten.

Durch die Funktionen einer Versicherung auf Gegenseitigkeit, die ihre Mitglieder vor wirtschaftlichen Notständen bewahrt, ihre Partei bei irgendwelchen Mißstimmigkeiten ergreift und »Dividenden« in Form von Gesundheitsleistungen und dergleichen zahlt, können die Gewerkschaften auch in Zukunft einen aufnahmefähigen Markt für ihre Dienstleistungen finden. Man kann sogar behaupten, daß sie sich in dieser Richtung weiterentwickeln *müssen,* da sie sonst eines Tages feststellen könnten, daß ihre Fähigkeit, die Achtung und Treue ihrer Mitglieder gewinnen zu können, stark beeinträchtigt ist. Dies vor allem, weil die Hauptkämpfe, die die Aggressivität der Gewerkschaften verlangten, ausgefochten und gewonnen sind: Das Recht der Arbeitnehmer, sich zu organisieren, und ihr Recht (mit oder ohne Organisierung) auf den größtmöglichen Anteil an den Gesellschaftserträgen, der zugleich mit einer gesunden Gesamtsituation des Unternehmens vereinbar ist, sind sowohl de jure als auch de facto realisiert. Wenn auch die Männer, die die großen Gewerkschaftskämpfe der dreißiger Jahre und der Nachkriegszeit miterlebten, sich noch lange daran erinnern werden, empfindet die jüngere Generation ihre Umgebung nicht mehr als ganz so ungerecht und ungleich. Es gibt demnach weniger Anlässe zum Kämpfen, und dementsprechend muß der Markt für die Leistungen einer Institution schrumpfen, die sich erbietet, für den Arbeiter und seine Interessen zu kämpfen.

Doch beschränken sich die Gewerkschaften mit der Umwandlung in »Versicherungsgesellschaften auf Gegenseitigkeit« gleichzeitig in ihrer Expansionsfähigkeit. Denn die von ihnen angebotenen Dienstleistungen können in vielen Fällen in vergleichbarer Form und billiger für den Arbeitnehmer von Betrieben mit effizienten Beschwerdewegen und modernen Sozialleistungsprogrammen erstellt werden. Darüber hinaus wird die gewerkschaftliche Expansion noch durch andere Faktoren beschränkt. Einer davon ist ihr Ruf, korrupte Funktionäre und die zwangsweise Mitgliedschaft zu tolerieren. Dieser Vorwurf trifft zwar nur für einige Gewerkschaften zu, verleiht aber der ganzen Gewerkschaftsbewegung einen leicht negativen Anstrich. Es stimmt wahrscheinlich, daß derartige Erwägungen nur einen Eigentümer, Manager oder Selbständigen der Mittelschicht verletzen können und weniger einen Mann, der Stundenlöhne bezieht, doch werden sie kaum der Gewerkschaftssache dienlich sein; insbesondere nicht bei Arbeitern, denen der Aufstieg zu einem höheren sozialen Status sowohl möglich als auch attraktiv erscheint.

Der ganze Komplex der sozialen Mobilität ist ein weiteres Hemmnis für die Gewerkschaftsbewegung. Der Mann mit Aspirationen nach einem höheren Status wird sich kaum mit einer im wesentlichen von der Arbeiterschaft getragenen Bewegung identifizieren wollen. (Deswegen wird er sich aber auch nicht unbedingt mit der Angestellten- oder Managerschicht identifizieren; er wird sich wohl in erster Linie als Handwerker oder Facharbeiter fühlen, dessen Status vor allem auf seinen Fähigkeiten beruht.) Da sich die verbesserten Ausbildungschancen und der technische Fortschritt in erhöhter sozialer Mobilität niederschlagen, wird der Anteil junger Leute, die für die gewerkschaftliche Organisierung empfänglich sind, dementsprechend zurückgehen. Faktisch haben die Gewerkschaften schon jetzt Schwierigkeiten mit aufstrebenden Mitgliedern. Eine Untersuchung deutet darauf hin, daß dieser Personentyp den Gewerkschaftsangelegenheiten gegenüber ziemlich indifferent ist und Treffen und andere Aktivitäten weitgehend ignoriert[52]. Demgegenüber sind die aktiveren Mitglieder in der Regel mit ihrem sozialen Status zufrieden oder zumindest weniger bestrebt, ihn zu verbessern.

Außerdem zeichnet sich als eine weitere Schranke der Gewerkschaftsexpansion ein Faktor ab, den man am besten als »ideologischen« Charakter der Arbeiter bezeichnen könnte, die in bisher noch nicht sehr stark organisierten geografischen Gebieten und Berufsgruppen tätig sind. Hierunter fallen die noch in der Industrialisierung begriffenen Bereiche (wie der Südosten), die traditionsgemäß an dem Selbständigkeitsstreben der dort lebenden Bauern und Kaufleute festgehalten haben, die White-Collar-Arbeiter aller Berufssparten (mit ihrem hohen Anteil an jungen Frauen, die im Beruf keine Lebensstellung sehen, und an Männern, die ihre Arbeit zumindest als managerähnlich empfinden und dementsprechend die Gewerkschaften weder ihrer würdig noch notwendig erachten) und die Ingenieure und andere bestens ausgebildete Spezialisten, die sich in der Regel sehr wohl imstande fühlen, ihre Beziehungen zum Arbeitgeber selbst in die Hand zu nehmen. Es gibt demnach unter der unorganisierten Erwerbsbevölkerung weite Teile, denen die Gewerkschaften wahrscheinlich nicht besonders vorteilhaft erscheinen und in deren Augen sie möglicherweise nur ein Leben voller Streit und Unruhe bieten können.

Alle diese Überlegungen laufen darauf hinaus, daß die Gewerkschaften immer mehr dazu übergehen müssen, eine relativ kleine Gruppe von Arbeitnehmern zu beschützen, für sie die Rolle des Unterhändlers zu übernehmen und Sozialleistungen zu verteilen. Ihre Funktion wird sich darauf beschränken, das Leben der Arbeiterklasse so angenehm und sicher wie möglich zu machen. Die »Bösewichter«, gegen die man sich schützen muß, werden die Automation sein, billige ausländische Arbeitskräfte oder teure, aber gutausgebildete inländische Arbeitskräfte, die die alten Produktionsverfahren veralten lassen können. Die Verhandlungsstrategie wird daher defensiver Natur sein, indem man die Methoden und Fähigkeiten einer immobilen Gruppe anderen Verfahren gegenüber wettbewerbsfähig zu machen versucht und sich bei einem möglichen diesbezüglichen Mißerfolg die Ansprüche auf Umschulung oder alternative Beschäftigung sichert.

So werden die Gewerkschaften voraussichtlich immer konservativer werden. Sie werden keine Arbeitgeber zu zähmen oder Ungläubige zu bekehren suchen, zumindest nicht in demselben Umfang wie früher. Der Prototyp der Gewerkschaft, der zähe, einfallsreiche Organisator, wird durch den hilfreichen Verwalter ersetzt werden. Aller Voraussicht nach wird die typische Gewerkschaft immer mehr einer reibungslos funktionierenden betrieblichen Personalabteilung ähneln mit der einzigen, aber wichtigen Ausnahme, daß sie von ihren Mitgliedern und nicht von dem Betrieb getragen wird.

Mit dem Schwinden der Gewerkschaftsaggressivität wird auch die Feindseligkeit des Managements gegenüber den Gewerkschaften nachlassen. Die beiden Seiten werden zwar nie freundschaftliche Beziehungen pflegen, und besonders die Arbeitgeber werden wohl nie neu entstehende Gewerkschaften willkommen heißen oder ihre Bestrebungen nach erweiterter Kontrollbefugnis in den von ihnen beherrschten Unternehmen ermutigen. Doch werden die Gewerkschaften für den Handlungsspielraum des Managements fortan eine geringere Bedrohung darstellen, und daher werden sie dort, wo sie bereits bestehen, leichter zu tolerieren sein, und dort, wo sie sich noch nicht durchgesetzt haben, kein so großes Schreckgespenst mehr abgeben.

Insgesamt wird demnach der kurzfristige Trend der Arbeitnehmer-Management-Beziehungen zweifellos in einigen ernsthaften Störungen kulminieren, doch wird sich im langfristigen Trend der Schwerpunkt allmählich vom Kampf zur Kooperation verlagern. Wahrscheinlich wird es immer Beispiele langfristiger Streiks und unversöhnlicher Feindschaft zwischen Gewerkschaften und Arbeitgebern geben, doch werden diese immer mehr als Beweis schlechter Führung bei einer der beiden Parteien erkannt werden. Die Gewerkschaften und Arbeitgeber werden in Zukunft deswegen eine zunehmend kooperative Beziehung entfalten, weil sie entweder bessere Verhandlungspartner zu sein gelernt haben, indem sie ihre Forderungen so stellen, daß die Gegenseite darauf ohne Prestigeverlust eingehen kann, oder weil die Gesetzgebung und die öffentliche Meinung sie gezwungen haben, ihre Streitigkeiten ohne die Schädigung anderer außenstehender Personen oder Gruppen beizulegen, oder aus beiden Gründen.

Kapitel 25
Die Bedeutung der Motivation

Die systematische Erforschung der menschlichen Motivation bei der Arbeit wurde erst sehr spät begonnen, und zwar teils weil die Ursachen des Verhaltens anderer Menschen so offensichtlich zu sein schienen, daß eine nähere Erforschung kaum nötig schien. Doch steht mittlerweile fest, daß wir auch nicht annähernd soviel über die Ursachen des menschlichen Verhaltens wissen, wie wir einst glaubten. Die Forschungsergebnisse zeigen, daß viele herkömmliche Vorstellungen über die Motivation zu einfach oder zu pessimistisch, oder aber beides sind.

Die Motivation im gebräuchlichen Sinne ist unsere Mutmaßung über die Handlungsantriebe einer anderen Person, und gewöhnlich erwarten wir, daß diese Handlungsantriebe sich in einem naheliegenden Ziel wie Geld oder Sicherheit oder Prestige äußern. Doch erweisen sich die spezifischen, von den Menschen angestrebten Ziele bei näherer Betrachtung häufig als Mittel zum Erreichen eines anderen, noch grundlegenderen Ziels. Somit stellen Reichtum, Sicherheit, Status und alle anderen Zielsetzungen, die vermeintlich für das menschliche Verhalten »ursächlich« sind, nur Zubehör dar zur Realisierung des letztlichen Zwecks jedes Menschen: der *Selbstverwirklichung.*

Die letztliche Motivation zielt auf die Verwirklichung des subjektiven Persönlichkeitsbildes ab: also entsprechend der bevorzugten Rolle zu leben, gemäß dem bevorzugten Rang behandelt und so entlohnt zu werden, wie es den persönlichen Vorstellungen über die eigenen Fähigkeiten entspricht. Demnach jagen wir ständig der Realisierung der in unseren Augen verdienten Rolle nach und versuchen, unsere subjektiven Vorstellungen über uns selbst in objektive Wahrheiten zu verwandeln. Wenn unsere Erfahrungen diese Vorstellungen zu bestätigen scheinen, empfinden wir das Leben als angenehm und die Welt als gerecht, doch wenn die unseres Erachtens verdienten Erfahrungen ausbleiben, werden wir zu der Ansicht neigen, daß in der Welt irgend etwas nicht stimmt.

Wenn es überhaupt einen allen Menschen gemeinsamen Wesenszug gibt, dann ist es wahrscheinlich der Versuch jedes Individuums, in der ihm eigenen unbeholfenen, unvollkommenen Art den Ratschlag des Pollonius an seinen Sohn zu befolgen: »Vor allem merke Dir, bleib stets Dir selber treu.« Doch gibt es sehr viele Wege, um sich selbst treu zu bleiben, sowie eine Unzahl verschiedenartiger Ichs, denen man treu bleiben kann, und diese Mannigfaltigkeit erzeugt eine so immense Zahl von Motiven und Lebensanschauungen, daß man kaum vermuten würde, sie könnten alle von demselben grundlegenden Prozeß abstammen. Und dennoch ist es so.

Unsere Erfahrungen bestätigen uns fast immer in unserem Glauben, daß unsere Grundeinstellung »richtig« sein muß, teils weil diese Einstellung durch die Realitäten unserer spezifischen Umgebung geformt wurde und teils weil wir unseren Erfahrungen dadurch Sinn verleihen, daß wir sie in das System unserer Wertvorstellungen einzufügen verstehen. Auf diese Weise bestätigen auch die Erfahrungen anderer Menschen die Richtigkeit *ihrer* Grundeinstellung. Es wäre viel zu einfach, würde man aus den entsprechenden Auffassungen schließen, daß sie aus Dummheit oder vielleicht Unehrlichkeit herrühren. Gegensätzliche Standpunkte werden zu oft als Herausforderungen ausgelegt, die man widerlegen muß, und nicht als das natürliche Ergebnis einer unterschiedlichen Erfahrungsstruktur mit unterschiedlichen Wertvorstellungen.

Somit schwelen fortgesetzt »ideologische« Konflikte zwischen Menschen, die an sich voneinander abhängig sind und aus guten Gründen lernen müssen, miteinander auszukommen. Dies läßt sich am besten im internationalen Vergleich feststellen, doch kommt es auch bei uns in unserer unmittelbaren Umgebung vor. So hegen beispielsweise viele Werktätige insgeheim den Verdacht, daß die Arbeitgeber Ausbeuter sind und daher jede denkbare von der Gewerkschaft oder der Regierung auferlegte Strafe verdienen.

Desgleichen hängen die Manager ähnlich dunklen Vorstellungen an, daß die Arbeiter von Natur aus faul und verantwortungslos und normalerweise mit ihrem Schicksal zufrieden sind, solange nicht einige Agitatoren sie mit radikalen Ideen aufrühren. Schwierig zu begreifen, aber doch wesentlich für das Verständnis ist hierbei, daß beide Standpunkte erst dann eingenommen und aufrichtig vertreten wurden, nachdem die im Licht der vermeintlich relevanten Werte als richtig erkannten Tatsachen überprüft worden waren. Da jedoch die Schlußfolgerungen derart gegensätzlich sind, liegt es für jede Seite nahe zu behaupten, daß der andere Standpunkt nur eine fadenscheinige Verteidigung einer ungerechtfertigten Position ist.

Das Verständnis für die Auffassung einer anderen Person erfordert nicht zugleich das Einverständnis. Doch ist das Erreichen eines derartigen Verständnisses überaus vorteilhaft, besonders wenn es gegenseitig ist, weil es uns ermöglicht, die Reaktionen des anderen vorherzusehen und unnötige Kontroversen zu vermeiden. Wichtiger ist noch, daß wir ihn dann so zu sehen vermögen, wie er in Wirklichkeit ist, und nicht im manchmal etwas getrübten Licht der beleidigten Selbstgerechtigkeit. Doch kann das Verstehen einer anderen Ansicht eine ziemlich entnervende Angelegenheit sein, und deswegen findet man auch viel häufiger die Annahme, daß ein Mensch, mit dem wir nicht übereinstimmen, durch Geiz oder Haß oder irgendeinen anderen ungerechten Trieb »motiviert« wird. Es ist sehr viel einfacher, die Tatsache zu ignorieren, daß auch der andere seine Einstellung für gerechtfertigt hält, und anzunehmen, daß er geistige oder moralische Mängel aufweist, als den schwierigen Versuch zu unternehmen, die ursächlichen Zusammenhänge, die den anderen zu seinem Standpunkt veranlaßten, zu ergründen und zu begreifen. Einen entgegengesetzten Standpunkt zu verstehen, impliziert möglicherweise, daß man seine eigenen Vorstellungen erneut überdenken muß, und dies ist für viele Leute eine zu beunruhigende Aussicht, deren Risiko sie nicht eingehen wollen.

Es gibt noch einen Grund, warum wir bisher so wenig über die Motivation wissen, ein Grund, der tiefergehend ist als unser relativ später Beginn der Forschung. *In gewisser Hinsicht wollen wir gar nicht mehr darüber wissen.* Die Erforschung eines Themenkreises, über den fast jeder bestimmte vorgefaßte Meinungen besitzt und aus emotionalen Gründen an deren Erhaltung interessiert ist, erscheint so lange nicht notwendig, bis sich ihr Wert nach intensiver Analyse eindeutig offenbart. Selbst dann lauscht man ihren Ergebnissen wahrscheinlich feierlich, um sie fortan dennoch zu ignorieren, oder man betrachtet sie als unanwendbar oder bestreitet sie. In diesem Zusammenhang spielt es keine Rolle, ob das, was die Sozialwissenschaftler bisher über die Arbeitsmotivation geäußert haben, richtig, vollständig oder anwendbar ist; wichtig ist nur, daß wir unsere eigene Zwiespältigkeit gegenüber jeglicher Forschung auf diesem Gebiet erkennen. Wir brauchen sie, doch zugleich fürchten wir sie. Dieser Konflikt ist keineswegs besonders gravierend und braucht uns gar nicht zu behindern, solange wir nur unsere gemischten Gefühle bei der objektiven Untersuchung unserer Motive und der anderer Menschen deutlich erkennen.

Die bedeutsamste Leistung der industriellen Sozialwissenschaftler ist einfach die, daß sie ihre Behauptung, die komplexen Ereignisse des Wirtschaftslebens seien ein sinnvolles Forschungsgebiet, wahr gemacht haben. Inwieweit ihre Arbeit letztlich lohnend ist – indem sie z. B. größere berufliche Zufriedenheit bei den Menschen, höhere Produktivität oder weniger Verschwendung und Streit erzeugt –, wird ebensosehr von dem Einfallsreichtum der Manager abhängen wie von dem der Sozialwissenschaftler. Denn die Forschung hat bereits erwiesen, daß die lästigen Probleme in der Industrie, wie Streiks, Apathie, beschränkter Output, demoralisierte ältere Arbeiter, Anomie und dergleichen keineswegs unvermeidlich sind. Sie hat zugleich darauf hingewiesen, daß das bisher nur von sehr wenig Menschen erfahrene Gefühl der Selbsterfüllung bei der Arbeit sehr viel mehr Berufstätigen erschlossen werden kann und daß dies sehr gut ein erstaunliches Ansteigen der Schöpfungskraft und Leistungsfähigkeit – und der Gewinne – nach sich ziehen kann. Sogar die bloßen Anfänge der Forschung sind für das Management eine eindeutige Herausforderung, nach Anwendungsmöglichkeiten für deren Folgerungen zu suchen.

Diese Herausforderung besteht in erster Linie in der Anerkennung der schwierigen Verantwortung, daß man die Auffassung der Leute, mit denen man unabhängig von übereinstimmenden oder abweichenden Ansichten auskommen muß, zu verstehen sucht und nicht einfach abtut. Sie besteht in der Erkenntnis, daß Manager sehr viel eher ihre eigenen Vorstellungen und Gewohnheiten ändern können als die der für sie arbeitenden Menschen und daß sie sich demzufolge eher auf die Verbesserung ihrer eigenen Effizienz konzentrieren sollten als auf den Versuch, die Arbeitnehmer zur Verbesserung der ihren zu veranlassen. Sie besteht in dem erneuten Überdenken der Notwendigkeit und Nützlichkeit von Praktiken, die nie ernsthaft in Frage gestellt wurden, weil sie vermeintlich unerläßlich waren, und zwar sind hier besonders wichtig die Organisation, Aufsichtführung und Belohnung. Sie besteht in der Entdeckung praktischer Möglichkeiten zur Freisetzung von Energien und Schöpfungskraft, die derzeit in vielen offensichtlich apathischen Arbeitnehmern unterdrückt zu sein scheinen. Sie besteht in dem Versuch zu vermeiden, daß die Arbeit die Erwerbstätigen weiterhin an ihrer Selbstverwirklichung hindert.

Diesen Herausforderungen zu begegnen, wird zwar nicht ganz einfach, aber auch nicht ganz unmöglich sein. Die meisten Manager sowie die meisten Menschen in einem abhängigen Beschäftigungsverhältnis sind wohlwollende Menschen, die sich bei korrekter Behandlung auch dementsprechend verhalten. Sie sind keineswegs so schlecht zu harmonischer Zusammenarbeit geeignet, wie oft angenommen wird. Sie haben natürlich viele Fehler gemacht und werden auch weiterhin welche machen, doch legen wir hierauf viel zu großes Gewicht und berücksichtigen nicht ihre Fähigkeit, aus ihren Fehlern zu lernen. Sie arbeiten zwar manchmal zu wenig und streiten zu häufig, doch wissen wir jetzt, daß dies nicht ihre wahre Natur ist und daß die meisten Menschen potentiell zu konstruktiver Arbeit fähig sind, nur ist dies Potential bisher von ihrer Arbeit nicht genügend ausgenutzt worden. Sie sind manchmal auch zynisch und mißtrauisch und neigen dazu, ihre Arbeit als notwendiges Übel anzusehen, doch wird dieser Zynismus vielfach durch ihre Erfahrungen gerechtfertigt, denn ihre Arbeit ist oftmals unnötig langweilig. Somit gibt es also kein wirklich unüberwindliches Hindernis bei dem Versuch einer Harmonisierung der individuellen Motivation mit der effizienten Arbeitsweise einer Unternehmung.

Es bleibt noch die Frage, ob das Management sich damit befassen sollte, die Arbeit für die Arbeitnehmer befriedigender zu gestalten. Es gibt mindestens drei gute Gründe, die dafür sprechen. Erstens kann dies die Betriebsführung positiv beeinflussen oder zumindest zu größerer Flexibilität bei Umstellungen führen, die den Gewinn erhöhen. Zweitens kann es so am besten möglichen Widerständen gegen technologischen Wandel, Outputrestriktionen und Streiks vorbeugen. Der dritte Grund ist vielleicht sogar der schwerwiegendste: Die effiziente Verwendung der menschlichen Ressourcen ist *das* zentrale Problem des Managements. Deswegen werden gute Manager – die ihrem Persönlichkeitsbild treu bleiben – vor ihrer Herausforderung nicht zurückschrecken. Somit können wir unsere

Untersuchung der Arbeitsmotivation hoffnungsvoll beenden im Glauben an die Wahrscheinlichkeit, daß die besten Motive der Arbeitnehmer und ihrer Manager letztlich über die schlechten die Oberhand gewinnen.

Anmerkungen

1 Robert L. Kahn, »Productivity and Job Satisfaction«, *Personnel Psychology,* Herbst 1960.

2 Elton Mayo, *The Social Problems of an Industrial Civilization,* Harvard Business School, Boston 1945.

3 Henry A. Landsberger, *Hawthorne Revisited,* Cornell University Press, New York 1958.

4 *Ibid.*

5 Daniel Katz, Nathan Maccoby und Nancy C. Morse, *Productivity, Supervision and Morale in an Office Situation,* University of Michigan Institute for Social Research, Ann Arbor, Michigan 1950.

6 Robert L. Kahn, *op. cit.*

7 Rensis F. Likert, »Measuring Organizational Performance«, *Harvard Business Review,* März–April 1958.

8 Victor H. Vroom und Floyd C. Mann, »Leader Authoritarianism and Employee Attitudes«, *Personnel Psychology,* Sommer 1960.

9 Victor H. Vroom, *Some Personality Determinants of the Effects of Participation,* Prentice-Hall, Inc., Englewood Cliffs, New Jersey 1960.

10 *Leadership Style and Employee Morale,* General Electric Company, New York 1958.

11 Rensis F. Likert, *op. cit.*

12 Rensis F. Likert, »A Motivational Approach to a Modified Theory of Organization and Management«, in *Modern Organization Theory* (Hrsg. v. Mason Haire), John Wiley & Sons, Inc., New York 1959.

13 Frederick Herzberg, Bernard Mausner und B. Snydermann, *The Motivation to Work,* John Wiley & Sons, Inc., New York 1959.

14 *Ibid.*

15 Abraham Zaleznik, C. R. Christensen und F. Roethlisberger, *The Motivation, Productivity, and Satisfaction of Workers: A Prediction Study,* Boston, Massachusetts 1958.

16 William F. Whyte, *Money and Motivation,* Harper & Row, Publishers, Inc., New York 1955.

17 Chris Argyris, *Personality and Organization,* Harper & Row, Publishers, Inc., New York 1957.

18 Chris Argyris, »Understanding Human Behavior in Organizations: One Viewpoint«, in *Modern Organization Theory,* (Hrsg. v. Mason Haire), John Wiley & Sons, Inc., New York 1959.

19 Chris Argyris, »The Integration of the Individual and the Organization«, unveröffentlichtes Manuskript der University of Wisconsin School of Commerce, Mai 1961.

20 Chris Argyris, »Organizational Effectiveness Under Stress«, *Harvard Business Review,* Mai–Juni 1960.

21 Douglas McGregor, Der Mensch im Unternehmen, Econ Verlag Düsseldorf 1971.

22 *Ibid.*
23 John F. Burlingame, »Information Technology and Decentralization«, *Harvard Business Review,* November 1961.
24 Raymond A. Bauer, »*N* plus One Ways Not to Run a Railroad«, *The American Psychologist,* Oktober 1960.
25 H. L. Ansbacher und R. R. Ansbacher (editors), *The Individual Psychology of Alfred Adler,* Basic Books, Inc., New York 1956.
26 Robert W. White, »Motivation Reconsidered: The Concept of Competence«, *Psychological Review,* Bd. 66, Nr. 5, 1959.
27 Stanley Schachter, *The Psychology of Affiliation,* Stanford University Press, Stanford, California 1959.
28 Henry Alexander Murray, *et al., Explorations in Personality,* Oxford University Press, New York 1938.
29 David C. McClelland, J. W. Atkinson, R. A. Clark und E. L. Lowell, *The Achievement Motive,* Appleton-Century-Crofts, Inc., New York 1953.
30 John W. Atkinson (editor), *Motives in Fantasy, Action and Society,* D. Van Nostrand Co., Inc., Princeton 1958.
31 David C. McClelland, Die Leistungsgesellschaft, Kohlhammer, Stuttgart 1966.
32 Daniel R. Miller und Guy E. Swanson, *The Changing American Parent,* John Wiley & Sons, Inc., New York 1958.
33 Paul Mussen, »Developmental Psychology«, *Annual Review of Psychology,* Bd. 11, 1960.
34 Erwin K. Taylor und Edwin C. Nevis, »Personnel Selection«, *Annual Review of Psychology,* Bd. 12, 1961.
35 James C. Abegglen, »Personality Factors in Social Mobility: A Study of Occupationally Mobile Business Men«, *Genetic Psychology Monographs,* Bd. 58, August 1958.
36 Robert L. Heilbroner, *The Future As History,* Karper & Row, Publishers, Inc., New York 1959.
37 Arch Patton, *Men, Money, and Motivation,* McGraw-Hill Book Co. Inc., New York 1961.
38 Chris Argyris, persönliche Information des Autors.
39 Walter Lippmann, Die öffentliche Meinung, München 1964 (New York 1922).
40 Rensis F. Likert, *New Patterns of Management,* McGraw-Hill Book Co., Inc., New York 1961.
41 Marion S. Kellogg, »New Angles in Performance Appraisal«, in *The Personnel Job in the 1960's,* AMA Management Report Nr. 63, New York 1961.
42 Jacob Schiffman, »Family Characteristics of Workers, 1959«, *Monthly Labor Review,* U. S. Department of Labor, August 1960.
43 Harold J. Leavitt, »Unhuman Organizations«, *Harvard Business Review,* Juli–August 1962.
44 Floyd C. Mann und L. Richard Hoffman, *Automation and the Worker,* Henry Holt and Co., Inc., New York 1960.
45 Rensis F. Likert, *New Patterns of Management.*
46 Saul W. Gellerman, *People, Problems and Profits: The Uses of Psychology in*

Management, McGraw-Hill Book Co., Inc., New York 1960. Speziell Kapitel 3.

47 Frederick Herzberg, Bernard Mausner, Richard O. Peterson und Dora F. Capwell, *Job Attitudes: Review of Research and Opinion,* Psychological Service of Pittsburgh, Pittsburgh 1957.

48 Adolf A. Berle, Jr., *The Twentieth Century Capitalist Revolution,* Harcourt, Brace & World, Inc., New York 1954.

49 Floyd C. Mann und Franklin Neff, *Managing Major Change in Organizations,* Ann Arbor, Michigan 1961.

50 Arthur B. Shostak, *American's Forgotten Labor Organization,* Department of Economics, Princeton University, Princeton 1962.

51 Garth L. Mangum, »Taming Wildcat Strikes«, *Harvard Business Review,* März–April 1960.

52 Arnold A. Tannenbaum und Robert L. Kahn, *Participation in Union Locals,* Row, Peterson & Co., New York 1958.

Register